Ralf Schmitz
Mergers & Acquisitions-Beratung als Bankdienstleistung

AF211765

Ralf Schmitz

Mergers & Acquisitions-Beratung als Bankdienstleistung

Grundlagen und Probleme

Springer Fachmedien Wiesbaden GmbH

Die Deutsche Bibliothek — CIP-Einheitsaufnahme

Schmitz, Ralf:
Mergers- & Acquisitions-Beratung als Bankdienstleistung :
Grundlagen und Probleme / Ralf Schmitz.
(DUV : Wirtschaftswissenschaft)
Zugl.: Köln, Univ., Diss., 1993
ISBN 978-3-8244-0191-8   ISBN 978-3-663-12238-8 (eBook)
DOI 10.1007/978-3-663-12238-8
NE: Schmitz, Ralf: Mergers- und Acquisitions-Beratung als
    Bankdienstleistung

© Springer Fachmedien Wiesbaden 1993
Ursprünglich erschienen bei Deutscher Universitäts-Verlag GmbH, Wiesbaden 1993

Lektorat: Gertrud Bergmann

ISBN 978-3-8244-0191-8

Meinen Eltern

Geleitwort:

Die M&A-Beratung ist ein Dienstleistungsbereich, der zunehmend an Bedeutung gewinnt. Ob Banken damit ein aussichtsreiches Ertragspotential erschließen können, hängt in erster Linie davon ab, welche Wettbewerbsvorteile sie gegenüber anderen Anbietern geltend machen können. Ein zentrales Problem liegt hierbei in der Bewältigung der Interessenkonflikte, die sich in einer Universalbank ergeben können, die ihren Kunden M&A-Beratung anbietet. Auf der einen Seite ist offensichtlich, daß Banken aufgrund von Informationsvorsprüngen und wegen Synergieeffekten mit anderen Geschäftsbereichen Wettbewerbsvorteile bei ihrem Beratungsangebot haben; andererseits ist es aber für eine Bank nicht einfach, ihren Kunden glaubhaft zu machen, daß sich die mit dem Beratungsangebot zwangsläufig verbundenen Interessenkonflikte nicht zu deren Schaden auswirken. Gelingt es nicht, die Kunden davon zu überzeugen, so kann das Ertragspotential der Beratung nicht erschlossen werden; es kann sogar zu schädlichen Rückwirkungen auf andere Geschäftsbereiche kommen.

Wie schädliche Auswirkungen von Interessenkonflikten begrenzt werden können, ist ein zentrales Problem der vorliegenden Arbeit. Der Interessenkonflikt wird hierbei als Agency-Problem charakterisiert. Eine wesentliche Erkenntnis der Agency-Theorie ist, daß effiziente Vertragsgestaltung immer auch im Interesse desjenigen Vertragspartners liegt, der die Möglichkeit hat, seinen Informationsvorteil zum Schaden des anderen zu mißbrauchen. Für die konkrete Problemstellung der Arbeit bedeutet das: Es geht nicht darum, daß Bankkunden gegen "Mißbrauch" geschützt werden; vielmehr liegt es im Interesse

der Bank, die ein lukratives Geschäftsfeld erschließen
will, das Mißtrauen ihrer Kunden durch glaubwürdige
Selbstbindung zu überwinden. Ausführliche Interviews mit
sechs Kreditinstituten bilden die empirische Grundlage
der Arbeit. Daraus wird deutlich, wie das Problem der
Interessenkonflikte in der Praxis wahrgenommen wird und
welche Lösungswege eingeschlagen werden. Im wesentlichen
werden theoretische Überlegungen bestätigt, daß es darauf ankommt, Interessenkonflikte durch organisatorische
Schranken auszuschließen und zugleich Reputation aufzubauen, damit die organisatorische Bindung nach außen
glaubhaft bleibt.

Herbert Hax

Vorwort

An dieser Stelle möchte ich der Konrad-Adenauer-Stiftung (Institut für Begabtenförderung), die meine Promotion durch ein Graduiertenstipendium unterstützt hat, recht herzlich danken.

Desweiteren gilt mein Dank auch meinen Gesprächspartnern bei den M&A-Beratungseinheiten der Bayerischen Hypotheken- und Wechselbank, Bayerischen Vereinsbank, Commerzbank, Deutschen Bank, Dresdner Bank und Westdeutschen Landesbank. Die befragten Banken haben den diskreten Umgang mit den von ihnen gewährten Informationen zur Bedingung der Auskunftserteilung gemacht. In der Arbeit finden sich deshalb keine direkten Verweise auf die jeweils zugrundeliegenden Interviews. Statt dessen wird zu Beginn des Kapitels, in dem auf die Ergebnisse der Befragungen zurückgegriffen wird, darauf hingewiesen, daß die Gespräche mit den sechs Keditinstituten Grundlage der folgenden Ausführungen sind.

Schließlich bin ich auch Herrn Prof. Dr. Hax und Herrn Dr. von Hinten für die von ihnen gewährte Unterstützung zu Dank verpflichtet.

Ralf H. Schmitz

Inhaltsverzeichnis

Abkürzungsverzeichnis

a.a.O.:	am angeführten Ort.
AB:	Antitrust Bulletin.
AER:	American Economic Review.
AfA:	Absetzung für Abnutzung.
AG:	Aktiengesellschaft.
AkG:	Die Aktiengesellschaft.
AktG:	Aktiengesetz.
B:	Die Bank.
BAK:	Bundesaufsichtsamt für das Kredit-wesen.
BB:	Betriebs-Berater.
Bd.:	Band.
BddW:	Blick durch die Wirtschaft.
BFuP:	Betriebswirtschaftliche Forschung und Praxis.
BGB:	Bürgerliches Gesetzbuch.
BGHZ:	Amtliche Sammlung von Entscheidungen des Bundesgerichtshofs in Zivilsa-chen.
BI:	Bank Information.
BJoE:	Bell Journal of Economics.
bk:	bankkaufmann.
bm:	Bank und Markt + Technik.
BuI:	Stiftung Kreditwirtschaft an der Universität Hohenheim: Berichte und Informationen.
BZ:	Börsen-Zeitung.
bzw.:	beziehungsweise.
CA:	California.
ca.:	circa.
Cap:	Capital.
CAPM:	Capital Asset Pricing Model.
Co.:	Company.
CWB:	Chartered WestLB Limited.

DB:	Deutsche Bank.
DBe:	Der Betrieb.
D.C.:	District of Columbia.
DDR:	Deutsche Demokratische Republik.
DGM:	Deutsche Gesellschaft für Mittelstandsberatung mbH.
d. h.:	das heißt.
DM:	Deutsche Mark.
Dr.:	Doktor.
e.a.:	et altera.
ECU:	European Currency Unit.
EDV:	Elektronische Datenverarbeitung.
EG:	Europäische Gemeinschaft.
Entwickl.:	Entwicklung.
ERP:	European Recovery Program.
ESOP:	Employee Stock Ownership Plan.
EStG:	Einkommensteuergesetz.
etc.:	et cetera.
e.V.:	eingetragener Verein.
evtl.:	eventuell.
FAZ:	Frankfurter Allgemeine Zeitung.
FT:	Financial Times.
GewstG:	Gewerbesteuergesetz.
ggf.:	gegebenenfalls.
gi:	gi - geldinstitute.
GmbH:	Gesellschaft mit beschränkter Haftung.
GWB:	Gesetz gegen Wettbewerbsbeschränkungen.
HB:	Handelsblatt.
HBR:	Harvard Business Review.
HLR:	Harvard Law Review.
Hrsg.:	Herausgeber.
HYPO:	Bayerische Hypotheken- und Wechselbank.

i. a.:	im allgemeinen.
II:	Institutional Investor.
IKB:	Industriekreditbank AG.
Inc.:	Incorporated.
Info:	Information der Internationalen Treuhand AG.
Jg.:	Jahrgang.
JoB:	Journal of Business.
JoCS:	Journal of Comparative Corporate Law and Securities Regulation.
JoEI:	Journal of Economic Issues.
JoF:	Journal of Finance.
JoFE:	Journal of Financial Economics.
JoPE:	Journal of Political Economy.
Jr.:	Junior.
KapErhG:	Gesetz über die Kapitalerhöhung aus Gesellschaftsmitteln und über die Verschmelzung von Gesellschaften mit beschränkter Haftung.
KG:	Kommanditgesellschaft.
KP:	Kreditpraxis.
KWG:	Gesetz über das Kreditwesen.
LB:	Landesbank.
LBO:	Leveraged Buyout.
Ltd.:	Limited.
MA:	Massachusetts.
MBI:	Management Buyin.
MBO:	Management Buyout.
MCFJ:	Midland Corporate Finance Journal.
m. E.:	meines Erachtens.
Mio.:	Million(en).
Mrd.:	Milliarde(n).
MuB:	Mitteilungen und Berichte - Institut für Bankwirtschaft und Bankrecht an der Universität zu Köln.

M&A:	Mergers & Acquisitions (Begriff).
Mer:	Mergers & Acquisitions (Zeit-schrift).
NJ:	New Jersey.
Nr.:	Nummer.
o.:	ohne.
ÖBA:	Bankarchiv.
OECD:	Organisation for Economic Co-operation and Development.
o.J.:	ohne Jahr.
o.O.:	ohne Ort.
o.V.:	ohne Verfasser.
pers.:	persönlich.
Pl.:	Planung.
PR:	Public Relations.
q.e.d.:	quod erat demonstrandum.
QJoE:	Quarterly Journal of Economics.
R:	Regulation.
RJR:	RJR Nabisco.
RWS:	Recht, Wirtschaft, Steuern.
S.:	Seite.
SEC:	Securities and Exchange Commission.
SLR:	Stanford Law Review.
Spk:	Sparkasse.
Stb:	Die Steuerberatung.
Str.:	Straße.
SüdwestLB:	Südwestdeutsche Landesbank.
techn.:	technisch(e).
Ts.:	Taunus.
u. a.:	unter anderem.
UK:	United Kingdom.
Unt:	Die Unternehmung.

US:	United States.
USA:	United States of America.
u. U.:	unter Umständen.
vgl.:	vergleiche.
Vol.:	Volume.
WestLB:	Westdeutsche Landesbank.
WiSt:	Wirtschaftswissenschaftliches Studium.
WISU:	WISU - das Wirtschaftsstudium.
WiWo:	Wirtschaftswoche.
WP:	Das Wertpapier.
WR:	Wirtschaft und Recht.
WSI:	WSI Mitteilungen.
z. B.:	zum Beispiel.
ZfbF:	Schmalenbachs Zeitschrift für betriebswirtschaftliche Forschung.
ZfgK:	Zeitschrift für das gesamte Kreditwesen.
ZgS:	Zeitschrift für die gesamte Staatswissenschaft.
ZIP:	ZIP - Zeitschrift für Wirtschaftsrecht.
z. T.:	zum Teil.

Abbildungsverzeichnis

1 Einleitung

1.1 Der deutsche Markt für Mergers & Acquisitions und seine Entwicklung in den letzten Jahren

Die Entwicklung der Anzahl von Unternehmensübernahmen in der Bundesrepublik Deutschland von 1985 bis 1991 wird in der Anlage I dargestellt. Die Anzahl der ermittelten M&A-Transaktionen hängt stark von der zugrunde gelegten Definition einer solchen Transaktion ab. Entsprechend kommen andere Studien zu abweichenden Zahlen. Für das Jahr 1989 werden in der Anlage I 2839 M&A-Transaktionen mit deutscher Beteiligung angegeben.[1] Im gleichen Zeitraum finden sich bei einer anderen Studie lediglich 1424.[2] Letztere Zahl basiert auf den beim Bundeskartellamt angezeigten Zusammenschlüssen. Unabhängig davon, von welchen konkreten Zahlenreihen ausgegangen wird, zeigt sich deutlich, daß der deutsche Mergers & Acquisitions-Markt seit Mitte der achtziger Jahre hohe Zuwachsraten zu verzeichnen hat. Diese Entwicklung wurde begünstigt durch die gute gesamtwirtschaftliche Situation, das niedrige Zinsniveau und die hohe Liquidität vieler Unternehmen.[3] Prognosen gehen von einer Konsolidierung des Marktes auf diesem hohen Niveau aus oder sehen sogar noch Wachstumschancen.[4] Die pessimistischen Erwartungen, die mit einem Abflauen des Marktes nach den steuerinduzierten Verkäufen der Jahre 1988 und 1989 rechneten, haben sich jedenfalls nicht bewahrheitet.[5]

---

[1] Vgl.: Spickers, Jürgen: Entwicklung, in: M&A-Review 1-2/92, S. 5.
[2] Vgl.: Dunsch, Jürgen: Fusionswelle, in: FAZ 5.1.91, S. 9.
[3] Vgl.: Hoffmann, Peter: Unternehmenskäufe, in: HB 16./17.11.90, S. D5.
[4] Vgl.: Müller-Stewens, Günter: Wirtschaft, in: HB 18.4.91, S. B1.
[5] Vgl.: Wiebe, Frank: Beratung, in: HB 29.8.88, S. 7.

Auch 1990 und 1991 konnte, wie Anlage I zeigt, das Niveau gehalten werden. Bei den vom Bundeskartellamt verzeichneten Übernahmen ergab sich sogar ein starker Anstieg der Transaktionen, die von 1412 im Jahre 1990 auf 2172 im Jahre 1991 zunahmen. Dieses Wachstum wurde getragen durch die Privatisierungen in den fünf neuen Bundesländern.[1] Sie bewirkten, daß der deutsche M&A-Markt 1991 ein Käufermarkt war und dies auch 1992 bleiben wird.[2] Von großer Bedeutung sind an diesem Markt die Management Buyouts (MBO), die sich einer wachsenden Beliebtheit erfreuen.[3] Auch zur Regelung der Nachfolgeproblematik im Mittelstand stellen MBOs ein adäquates Instrument dar. Sie dürften daher in Zukunft einen weiteren Aufschwung erleben.[4]

1.2 Definitorische Abgrenzungen

Der Begriff "Mergers and Acquisitions" kann im Deutschen am besten mit "Zusammenschlüsse und Käufe" umschrieben werden.[5] Er soll im weiteren als Gattungsbegriff verwandt werden, der der Bedeutung des deutschen Wortes "Übernahmen" entspricht.[6] Unter einer Übernahme versteht man den "systematische(n) Erwerb eines solchen Prozentsatzes an Gesellschaftsanteilen, der einen maßgeblichen Einfluß (»control«) erlaubt, sei es durch Ankauf von Streubesitz oder durch Paketerwerb, sei es mit oder ohne Einvernehmen der Unternehmensführung".[7]

---

[1]Vgl.: Dunsch, Jürgen: Unternehmenskäufe, in: FAZ 16.1.92, S. 13.
[2]Vgl.: Best, Kimmo: M&A-Markt, in: BZ 31.12.91, S. 12; Müller-Stewens, Günter: Investoren, in: HB 29.4.92, S. B2.
In normalen Zeiten dominieren am deutschen M&A-Markt die Kaufaufträge, so daß von einem Verkäufermarkt gesprochen werden kann. Vgl.: Storck, Joachim: Aspekte, in: B 7/90, S. 377.
[3]Vgl.: Schlytter-Henrichsen, Thomas: Nachfolger, in: FAZ 23.4.91, S. B5.
[4]Vgl.: Kramer, Joachim: Buy-Outs, in: ZfgK 15.10.89, S. 954.
[5]Vgl.: Wiebe, Frank: Beratung, a.a.O., S. 7.
[6]Vgl.: Bressmer, Claus/Mosner, Anton C./Sertl, Walter: Übernahme, Stuttgart 1989, S. 6.
[7]Stoll, Jutta: Übernahmeangebote, in: BB 10.8.89, S. 1489.

Hierbei bedeutet die "Corporate Control" das Recht, die Geschäftsführung der Unternehmung zu bestimmen.[1] Es geht dem Akquisiteur darum, im erworbenen Unternehmen eigene Ziele durchsetzen zu können. Diese Ziele können zum einen in der Integration des Akquisitionsobjekts in den eigenen Konzern liegen.[2] Dann spricht man von einer strategisch ausgerichteten und unternehmerisch motivierten Transaktion. Zum anderen kann aber auch die Zerschlagung der übernommenen Gesellschaft intendiert sein, weil der Preis, der für die einzelnen Unternehmensteile erzielt werden kann, den Preis für das Gesamtunternehmen übersteigt.[3] Wichtiges Kriterium einer Übernahme ist aber in beiden Fällen die angestrebte Kontrolle des Akquisitionskandidaten.[4] Die Rechte zu einer solchen Kontrolle werden am Markt für Unternehmenskontrolle gehandelt.[5] Davon zu unterscheiden ist der Markt für Unternehmensbeteiligungen, die gesellschaftsrechtliche oder gesellschaftsähnliche Kapitaleinlagen darstellen, die vom Käufer mit der Absicht der dauerhaften Anlage erworben werden. Deren Erwerb kann zum einen primär unter dem Aspekt der Renditeerwartung erfolgen, zum anderen vorwiegend unter dem Gesichtspunkt der Förderung des eigenen bzw. gemeinsamen Geschäfts. Im ersten Falle liegt eine kapitalistische Beteiligung vor, im zweiten Falle eine unternehmerische.[6] Eine bloße Finanzanlage stellt keine Übernahme dar.[7] Lediglich die aus zweitgenannten Motiven erfolgenden Beteiligungen sind im Rahmen dieser Arbeit von Bedeutung. Im weiteren wird somit die Betrachtung auf den Markt für Unternehmenskontrolle beschränkt.

---

[1] Vgl.: Chiplin, Brian/Wright, Mike: Mergers, London 1987, S. 26.
[2] Vgl.: Baums, Theodor: Übernahmeregeln, in: ZIP 10.11.89, S. 1376.
[3] Vgl.: Müller-Stewens, Günter: Wirtschaft,a.a.O.,S.B1.
[4] Vgl.: Bressmer, Claus/Mosner, Anton C./Sertl, Walter: Übernahme, a.a.O., S. 6.
[5] Vgl.: Chiplin, Brian/Wright, Mike: Mergers, a.a.O., S. 26.
[6] Vgl.: Roesner, Wolfgang: Unternehmensbeteiligungen, in: Management Enzyklopädie, Bd. 9, München 1985, S. 285-286.
[7] Vgl.: Baums, Theodor: Übernahmeregeln, a.a.O.,S.1376.

Je nach der Ausgestaltung der Übernahmetransaktion unterscheidet man nochmals spezielle Akquisitionsformen. Dabei bezeichnet das Wort "Buyout" nichts anderes als die Ablösung der alten Gesellschafter und ist mithin ein Synonym für den Begriff "Acquisition".[1] Aus ihm leiten sich die Bezeichnungen Leveraged Buyout (LBO), Management Buyout und Management Buyin (MBI) ab. Unter einem LBO wird der "Erwerb eines Unternehmens, wobei zur Finanzierung der Akquisition primär Fremdkapital und nur sehr begrenzt Eigenkapital eingesetzt wird"[2], verstanden. Einige Autoren subsumieren auch MBOs unter die LBO-Transaktionen.[3] Sie übersehen dabei aber, daß der Begriff des LBO sich auf die Art der Finanzierung bezieht und die Bezeichnung MBO mit der Person des Käufers zusammenhängt.[4] Daher muß ein MBO keineswegs ausschließlich in der Form von LBO-Transaktionen ablaufen.[5] Generell wird unter einem MBO der "Erwerb von Unternehmen oder Unternehmensteilen durch einen oder mehrere der bisher dort beschäftigten leitenden Mitarbeiter"[6] verstanden. Analog wird der Unternehmenskauf mit aktiver Mitarbeit der neuen Gesellschafter als MBI bezeichnet.[7] Neben den diversen Buyouts existiert noch eine Reihe von anderen Akquisitionsbezeichnungen, die man unter dem Oberbegriff Desinvestitionen zusammenfassen kann. Sie beschreiben lediglich aus dem Blickwinkel des Verkäufers, was zuvor schon als M&A, LBO, MBO oder MBI bezeichnet wurde. Somit besagen "Divestment", "Divestiture" oder "Spin-Off" nichts anderes, als die Veräußerung von Unternehmensteilen im Rahmen einer M&A-Transak-

---

[1] Vgl.: Bressmer, Claus/Mosner, Anton C./Sertl, Walter: Übernahme, a.a.O., S. 5.
[2] Lutter, Marcus/Wahlers, Henning W.: Buyout, in: AkG 1.1.89, S. 1.
[3] Vgl.: Weiss, Michael: Finanzierungsfragen, in: Handbuch des Unternehmens- und Beteiligungskaufs, Hrsg.: Hölters, Wolfgang, Köln 1989, S. 211.
[4] Vgl.: Hölters, Wolfgang: Unternehmenskauf, in: Handbuch des Unternehmens- und Beteiligungskaufs, Hrsg.: Hölters, Wolfgang, Köln 1989, S. 19.
[5] Vgl.: Arbeitskreis Finanzierung der Schmalenbach-Gesellschaft: Analyse, in: ZfbF Oktober 1990, S. 831.
[6] Schwenkedel, Stefan: Finanzierung, in: B 11/89, S.604.
[7] Vgl.: Moschner, Manfred: M&A I, in: ÖBA Juni 1988, S. 596.

tion.[1] Sie werden genauso wie die verschiedenen Buy-out-Formen im Rahmen dieser Arbeit unter den M&A-Begriff subsumiert.

Gegenstand von Übernahmen sind alle Arten von Unternehmen.[2] Ein Unternehmen stellt die "Gesamtheit von materiellen und immateriellen Rechtsgütern und Werten ..., die in einer Organisation zusammengefaßt und einem einheitlichen wirtschaftlichen Zweck dienstbar gemacht sind"[3], dar. Als Akquisitionsobjekte kommen selbständige Unternehmen, Unternehmensbereiche und Tochtergesellschaften in Frage.[4] Je nachdem, in welchen Geschäftsbereichen Käufer und Verkäufer tätig sind, unterscheidet man horizontale, vertikale und branchenfremde Akquisitionen. Im ersten Fall sind beide Gesellschaften auf der gleichen Produktionsstufe angesiedelt, im zweiten Fall auf aufeinander folgenden und im letzten Fall bestehen keine Beziehungen zwischen den Produktionslinien.[5]

Den "Versuch von Unternehmen oder Investoren, eine börsennotierte Aktiengesellschaft gegen den Willen ihres Managements zu übernehmen"[6], bezeichnet man als feindliche Übernahme. In Deutschland sind solche feindlichen Akquisitionen jedoch fast nicht existent.[7] Dies liegt neben den bestehenden rechtlichen Barrieren vor allem an

---

[1] Vgl.: Bressmer, Claus/Mosner, Anton C./Sertl, Walter: Übernahme, a.a.O., S. 5.
[2] Vgl.: Ebenda, S. 8.
[3] Hölters, Wolfgang: Unternehmenskauf, a.a.O., S. 2.
[4] Vgl.: Arbeitskreis Finanzierung der Schmalenbach-Gesellschaft: Analyse, a.a.O., S. 832.
[5] Vgl.: Smith, Randall/Brooks, Dennis: Mergers, London 1963, S. 5-6.
[6] Falkenhausen, Bernhard Freiherr von: Unternehmenskäufe, in: Festschrift für Ernst C. Stiefel, Hrsg.: Lutter, Marcus e.a., München 1987, S. 163.
[7] Vgl.: Otto, Hans-Jochen: Übernahmeversuche, in: DBe 22.7.88, S. 3. Als erste rein deutsche, feindliche Übernahme wird der Kauf von Hoesch durch Krupp angesehen. Vgl.: Müller-Stewens, Günter: M&A, in: Info, Nr.90, März 1992, S. 34.

der geringen Zahl börsennotierter Aktiengesellschaften.[1]

Die meisten Transaktionen laufen im Mittelstand und damit meist außerhalb der Börse ab. Die Definition des Begriffs mittelständisches Unternehmen gestaltet sich äußerst schwer. Sie kann sowohl an quantitativen Kriterien, wie z. B. Umsatz oder Beschäftigtenzahl, als auch an qualitativen Eigenschaften, wie z. B. rechtlicher und wirtschaftlicher Selbständigkeit, Arbeitsablauf oder Finanzierung, angelehnt werden.[2] Ein typischer qualitativer Aspekt wäre z. B. das unmittelbare Engagement des Eigentümers, der ständig im Unternehmen mitarbeitet und für den dieses die nahezu einzige Einkommensquelle ist.[3] Eine quantitative Abgrenzung nach Beschäftigtenzahl und Umsatz, unterteilt nach diversen Wirtschaftsbereichen, nimmt das Institut für Mittelstandsforschung vor.[4] Trotz dieser zahlreichen Ansätze zur qualitativen und quantitativen Eingrenzung des Mittelstandes gibt es keine allgemeingültige, wissenschaftlich anerkannte Definition desselben.[5] Daher ist im Rahmen dieser Arbeit eine Abgrenzung zu finden, die praktikabel erscheint, wenngleich sie auch keinerlei Anspruch auf Vollkommenheit stellen kann. Bei dieser Definition soll als qualitatives Merkmal gelten, daß "Führungsverantwortung und Kapitalrisiko im weitesten Sinne in einer bzw. wenigen nahestehenden Personen vereinigt sind"[6]. Bei der quantitativen Abgrenzung seien, in Anlehnung an Bross/Caytas/Mahari, jedoch mit einer geringfügigen Abweichung, folgende Größenklassen definiert:[7] Unternehmen mit mehr als 500 Mio. DM Jahresumsatz werden als

[1]Vgl.: Bressmer, Claus/Mosner, Anton C./Sertl, Walter: Übernahme, a.a.O., S. 45.
[2]Vgl.: Rüschen, Thomas: Consulting, Wiesbaden 1990, S. 5-7.
[3]Vgl.: Bickel, Walter: Unternehmensberatung, Köln 1988, S. 54.
[4]Vgl.: Sprenger, Karl-August/Hinten, Peter von/Steiner, Joachim: Finanzierungssituation, Göttingen 1982, S. 7.
[5]Vgl.: Bickel, Walter: Unternehmensberatung, a.a.O., S. 48.
[6]Bross, Holger F.L./Caytas, Ivo G./Mahari, Julian I.: Consulting, Stuttgart 1991, S. 12.
[7]Vgl.: Ebenda, S. 12.

Großunternehmen bezeichnet. Betriebe mit einem Umsatz zwischen 10 und 500 Mio. DM werden zum Mittelstand gerechnet, während darunter liegende Firmen den Kleinbetrieben zuzuordnen sind. Innerhalb des Mittelstandes kann nochmals zwischen dem gehobenen Mittelstand (250-500 Mio. DM) und den einfachen mittelständischen Firmen (10 - 250 Mio. DM) differenziert werden.

1.3 Gang der Arbeit

Gegenstand dieser Arbeit ist die von den deutschen Universalbanken angebotene M&A-Beratung.[1] Sie ist in der jüngsten Zeit wegen der mit ihr auftretenden Interessenkonflikte in die Diskussion geraten. Im Rahmen dieser Arbeit soll der Frage nachgegangen werden, inwieweit das Angebot einer eigenständigen M&A-Beratungsleistung durch Banken in Anbetracht der schon zahlreich vorhandenen anderen Anbieter für diese Dienstleistung überhaupt Sinn macht. Es soll ergründet werden, welche Vorteile das Hinzutreten der Kreditinstitute in diesen Geschäftsbereich sowohl einzelwirtschaftlich, d. h. für die beratenen Kunden, als auch gesamtwirtschaftlich, also für das Wohlfahrtsniveau, erbringt. Des weiteren werden die für ein Engagement in diesem Geschäftsfeld als wesentliche Nachteile betrachteten Interessenkonflikte der Banken lokalisiert. Ihre Entstehungsgründe werden aufgezeigt und Möglichkeiten ihrer Begrenzung erörtert.

In der Einleitung werden zunächst der Marktzustand erläutert und der definitorische Rahmen abgesteckt. Daran schließt sich in einem zweiten Abschnitt die Erarbeitung der Grundlagen von M&A-Transaktionen an. Sie dient einer Einführung in die Thematik und bildet die Basis für die Argumentation in späteren Kapiteln. In einem ersten Unterpunkt werden die Motive für Unternehmensübernahmen auf theoretischer Basis dargestellt und

---

[1]Als Universalbank wird ein Kreditinstitut bezeichnet, das sowohl das Einlagen- und Kreditgeschäft als auch das Effektengeschäft betreibt. Vgl.: Büschgen, Hans E.: Bankbetriebslehre, Wiesbaden 1991, S. 33.

7

systematisch gegliedert. Erst die Kenntnis dieser theoretischen Wirkungsketten ermöglicht es, zu einem späteren Zeitpunkt Aussagen über die künftige Entwicklung des deutschen M&A-Marktes zu machen. Ferner enthalten die Erklärungsmodelle für das Zustandekommen von Übernahmen wichtige Implikationen für die wohlfahrtstheoretische Bewertung derselben. Diese Evaluierung der gesamtwirtschaftlichen Konsequenzen von M&A-Transaktionen schließt sich als nächster Unterpunkt unmittelbar an. In ihm wird besonderes Augenmerk auf die volkswirtschaftlichen Auswirkungen von Unternehmenskäufen im Mittelstandsbereich gelegt, da in diesem das größte M&A-Potential gesehen wird. Die Betrachtung der gesamtwirtschaftlichen Folgen ist wichtig für die Bewertung der weiteren Entwicklung des M&A-Marktes, da bei negativen Implikationen mit einer Verschärfung der rechtlichen Rahmenbedingungen gerechnet werden muß. Ferner ist der Wohlfahrtseffekt bedeutend für die Aussage über die gesamtwirtschaftliche Vorteilhaftigkeit eines Engagements der Banken im M&A-Beratungsgeschäft. Abgeschlossen wird der zweite Abschnitt durch die Analyse der Entwicklungsaussichten des Marktes für Unternehmenskontrolle. Sie ist wichtig, um festzustellen, ob der Aufbau einer M&A-Beratung auf lange Sicht lohnt. Des weiteren soll sie Aufschluß über die Struktur der zu erwartenden Nachfrage geben.

Der dritte Abschnitt beschäftigt sich mit der Notwendigkeit der Inanspruchnahme von externen Beratern bei der Planung und Durchführung von Firmenakquisitionen. Zunächst werden die diversen Anforderungen erörtert, die eine Übernahmetransaktion mit sich bringt. Es wird diskutiert, inwiefern die an einem Unternehmenskauf beteiligten Parteien in der Lage sind, den hohen Anforderungen einer solchen Transaktion zu genügen. Danach werden die Dienstleistungen, die externe Berater in einer solchen Situation anzubieten vermögen, genauer spezifiziert. Abschließend wird die Frage behandelt, ob die Einschaltung eines Beraters für die Akquisitionsparteien sinnvoll ist.

Die Beratungsleistung, die Universalbanken bei M&A-Transaktionen bieten können, ist Gegenstand des vierten Abschnitts. Zu Beginn wird kurz dargelegt, aus welchen Motiven die Kreditinstitute sich zum Angebot solcher Leistungen entschlossen haben und welche Kundengruppe sie dabei speziell anvisieren. Dann erfolgt eine knappe Darstellung der mit den Banken konkurrierenden Anbieter für die M&A-Beratung. In einem nächsten Schritt werden die potentiell vorhandenen Interessenkonflikte, die auf seiten der Banken auftreten können, dargelegt. Es wird eine eingehende und detaillierte Beschreibung der aus den gegensätzlichen Interessen von Kredit-, Wertpapier- und M&A-Geschäft resultierenden Problematik gegeben. Diesen Nachteilen einer Übernahmeberatung durch Banken werden die ihnen entgegenstehenden spezifischen Vorteile, die sowohl einzel- als auch gesamtwirtschaftlich begründet sind, gegenübergestellt. Danach wird erörtert, ob unter Beachtung aller Vor- und Nachteile eine M&A-Beratung durch Banken eine wünschenswerte Erweiterung der Angebotspalette in diesem Marktsegment darstellt.

Im fünften Abschnitt wird der Frage nachgegangen, wie die aus den Interessenkonflikten erwachsenden Fehlanreize wirkungsvoll begrenzt werden können. Daher wird die Problematik zunächst theoretisch aufgearbeitet und mittels der Agency-Theorie dargestellt. Es werden theoretische Ansätze zur Begrenzung der Fehlanreize abgeleitet und in praktische Handlungsanweisungen überführt. Danach erfolgt eine Darstellung der empirischen Ausgestaltung der M&A-Beratung bei den Banken. Sie wird anhand der theoretischen Erkenntnisse überprüft und bewertet.

Den Abschluß der Arbeit bildet eine Zusammenfassung der wesentlichen Erkenntnisse.

2 Mergers & Acqusitions in Deutschland

2.1 Motive für Mergers & Acquisitions

Im folgenden sollen die in der Literatur dargelegten

Motive für Unternehmensübernahmen vorgestellt und systematisiert werden. Die Einteilung erfolgt in Anlehnung an eine Konzeption von Greer.[1]

2.1.1 Nutzung von Synergiepotentialen und Unterbewertungen

Zunächst soll an dieser Stelle die Beziehung von M&A-Transaktionen zur Eigenschaft der Wertadditivität dargestellt werden. Zum einen ist aufzuzeigen, wo trotz Vorliegen der Bedingungen für Wertadditivität die Möglichkeiten einer Marktwertsteigerung der betroffenen Unternehmen liegen. Zum anderen soll verdeutlicht werden, welche Wertschöpfungspotentiale sich im Rahmen von Übernahmen ergeben, wenn die eine oder andere Voraussetzung für die Gültigkeit der Wertadditivität in der Praxis nicht erfüllt ist. Somit werden hier auf theoretischer Basis die Voraussetzungen erörtert, die vorliegen müssen, damit eine M&A-Transaktion zur Schaffung eines Mehrwerts mittels Nutzung von Synergien führen kann.

"Wertadditivität besagt, daß der Marktwert eines unsicheren Zahlungsstroms $V(Y_A)$, der sich als Summe aus mehreren unsicheren Zahlungsstömen Y_i, i= 1,...,n, zusammensetzt, der Summe der Marktwerte der einzelnen Zahlungsströme entspricht: $V(Y_A) = V(Y_1) +...+ V(Y_n)$, wenn $Y_A = Y_1 +...+ Y_n$".[2] Dieses Resultat ist unabhängig davon, ob die Zahlungsreihen der betroffenen Unternehmen positiv oder negativ miteinander korreliert sind, mithin also unabhängig von Diversifikationseffekten.[3] Bei Existenz der Voraussetzungen der Wertadditivität lassen sich solche Risikostreuungseffekte nämlich bereits durch entsprechende Gestaltung der Portefeuilles von den Anlegern selbst erzielen und bedürfen nicht des Instruments

---

[1]Vgl.: Greer, Douglas F.: Acquisition, in: AB Frühjahr 1986, S. 171-172.
[2]Hax, Herbert/Hartmann-Wendels, Thomas/Hinten, Peter von: Finanzierungstheorie, in: Finanzierungshandbuch, Hrsg.: Christians, F. Wilhelm, Wiesbaden 1988,S. 703.
[3]Vgl.: Franke, Günter/Hax Herbert: Finanzwirtschaft, Berlin-Heidelberg 1990, S. 270.

der Unternehmensübernahme.[1] Bei Vorliegen der Bedingungen der Wertadditivität kann somit nur durch das Auftreten positiver Synergien, die zu einer Erhöhung des neu entstehenden Zahlungsstroms im Vergleich zur Summe der ursprünglichen Zahlungsströme führen, eine Marktwertsteigerung durch eine Übernahme erreicht werden.[2]

Die Implikationen der Wertadditivität werden im folgenden anhand des Modells von Haley/Schall erörtert.[3]

Grundannahmen: - Nichtsättigung, d. h., Investoren ziehen höheren Konsum geringerem vor.
- Das Management handelt im Aktionärsinteresse.

Modellannahmen: A1: Keine Transaktionskosten am Kapitalmarkt, keine gesetzlichen Beschränkungen der Transaktionen und beliebige Teilbarkeit der Finanzanlagen.

A2: Keine Unterschiede in der persönlichen Besteuerung.

A3: Konkurrenz am Kapitalmarkt, so daß einzelne Marktteilnehmer keine neuen Wertpapiertypen schaffen und die Zinsstruktur nicht beeinflussen können.

A4: Gleicher Marktzugang, d. h., alle Marktteilnehmer können zu denselben Konditionen Kredite gewähren oder aufnehmen.

A5: Homogene Erwartungen.

A6: Keine Informationskosten.

A7: Keine Insolvenzkosten.

A8: Handelbarkeit von steuerlichen Verlusten.

---

[1]Vgl.: Scott, James H., Jr.: Theory, in: JoF September 1977, S. 1235.
[2]Vgl.: Franke, Günter/Hax, Herbert: Finanzwirtschaft, a.a.O., S. 270-271.
[3]Vgl.: Haley, Charles W./Schall, Lawrence D.: Theory, New York e.a. 1979, S. 442-455.

11

Die Wertadditivität gilt, wenn die Annahmen A1, A2, A4 und A5 oder A6 erfüllt sind. Für das weitere Vorgehen seien folgende Größen definiert:

Y: Erwarteter Nettozahlungsüberschuß vor Zins- und Dividendenzahlungen.

X: Erwartete Einzahlungen minus Auszahlungen aus laufenden Geschäften (ohne Investitionen).

I: Erwartete Investitionen.

t: Steuersatz.

DP: Erwartete steuerliche Abschreibungen.

R: Erwartete Zinszahlungen.

Y: $X - I - t * (X - DP - R)$

V: Wert eines Unternehmens.

Bei Vorliegen von Wertadditivität ergibt sich für den Zusammenschluß der Unternehmen G und H zur Gesellschaft T, unter der Bedingung, daß $Y_T = Y_G + Y_H$: $V_T = V_G + V_H$. Somit resultiert aus der Übernahme keine Marktwertsteigerung, auch wenn die Zahlungsströme Y_G und Y_H negativ korreliert sind und die Varianz von Y_T aufgrund des Diversifikationseffekts geringer ist. Ein höherer Wert des Unternehmens T ist nur dann möglich, wenn der Zahlungsstrom nach der Übernahme größer ist als die Summe der Zahlungsströme von G und H, also wenn: $Y_T > Y_G + Y_H$. Dies könnte aufgrund positiver Synergien, mit $Y_M > 0$, der Fall sein. Dann gilt: $Y_T = Y_G + Y_H + Y_M$. Dabei läßt sich Y_M darstellen als:

$$Y_M = Y_T - Y_G - Y_H$$
$$\Leftrightarrow Y_M = [X_T - I_T - t * (X_T - DP_T - R_T)]$$
$$- [X_G - I_G - t * (X_G - DP_G - R_G)]$$
$$- [X_H - I_H - t * (X_H - DP_H - R_H)]$$
$$\Leftrightarrow Y_M = (1 - t) * (X_T - X_G - X_H) - (I_T - I_G - I_H)$$
$$+ t * (DP_T - DP_G - DP_H) + t * (R_T - R_G - R_H)$$

Es lassen sich nun vier potentielle Synergiequellen erkennen, die dazu führen können, daß $Y_M > 0$ ist:

(1) $X_T > X_G + X_H$. Ursache hierfür können z. B. höhere Einzahlungen durch einen effektiveren Verkauf oder

niedrigere Auszahlungen durch geringere Kosten der Produktion sein.

(2) $I_T < I_G + I_H$. Die gesenkten Investitionsauszahlungen können z. B. aus verbesserten Bezugskonditionen für Investitionsgüter resultieren. Ein negativer Effekt, mit $I_T > I_G + I_H$, kann an dieser Stelle aber durchaus auch auftreten, wenn die Investitionen aufgrund eines Expansionsprogramms nach der Übernahme erhöht werden. Dennoch kann dann insgesamt ein positiver Synergieeffekt verbleiben, weil durch die Expansion die Größen X_T, DP_T und R_T steigen können.

(3) $DP_T > DP_G + DP_H$. Eine Erhöhung der steuerlichen Absetzungen kann z. B. wegen gestiegener Investitionen oder einer Erhöhung des Abschreibungsvolumens durch Neubewertung der Aktiva der übernommenen Unternehmung erfolgen.

(4) $R_T > R_G + R_H$. Die Aufnahme von Fremdmitteln zur Finanzierung der Übernahme oder von erhöhten Investitionen kann z. B. zu höheren Zinszahlungen führen.

Durch das Auftreten von positiven Synergieeffekten kann es also, trotz Gültigkeit aller gemachten Annahmen, zur Marktwertsteigerung in Höhe von $V_M = V_T - V_G - V_H$ kommen. Das Potential zu Wertzuwächsen im Rahmen von M&A-Transaktionen steigt noch, wenn man die bisherigen restriktiven Annahmen lockert.

Zunächst sollen nun Insolvenzkosten eingeführt werden. Diese Aufgabe der Modellannahme A7 beeinträchtigt die Gültigkeit der Wertadditivität nicht. Seien die erwarteten Insolvenzkosten jetzt mit F bezeichnet. Eine Übernahme kann nun mittels des bereits erörterten Diversifikationseffekts die Unsicherheit des Zahlungsstroms im Vergleich zu den zuvor bestehenden Zahlungsreihen vermindern. Damit geht, bei gleichbleibendem Verschuldungsgrad, eine Reduktion der Insolvenzgefahr einher. Die niedrigere Insolvenzwahrscheinlichkeit bedingt ein Sinken der erwarteten Insolvenzkosten, die nichts anderes als das Produkt aus dieser Wahrscheinlichkeit und den bei einer Insolvenz entstehenden Kosten sind. Es

gilt: $Y = X - I - F - t * (X - DP - R - F)$. Da nun F für
den Fall, daß die Zahlungsströme der an der M&A-Transak-
tion beteiligten Unternehmen nicht vollständig positiv
korreliert sind, sinkt, steigt Y und somit der Marktwert
nach der Transaktion. Dies jedoch unter der Bedingung,
daß der Steuersatz geringer als 100 Prozent ist. Aufgrund der gesunkenen Insolvenzgefahr mindert sich auch
das Ausfallrisiko der Fremdkapitalgeber, sofern die Verschuldung konstant bleibt. Da der für das Fremdkapital
zu vergütende Zins von diesem Risiko abhängt[1], sinken
ceteris paribus die Fremdkapitalkosten der Unternehmung
nach der Übernahme. Auch dies wirkt wertsteigernd. Die
Vorteile aus der Minderung der Insolvenzgefahr können
nur durch eine M&A-Transaktion erreicht werden, nicht
jedoch durch Portefeuilledispositionen der Anleger.[2]

Gibt man als nächstes die Annahme A8 auf und geht von
der Handelbarkeit der steuerlichen Verluste ab, so entsteht ein weiteres Potential für Gewinne aus M&A-Trans-
aktionen, ohne daß die Geltung der Wertadditivität eingeschränkt wird. Die Nutzung von Steuerverlusten ist nun
nur noch mittels Firmenübernahmen darstellbar.

Durch die Einführung von Transaktionskosten und die
dadurch bedingte Aufhebung der Annahme A1 verliert die
Wertadditivität ihre Gültigkeit. Nun kann eine Übernahme
ihren Wert aus der Diversifikation ziehen, da den Anlegern bei ihren Portefeuilletransaktionen Kosten entstehen. Der Einwand, daß diese im Vergleich zu den Kosten
einer M&A-Transaktion geringfügig sind und daher keine
Begründung für eine solche liefern können, trifft nur
teilweise zu, nämlich für den Bereich börsennotierter
Unternehmen. Im Sektor der nicht-notierten, kleinen und
mittelständischen Unternehmen haben die Investoren nicht
ohne weiteres die Möglichkeit, durch Portefeuillegestal-
tungsmaßnahmen eine eigenständige Diversifikation durch-

---

[1]Vgl.: Hax, Herbert: Finanzierung, in: Vahlens Kompendium der Betriebswirtschaftslehre, Bd. 1, Hrsg.:
Bitz, Michael e.a., München 1989, S. 421-422.
[2]Vgl.: Levy, Haim/Sarnat, Marshall: Diversification,
in: JoF September 1970, S. 801.

zuführen. Hier könnte die Risikostreuung als M&A-Motiv durchaus von Bedeutung sein. Zu ähnlichen Ergebnissen gelangt man, wenn man auch die anderen Annahmen einmal kritischer durchleuchtet. So kann man sich beispielsweise sehr gut vorstellen, daß auch Unterschiede in der Besteuerung, das Vorhandensein heterogener Erwartungen und die Existenz von Informationskosten Übernahmetransaktionen begünstigen.

Bei Zugrundelegung der Synergieausnutzung bzw. Unterbewertung als M&A-Motiv geht man von der Annahme aus, daß die in die Transaktion involvierten Unternehmensleitungen die Interessen ihrer Aktionäre wahrnehmen und die Maximierung des Marktwertes der von ihnen vertretenen Gesellschaft anstreben.[1] Die Durchführung einer Firmenübernahme stellt für die betroffenen Unternehmen eine Investitionsentscheidung dar, für die die einschlägig bekannten Auswahlkriterien anwendbar sind.[2] Bei einem marktwertmaximierenden Verhalten der an der Transaktion beteiligten Unternehmensführungen ergibt sich der Preis, den der Käufer maximal zu zahlen bereit ist, als Barwert der mit dem Kalkulationszinsfuß der eigenen Anteilseigner abgezinsten Zahlungsreihe, die aus der Akquisition entsteht. Der Preis, der dem Verkäufer mindestens geboten werden muß, damit er einer Veräußerung zustimmt, errechnet sich als Barwert der mit dem Kalkulationszinsfuß seiner Anteilseigner diskontierten Zahlungsreihe des Akquisitionsobjekts. Die Transaktion wird nur dann vollzogen, wenn der vom Käufer gebotene Preis größer als dieser Mindestverkaufspreis ist.[3] Eine solche positive Differenz zwischen den beiden Preisen kann aus unterschiedlichen Kalkulationszinsfüßen, abweichenden Erwartungen über künftige Zahlungsströme oder dem Auftreten

---

[1]Vgl.: Malatesta, Paul H.: Merger, in: JoFE 1983, S. 157.
[2]Vgl.: Halpern, Paul: Acquisitions, in: JoF Mai 1983, S. 298-299.
[3]Vom Grenzfall der Gleichheit beider Preise kann hier abgesehen werden, da die anfallenden Transaktionskosten ebenfalls aus der Differenz zwischen den beiden Werten gedeckt werden müssen.

von Synergien resultieren.[1] Mergers and Acquisitions, die aufgrund von Synergien stattfinden, bezeichnet man als "allocational". Übernahmen, die auf der Annahme des Käufers, das Akquisitionsobjekt werde vom Verkäufer unterbewertet, beruhen, nennt man "acquisitional".[2] Diese Unterbewertung des Kaufobjekts kann dabei zwei Ursachen haben: unterschiedliche Kalkulationszinssätze oder divergierende Erwartungen der beiden Parteien.

Der bei einer Investitionsrechnung zu verwendende Kalkulationszinsfuß ist der Kapitalkostensatz, der die Untergrenze für die beim Einsatz des Kapitals zu erzielende Verzinsung angibt. Dieser ist beim Beteiligungskapital nur sehr schwer zu ermitteln, da keine feste Verzinsung vereinbart wurde. Daher greift man auf das Konzept der Opportunitätskosten zurück und ermittelt die Verzinsung, die bei der nächstbesten Anlage zu erzielen gewesen wäre. Hierbei ist zu beachten, daß die Alternativanlage vom Risikograd vergleichbar sein muß, da die Investoren als risikoscheu betrachtet werden und eine Kompensation für eingegangene Risiken verlangen. Da die Ermittlung der Risikopräferenzen der Anteilseigner im allgemeinen für das Management nicht praktikabel erscheint, wird bei der Bestimmung der Kapitalkosten zumeist vom landesüblichen Zinssatz für festverzinsliche Anlagen ausgegangen, dem dann ein Risikozuschlag zugerechnet wird.[3] Die Risikoprämie zu bestimmen, gestaltet sich ohne genaue Kenntnis der Risikoneigung der Anteilseigner sehr schwierig. Daher dürfte sich diese Prämie an Marktvorgaben orientieren. Da die Grundlage für die Ermittlung des Kalkulationszinsfußes in diesem Falle bei Käufer und Verkäufer dieselbe sein wird, sind Abweichungen beim Diskontierungsfaktor kaum zu erwarten.[4] Solche Differenzen können jedoch bei kleinen und mittle-

---

[1]Vgl.: Mueller, Dennis C.: Theory, in: QJoE November 1969, S. 649.
[2]Vgl.: Franks, Julian/Harris, Robert: Wealth, in: Mergers and Merger Policy, Hrsg.: Fairburn, James A./ Kay, John A., Oxford 1989, S. 159.
[3]Vgl.: Hax, Herbert: Finanzierung, a.a.O., S. 419-422.
[4]Vgl.: Mueller, Dennis C.: Theory, a.a.O., S. 649.

ren Unternehmen auftreten, da dort der Gesellschafterkreis beschränkt ist und Aussagen über dessen Risikoneigung eher möglich erscheinen.

Unterschiedliche Erwartungen bezüglich künftiger Zahlungsströme führen zu divergierenden Bewertungen, die
Ursache von Unternehmensübernahmen sein können.[1] Sie
beruhen auf asymmetrischen Informationen, die nur auftreten können, wenn der Kapitalmarkt nicht informations-
effizient ist. Bei Informationseffizienz im strengen
Sinne entsprechen die Preise zu jedem Zeitpunkt dem besten irgendwo vorhandenen Informationsstand. Hier scheidet eine Übernahme aufgrund von Informationsvorteilen
aus. Bei mittelstrenger Informationseffizienz spiegeln
die Preise in jedem Zeitpunkt den für jeden Marktteilnehmer zugänglichen Informationsstand wider. Hier ist
eine Nutzung von Informationsvorteilen, die nicht allgemein bekannt sind, möglich. Das gleiche gilt noch verstärkt für einen Markt mit schwacher Informationseffizienz, bei dem die Preise lediglich Informationen über
die bisherige Marktentwicklung wiedergeben.[2] Die Möglichkeit von Übernahmen aufgrund von heterogenen Erwartungen hängt somit von der Informationseffizienz des
Marktes ab. Diese ist für börsennotierte und nicht-no-
tierte Unternehmen verschieden. Während sie bei ersteren
noch hoch sein dürfte, ist bei den nicht-notierten und
weniger publizitätspflichtigen Unternehmen mit einer geringen Informationseffizienz zu rechnen.

Für den Bereich der großen börsennotierten Gesellschaften ist somit die Unterbewertung als M&A-Motiv wegen der zu erwartenden hohen Informationseffizienz eher
von untergeordneter Bedeutung.[3] Das Nutzen von Informationsvorsprüngen gestaltet sich äußerst schwierig.
Bradley zeigt in seinem Modell für börsennotierte Unternehmen, daß ein Käufer keine Gewinne aus der Unterbewer-

---

[1]Vgl.: Gort, Michael: Economic, in: QJoE November
    1969, S. 626.
[2]Vgl.: Franke, Günter/Hax, Herbert: Finanzwirtschaft,
    a.a.O., S. 318.
[3]Vgl.: Mueller, Dennis C.: Theory, a.a.O., S. 649.

tung von Unternehmen ziehen kann, solange der Markt die
im Angebot enthaltenen Informationen zu einer Neubewertung des Akquisitionsobjekts nutzt und ausreichende Konkurrenz am Markt für Unternehmenskontrolle herrscht.[1]

Im Bereich der mittelständischen Wirtschaft dürfte
die Informationseffizienz des Marktes weitaus geringer
sein, da hier aufgrund der geringeren Publizität weniger
Informationen nach außen dringen. Daher kann hier von
einer asymmetrischen Informationsverteilung, die zu unterschiedlichen Bewertungen eines Unternehmens führen
kann, ausgegangen werden. Diese dürfte aber dennoch keine gesteigerte Übernahmetätigkeit zur Folge haben. Der
Informationsvorteil liegt in diesem Bereich nämlich eher
bei den Gesellschaftern als beim außenstehenden Bieter.
Dieser ist kein Insider und kann daher nur sehr schwer
bessere Informationen besitzen. Der Gesellschafterkreis
hingegen, der oft sehr klein ist und in enger Verbindung
zum Unternehmen steht, dürfte weitaus besser informiert
sein. Daher besteht die Informationsasymmetrie hier eher
in einer die Übernahme der Unternehmung behindernden
Richtung.

Insgesamt erscheinen die mit dem Begriff "acquisitional" umschriebenen M&A-Motive somit von geringer Relevanz zu sein. Während bei einigen Transaktionen in den
USA noch das ein oder andre Mal diese Form der Unterbewertung als Motiv vermutet wird, geht man davon aus, daß
in Europa überwiegend strategische Überlegungen Ursache
von Übernahmen sind.[2]

Als letzte Ursache für die abweichenden Preisvorstel-
lungen von Käufer und Verkäufer verbleiben noch Synergien, die die Grundlage der sogenannten "allocational"
M&A-Transaktionen bilden. Ein Synergieeffekt liegt vor,
wenn der "Wert des zusammengeführten Unternehmens größer
ist als die Summe der Werte der beiden Unternehmen vor

---

[1]Vgl.: Bradley, Michael: Tender, in: JoB Oktober 1980,
S. 350-356.
[2]Vgl.: o.V.: Bankers,in: M&A Januar/Februar 1989,S.23.

der Zusammenführung".[1] Dies ist, wie im Modell von Ha-
ley/Schall gezeigt, der Fall, wenn der erwartete Nettozahlungsüberschuß des zusammengeführten Unternehmens die
Summe der Nettozahlungsüberschüsse der beiden Ursprungs-
gesellschaften übersteigt.

Das Erreichen von Betriebsgrößenersparnissen wird als
ein Hauptsynergiepotential angesehen. Hierunter wird die
Abnahme der Herstellstückkosten bei zunehmender Betriebsgröße verstanden.[2] Empirische Untersuchungen
weisen solche "Economies of Scale" in der Praxis
nach.[3] Die Grenze der erreichbaren Kostendegressions-
vorteile bilden die "Managerial Diseconomies of Scale",
die zu erhöhten Kosten aufgrund beschränkter Management-
kapazitäten und steigender Koordinations-, Lenkungs- und
Personalführungserfordernisse führen.[4]

Wie soeben dargelegt, kann eine hohe Betriebsgröße zu
umfangreichen Vorteilen führen. Daher streben die Marktteilnehmer ein rasches Wachstum an, um die Kostendegres-
sionseffekte ausnutzen zu können. Als Wege des Wachstums
stehen die interne und die externe Expansion zur Verfügung. Die Ausdehnung mittels M&A-Transaktionen wird immer dann günstiger erscheinen, wenn der Kaufpreis für
das zu erwerbende Unternehmen unter den Kosten des eigenen Aufbaus einer nach Art und Umfang gleichen Gesellschaft liegt.[5] Aber nicht nur dann wird es zu Übernahmen kommen. Der interne Ausbau des Geschäftsbetriebes
birgt hohe Risiken, da der Erfolg der neu entstehenden
Einheit nur anhand von Marktstudien prognostiziert werden kann. Beim Kauf einer Unternehmung liegen hingegen
historische Gesellschafts- und Marktdaten vor, die eine

---

[1] Falkenhausen, Bernhard Freiherr von: Unternehmenskäufe, a.a.O., S. 167.
[2] Vgl.: Monopolkommission: Chancen, Hauptgutachten
1984/1985, Baden-Baden 1986, S. 231.
[3] Vgl.: Hesse, Helmut/Linde, Robert: Ursachen, in: WISU
November 1979, S. 557.
[4] Vgl.: Müller, Jürgen/Hochreiter, Rolf: Konzentration,
Göttingen 1975, S. 150.
[5] Vgl.: Golbe, Devra L./White, Lawrence J.: Acquisitions, in: Mergers and Acquisitions, Hrsg.: Auerbach,
Alan J., Chicago-London 1988, S. 40.

bessere Erfolgsprognose zulassen und das Risiko mindern.[1] In einer Zeit sinkender Produktlebenszyklen
müssen technische Lösungen möglichst schnell in der ganzen Breite des Marktes umgesetzt werden. Die Aneignung
der nötigen Kapazitäten im Rahmen des internen Wachstums
ist dabei zu zeitaufwendig. Daher stellen M&A-Transak-
tionen ein geeignetes Mittel der Expansion dar.[2] Die
Synergien, die sich aus dem Kauf bereits existierender
Unternehmen gegenüber dem Neuaufbau ergeben, sind beim
Zugang zu neuen Märkten oder der Erschließung von neuen
Geschäftsfeldern von besonderer Bedeutung.[3] Insbesondere beim Eintritt in einen ausländischen Markt sind Unternehmensakquisitionen ein probates Mittel.[4] Des weiteren ist der Erwerb von zusätzlicher Erfahrung und
Know-how durch den Aufkauf möglich.[5] Besonderes Interesse richtet sich hierbei auf den Zukauf von gut ausge-
bildeten und befähigten Mitarbeitern.[6]

Die Rückbesinnung auf das Kerngeschäft, die den Verkauf von Konzernteilen zum Inhalt hat, geht ebenfalls
auf die Betriebsgrößenargumentation zurück. Sie sieht
den relativen Marktanteil, verstanden als den eigenen
Marktanteil im Verhältnis zum größten Wettbewerber, aufgrund der Kostendegression als entscheidend für den
Markterfolg an.[7] Als Strategie für die Unternehmen
folgt aus dieser Theorie die Expansion im Kerngeschäft
und die Aufgabe der Randbereiche.[8]

---

[1]Vgl.: Hansen, Horst-Günther: Kauf,in: HB 26./27.4.91,
S. D6.
[2]Vgl.: Matuschka, Graf Albrecht: Märkte, in: Strategisches Finanzmanagement der Unternehmen, Hrsg.: Rudolph, Bernd, Frankfurt/Main 1989, S. 13.
[3]Vgl.: Krahtz, Hans-Jürgen: Ansatz, in: HB 19.4.89,
S. B27.
[4]Vgl.: OECD: Mergers, Paris 1988, S. 13.
[5]Vgl.: Chartered WestLB Limited: M&A, Düsseldorf o.J.,
S. 5.
[6]Vgl.: Burney, Sir Anthony: Take-overs, in: Mergers,
Take-overs and the Structure of Industry, Hrsg.: The
Institute of Economic Affairs, London 1973, S. 14.
[7]Nur durch das Erreichen einer ausreichenden Größe
kann eine Kostenstruktur realisiert werden, die die
Chance für ein Überleben am jeweiligen Markt bietet.
[8]Vgl.: Eisenblätter, Michael: Industrie, in: HB
18.4.91, S. B16.

20

Ein weiteres Synergiepotential ergibt sich aus der Integration von Marktvorgängen in eine Unternehmung. Die Existenz und das Wachstum eines Unternehmens werden oft damit erklärt, daß die interne Planung effizienter sei als die Preisanpassungsprozesse am Markt.[1] Dieser Überlegung liegt der Transaktionskostenansatz von Coase zugrunde. Er faßt unter dem Oberbegriff der Koordinationskosten die Transaktionskosten, die bei der Koordination über Märkte entstehen, und die Organisationskosten, die für die Koordination im Unternehmen anfallen, zusammen. Unter die Transaktionskosten können die Kosten der Information, des Aushandelns und Abschlusses von Verträgen und der Sicherstellung der Vertragserfüllung subsumiert werden.[2] Offensichtlich sind Kenntnis des Gegenübers und Möglichkeiten seiner Kontrolle im Unternehmen besser als am Markt.[3] Markttransaktionen werden nun solange in ein Unternehmen verlagert, wie die Koordinationskosten dort geringer als am Markt sind.[4] Die Wachstumsgrenze der Unternehmung stellen die mit der Expansion ansteigenden Koordinationsprobleme dar.[5]

Die im Modell von Haley/Schall dargelegte Reduktion der Insolvenzwahrscheinlichkeit durch eine M&A-Transaktion ist ebenfalls eine Quelle von Synergiegewinnen. Zum einen bewirkt ein Rückgang der Insolvenzwahrscheinlichkeit direkte Einsparungen, da solcherart gefährdete Unternehmen ihren Angestellten höhere Löhne zur Kompensierung des gesteigerten Arbeitsplatzverlustrisikos zahlen müssen und Nachfrageeinbußen im Bereich der von ihnen produzierten langfristigen Güter erleiden.[6] Zum anderen sinkt bei abnehmender Insolvenzgefahr auch das Risi-

---

[1]Vgl.: Dugger, William M.: Transaction, in: JoEI März 1983, S. 97.
[2]Vgl.: Bössmann, Eva: Transaktionskosten, in: ZgS 138. Band 1982, S. 664-665.
[3]Vgl.: Chiplin, Brian/Wright, Mike: Mergers, a.a.O., S. 73-74.
[4]Vgl.: Williamson, Oliver E.: Economies, in: AER März 1968, S. 33.
[5]Vgl.: Bössmann, Eva: Unternehmungen, in: ZgS 137. Band 1981, S. 669.
[6]Vgl.: Jensen, Michael C./Meckling, William H.: Theory, in: JoFE 1976, S. 341.

ko der Fremdkapitalgeber. Sie werden daher entweder bei gleichbleibender Verschuldung eine niedrigere, dem gesunkenen Risiko entsprechende Verzinsung hinnehmen oder bei Beibehaltung der bisher gewährten Verzinsung eine höhere Verschuldung, die das Risiko wieder auf das alte Niveau anhebt, akzeptieren. In letzterem Falle steigt das potentielle Kreditvolumen.[1] Da das Insolvenzrisiko geringer ist, sind die Kreditnehmer nämlich bereit, ein größeres Kreditvolumen zu bewilligen als die Summe der Kreditbeträge, die sie den betroffenen Gesellschaften vor der Übernahme zugestanden haben.[2] Besonders häufig werden Verkäufe aus Finanzierungsmotiven bei Unternehmen erfolgen, die sich in Liquiditätsschwierigkeiten befinden und denen keine andere Kapitalbeschaffungsmöglichkeit offensteht als die Aufnahme eines neuen, kapitalkräftigen Gesellschafters. Hier ist vor allem der Mittelstand zu nennen, dem die Anlehnung an einen finanzstarken Partner die Möglichkeit zur Eigenkapitalzufuhr gibt.[3]

Synergiegewinne aus Übernahmen können auch in Form von Steuervorteilen auftreten.[4] Diese können aus der Erhöhung der Abschreibungsbasis durch die Neubewertung der Aktiva, der steuerlichen Abzugsfähigkeit der Zinsen im Rahmen einer Erhöhung der Verschuldung und der Nutzung von Verlustvorträgen des Akquisitionsobjekts resultieren, wobei letztere das Hauptmotiv steuerlich veranlaßter Übernahmen bildet.[5]

---

[1] Vgl.: Müller, Jürgen/Hochreiter, Rolf: Konzentration, a.a.O., S. 173-174.
[2] Vgl.: Lewellen, Wilbur G.: Financial, in: JoF Mai 1971, S. 525.
[3] Vgl.: Tippelskirch, Alexander von: Eigenkapital, in: FAZ 23.4.91, S. B6.
[4] Wie das Modell von Haley/Schall zeigte, steigt der Wert eines Unternehmens mit der Höhe des Nettozahlungsüberschußes vor Zins- und Dividendenzahlungen (Y). Dieser war definiert als:
$$Y = X - I - t * (X - DP - R) .$$
Er steigt also ceteris paribus mit wachsenden steuerlich absetzbaren Abschreibungen (DP) und Zinsen (R).
[5] Vgl.: Auerbach, Alan J./Reishus, David: Taxation, in: Mergers and Acquisitions, Hrsg.: Auerbach, Alan J., Chicago-London 1988, S. 79-81.

22

Die Nennung der Diversifikation unter den Synergien ist eigentlich sachlich falsch, da eine Synergie das Zusammenwirken in den Vordergrund stellt, während die Diversifikation das Gegenteil bezweckt.[1] Dennoch wird sie im allgemeinen unter diesen Punkt subsumiert. Ihre Wirkung wurde bereits im Modell von Haley/Schall dargelegt.[2]

Ein letzter Synergiegewinn, der hier angeführt werden muß, ist die Erlangung oder die Festigung von Marktmacht.[3] Er erlaubt dem Unternehmen größeren Einfluß auf die Preisgestaltung am Markt. Zur genaueren Darstellung der hier unterstellten Wirkungszusammenhänge sei auf den Abschnitt 2.2.1.1 verwiesen.

2.1.2 Steigerung der Effizienz des Managements

Die Annahme der beabsichtigten Steigerung der Effizienz des Managements als M&A-Motiv geht davon aus, daß die Geschäftsführung des Käufers die Interessen der von ihr vertretenen Anteilseigner verfolgt und die Maximierung des Marktwertes der Unternehmung anstrebt. Beim Akquisitionsobjekt wird hingegen eine nicht den Marktwert maximierende Unternehmenspolitik der amtierenden Geschäftsleiter vorausgesetzt.[4] Im Mittelpunkt der Theorie steht die Corporate-Control-Hypothese.[5] Ihr liegen folgende Annahmen zugrunde: Die Kurse der am Kapital-

---

[1]Vgl.: Bressmer, Claus/Mosner, Anton C./Sertl, Walter: Übernahme, a.a.O., S. 18.

[2]Die Diversifikation mindert das Risiko einer Insolvenz und somit die erwarteten Kosten derselben.

[3]Vgl.: Bebchuk, Lucian A.: Offers, in: HLR Nr. 6 1981/1982, S. 1032.

[4]Vgl.: Malatesta, Paul H.: Merger, a.a.O., S. 157. Diese nicht den Marktwert maximierende Unternehmenspolitik kann zum einen darin begründet liegen, daß das Management Eigeninteressen verfolgt, wie sie im Abschnitt 2.1.3 behandelt werden. Sie liegt aber auch z. B. dann vor, wenn der Liquidationswert des Kaufobjekts den Marktwert seines Eigen- und Fremdkapitals übersteigt und das derzeitige Management nicht bereit ist, eine solche Liquidation durchzuführen. Vgl.: Hartmann-Wendels, Thomas/Hinten, Peter von: Marktwert, in: ZFbF April 1989, S. 282.

[5]Vgl.: Halpern, Paul: Acquisitions, a.a.O., S. 300.

markt gehandelten Anteilsrechte spiegeln die erwartete
Rentabilität der Unternehmen wider. Die Übernehmer von
Unternehmen wollen eine nicht an den Gesellschafterin-
teressen orientierte Unternehmenspolitik ändern. Die
Übernahmetätigkeit wird vom Markt adäquat honoriert.[1]

Kernpunkt der Überlegungen zur Effizienzsteigerung
des Managements sind die aus der Trennung von Eigentum
und Kontrolle resultierenden Agency-Kosten des Eigenkapitals und die Möglichkeit ihrer Reduktion.[2] Diese Separation von Eigentum und Kontrolle findet sich in vielen modernen Unternehmen. Sie ist nicht nur Resultat der
Größe der Gesellschaften, die eine Delegation und Spezialisierung der Geschäftsleitung erfordert.[3] Ihre
Hauptursache liegt im Diversifikationsstreben der Anleger. Wie die Portefeuilletheorie zeigt, ist es ineffizient, sein gesamtes Kapital in eine einzige Anlage zu
investieren. Eine Streuung erscheint vorteilhafter.[4]
Daher wird sich das Eigenkapital einer Unternehmung auf
eine Reihe von Anlegern verteilen und das Management nur
einen geringen Teil daran halten. Die Unternehmung kann
nun aber allgemein als eine Menge von Verträgen zwischen
den diversen Produktionsfaktoren, die ihre Eigeninteressen vertreten, beschrieben werden.[5] Die aus der Trennung von Eigentum und Kontrolle resultierenden Interessendivergenzen zwischen dem Management einer Unternehmung und ihren Anteilseignern verursachen Kosten. Diese
bezeichnet man als Agency-Kosten des Eigenkapitals. Sie
setzen sich aus den Aufwendungen für die Begrenzung der
Fehlanreize und den aus den verbleibenden Fehlanreizen
resultierenden Kosten zusammen.[6] Eine wirkungsvolle

---

[1]Vgl.: Hughes, Alan: Impact, in: Mergers and Merger
Policy, Hrsg.: Fairburn, James A./Kay, John A., Oxford 1989, S. 33.
[2]Vgl.: Bebchuk, Lucian A.: Offers, a.a.O., S. 1031.
[3]Vgl.: Helm, Dieter: Take-overs, in: Mergers and Merger Policy, Hrsg.: Fairburn, James A./Kay, John A.,
Oxford 1989, S. 135.
[4]Vgl.: Fama, Eugene F.: Agency Problems, in: JoPE
April 1980, S. 291.
[5]Vgl.: Ebenda, S. 289.
[6]Vgl.: Jensen, Michael C./Meckling, William H.: Theory, a.a.O., S. 308.

Begrenzung des diskretionären Handlungsspielraums des Managements mittels einer Kontrolle desselben durch die Anteilseigner scheitert an der sich ergebenden Free-Rider-Problematik.[1] Für den einzelnen Gesellschafter besteht kein Anreiz zur Kontrolle der Geschäftsleitung, da diese Tätigkeit ihm Kosten verursacht, die er alleine zu tragen hat, während der aus seinen Aktivitäten erwachsende Nutzen allen Anlegern zugute kommt.[2] Die Neigung zur Überwachung des Managements wird bei den Anteilseignern um so geringer sein, je kleiner ihre Beteiligung und damit der auf sie entfallende Ertrag einer solchen Betätigung ist. Mithin wächst der diskretionäre Handlungsspielraum der Geschäftsführung mit zunehmender Streuung der Anteilsrechte.[3] Hier zeigt sich, daß die Erklärung von M&A-Transaktionen mittels der intendierten Effizienzsteigerung des Managements als wesentliche Voraussetzung die Trennung von Eigentum und Kontrolle beim Akquisitionsobjekt und die mangelnde Überwachung des Managements desselben durch die Anteilseigner erfordert. Somit kann schon hier festgehalten werden, daß dieses Übernahmemotiv für den deutschen Markt nur von geringer Relevanz ist, da der Großteil der Übernahmeobjekte hier aus dem mittelständischen Bereich stammt. Bei diesen besteht zumeist keine derartige Trennung von Eigentum und Kontrolle. Wo sie dennoch existiert, dürfte der Kreis der Gesellschafter jedoch so klein sein, daß eine Kontrolle des Managements für den einzelnen Anteilseigner Sinn macht, weil er über einen entsprechend hohen Anteil verfügt. Unter Umständen kommt sogar eine konzertierte Überwachung durch alle Anteilseigner in Frage, da die Organisationskosten einer solchen Aktion in Anbetracht des kleinen Gesellschafterkreises gering sein dürften.

Wie gesehen scheitert die Kontrolle des Managements

---

[1] Vgl.: Cook, Richard E.: Takeovers, in: Public Policy toward Corporate Takeovers, Hrsg.: Weidenbaum, Murray L./Chilton, Kenneth W., New Brunswick 1988, S. 2.
[2] Vgl.: Grossman, Sanford J./Hart, Oliver D.: Takeover Bids, in: BJoE Frühjahr 1980, S. 42.
[3] Vgl.: Kaulmann, Thomas: Managerialism, in: Agency Theory, Information, and Incentives, Hrsg.: Bamberg, Günter/Spremann, Klaus, Berlin-Heidelberg 1987, S.445.

durch die Anteilseigner unter gewissen Gegebenheiten. Es müssen also andere Kontrollmittel herangezogen werden, um die Geschäftsleitung zur Wahrung der Gesellschafterinteressen zu bewegen. Dabei bietet sich der Markt für Corporate Control als effektives Kontrollmittel an.[1]

Unter dem Begriff Unternehmenskontrolle versteht man das Recht, das Management von Unternehmensressourcen zu bestimmen.[2] Am Markt für Unternehmenskontrolle konkurrieren Management-Teams um dieses Recht. Er kann somit im weitesten Sinne als Teil des Arbeitsmarktes für Manager betrachtet werden.[3] Der Marktwert von schlecht geführten Unternehmen sinkt und schafft einen Anreiz zur Akquisition derselben. Nach der Übernahme wird das Management des Kaufobjekts ausgewechselt und eine marktwertmaximierende Unternehmenspolitik installiert. Der Übernehmer profitiert von der dann folgenden Steigerung des Marktwerts.[4] Durch die Übernahmeandrohung im Falle einer schlechten Geschäftspolitik wird eine effektive Kontrolle der Unternehmensleitung ausgeübt, da diese gezwungen ist, den Marktwert zu maximieren.[5] Besonders positiv auf die Reduktion der Agency-Kosten des Eigenkapitals wirken sich Übernahmen in Form von LBO und MBO aus. Bei MBO-Transaktionen übernimmt das Management eine Beteiligung am Eigenkapital, die zu einer Verminderung der Interessenkollision führt.[6] Im Rahmen eines LBO wird aufgrund der Erhöhung der Verschuldung der frei disponible Cash-flow stark reduziert, so daß die Unternehmensleitung über diesen nicht mehr nach eigenem Ermessen entscheiden kann. Zudem motiviert die gestiegene Insolvenzgefahr die Manager zu einer effizienteren Ge-

---

[1]Vgl.: Hirschey, Mark: Mergers, in: AER Mai 1986, S. 319.
[2]Vgl.: Jensen, Michael C./Ruback, Richard S.: Market, in: JoFE 1983, S. 5.
[3]Vgl.: Jensen, Michael C.: Takeovers, in: HBR November/Dezember 1984, S. 110.
[4]Vgl.: Manne, Henry G.: Mergers, in: JoPE April 1965, S. 112-113.
[5]Vgl.: Jensen, Michael C./Ruback, Richard S.: Market, a.a.O., S. 6.
[6]Vgl.: Jensen, Michael C./Meckling, William H: Theory, a.a.O., S. 329.

schäftspolitik.[1] Bei einem reibungslosen Funktionieren des Marktes für Unternehmenskontrolle und Nichtanfall von Transaktionskosten wäre der diskretionäre Handlungsspielraum jeder Unternehmensführung gleich Null. Es gäbe kein ineffizientes Management.[2] In der Realität wird es allerdings Transaktions- und Informationskosten geben.[3]

2.1.3 Eigeninteressen des Managements

Betrachtet man die Eigeninteressen des Managements als Ursache von M&A-Transaktionen, so geht man von der Grundannahme aus, daß die Unternehmensleitung des Übernehmers nicht die Maximierung des Marktwertes der eigenen Gesellschaft zum Ziel hat.[4] Es wird eine Trennung von Eigentum und Kontrolle vorausgesetzt, die dem Management den nötigen diskretionären Spielraum zur Abweichung von den Interessen der Anteilseigner schenkt. Daher scheidet das Eigeninteresse des Managements zur Erklärung derjenigen M&A-Transaktionen, bei denen mittelständische Unternehmen als Käufer in Erscheinung treten, aus den schon in Abschnitt 2.1.2 dargelegten Gründen aus. Die Handlungsspielräume für die Geschäftsführung entstehen immer dann, wenn der Wettbewerb an den Kapital-, Produkt- und Arbeitsmärkten nicht ausreichend genug ist, um disziplinierend zu wirken. In diesen Fällen kann das Management Eigeninteressen verfolgen, die im allgemeinen zu einem Abgehen von der Marktwertmaximierung und einem Zuwenden zur Umsatz- oder Wachstumsmaximierung führen werden. Dabei kann es zu einer Ausweitung der Produktion über das Betriebsoptimum hinaus kommen,

---

[1] Diese Reduktion des frei disponiblen Cash-flow ist laut Jensen ein geeignetes Mittel zur Vermeidung von Akquisitionen aufgrund der im Abschnitt 2.1.3 dargelegten Motive. Vgl.: Jensen, Michael C.: Agency Costs, in: AER Mai 1986, S. 323-324.
[2] Vgl.: Chiplin, Brian/Wright, Mike: Mergers, a.a.O., S. 26.
[3] Vgl.: Helm, Dieter: Take-overs, a.a.O., S. 138.
[4] Vgl.: Mueller, Dennis C.: Theory, a.a.O., S. 644.

die dann nicht mehr mit dem Ziel der Marktwertmaximierung vereinbar ist, sondern diesem widerspricht.[1]

Eigeninteressen der Unternehmensleitung liegen vornehmlich in der Sicherung des Arbeitsplatzes und der Erhöhung der eigenen Entlohnung.[2] Sie erstrecken sich aber auch auf zukünftige Aufstiegsmöglichkeiten und das mit der beruflichen Stellung verbundene Prestige.[3] Als Mittel zur Erreichung dieser Ziele dient die Maximierung der Unternehmensgröße.[4] Sie kann in Gestalt der Wachstums- oder Umsatzmaximierung betrieben werden und wird in der Literatur häufig als Konzernbaustreben (Empire Building) bezeichnet.[5] Die Expansion wird dabei zumeist aus den freien Mitteln der Gesellschaft bestritten, da eine Finanzierung am Kapitalmarkt mit einer Kontrolle durch diesen verbunden wäre. Durch den Konzernausbau lassen sich die Interessen der Manager am besten vertreten. Aufgrund ihrer "Überinvestition" in das Unternehmen ist ihnen besonders an dessen Sicherheit gelegen. Während der normale Investor sein Risiko durch eine breite Streuung seiner Anlagen begrenzt, ist ein hoher Anteil des Human- und Kapitalvermögens der Geschäftsleiter im eigenen Unternehmen gebunden.[6] Die daraus resultierende höhere Risikoanfälligkeit kompensieren sie durch den Diversifikationseffekt, der mit dem Ausbau der Gesellschaft verbunden ist. Sie führen mithin die Risikostreuung, die der Anleger in seinem Portefeuille vornimmt, durch den Zukauf von Unternehmen durch.[7] Einen Spezialfall dieses Sicherheitsstrebens stellt die Akqui-

[1] Vgl.: Kaulmann, Thomas: Managerialism, a.a.O., S. 441-443.
[2] Vgl.: Firth, Michael: Takeovers, in: QJoE März 1980, S. 236.
[3] Vgl.: Jensen, Michael C.: Agency Costs, a.a.O.,S.323.
[4] Vgl.: Malatesta, Paul H.: Merger, a.a.O., S. 157.
[5] Vgl: Ravenscraft, David J./Scherer, F.M.: Takeovers, in: Public Policy toward Corporate Takeovers, Hrsg.: Weidenbaum, Murray L./Chilton, Kenneth W., New Brunswick 1988, S. 36.
[6] Vgl.: Easterbrook, Frank H.: Insider, in: Principals and Agents: The Structure of Business, Hrsg.: Pratt, John W./Zeckhauser, Richard J., Boston 1985, S. 87.
[7] Vgl.: Coffee, John C. Jr.: Managers, in: Knights, Raiders & Targets, Hrsg.: Coffee, John C., Jr. e.a., New York-Oxford 1988, S. 82-83.

sition von anderen Unternehmen zur Vermeidung der eigenen Übernahme dar.[1]

Wie schon erwähnt, dürfte das Eigeninteresse des Managements für die Erklärung der Kaufaktivitäten von Mittelständlern von geringer Bedeutung sein. Den Kauf derselben durch Publikumsgesellschaften vermag sie aber sehr wohl zu erklären. Dabei kann selbst bei marktwertmaximierender Unternehmensstrategie des Akquisitionsziels eine Übernahme durch eine den Umsatz bzw. das Wachstum maximierende Gesellschaft erfolgen. Letztere wird nämlich auch noch Investitionen ausführen, die bei Marktwertmaximierung nicht getätigt worden wären, und somit in der Lage sein, einen höheren Preis für ein Objekt zu zahlen, da sie sich bei der Bemessung desselben nicht am Marktwert orientiert.[2]

2.2 Wohlfahrtstheoretische Betrachtung von Mergers & Acquisitions

2.2.1 Potentielle negative Folgen von Mergers & Acquisitions

2.2.1.1 Konzentrationsprozesse

In der betrieblichen Praxis kommt es bei Übernahmen von börsennotierten Gesellschaften zu erheblichen Kursgewinnen. Diese beruhen auf der Erwartung steigender Gewinne, sei es durch die Einsparung von Kosten im Rahmen von Effizienzsteigerungen, sei es durch die Erhöhung der

---

[1]Hintergrund einer solchen Vorgehensweise ist die Annahme, daß die durch einen Unternehmenskauf resultierende Zunahme der Gesellschaftsgröße und der Verschuldung, die sich ergebende Kapitalverwässerung im Falle einer Zahlung der Transaktion mittels eigener Aktien oder die eventuelle Auslösung staatlicher Regulierungen durch den Zukauf eine abschreckende Wirkung auf potentielle Übernehmer haben. Im gleichen Zusammenhang sind Gebote für Gesellschaften zu sehen, durch die man seinerseits mit einer Übernahme bedroht wird (Pac Man Defense). Vgl.: Greer, Douglas F.: Acquisition, a.a.O., S. 159-168.
[2]Vgl.: Mueller, Dennis C.: Theory, a.a.O., S. 654-656.

Erträge als Folge von Preisanhebungen.[1] Im letzteren Falle wird unterstellt, daß die Akquisition zu einer erhöhten Konzentration führt, die Preisabsprachen zwischen den Wettbewerbern begünstigt.[2] Der Preis läßt sich nur mittels Beschränkung der Angebotsmenge über dem sich bei vollständiger Konkurrenz ergebenden Marktpreis halten. Daher muß die Ausbringungsmenge und das Preisgebaren der an der Absprache beteiligten Marktteilnehmer kontrolliert werden. Diese Überwachung verursacht Kosten, die mit steigender Zahl der am Markt vertretenen Anbieter wachsen. M&A-Transaktionen erhöhen die Konzentration, erleichtern somit Preisabsprachen und bringen den Beteiligten durch die Abschöpfung der Monopolrente zusätzliche Einnahmen.[3] Diese These hat negative Implikationen für die mit der Übernahme verbundenen Wohlfahrtseffekte. Durch die Manipulation ergibt sich ein höherer Preis und eine geringere Angebotsmenge als bei vollständiger Konkurrenz. Die Allokationseffizienz wird gemindert, und der Innovationsdruck sinkt aufgrund des fehlenden Preiswettbewerbs.[4]

Der Vorwurf, durch Übernahmen werde der Wettbewerb negativ beeinträchtigt, ist so pauschal nicht zu halten. Positive Wirkungen gehen beispielsweise von Akquisitionen aus, durch die ausländische Anbieter sich Zugang zu von wenigen Großunternehmen dominierten inländischen Märkten schaffen.[5] MBO-Transaktionen, durch die Unternehmen die Chance geboten wird, ihre Selbständigkeit zu bewahren oder, wie bei Spin-Offs und Privatisierungen, zu erlangen, wirken tendenziell sogar konzentrationsmindernd.[6] Daher ist bezüglich der Wettbewerbswirkungen von Akquisitionen eine Einzelfallprüfung angebracht.[7]

---

[1] Vgl.: Eckbo, B. Espen: Collusion, in: JoFE 1983, S.241.
[2] Vgl.: Stillman, Robert: Mergers, in: JoFE 1983, S.226.
[3] Vgl.: Eckbo, B. Espen: Collusion, a.a.O., S. 243.
[4] Vgl.: Beesley, M.E.: Welfare, in: Mergers, Take-overs and the Structure of Industry, Hrsg.: The Institute of Economic Affairs, London 1973, S. 73.
[5] Vgl.: OECD: Mergers, a.a.O., S. 14.
[6] Vgl.: Arbeitskreis Finanzierung der Schmalenbach-Gesellschaft: Analyse, a.a.O., S. 833.
[7] Vgl.: Hughes, Alan: Impact, a.a.O., S. 62.

Eine Verifikation der Annahme, daß das Marktmachtstreben wesentlicher Beweggrund für Unternehmensübernahmen ist, konnte in der Praxis bisher nicht erbracht werden. Nach dieser These würde die Ankündigung einer M&A-
Transaktion zu einem Anstieg der Aktienkurse bei den daran beteiligten Gesellschaften und den direkten Konkurrenten des Käufers führen, da alle von der zu erwartenden Preisabsprache profitierten. Das gleiche Resultat
ergäbe sich aber auch bei einer durch Effizienzgewinne
motivierten Übernahme, da hier die Konkurrenten von den
in der Transaktion zum Ausdruck kommenden Informationen
über Effizienzpotentiale bevorteilt würden. Ein Unternehmenskauf kann sehr wohl auch beide Effekte beinhalten. Der aus Wettbewerbsnachteilen und Effizienzgewinnen
resultierende Gesamteffekt ist dann für die wohlfahrtstheoretische Beurteilung relevant. Eine Differenzierung
zwischen beiden Motiven ist zwar nicht bei der Ankündigung der Übernahme möglich, sehr wohl aber bei der Be-
kanntgabe der Einleitung eines kartellrechtlichen Ver-
fahrens gegen die Transaktion. Dann müssen bei Annahme
des Marktmachtstrebens die Kurse der Konkurrenten fallen, wohingegen sie im anderen Falle unberührt bleiben.[1] Untersuchungen der Reaktionen von Aktienkursen
amerikanischer Unternehmen haben keine Bestätigung für
die Gültigkeit der Preisabsprachen-These erbracht.[2]

Daher bleibt festzuhalten, daß sich das Marktmachtstreben selbst bei Untersuchungen über die M&A-Motive
großer Publikumsgesellschaften als unbedeutend erwies.
Für die Übernahmetätigkeit im mittelständischen Bereich,
mit dem wir es in Deutschland überwiegend zu tun haben,
dürfte es noch weniger relevant sein. Wie das Trade-Off-
Modell von Williamson zeigt, sind erhebliche Preiserhö-
hungen nötig, um aus der Übernahme erwachsende Wohl-
fahrtsgewinne auszugleichen.[3] Die dafür nötige Marktmacht dürften Mittelständler aufgrund ihrer Größe in der

---

[1]Vgl.: Eckbo, B. Espen: Collusion, a.a.O., S. 243-245.
[2]Vgl.: Ebenda, S. 257-263; Stillman, Robert: Mergers,
    a.a.O., S. 234-239.
[3]Vgl.: Williamson, Oliver E.: Economies, a.a.O.,
    S. 21-23.

Regel nicht haben. Daher dürften die Wettbewerbsnachteile, die in Deutschland aufgrund von Akquisitionen entstehen, eher gering sein. Dies bestätigt auch das 8. Hauptgutachten der Monopolkommission, das trotz steigender Übernahmen keine wesentliche Änderung des Konzentrationsgrades feststellte.[1] Gerade die Übernahme von mittelständischen Betrieben hat die Konzentration nicht beschleunigt, da in diesem Bereich aufgrund der ihm eigenen Dynamik die entstandenen Lücken schnell geschlossen wurden.[2]

2.2.1.2 Erhöhung der Verschuldung

Eine Erhöhung der Verschuldung im Zusammenhang mit einer Übernahme wird häufig negativ bewertet. Ein solch pauschales Urteil ist jedoch äußerst fragwürdig, da es keinen allgemein verbindlichen optimalen Verschuldungsgrad gibt und Aussagen über Vor- oder Nachteil einer bestimmten Schuldenlast somit immer von den jeweiligen betrieblichen Gegebenheiten abhängen.[3]

Ausgangspunkt für die Kritik des mit Akquisitionen einhergehenden Anstiegs der Verschuldung bilden Vorgänge in den USA, wo Akquisitionsobjekte faktisch ihre eigene Übernahme bezahlten und ihr Gesellschaftsvermögen zur Abdeckung der Verbindlichkeiten herhalten mußte. In Deutschland sind die Verschuldungsmöglichkeiten und der Zugriff auf das Gesellschaftsvermögen des Übernahmeobjekts jedoch durch starke Minderheiten- und Gläubigerschutzbestimmungen begrenzt.[4] Gemäß §§ 71a Absatz 1 Satz 1 und 57 Absatz 1 Satz 1 AktG darf eine zu übernehmende Aktiengesellschaft weder vor noch nach dem Erwerb Kredite oder Sicherheiten für den Käufer stellen. Eine Inanspruchnahme des Vermögens des Kaufobjekts zur Ab-

---

[1]Vgl.: Kannengießer, Walter: DDR, in: FAZ 5.7.90, S. 13+14.
[2]Vgl.: Krüger, Walter: Mittelstand, in: FAZ 26.6.90, S. B15.
[3]Vgl.: Peltzer, Martin: Deutschland, in: ZIP 27.1.89, S. 71.
[4]Vgl.: Terribilini, Sergio: Firmenübernahmen, in: WP 8.3.91, S. 33.

sicherung der Verbindlichkeiten des Übernehmers ist nur nach einer Verschmelzung beider Gesellschaften möglich. Das Recht auf Sicherheitenleistung der Gläubiger der erworbenen Gesellschaft bleibt von der Fusion gemäß §§ 347 AktG und 26 bzw. 33 KapErhG unbeschadet.[1] Dies gilt für die Gläubiger von Unternehmen anderer Rechtsform aufgrund §§ 415 und 416 BGB analog.[2] Die aus den USA bekannten Auswüchse sind in Deutschland aufgrund der strikten rechtlichen Regelungen somit nicht zu erwarten.

Der Hauptkritikpunkt gegen M&A-Transaktionen bezieht sich auf die Schädigung der Gläubiger, die mit ihr einhergehe. Zeichen dafür seien die sinkenden Kurse der Obligationen der von den Übernahmen betroffenen Unternehmen.[3] Dem bleibt jedoch zu entgegnen, daß, wie in Abschnitt 2.1.1 dargelegt, der aus der Transaktion resultierende Diversifikationseffekt die Gläubiger zunächst bevorteilt, da sie bei gleichbleibendem Zins ein geringeres Risiko tragen.[4] Erst eine Erhöhung der Verschuldung, die das Risikoniveau über das vor der Übernahme bestehende hebt, bringt Nachteile für die Gläubiger, da sie nun einen zu geringen Zins vergütet erhalten.[5] Für den Mittelstand ist diese Argumentation von geringer Bedeutung, da seine Fremdkapitalversorgung nicht über Obligationen, sondern zum größten Teil mittels Bankkrediten erfolgt. Diese sind sehr gut besichert, und diese Sicherung muß, wie oben bereits gesehen, auch durch den neuen Eigentümer garantiert werden. Nachteile für so gesicherte Gläubiger sind kaum zu erwarten.[6]

---

[1] Vgl.: Lutter, Marcus/Wahlers, Henning W.: Buyout, a.a.O., S. 8-12.
[2] Eine andere Lehrmeinung bejaht zwar die Möglichkeit der Inanspruchnahme des Vermögens der Zielgesellschaft auch ohne Fusion, sieht darin aber keine Gefährdung der Stellung der Gläubiger, da der Käufer aufgrund der §§ 302 und 311 AktG zum Ausgleich der entstehenden Nachteile verpflichtet ist. Vgl.: Otto, Hans-Jochen: Übernahmen, in: DBe 14.7.89,S.1392-1395.
[3] Vgl.: o.V.: Postscripts, in: Mer März/April 1989,S.6.
[4] Vgl.: Haley, Charles W./Schall, Lawrence D.: Theory, a.a.O., S. 448.
[5] Vgl.: Adams, Michael: Unternehmenskontrolle, in: AkG 1.10.89, S. 336.
[6] Vgl.: Lewellen, Wilbur G.: Financial, a.a.O., S. 532.

Ein bedeutender gesamtwirtschaftlicher Nachteil wird in den aufgrund der Erhöhung der Verschuldung steigenden Agency-Kosten des Fremdkapitals gesehen. Dieses Argument richtet sich besonders gegen LBO-Transaktionen. Es ist hierbei zu beachten, daß den oben angeführten Kosten auch Erträge in Form reduzierter Agency-Kosten des frei disponiblen Cash-flow gegenüberstehen, wie in Abschnitt 2.1.2 dargelegt. Mithin ist für eine wohlfahrtstheoretische Beurteilung der Nettoeffekt relevant.[1] Im Mittelstand ist die Reduktion der letztgenannten Agency-Kosten nur von geringer Bedeutung, wie Abschnitt 2.1.2 zeigte. Auch die Agency-Kosten des Fremdkapitals dürften hier von untergeordneter Relevanz sein, da die Banken als Hauptgläubiger gute Kontrollmöglichkeiten besitzen, um das Potential eines Fehlverhaltens des Kreditnehmers zu begrenzen. Zudem ist der Anreiz zu einem solchen Fehlverhalten im Mittelstand zumeist durch die persönliche Haftung der Gesellschafter limitiert.

Daß das aus der Fremdfinanzierung von Übernahmen resultierende Crowding Out am Kreditmarkt die Mittel für produktive Investitionen beschneide, ist ein weiterer Vorwurf gegen LBO-Transaktionen. Inwieweit man Übernahmen als nicht-produktive Anlagen wertet, hängt von der eingenommenen Position bezüglich der ihnen zugrundeliegenden Motive ab. Ein totales Crowding Out wird aber sicherlich nie erfolgen, da die aufgenommenen Mittel dem Verkäufer zufließen, der diese dann entweder in den Bankenkreislauf zurückgibt oder in ein Projekt investiert, für dessen Finanzierung er ohne den Firmenverkauf einen Kredit aufgenommen hätte.[2]

Vielfach wird kritisiert, daß LBO-Transaktionen nur solange funktionieren, wie es zu keiner Rezession kommt, die die Zinsen steigen und die Einnahmen sinken läßt.[3] Es gibt aber durchaus Beispiele, daß dies nicht der Fall

---

[1]Vgl.: Jensen, Michael C.: Agency Costs, a.a.O.,
    S. 324-325.
[2]Vgl.: Jensen, Michael C.: Takeovers,a.a.O.,S.113-114.
[3]Vgl.: o.V.: Age, in: Mer März/April 1989, S. 29-30.

sein muß.[1] Gegen das Zinsänderungsrisiko kann man sich durch Finanzinstrumente absichern. Der Gefahr von Ertragseinbrüchen beugen LBO-Transaktionen meist durch die Auswahl des Akquisitionsobjekts vor, das oft ein etabliertes Unternehmen mit geringem Investitionsbedarf und starkem Cash-flow ist.[2]

2.2.1.3 Sonstige

Vielfach wird bei Unternehmensübernahmen die Gefahr einer Zerschlagung des Akquisitionsziels und daraus folgender Entlassungen vermutet.[3] Diese Konsequenzen werden als übernahmebedingte Wohlfahrtsverluste gewertet. Im Unterschied zu den USA, die zumeist als Beispiel für solche Transaktionen dienen, besteht in Deutschland ein starker Schutz gegen solche Vorgehensweisen.[4] So bleiben beim Kauf in Form des Anteilserwerbs, bei dem die Zielgesellschaft weiterexistiert, die Arbeitsverhältnisse ebenso bestehen, wie bei einem Erwerb durch Übertragung der Wirtschaftsgüter, bei dem die gekaufte Unternehmung zwar untergeht, der Käufer aber nach § 613a BGB in die Arbeitsverhältnisse eintritt. Wird dennoch ein Personalabbau im Rahmen des normalen Kündigungsrechts angestrebt, so ist ein Sozialplan auszuarbeiten. Die Belegschaft kann auf das Procedere durch ihre Mitbestimmungsrechte Einfluß nehmen.[5] Neben diesen gesetzlichen Restriktionen begrenzen auch der mit drohenden Entlassungen verbundene Imageverlust und der öffentliche Druck den Handlungsspielraum des Käufers.[6] Die dennoch immer wieder vorkommende Stillegung von Unternehmensteilen und daraus folgende Entlassungen sind meist nicht durch die Übernahme bedingt, sondern wären oft auch ohne sie öko-

---

[1]Vgl.: Kramer, Joachim: Buy-Outs, a.a.O., S. 955.
[2]Vgl.: Otto, Hans-Jochen: Übernahmen, a.a.O., S. 1390.
[3]Vgl.: O'Hara, J. Patrick: Takeovers, in: Merger & Acquisition Sourcebook, Hrsg.: Heninger, June, Santa Barbara 1986, S. 9/47.
[4]Vgl.: Falkenhausen, Bernhard Freiherr von: Unternehmenskäufe, a.a.O., S. 195.
[5]Vgl.: Morgan Grenfell: Handbook, Hrsg.: Holt, James, London 1989, S. 42-43.
[6]Vgl.: Panos, John E.: Layoffs, in: Mer März/April 1989, S. 44.

nomisch notwendig gewesen.[1] Sie dienen häufig dem Ab-
bau von Überkapazitäten und tragen zur Sicherung der
noch verbleibenden Arbeitsplätze bei.[2] Zu solch einem
Ergebnis kommen auch empirische Untersuchungen, die eine
langfristig positive Wirkung von Übernahmen auf den Ar-
beitsmarkt attestieren.[3] Eine Zerschlagung zerstört
keine Vermögenswerte, sondern transferiert Ressourcen in
eine volkswirtschaftlich höherwertige Verwendung.[4]

M&A-Transaktionen werden oft als Ursache einer kurzfristig ausgerichteten Geschäftspolitik betrachtet. Das
Management richte seinen Blick auf den kurzfristigen Ge-
winnausweis, da die Börse aufgrund des starken Perfor-
mance-Drucks der sie dominierenden institutionellen Anleger nur diese Gewinne als Bewertungsmaßstab heranziehe
und ein kurzfristiger Ertragsrückgang zu sinkenden Kursen und einer steigenden Übernahmegefahr führe.[5] Resultat sei eine Vernachlässigung von Investitionen und
von Forschung und Entwicklung.[6] Diese Argumentation
ist natürlich nur für börsennotierte Unternehmen und
nicht für den Mittelstand relevant. Ihr stehen Untersuchungen entgegen, die ein an langfristigen Gewinnerwar-
tungen orientiertes Bewertungsverhalten der Börse ergeben. Sie zeigen, daß institutionelle Anleger keinen
Zwang zu kurzfristiger Erfolgsorientierung ausüben.[7]
Sowohl sie als auch die Börse als Ganzes bewerten Investitionen und Ausgaben für Forschung und Entwicklung
positiv.[8]

Als weiterer Nachteil von Akquisitionen wird die Bin-

---

[1]Vgl.: Jensen, Michael C.: Takeovers, a.a.O., S. 114.
[2]Vgl.: Coffee, John C. Jr.: Managers, a.a.O., S. 105.
[3]Vgl.: Arbeitskreis Finanzierung der Schmalenbach Gesellschaft: Analyse, a.a.O., S. 834.
[4]Vgl.: Wolbert, Hans: Fremdfinanzierung, in: ZfgK
15.7.89, S. 670.
[5]Vgl.: Cook, Richard E.: Takeovers, a.a.O., S. 3.
[6]Vgl.: Moschner, Manfred: M&A VIII, in: ÖBA Februar
1989, S. 175.
[7]Vgl.: Jensen, Michael C.: Controversy, in: MCFJ Sommer 1986, S. 11-12.
[8]Vgl.: Pound, John/Lehn, Kenneth/Jarrell, Gregg: Performance, in: R September/Oktober 1986, S. 55.

dung von Management-Kapazitäten genannt. Durch die
Transaktionen würden sie von zentralen, produktionsori-
entierten Aufgaben abgezogen.[1] Das Argument zielt in
die gleiche Richtung wie die Kritik an zu hohen Transaktionskosten bei Übernahmen.[2] In beiden Fällen stellt
sich die Frage, ob der jeweilige Einsatz nicht durch die
Erträge aus der Transaktion gerechtfertigt wird. Die Argumente verlieren ihre Wirkung, wenn man von M&A-Gewin-
nen ausgeht, die Management- und Transaktionskosten vergüten.[3]

2.2.2 Potentielle positive Folgen von Mergers & Acquisi-
tions

2.2.2.1 Effizienzsteigerung durch Realisierung von Syn-
ergiepotentialen

M&A-Transaktionen können durch die Nutzung von Synergien und die Zuführung der Ressourcen zu ihrer hochwer-
tigsten Verwendung eine Steigerung der Effizienz bewirken.[4] Die hier erreichbaren Vorteile wurden bereits in
Abschnitt 2.1.1 dargelegt. Mit Ausnahme des Anstrebens
von Marktmacht sind alle der dort erörterten Motive für
Unternehmensübernahmen wohlfahrtstheoretisch positiv zu
bewerten. Lediglich die Erringung oder Verstärkung einer
marktbeherrschenden Stellung hat gesamtwirtschaftlich
negative Implikationen. Wie im Abschnitt 2.2.1.1 dargelegt, sind diese Nachteile aus einer erhöhten Konzentration jedoch sehr gering im Vergleich zu den mit der
Transaktion einhergehenden Vorteilen. Dies gilt besonders für den mittelständischen Bereich. Daher kommt man,
wenn man die Nutzung von Synergien als Erklärung für die
Akquisitionstätigkeit ansieht, zu einer gesamtwirtschaftlich positiven Einschätzung von M&A-Transaktionen,
da sie zu Effizienzsteigerungen führen.

---

[1]Vgl.: Meier-Schatz, Christian J.: Übernahmeangebot,
  in: WR 1/87, S. 35.
[2]Vgl.: O'Hara, J. Patrick: Takeovers, a.a.O., S. 9/47.
[3]Vgl.: o.V.: Forces, in: Mer Mai/Juni 1989, S. 38.
[4]Vgl.: Cook, Richard E.: Takeovers, a.a.O, S. 2-3.

2.2.2.2 Effizienzsteigerung durch einen funktionierenden Markt für Unternehmenskontrolle

Unternehmensübernahmen sind ein wirkungsvolles Mittel der Überwachung der Unternehmensleitung von Gesellschaften, bei denen Eigentum und Kontrolle getrennt sind. Sie zwingen das Management zu einer effizienten Geschäftspolitik, die an der Marktwertmaximierung orientiert ist, da ansonsten eine Übernahme und die Auswechslung der Unternehmensleitung droht.[1] Der Markt für Unternehmenskontrolle bewirkt somit eine optimale Allokation knapper Unternehmensressourcen, indem er sie in die Verwendung transferiert, in der sie den höchsten Nutzen stiften.[2] Diese positiven Wohlfahrtswirkungen ergeben sich, wenn die in Abschnitt 2.1.2 dargestellten Motive als Erklärung für die Akquisitionstätigkeit Gültigkeit besitzen. Dies wird nicht der Fall sein, wenn Mittelständler das Kaufobjekt sind, kann aber immer dann von Bedeutung sein, wenn Publikumsgesellschaften übernommen werden.

2.2.3 Abschließende wohlfahrtstheoretische Bewertung

Die abschließende Bewertung soll anhand der Erörterung der Auswirkungen von M&A-Transaktionen auf die von ihnen am stärksten Betroffenen erfolgen. Dies sind die Gesellschafter der involvierten Unternehmen, die Gläubiger und Beschäftigten des Akquisitionsziels und die Öffentlichkeit.[3]

Der Schwerpunkt der Betrachtungen wird dabei auf den Folgen für die Gesellschafter liegen. Weil diese das unternehmerische Risiko tragen und die Entscheidung über den Vollzug der Transaktion treffen, sind sie die wichtigste Gruppe.[4] Da das Unternehmen gekennzeichnet ist

---

[1] Vgl.: Ruback, Richard S.: Acquisitions, in: JoFE 1983, S. 141.
[2] Vgl.: Jensen, Michael C.: Controversy, a.a.O., S. 7.
[3] Vgl.: Hindley, Brian: Take-overs, in: Mergers, Takeovers and the Structure of Industry, Hrsg.: The Institute of Economic Affairs, London 1973, S. 24.
[4] Vgl.: Jensen, Michael C.: Takeovers, a.a.O., S. 111.

als eine Menge von Verträgen zwischen den einzelnen Produktionsfaktoren, die jeweils ihre Eigeninteressen vertreten, aber im Sinne der Existenzsicherung der Gesellschaft auch die Interessen der anderen ins Kalkül ziehen müssen, werden bei der Entscheidung der Gesellschafter natürlich auch indirekt die anderen Beteiligten Einfluß nehmen.[1] Rechtliche Vorschriften, wie z. B. AktG und GWB, werden ebenso Restriktionen setzen wie vertragliche Bindungen. Als letztere wäre beispielsweise die Besicherung von Krediten zu nennen, die die Veräußerungsrechte der Eigentümer begrenzt. Die Eigentumsrechte können also eingeschränkt sein.[2]

Ungeachtet der Restriktionen ergibt sich der Wert eines Gesellschaftsanteils als die Summe des Werts dieses Anteils bei der aktuellen Gesellschafterstruktur und dem Produkt aus der mit einer Übernahme einhergehenden Wertänderung und der Wahrscheinlichkeit einer solchen Übernahme.[3] Die Wertänderung wird positiv sein, da die Gesellschafter ihre Anteile nicht unter dem aktuellen Wert verkaufen werden. Daher steigt mit wachsender Übernahmewahrscheinlichkeit der Wert der Anteile. Je geringer die Such- und Informationskosten am Markt sind, desto größer ist die Möglichkeit einer Akquisition und somit der Wert des Unternehmensanteils.[4] Dies hat direkte Implikationen für die Tätigkeit von M&A-Beratern, sofern sie zu einer Reduzierung dieser Kosten beitragen können.

Vielfach wird obiger Argumentation entgegengehalten, daß die Gesellschafter des akquirierten Unternehmens aufgrund eines Gefangenen-Dilemmas dazu veranlaßt sein könnten, ihre Anteile unter dem aktuellen Marktwert abgeben zu müssen. Der Käufer könne für 51 % der Anteile einen Preis bieten, der nur geringfügig über dem aktuellen Marktwert liege, und das Unternehmen nach der Über-

---

[1]Vgl.: Fama, Eugene F.: Agency Problems, a.a.O.,S.289.
[2]Vgl.: Kaulmann, Thomas: Managerialism, a.a.O., S. 444.
[3]Vgl.: Bebchuk, Lucian A.: Offers, a.a.O., S. 1034.
[4]Vgl.: Easterbrook, Frank H./Fischel, Daniel R.: Auctions, in: SLR November 1982, S. 16.

nahme ausplündern, so daß der Wert der verbleibenden 49%
gegen Null konvergiere. Wenn die Gesellschafter keine
Möglichkeit zur Koordination ihres Handelns haben, dann
werden sie zur Annahme des auf 51 % der Anteile beschränkten Angebots gezwungen sein, obwohl es für sie
nachteilig ist, da bei Bereitschaft aller Aktionäre zum
Verkauf 49 % ihrer Aktien wertlos werden und dieser Verlust nicht durch die Zahlung für die verkauften Anteile
kompensiert wird. Bei Nichtannahme läuft der einzelne
nämlich Gefahr, daß der Bieter dennoch 51 % der Aktien
am Markt erwerben kann und der Wert seiner gesamten Anteile danach Null ist.[1] Das Gefangenen-Dilemma ist nur
möglich, wenn die Gesellschafter ihr Verhalten nicht ab-
stimmen können. Dies ist immer bei einer breiten Streuung der Anteile, wie sie bei einer Publikumsgesellschaft
auftritt, möglich, da hier die Koordinationskosten für
die Anteilseigner zu hoch sind. Beim Mittelstand dürfte
dies jedoch nicht der Fall sein, da der Gesellschafterkreis hier beschränkt ist und somit die Kosten einer
Verhaltensabstimmung geringer sind. Häufig kommt noch
die Zustimmungspflichtigkeit der Mitgesellschafter bei
der Übertragung von Anteilen hinzu. Somit tritt bei mittelständischen Unternehmen das Gefangenen-Dilemma nicht
zutage. Aber auch bei Publikumsgesellschaften kann es in
Deutschland aufgrund der Rechtsstellung der Gesellschafter kaum auftreten.[2] Selbst ohne gesetzliche Vorkehrungen ist ein Ausnutzen des Gefangenen-Dilemmas unmöglich, wenn Wettbewerb am Markt für Unternehmenskontrolle
herrscht. Dann wird der Versuch des Bieters, Kapital aus
dem Gefangenen-Dilemma zu schlagen, scheitern, weil andere Wettbewerber am Corporate-Control-Markt erkennen,
daß das Gebot zu niedrig ist, und ihrerseits ein höheres
Angebot abgeben. Die Wettbewerber werden ihre Gebote solange steigern, bis im oben dargestellten extremen Beispiel der zu zahlende Preis für 51 % der Anteile dem
Marktwert von 100 % der Anteile entspricht.[3] Die Problematik kommt somit wohl nicht zum Tragen.

---

[1]Vgl.: Bradley, Michael: Tender, a.a.O., S. 355-356.
[2]Vgl.: Peltzer, Martin: Deutschland, a.a.O., S. 74.
[3]Vgl.: Bradley, Michael: Tender, a.a.O., S. 356.

Die Gesellschafter des Kaufobjekts werden durch die Transaktion Gewinne erzielen. Die Anteilseigner des Käufers werden nur dann einen Verlust durch die Übernahme erleiden, wenn das Management ihrer Gesellschaft nicht deren Marktwertmaximierung anstrebt, sondern die in Abschnitt 2.1.3 erläuterten Eigeninteressen verfolgt.[1] Dies scheidet für mittelständische Unternehmen wiederum aus, so daß ihre Gesellschafter durch die Akquisition einer anderen Unternehmung nicht benachteiligt werden. Inwieweit die Aktionäre von Publikumsgesellschaften durch Übernahmeaktivitäten ihres Unternehmens betroffen werden, ist Gegenstand zahlreicher Studien. Dabei versucht man den Transaktionserfolg anhand der Aktienkursreaktionen zu ermitteln. Unter der Annahme eines effizienten Marktes spiegelt sich der erwartete Erfolg der Akquisition in den Kursen der involvierten Unternehmen bei der Ankündigung der Transaktion wider. Die abnormalen Erträge zu diesem Zeitpunkt werden mittels des CAPM erfaßt.[2] Die Studien kommen zu sehr verschiedenen Ergebnissen.[3] Dennoch ist ihnen allen gemeinsam, daß sie Gewinne bei den Verkäufern und einen meist positiven, zumindest aber nicht negativen Gesamteffekt der Übernahme feststellen. Für den Käufer werden teils leichte Gewinne, zumeist aber konstante Kurse oder leichte Verluste ermittelt. Insgesamt bleibt festzuhalten, daß die Gesellschafter des Verkäufers von Übernahmen profitieren und die Anteilseigner des Käufers zumeist nichts verlieren. Besonders im Mittelstand sind keine Nachteile für die Gesellschafter des Akquisiteurs zu befürchten. Der Gewinn, der durch die Transaktion entsteht, beruht, wie

---

[1]Vgl.: Hindley, Brian: Take-overs, a.a.O., S. 25.
[2]Vgl.: Ravenscraft, David J./Scherer, F.M.: Mergers, Washington D.C. 1987, S. 5.
[3]Vgl: Asquith, Paul: Merger, in: JoFE 1983, S. 57-80; Bradley, Michael: Tender, a.a.O., S. 356-374; Bühner, Rolf: Reaktionen, in: ZfbF April 1990, S. 300-314; Dodd, Peter: Merger, in: JoFE 1980,S. 109-125; Firth, Michael: Takeovers, a.a.O.,S. 243-251;Franks, Julian/Harris, Robert: Wealth, a.a.O.,S. 157-164;Jensen, Michael C./Ruback, Richard S.: Market, a.a.O., S. 9-22; Malatesta, Paul H.: Merger, a.a.O.,S. 167-176;Ravenscraft, David J./Scherer, F.M.: Mergers, a.a.O.,S.5-7.

Abschnitt 2.2.1.1 zeigt, nicht auf Marktmachtstreben und erhöht somit das Wohlfahrtsniveau.

In Abschnitt 2.2.1.2 wurde bereits gezeigt, daß die Stellung der Gläubiger durch eine M&A-Transaktion nicht unmittelbar verschlechtert, sondern sogar verbessert wird. Erst eine durch die Finanzierung der Übernahme erhöhte Verschuldung bringt Nachteile. Gegen diese potentiellen Nachteile gewährt das deutsche Recht jedoch einen guten Schutz. Im Bereich des Mittelstandes wird dieser noch verstärkt durch die starke Stellung der Kreditgeber, die in erster Linie Banken sind. Somit sind die negativen Folgen für die Gläubiger eher gering einzuschätzen.

M&A-Transaktionen sind, wie in Abschnitt 2.2.1.3 dargelegt, nicht die Ursache von Entlassungen, sondern ein Mittel der Umstrukturierung maroder Unternehmen. Zudem ist der gesetzliche Schutz der Arbeitnehmer vor unbilligen Härten in Deutschland sehr stark ausgeprägt. Die aus Übernahmen resultierenden Kündigungen sind zwar für die davon Betroffenen nachteilig, können aber gesamtwirtschaftlich vorteilhaft sein.[1]

Für die Öffentlichkeit ergeben sich aus Unternehmensübernahmen eine Reihe von Folgen. In Abschnitt 2.2.1.1 wurden bereits die Konzentrationswirkungen erörtert. Sie sind gemessen an den aus den Transaktionen resultierenden Vorteilen eher gering zu veranschlagen. Als ein Nachteil von Akquisitionen wird häufig der sich daraus ergebende Steuerausfall gewertet. Inwiefern dies ein Wohlfahrtsverlust ist, ist jedoch fraglich. Zudem führen die Übernahmen langfristig betrachtet zu Steuermehreinnahmen, da die mit Verlustvorträgen versehenen Kaufobjekte nach erfolgreicher Sanierung zu Steuerzahlern werden, während sie sonst als solche ausgefallen wären.[2] Ein weiterer Nachteil von Übernahmen wird in dem durch sie bewirkten Publizitätsverlust gesehen, der entsteht, wenn das erworbene Unternehmen mit dem Übernehmer ver-

---

[1]Vgl.: Jensen, Michael C.: Takeovers, a.a.O., S. 114.
[2]Vgl.: Kramer, Joachim: Buy-Outs, a.a.O., S. 955.

schmolzen wird und seine eigenständige Rechnungslegung in diesem untergeht.[1] Diesem Nachteil steht die belebende Wirkung gegenüber, die ein funktionierender M&A-Markt für Unternehmensneugründungen hat. Der Gründer hat hierdurch nämlich die Chance, sich jederzeit wieder von seinem Geschäft zu trennen und eine angemessene Vergütung für sein Engagement zu erzielen.[2] Es bleibt festzuhalten, daß die Wirkungen von M&A-Transaktionen auf die Öffentlichkeit unterschiedlich sind, in ihrem Gesamteffekt aber nicht von großem Ausmaß sein dürften.

Abschließend kann festgehalten werden, daß bei Unternehmensübernahmen in der Mehrzahl der Fälle die positiven Wohlfahrtswirkungen überwiegen werden. Klaren Vorteilen im Gesellschafterbereich stehen nur geringe und gegensätzliche Wirkungen in anderen Feldern gegenüber.[3] Die Vorteilhaftigkeit der M&A-Transaktionen tritt besonders deutlich im Mittelstand zutage. Die mit dem Streben nach Marktmacht und dem Motiv der Verfolgung von Eigeninteressen des Managements verbundenen negativen Effekte kommen hier nicht zum Tragen. Die positive Einschätzung von Akquisitionen hat weitreichende Konsequenzen. Zunächst ist sie wichtig für die zukünftige gesetzliche Regulierung des Marktes. Die EG kommt in ihrem Entwurf für eine europäische Übernahmerichtlinie zu einer ähnlich positiven Bewertung von M&A-Transaktionen.[4] Zum anderen führen die aus einer solchen Transaktion resultierenden Gewinnchancen zu einer positiven Einstellung der Gesellschafter gegenüber Akquisitionen und erleichtern somit die Arbeit der externen M&A-Berater. Insbesondere sind aufgrund der gesamtwirtschaftlich positiven Implikationen von Akquisitionen auch positive Wirkungen auf das Image der Berater zu erwarten. Diese haben gerade für die Banken, die in diesem Geschäft ak-

---

[1]Vgl.: Ronen, Joshua: Effects, in: Mergers and Acquisitions, Hrsg.: Keenan, Michael/White, Lawrence J., o.O. 1982, S. 42.
[2]Vgl.: Bebchuk, Lucian A.: Offers, a.a.O., S. 1049.
[3]Vgl.: Jensen, Michael C.: Takeovers, a.a.O., S. 110.
[4]Vgl.: Immenga, Ulrich: Spiel, in: FAZ 9.3.91, S. 13.

tiv sind, eine große Bedeutung.[1] Schließlich gibt das
Ergebnis wichtige Anhaltspunkte für die Frage nach der
gesamtwirtschaftlichen Vorteilhaftigkeit der M&A-Bera-
tung durch Banken. Aufgrund der positiven Wohlfahrtswirkungen von Akquisitionen kann diese Beratung gesamtwirtschaftliche Vorteile erbringen, wenn sie dem Markt Impulse verleiht, die über das hinausgehen, was andere Berater zu leisten vermögen.

2.3 Entwicklungsaussichten des deutschen Mergers & Acquisitions-Marktes

2.3.1 Restriktionen

2.3.1.1 Regulierung von Übernahmetransaktionen

In Deutschland erfolgt die Regelung der Akquisitionstätigkeit durch die Leitsätze der Börsensachverständigenkommission aus dem Jahre 1979. In ihnen wird die
Gleichbehandlung aller Aktionäre, das Einholen einer
Stellungnahme der Geschäftsleitung des zu erwerbenden
Unternehmens vor der Veröffentlichung des Angebots, die
Benachrichtigung der von der Transaktion betroffenen
Börsen und das Verbot der Nutzung von Insiderwissen verlangt.[2] Ferner sind die Identität des Bieters, von ihm
eventuell schon gehaltene Beteiligungen am Gebotsobjekt,
die mit und nach dem Gebot verfolgten Ziele, die Ange-
botskonditionen und die ihnen zugrundeliegenden Berech-
nungen zu veröffentlichen. Des weiteren muß der Käufer
für den Fall, daß er innerhalb der auf das Gebot folgenden 18 Monate ein neues und höheres Angebot für das Unternehmen abgeben sollte, den Gesellschaftern, die schon
beim ersten Mal ihre Anteile verkauft haben, den Diffe-
renzbetrag nachzahlen. Ein Gebot ist mindestens 21 und
maximal 60 Tage offenzuhalten.[3] Die Leitsätze beziehen

---

[1]Vgl.: Schwenkedel, Stefan: Management Buyout, Wiesbaden 1991, S. 134-135.
[2]Vgl.: Hauschka, Christoph E./Roth, Thomas: Übernahmeangebote, in: AkG 1.7.88, S. 184.
[3]Vgl.: Otto, Hans-Jochen: Übernahmeversuche, a.a.O.,
S. 5.

sich nur auf öffentliche Angebote für börsennotierte Unternehmen. Sie sind rechtlich nicht verbindlich und ziehen bei ihrer Nichtbefolgung keine unmittelbaren Sanktionen nach sich.[1] Bei ihrer Berücksichtigung kann es zu keinen gestaffelten Angeboten, die für die Aktionäre ein Gefangenen-Dilemma bewirken können, kommen.[2]

Eine Änderung der gesetzlichen Situation wird sich durch die Umsetzung der 13. Richtlinie des Rates der EG in deutsches Recht ergeben, durch die diese dann für alle Aktiengesellschaften und Komanditgesellschaften auf Aktien verbindlich wird.[3] Sie enthält ähnliche Vorschriften wie die Leitsätze. Neu an der EG-Regelung sind die Einrichtung einer Aufsichtsbehörde zur Überwachung der Einhaltung der Regelungen und die Pflicht des Käufers zur Abgabe eines Übernahmegebots beim Erreichen einer Beteiligungshöhe von 33 %.[4] Ferner ist die Rücknahme des Angebots nur unter genau festgelegten Umständen möglich. Das Management des Kaufobjekts hat die Pflicht, öffentlich Stellung zu dem Angebot zu beziehen.[5] Des weiteren darf es während der Angebotsfrist ohne Zustimmung der Gesellschafterversammlung keine für die Vermögenslage des Unternehmens erheblichen Handlungen vornehmen.[6] Aus der Formulierung der Richtlinie ist die positive Grundeinstellung des EG-Rates zu M&A-Transaktionen erkennbar. Sie werden als für die Gesellschafter vorteilhaft erachtet. Daher versucht die Richtlinie lediglich, ihren Mißbrauch zu verhindern.[7]

Die Regulierung von Übernahmetransaktionen in Deutschland garantiert einen ordentlichen Ablauf dieser Transaktionen, ohne den Markt zu sehr zu reglementieren.

---

[1]Vgl.: Stoll, Jutta: Übernahmeangebote, a.a.O.,S.1490.
[2]Vgl.: Hauschka, Christoph E:/Roth, Thomas: Übernahmeangebote, a.a.O., S. 185.
[3]Vgl.: Stoll, Jutta: Übernahmeangebote, a.a.O.,S.1490.
[4]Vgl.: Baums, Theodor: Übernahmeregeln, a.a.O.,S.1377.
[5]Vgl.: Hafke, Heinz-Christian: Take-overs, in: BZ 17.1.89, S. 7.
[6]Vgl.: Berger, Klaus Peter: Europa, in: ZIP 13.12.91, S. 1657.
[7]Vgl.: Hafke, Heinz-Christian: Take-overs, a.a.O.,S.7.

Die durch die EG-Richtlinie zu erwartende Novellierung des Gesetzes wird den M&A-Markt weiter beleben, da sie nicht im Interesse der Anteilseigner liegende, überzogene Abwehrmaßnahmen des Managements verhindert.

2.3.1.2 Kapitalmarkt

In der alten Bundesrepublik existieren ungefähr zwei Millionen Unternehmen. Von diesen erzielen etwa 17.000 einen Jahresumsatz von mehr als 25 Millionen DM. Diese Gruppe bestreitet 64 % des Gesamtumsatzes. Die in ihr vertretenen Gesellschaften firmieren zu 5 % in der Rechtsform der AG, zu 33 % als GmbH und zu 45 % als KG.[1] Lediglich 650 Unternehmen sind an der Börse notiert. In den USA sind es zum Vergleich 6.600.[2] Von den Aktien der börsennotierten Gesellschaften befinden sich nur etwa 10 % mehrheitlich im Streubesitz.[3] Wegen der großen Anzahl stimmrechtsloser Vorzugsaktien und der engen Anteilsverflechtung der Großunternehmen untereinander und mit den Banken verbleiben nur wenige Unternehmen, die über die Börse aufkaufbar erscheinen.[4] Die meisten Übernahmen finden außerhalb der Börse statt.[5] M&A-Transaktionen mittels öffentlicher Angebote sind in Deutschland selten.[6] Das Hauptpotential des M&A-Marktes liegt im Mittelstand. Zumeist sind GmbHs oder KGs Ziel von Akquisitionen.[7] Diese Gesellschaften sind nicht börsennotiert und oft auch nicht publizitätspflichtig. Daher besteht am deutschen M&A-Markt nur eine geringe Markttransparenz.[8] Sie stellt natürlich eine Restriktion für den reibungslosen Ablauf der Marktprozesse dar.

---

[1] Vgl.: Müller-Stewens, Günter: Wirtschaft,a.a.O.,S.B1.
[2] Vgl.: Oxman, Stephen A.: Unternehmer,in: FAZ 26.6.90, S. B3.
[3] Vgl.: Hauschka, Christoph E./Roth, Thomas: Übernahmeangebote, a.a.O., S. 182.
[4] Vgl.: Oxman, Stephen A.: Unternehmer, a.a.O., S. B3.
[5] Vgl.: Albrecht, Lorenz: Deal, in: HB 19.4.89, S. B10.
[6] Vgl.: Hauschka, Christoph E./Roth, Thomas: Übernahmeangebot, a.a.O., S. 186.
[7] Vgl.: Müller-Stewens, Günter: Wirtschaft,a.a.O.,S.B1.
[8] Vgl.: Schumann, Peter Karl: Wege, in: FAZ 23.4.91, S. B25.

2.3.1.3 Wettbewerbsrecht

Die Grundlage des deutschen Wettbewerbsrechts bildet das Gesetz gegen Wettbewerbsbeschränkungen (GWB), das den Auf- und Ausbau einer marktbeherrschenden Stellung durch Zusammenschlüsse und Kartelle sowie den Mißbrauch dieser Position verhindern soll.[1] Das GWB besitzt Relevanz für M&A-Transaktionen, da sie unter den Begriff "Zusammenschluß" subsumiert werden können. § 23 Absatz 2 GWB zählt ausdrücklich den Vermögenserwerb und den Erwerb von mehr als 25 % der Anteilsrechte unter diesen Begriff. Ein solcher Zusammenschluß bedarf nach § 24a Absatz 1 GWB der Anmeldung beim Bundeskartellamt, wenn zwei der daran beteiligten Unternehmen Umsatzmilliardäre sind oder eine der involvierten Gesellschaften mehr als 2 Milliarden DM Jahresumsatz ausweist.[2] Unter Anmeldung wird dabei die Information des Kartellamts vor der Ausführung der Transaktion und das Vollzugsverbot für selbige bis zu ihrer Genehmigung verstanden. Eine Anzeige, d. h. eine Information der Kartellbehörde nach dem Vollzug der Akquisition, ist aufgrund § 23 Absatz 1 GWB erforderlich, wenn durch die Übernahme an einem inländischen Markt ein Anteil von 20 % erreicht oder ausgebaut wird und der Jahresumsatz aller Beteiligten 500 Mio. DM übersteigt sowie die Gesamtzahl der von den involvierten Unternehmen Beschäftigten mehr als 10.000 beträgt.[3] Keiner Kontrollpflicht unterliegen gemäß § 24 Absatz 8 GWB Akquisitionen, bei denen die beteiligten Gesellschaften zusammen weniger als 500 Mio. DM Jahresumsatz erzielen, Übernahmen von Unternehmen mit weniger als 50 Mio. DM Umsatz im Jahr, sofern der Übernehmer kein Umsatzmilliardär ist, dessen Kaufobjekt mehr als 4 Mio. DM im Jahr umsetzt, und Zusammenschlüsse, die sich nur auf einen Markt auswirken, der länger als fünf Jahre

---

[1]Vgl.: Müller, Jürgen/Hochreiter, Rolf: Konzentration, a.a.O., S. 267.
[2]Vgl.: Sedemund, Joachim: Probleme, in: Handbuch des Unternehmens- und Beteiligungskaufs, Hrsg.: Hölters, Wolfgang, Köln 1989, S. 460-470.
[3]Vgl.: Holzapfel, Hans-Joachim/Pöllath, Reinhard: Recht, Köln 1985, S. 26-27.

47

besteht und ein Volumen von weniger als 10 Mio. DM hat.[1]

Ein Verbot kann nur erfolgen, wenn der Zusammenschluß zu einer marktbeherrschenden Stellung führt oder eine solche stärkt und dies nicht mit einer Verbesserung der Wettbewerbsbedingungen einhergeht. Marktbeherrschung ist dabei als Ausschluß von wesentlichem Wettbewerb oder als eine überragende Marktstellung zu verstehen.[2] Kriterien ihrer Beurteilung sind Marktanteil, Finanzstärke, Marktzugangsbarrieren und ähnliches.[3]

Auf Grundlage des Artikels 86 des EG-Vertrages hat die EG für ihren Bereich Fusionskontrollvorschriften erlassen, die den jeweiligen nationalen Regelungen vorgehen.[4] In ihre Zuständigkeit fallen demnach alle Transaktionen, bei denen die Beteiligten zusammen einen Weltumsatz von mehr als 5 Mrd. ECU haben und mindestens zwei der involvierten Gesellschaften einen gemeinschaftsweiten Umsatz von mehr als 250 Mio. ECU im Jahr aufweisen. Wenigstens zwei Drittel des Umsatzes eines an der Fusion beteiligten Unternehmens müssen aus der EG stammen.[5]

Abschließend bleibt festzuhalten, daß Deutschland im internationalen Vergleich über ein striktes Wettbewerbsrecht verfügt.[6] Dies erweist sich als vorteilhaft für die Abwehr der möglichen negativen Folgen von M&A-Transaktionen im Bereich der Konzentration. Der im Rahmen dieser Arbeit besonders relevante Mittelstand wird von den Vorschriften des GWB jedoch kaum betroffen.

---

[1]Vgl.: Morgan Grenfell: Handbook, a.a.O., S. 47.
[2]Vgl.: Holzapfel, Hans-Joachim/Pöllath, Reinhard: Recht, a.a.O., S. 27.
[3]Vgl.: Monopolkommission: Chancen, a.a.O., S. 180.
[4]Vgl.: Schmitt, Paul M.: Control, in: European Merger Control, Hrsg.: Hopt, Klaus J., Berlin-New York 1982, S. 174-180.
[5]Vgl.: Hort, Peter: Wettbewerbshüter, in: FAZ 20.9.90, S. 16.
[6]Vgl.: Cable, J.R./Palfrey, J.P.R./Runge, J.W.: Germany,in: The Determinants and Effects of Mergers,Hrsg.: Mueller, Dennis C., Königstein/Ts. 1980, S. 115.

2.3.1.4 Aktienrecht

Die Bestimmungen des Aktiengesetzes enthalten wichtige Restriktionen für die Übernahme von Gesellschaften in dieser Rechtsform. Zunächst einmal begrenzen sie die Handlungsmöglichkeiten des Käufers während der Akquisition. So ist dieser nach § 20 Absatz 1 AktG dazu angehalten, bei Erreichen einer Beteiligung in Höhe von 25 % des Grundkapitals die davon betroffene Unternehmung unverzüglich darüber zu unterrichten.[1] Diese Schwelle ist im internationalen Vergleich sehr hoch und soll im Rahmen der Angleichung des europäischen Rechts auf 10 % abgesenkt werden.[2] Ein weiteres Hemmnis für den Erwerber erwächst aus der Trennung von Aufsichtsrat und Vorstand, die der Hauptversammlung keinen direkten Einfluß auf letzteren erlaubt. Sie kann nur, gemäß § 103 Absatz 1 AktG, mit einer Dreiviertelmehrheit den Aufsichtsrat abberufen. Der Vorstand kann dagegen nur durch den Aufsichtsrat abgewählt werden, wobei hierfür aber nach § 84 Absatz 3 AktG ein wichtiger Grund vorliegen muß.[3] Durch die Umsetzung der fünften gesellschaftsrechtlichen Richtlinie der EG in deutsches Recht wird sich die Situation dahingehend ändern, daß die Abberufung von Aufsichtsrat und Vorstand dann mit einfacher Mehrheit erfolgen kann. Diese Richtlinie bewirkt eine weitere Erleichterung von M&A-Transaktionen, indem sie Stimmrechtsbeschränkungen ohne damit einhergehende andere Vorrechte untersagt.[4] Bisher besteht in Deutschland die Möglichkeit der Einrichtung einer Begrenzung des Stimmrechts gemäß § 134 Absatz 1 Satz 2 AktG. Diese gilt nicht für Entscheidungen, für die das Gesetz die Kapitalmehrheit vorschreibt.[5] Es gibt jedoch vielfältige

---

[1]Vgl.: Stoll, Jutta: Aspekte, in: BB 20.2.89, S. 303.
[2]Vgl.: Hohenthal, Carl Graf: Übernahmen, in: FAZ 12.11.91, S. 16.
[3]Vgl.: Peltzer, Martin: Takeovers, in: Wirtschaft und Wissenschaft im Wandel, Festschrift für Carl Zimmerer, Frankfurt/Main 1986, S. 281-282.
[4]Vgl.: o.V.: Aktionäre, in: HB 5.3.91, S. 5.
[5]Vgl.: Hauschka, Christoph E./Roth, Thomas: Übernahmeangebote, a.a.O., S. 190.

Möglichkeiten der Umgehung dieser Beschränkung.[1] Weitere Restriktionen, die die Ausgestaltung der Transaktion im Hinblick auf ihre Finanzierung betreffen, ergeben sich aus den Gläubiger- und Minderheitsschutzbestimmungen des Aktiengesetzes. Sie wurden bereits in Abschnitt 2.2.1.2 erörtert.

Von grundlegender Bedeutung für den M&A-Markt sind aber auch die Abwehrmöglichkeiten, die das Gesetz dem Management der Kaufobjekte einräumt. Die aus den USA bekannten "Giftpillen", die eine Verwässerung der Anteilsrechte des Käufers und die Verteuerung der Übernahme beabsichtigen, scheitern in Deutschland am Gleichbehandlungsgrundsatz in § 53a AktG.[2] Ferner ist der für sie notwendige Ausschluß des Bezugsrechts nur bei einer akuten Existenzgefährdung des Unternehmens legitim, nicht jedoch beim bloßen Verlust der wirtschaftlichen Selbständigkeit.[3] Ebenso ist der Kauf eigener Aktien gemäß § 71 Absatz 1 Nummer 1 AktG nur bei Gefahr eines drohenden Schadens für die Gesellschaft erlaubt. Der bloße Gesellschafterwechsel zählt nicht hierzu.[4] Auch viele andere amerikanische Abwehrpraktiken scheitern am deutschen Gesellschaftsrecht.[5] Diese Einschränkung der Abwehrmöglichkeiten setzt sich in den EG-Entwürfen zur Regulierung des M&A-Marktes fort.[6]

2.3.1.5 Sonstige

Wie schon im Abschnitt 2.2.1.3 dargelegt, haben die Arbeitnehmer in Deutschland umfassende Mitbestimmungs- und Einwirkungsrechte. Diese können sie im Falle einer Übernahme besonders wirkungsvoll durch ihre Vertreter im

---

[1]Vgl.: Otto, Hans-Jochen: Übernahmeversuche, a.a.O., S. 7.
[2]Vgl.: Peltzer, Martin: Takeovers, a.a.O., S. 284.
[3]Vgl.: Martens, Klaus-Peter: Ausschluß, in: Festschrift für Robert Fischer, Hrsg.: Lutter, Marcus e.a., Berlin-New York 1979, S. 452.
[4]Vgl.: Stoll, Jutta: Aspekte, a.a.O., S. 304.
[5]Vgl.: Hauschka, Christoph E./Roth, Thomas: Übernahmeangebote, a.a.O., S. 187-195.
[6]Vgl.: Immenga, Ulrich: Spiel, a.a.O., S. 13.

Aufsichtsrat, die ebensowenig wie ein eventuell vorhan-
dener Arbeitsdirektor im Vorstand vom Käufer abberufen
werden können, geltend machen.[1]

Die in Deutschland im Vergleich zu angelsächsischen
Ländern nur gering ausgeprägte Publizitätspflicht bedeutet eine weitere Einschränkung für das reibungslose
Funktionieren des M&A-Marktes. Die mangelnde Publizität
führt zu einem Informationsdefizit, das das Erkennen eines geeigneten Kaufobjekts für interessierte Akquisiteu-
re erschwert.[2]

Ein weiteres Hindernis für die freie Entfaltung eines
Marktes für Unternehmenskontrolle wird häufig in dem bestehenden Bankensystem gesehen. Die Banken besitzen demnach aufgrund ihres eigenen Anteilbesitzes und der durch
sie vertretenen Depotkunden sowie der Bekleidung einer
großen Anzahl von Aufsichtsratsposten durch ihre Vertreter eine starke Machtposition.[3] Die gewonnene Macht
werde im Sinne eines Hausbankendenkens dazu verwendet,
Übernahmen von befreundeten Industriekunden zu verhindern.[4] Inwieweit dies tatsächlich der Fall ist, bleibt
fraglich. Der Diskussion dieser Interessenkollisionen
wird in einem späteren Abschnitt noch breiter Raum geschenkt.

2.3.1.6 Bewertung der Restriktionen

Wie in Abschnitt 2.3.1.1 gesehen, garantiert die Regelung der Übernahmetransaktionen den Schutz der Gesellschafter vor Ausplünderungen, führt aber nicht zu einer
Behinderung des M&A-Marktes, da dessen Existenz durchweg
positiv bewertet wird.

Die Enge des deutschen Kapitalmarktes bewirkt, wie

---

[1]Vgl.: Hauschka, Christoph E./Roth, Thomas: Übernahmeangebote, a.a.O., S. 188.
[2]Vgl.: Gotthelf, Michael A.: Giftpillen, in: FAZ
26.8.89, S. 11.
[3]Vgl.: Peltzer, Martin: Deutschland, a.a.O., S. 72.
[4]Vgl.: Gotthelf, Michael A.: Giftpillen, a.a.O.,S. 11.

Abschnitt 2.3.1.2 zeigt, ein eingeschränktes Potential
für die Akquisition von börsennotierten Unternehmen.
Feindliche Übernahmen sind daher nur selten möglich. Das
Hauptakquisitionspotential liegt im Mittelstand. Das
M&A-Geschäft unterliegt hier aufgrund der geringen Publizität dieser Gesellschaften einer Beschränkung durch
den Mangel an Informationen über geeignete Akquisitionsobjekte.

Im Abschnitt 2.3.1.3 wurde dargelegt, daß das deutsche Wettbewerbsrecht zwar sehr strikt ist, aber gerade
im Mittelstandsbereich doch genügend Raum läßt, so daß
die hier auftretenden Transaktionen zumeist nicht mit
einem Vollzugsverbot durch das Bundeskartellamt rechnen
müssen.

Das Aktienrecht übt durch die in ihm kodifizierte
Trennung von Vorstand und Aufsichtsrat eine restriktive
Wirkung auf feindliche Übernahmen aus. Diese wird zwar
zum Teil durch die Einschränkung der Abwehrmöglichkeiten
der betroffenen Gesellschaften, wie in Abschnitt 2.3.1.4
ersichtlich, kompensiert. Insgesamt resultiert aber dennoch eine Begrenzung des Potentials feindlicher Akquisitionen, die durch die Struktur des Kapitalmarktes noch
verstärkt wird.

Eine Behinderung des M&A-Marktes kann, wie Abschnitt
2.3.1.5 bereits andeutete, aus dem Einfluß der Arbeitnehmer und ihrer Gewerkschaften resultieren. Sie wird
noch verstärkt durch die Dominanz der Medien, die in der
öffentlichen Meinung eine Abwehrhaltung gegen Akquisitionen erzeugen können.[1] Dies gelingt um so einfacher,
als die Mentalität vieler deutscher Unternehmer und der
Öffentlichkeit einer solchen Transaktion zuwiderzulaufen
scheint.[2] Ein Wandel, induziert durch die steigende
Bereitschaft deutscher Unternehmer, einen Verkauf ihrer
Gesellschaft in Betracht zu ziehen, zeichnet sich hier

---

[1]Vgl.: Bressmer, Claus/Mosner, Anton C./Sertl, Walter:
    Übernahme, a.a.O., S. 119.
[2]Vgl.: o.V.: Position, in: Mer März/April 1989, S. 58.

allerdings ab. Ein ähnliches Umdenken kann auch bei der Einstellung und dem Verhalten der Banken zu M&A-Transaktionen ausgemacht werden. Somit verbleibt als Hauptrestriktion der Informationsmangel am Markt für Unternehmenskontrolle. [1]

Insgesamt sind in Deutschland gute Rahmenbedingungen für eine günstige Entwicklung des Akquisitionsmarktes vorhanden. Die bestehenden Restriktionen sind in ihrer Wirkung eher gering und dienen meist mehr der Verhinderung negativer Auswüchse von Übernahmen als der Unterbindung der Transaktionen. Mit einer Verschärfung der gesetzlichen Vorschriften, die zu einer Behinderung des M&A-Marktes führen würde, ist aufgrund der im Abschnitt 2.2.3 dargestellten positiven gesamtwirtschaftlichen Bewertung des Marktes nicht zu rechnen.

2.3.2 Determinanten der weiteren Marktentwicklung

2.3.2.1 Vollendung des europäischen Binnenmarktes und Globalisierung des Wettbewerbs

Kürzer werdende Produkt-Lebenszyklen, die Zunahme der Kosten für Forschung und Entwicklung und die wachsende Globalisierung der Märkte führen zu einem steigenden Wettbewerbsdruck, der wiederum ein Streben nach der Ausdehnung der Unternehmensgröße nach sich zieht, um von den dann zu erwartenden Kostendegressionseffekten zu profitieren. [2] Der traditionelle Weg des internen Wachstums ist dabei aufgrund der Schnelligkeit und Intensität des wirtschaftlichen Wandels nicht mehr angemessen. An seine Stelle wird die Expansion mittels M&A-Transaktionen treten, der sich auch mittlere und kleinere Unternehmen nicht verschließen können. [3]

---

[1] Vgl.: Arbeitskreis Finanzierung der Schmalenbach-Gesellschaft: Analyse, a.a.O., S. 844-850.
[2] Vgl.: Krahtz, Hans-Jürgen: Probleme, in: HB 18.4.91, S. B11.
[3] Vgl.: Kröger, Uwe/Henneberg, Gerhard: Weg, in: HB 18.4.91, S. B4.

Bis 1994 werden in Europa 20.000 Unternehmen in M&A-
Transaktionen involviert worden sein. Viele Käufer werden aus Staaten außerhalb der EG stammen und mittels der
Akquisition Zugang zum gemeinsamen Markt erlangen wollen.[1] Deutschland wird dabei der Schlüsselmarkt
sein.[2] Gleichzeitig werden deutsche Firmen sich eine
europäische Organisationsstruktur zulegen.[3] Gerade die
mittelständischen Gesellschaften sind gefordert, eine
internationale Ausrichtung mittels Akquisitionen anzu-
streben. Die Großunternehmen haben hier geringeren Handlungsbedarf, da sie zumeist bereits seit langer Zeit international tätig sind und Dependenzen im Ausland unterhalten.[4] Eine Studie der Industriekreditbank AG zeigt
deutlich, daß die mittelständischen Unternehmen die neu-
en Anforderungen erkannt haben und zunehmend Beteiligungen eingehen.[5]

2.3.2.2 Öffnung der osteuropäischen Märkte

Die Wiedervereinigung Deutschlands hat dem M&A-Ge-
schäft starke Impulse verliehen. Die im Osten notwendige
Entflechtung und Dezentralisierung sowie der Aufbau eines
leistungsstarken Mittelstandes bedürfen des Instrumentes
der Unternehmensübernahme.[6] In den fünf neuen Ländern
standen ca. 8.000 Industriebetriebe und 34.000 Handels-
und Gewerbeunternehmen zur Privatisierung an. Die Kombi-
nate müssen dabei meist zerschlagen werden, da sie eine
extrem hohe Fertigungstiefe aufweisen.[7] Hierzu sind
besonders MBO- und MBI-Transaktionen geeignet.[8] Bis
Ende des Jahres 1991 wurden von der Treuhand rund 4.400

---

[1]Vgl.: o.V.: Position, a.a.O., S. 57.
[2]Vgl.: Müller-Stewens, Günter: M&A, a.a.O., S. 27.
[3]Vgl.: Matuschka, Graf Albrecht: Märkte, a.a.O.,S. 13.
[4]Vgl.: Marlow, David: Beteiligungen, in: FAZ 11.6.91,
S. B2.
[5]Vgl.: Koch, Brigitte: IKB, in: FAZ 22.11.90, S. 18.
[6]Vgl.: Hoffmann, Peter: Unternehmenskäufe,a.a.O.,S.D5.
[7]Hier sei auf den in Abschnitt 2.2.1 dargestellten
Transaktionskostenansatz von Coase verwiesen, der eine Ausgliederung von Aktivtäten aus einem Unternehmen vorsieht, wenn deren Organisationskosten die
Transaktionskosten übersteigen.
[8]Vgl.: Rofagha, A(r)min: Privatisierungen, in: HB
26./27.4.91, S. D6.

Unternehmen privatisiert.[1] Ein großer Teil der zum Verkauf stehenden Gesellschaften ist für Akquisitionen durch kleine und mittlere Unternehmen sehr gut geeignet.[2] Hier kommt gerade der Mittelstand als Käufer in Betracht.

Dem erhöhten Angebot steht eine ebenfalls rege Nachfrage nach Betrieben in Ostdeutschland gegenüber. Als Standortvorteile dieser Region werden die gute Qualifikation der Arbeitskräfte, die Einbindung in die EG, die durch staatliche Investitionen entstehende gute Infrastruktur und die erhöhte Rechtssicherheit durch die Übernahme des westdeutschen Rechtssystems angeführt.[3]

Eine Belebung des M&A-Geschäfts resultiert aber nicht nur aus der Entwicklung in Ostdeutschland, sondern auch aus den wirtschaftlichen Umwälzungen in den anderen Ostblockstaaten. Immer mehr deutsche Unternehmen sondieren in den östlichen Reformländern mittels M&A-Beratern das Terrain.[4]

2.3.2.3 Spezifische Probleme mittelständischer Unternehmen

Viele im Familienbesitz befindliche mittelständische Unternehmen werden in den nächsten Jahren zum Verkauf stehen. Dies kann zum einen an der erlöschenden Bereitschaft dieser Familien, weiterhin das Unternehmerrisiko zu tragen, liegen.[5] Ebenso kann ein Streit im Gesellschafterkreis die Veräußerung einleiten, da nur auf diesem Wege eine Teilung des Vermögens möglich ist.[6] Die künftige Zunahme des Verkaufs mittelständischer Gesell-

---

[1] Vgl.: Schwenn, Kerstin: Mittelstand, in: FAZ 3.12.91, S. 17.
[2] Vgl.: Breuel, Birgit/Schröder, Christoph: Unternehmen, in: FAZ 23.4.91, S. B2.
[3] Vgl.: Fehr, Benedikt: DDR, in: FAZ 21.9.90, S. 20.
[4] Vgl.: Krüger, Hans/Uhen, Leo: Börse, in: FAZ 28.4.92, S. B21.
[5] Vgl.: Heinrich, Gerhard: Verkauf, in: FAZ 26.6.90, S. B8.
[6] Vgl.: Moschner, Manfred: M&A V, in: ÖBA November 1988, S. 1108.

schaften liegt aber in erster Linie in der Nachfolgeproblematik begründet. Etwa 20.000 deutsche Unternehmen erzielen einen Jahresumsatz von mehr als 10 Mio. DM. In dieser Gruppe steht in den nächsten fünf bis acht Jahren bei 20-25 % der Gesellschaften ein Generationswechsel an.[1] Andere Quellen schätzen die Zahl der Unternehmen mit akuten Nachfolgeproblemen sogar auf 10.000.[2] Als Lösung der Nachfolgeregelung erhalten MBO- und MBI-Transaktionen wachsende Bedeutung.[3] Sie garantieren Eigenständigkeit und Kontinuität der Gesellschaft und werden daher von vielen Unternehmern, die im Laufe der Jahre doch eine starke Bindung zu ihrem Betrieb entwikkelt haben, gegenüber dem Verkauf an die Konkurrenz favorisiert.[4] Die Bereitschaft, sich von der eigenen Gesellschaft auf diesem Wege zu trennen, ist, wie eine Studie der Universität Koblenz zeigt, im Mittelstand durchaus vorhanden. Danach konnten sich von 1.000 befragten Unternehmern 90 % vorstellen, von dieser Verkaufsalternative Gebrauch zu machen.[5]

Ein anderes Problem mittelständischer Unternehmen ist die geringe Eigenkapitalausstattung. Eine Bundesbankstatistik für die Jahre 1985-1989 auf Grundlage der Jahresabschlüsse von 60.000-70.000 mittelständischen Unternehmen zeigt einen Anteil der Eigenmittel an der Bilanzsumme von 18-19 %.[6] Die gesamte deutsche Wirtschaft hat eine durchschnittliche Eigenkapitalquote von 25 %, verglichen mit 60 % in den USA.[7] Ein solch niedriger Eigenkapitalanteil kann das Entwicklungspotential einer Unternehmung limitieren und ihre Krisenanfälligkeit erhöhen.[8] Wegen der beschränkten Kapitalbeschaffungsmög-

---

[1] Vgl.: Fanselow, Karl-Heinz/Stedler, Heinrich R.: Mittelstand, in: FAZ 23.4.91, S. B1.
[2] Vgl.: Müller-Stewens, Günter: Wirtschaft, a.a.O., S. B1.
[3] Vgl.: Drukarczyk, Jochen: MBO, in: WiSt November 1990 S. 545.
[4] Vgl.: Schlytter-Henrichsen, Thomas: Nachfolger, a.a.O., S. B5.
[5] Vgl.: Junginger, Walter: Hebelwirkung, in: Cap 28.4.89, S. 215.
[6] Vgl.: Tippelskirch, Alexander von: Eigenkapital, a.a.O., S. B6.
[7] Vgl.: Schumann, Peter Karl: Wege, a.a.O., S. B25.
[8] Vgl.: Krahtz, Hans-Jürgen: Probleme, a.a.O., S. B11.

lichkeiten des Mittelstandes gewinnen M&A-Transaktionen als Mittel der Eigenkapitalzufuhr an Bedeutung.[1]

2.4 Abschließende Würdigung der Entwicklungsaussichten des Mergers & Acquisitions-Geschäfts in Deutschland

Die in Deutschland bestehenden Restriktionen wurden im Abschnitt 2.3.1.6 bewertet. Danach waren die Voraussetzungen für einen funktionierenden M&A-Markt weitgehend erfüllt.[2] Die Akzeptanz von M&A-Transaktionen bei den Unternehmen ist sicherlich noch etwas schwach ausgeprägt. Sie ist jedoch im Steigen begriffen. Nachteilig wirkt sich allerdings die negative öffentliche Beurteilung von Übernahmen aus. Der rechtliche und steuerliche Rahmen für Akquisitionen ist gut. Auch ein ausreichendes Finanzierungspotential ist vorhanden.

Da die Voraussetzungen für das M&A-Geschäft in Deutschland also gegeben sind, gilt es Determinanten zu bewerten, die seine Ausprägung bestimmen werden. Die europäische Integration und die Globalisierung der Märkte werden einen Druck zur Anpassung an die neuen Wettbewerbsverhältnisse bewirken, der primär den Mittelstand treffen wird. Als Mittel der Adaption sind Akquisitionen unumgänglich, da das interne Wachstum der Geschwindigkeit der Veränderungen nicht mehr adäquat folgen kann. Die Umwälzungen in Osteuropa werden sowohl zu einem erhöhten Angebot von Kaufobjekten führen als auch die Nachfrage nach Betrieben in diesen Ländern steigern. Des weiteren werden dringend erforderliche Anpassungen im Mittelstandsbereich zu einer Belebung des M&A-Marktes beitragen. Nicht nur die Adaption an den internationalen Wettbewerb, sondern auch die dargelegten Probleme bei der Nachfolgeregelung und der Eigenkapitalfinanzierung werden zu einem starken Anwachsen von Übernahmen in diesem Sektor führen. Gerade der letzte Punkt ist für das weitere sehr wichtig, da sich das Beratungsangebot der Banken besonders an Mittelständler richtet.

---

[1]Vgl.: Matuschka, Graf Albrecht: Märkte, a.a.O.,S. 15.
[2]Vgl.: Moschner, Manfred: M&A V, a.a.O., S. 1109-1110.

Abschließend betrachtet hat der Markt für Unternehmensübernahmen in Deutschland günstige Entwicklungsaussichten, so daß ein Engagement in diesem Sektor lohnend
erscheint.

3 Notwendigkeit einer Mergers & Acquisitions-Beratung

3.1 Fähigkeit der in die Transaktion involvierten Unternehmen zur eigenständigen Lösung der anfallenden Probleme

3.1.1 Potentielle Nachfrager von Mergers & Acquisitions Beratungsleistungen

Eine Vielzahl der mit der Akquisitionsberatung verbundenen Arbeiten fällt unabhängig vom Volumen einer
Transaktion an, so daß die Berater zur Deckung der hier
entstehenden fixen Kosten ein Mindesthonorar verlangen.
Der Kreis der für eine Übernahmeberatung in Frage kommenden Unternehmen wird durch die zu zahlende Mindest-
provision limitiert, da der prozentuale Anteil der Bera-
tungshonorare am erzielten Kaufpreis ab einer bestimmten
Höhe für den Mandanten nicht mehr tragbar erscheinen
wird und es bei einem kleinen Transaktionsvolumen eher
fraglich ist, ob die aus der Betreuung resultierenden
Vorteile ihre relativ hohen Kosten übersteigen. Eine Beratung erscheint daher erst ab einem gewissen Mindesttransaktionsvolumen sinnvoll, das etwa bei 5 Mio. DM
liegen dürfte.[1] Bei den meisten Anbietern werden diese
Schwellen sogar noch höher liegen. Somit scheiden Klein-
unternehmen als potentielle Nachfrager für diese Beratungsleistung weitgehend aus, wenngleich auch sicherlich
Fälle denkbar sind, in denen sich Mandanten durch die
Höhe des Beratungshonorars in Relation zum Kaufpreis
nicht abschrecken lassen, weil die monetären Vorteile
der Beratung in diesen Fällen die zu zahlende Provision
erkennbar übersteigen. Der Bedarf der Großunternehmen an
externer Beratung wird in vielen Fällen ebenfalls stark

---

[1]Vgl.: Storck, Joachim: Aspekte, a.a.O., S. 376.

begrenzt sein, da eine Reihe von Gesellschaften aufgrund eigener Aktivitäten in der Unternehmensakquisition über langjährige Erfahrungen verfügt und oft eigene Stabsabteilungen unterhält, die sich mit diesen Transaktionen beschäftigen.[1] Trotz des hausinternen Know-how fällt diese Gruppe jedoch nicht vollständig als Nachfrager nach M&A-Beratungsleistungen aus, da für diverse Einzelabschnitte dennoch Bedarf an Spezialisten bestehen wird.[2] Als Hauptnachfrager der Übernahmeberatung kommt jedoch der Mittelstand in Betracht, der im Akquisitionsbereich Erfahrungsdefizite aufweist.[3] Mittelständische Unternehmen können sich aus Kostengründen keine eigenen Stabsabteilungen leisten und sind daher besonders auf die Hilfe externer Berater angewiesen.[4]

Die Masse der Erwerbsvorgänge betrifft den Sektor der Unternehmen mit Jahresumsätzen von 5 bis 100 Mio. DM.[5] Dies ergibt sich auch aus den in Abschnitt 2.3.2 gezeigten Markttendenzen. Neben einer wachsenden Bedeutung des mittelständischen Sektors als Käufer[6] ist besonders auf die starke Stellung als Verkäufer hinzuweisen, die aus der in Abschnitt 2.3.2.3 dargelegten speziellen Problematik dieses Bereichs herrührt.

Somit kommt dem Mittelstand eine dominierende Rolle als potentieller Nachfrager von Mergers & Acquisitions-Beratungsleistungen zu. Bei der Erörterung des Beratungsbedarfs der in solche Transaktionen involvierten Unternehmen wird im folgenden besonders auf diese Nachfragergruppe abgestellt.

---

[1]Vgl.: Sielaff, Meinhard/Zimmerer, Carl: Akquisition, in: Unternehmensakquisitionen, Hrsg.: Goetzke, Wolfgang/Sieben, Günter, Köln 1981, S. 136.
[2]Vgl.: Moschner, Manfred: M&A I, a.a.O., S. 597.
[3]Vgl.: Müller, Günther: Ziel, in: HB 19.4.89, S. B19.
[4]Vgl.: Rotthaus, Dirk: Auswahl, in: HB 18.4.91, S. B16.
[5]Vgl.: Hölters, Wolfgang: Unternehmenskauf, a.a.O., S. 11.
[6]Wie sehr gerade der Mittelstand bei der Privatisierung ehemals staatlicher Unternehmen als Käufer in Erscheinung tritt, belegt die Tatsache, daß 75 % aller von der Treuhandanstalt verkauften Betriebe durch Gesellschaften dieses Bereichs erworben wurden. Vgl.: Schwenn, Kerstin: Mittelstand, a.a.O., S. 17.

3.1.2 Zum Problem des hohen Anteils gescheiterter Transaktionen

Die Angaben über den Anteil fehlgeschlagener Akquisitionen am Gesamtvolumen erstrecken sich von 33-80 %, je nach Untersuchung.[1] Empirische Studien ergeben diverse Ursachen für das Scheitern von Unternehmensübernahmen, die nicht in der Natur der M&A-Transaktion selbst begründet liegen. Ein Hauptgrund der vielen Mißerfolge liegt im Fehlen einer ausgearbeiteten Beteiligungsstrategie.[2] Nur wenige Unternehmen haben ein solches Konzept, und daher handeln die meisten eher intuitiv als geplant.[3] Als Folge dessen kommt es oft zur Fehleinschätzung eigener Stärken und Schwächen.[4] Ein weiterer Schwachpunkt sind die für die Beurteilung des Akquisitionsobjekts wichtigen, aber zumeist mangelhaft vorhandenen Markt- und Technologiekenntnisse des Managements des Käufers.[5] Aus diesem Grund scheitern gerade branchenfremde Transaktionen besonders häufig. Die falsche Einschätzung von Synergiepotentialen ist ebenfalls ein häufiger Mangel. So werden zumeist die größten Synergien im Produktionsbereich erwartet, obwohl dies empirisch nicht der Fall ist, da in den Bereichen Finanzen, Marketing und Technologie weitaus mehr Synergiegewinne verzeichnet werden.[6] Fehleinschätzungen unterlaufen dem Käufer sehr oft bei der Ermittlung der Folgekosten und des Liquiditätsbedarfs der Akquisition.[7] Eine Gefahrenquelle liegt auch in den Schwierigkeiten, die mit der Eingliederung des Kaufobjekts verbunden sind. Fehler führen hier noch öfter zu Fehlschlägen als eine mangeln-

---

[1] Vgl.: Peltzer, Martin: Takeovers, a.a.O., S. 274;
Krahtz, Hans-Jürgen: Ansatz, a.a.O., S. B27.
[2] Vgl.: Jung, Willi: Praxis, Stuttgart 1983, S. 407.
[3] Vgl.: Bressmer, Claus/Mosner, Anton C./Sertl, Walter: Übernahme, a.a.O., S. 19.
[4] Vgl.: Lichtenauer, Marie-Caroline: Vielseitigkeit, in: FAZ 26.6.90, S. B19.
[5] Vgl.: Krahtz, Hans-Jürgen: Ansatz, a.a.O., S. B27.
[6] Vgl.: Kitching, John: Mergers, in: HBR November/Dezember 1967, S. 91-93.
[7] Vgl.: Krahtz, Hans-Jürgen: Ansatz, a.a.O., S. B27.

de Vorbereitung der Übernahme.[1] Reibungsverluste können sich aufgrund des Weggangs wichtiger Mitarbeiter des
Akquisitionsziels oder inkompatibler Kommunikationssysteme ergeben.[2] Negative Auswirkungen können auch aus
Problemen resultieren, die bei der Restrukturierung der
erworbenen Gesellschaft auftreten. Hier ist besonders an
die Entlassung von Mitarbeitern zu denken.[3] Das Scheitern der Transaktion kann auch in der falschen Veran-
schlagung der zeitlichen Beanspruchung des eigenen Managements begründet liegen.[4] Weitere Ursachen für
fehlgeschlagene Akquisitionen sind ein zu geringer unternehmerischer Einfluß auf das Zielobjekt und eine falsche Informationspolitik gegenüber Beschäftigten, Lieferanten, Kunden und der Öffentlichkeit. Ferner scheitern
viele Übernahmen an der anschließenden Verbürokratisie-
rung des Kaufobjekts durch Konzernrichtlinien des Erwerbers.[5]

Somit liegen die Gründe für den hohen Anteil geschei-
terter M&A-Transaktionen nicht in den Übernahmen selbst
begründet, sondern sind Ergebnis von Fehlern bei deren
Ausführung. Die dargelegten Ursachen des Scheiterns von
Akquisitionen deuten darauf hin, welche spezifischen Anforderungen bei der Konzeptionierung einer Transaktion
zu beachten sind.

3.1.3 Mit einer Mergers & Acquisitions-Transaktion ver-
bundene Anforderungen

Um die nachteiligen Folgen einer M&A-Transaktion zu
verhindern, sind Gestaltung und Durchführung sorgsam zu

---

[1] Vgl.: Funke, Jürgen: Synergiepotentiale, in: HB
    18.4.91, S. B7.
[2] Vgl.: Arnold, John D.: Case, in: Merger & Acquisition
    Sourcebook, Hrsg.: Heninger, June, Santa Barbara
    1986, S. 9/11.
[3] Vgl.: o.V.: M&A, in: Mer März/April 1989, S. 56.
[4] Vgl.: Jung, Willi: Praxis, a.a.O., S. 405.
[5] Vgl.: Krahtz, Hans-Jürgen: Ansatz, a.a.O., S. B27.
    Als Beleg dafür läßt sich die hohe Fehlschlagquote
    von 84 % bei Übernahmen von Objekten, die weniger als
    2 % der Größe des Käufers ausmachen, heranziehen.
    Vgl.: Kitching, John: Mergers, a.a.O., S. 92.

planen und umzusetzen. Die Anforderungen, denen hierbei
zu genügen ist, werden im folgenden kurz dargestellt und
erörtert. Die Gliederung lehnt sich dabei an die einzelnen Arbeitsschritte an, die bei der Realisierung einer
Übernahme anfallen.

3.1.3.1 Informationsbeschaffung und Zielsuche auf Basis einer ausgearbeiteten Beteiligungsstrategie

Die Auswahl des geeignetsten Käufers bzw. des pas-
sendsten Kaufobjekts ist eine wichtige Entscheidung für
das in eine solche Transaktion involvierte Unternehmen
und den Erfolg der Akquisition. Sie sollte daher Ergebnis systematischen Vorgehens sein.[1] Obwohl der Erwerb
eines Unternehmens von seinem Stellenwert her sicherlich
mit der Errichtung einer neuen Produktionsstätte vergleichbar ist, wird ihm häufig nicht die gleiche Aufmerksamkeit und Zeit gewidmet.[2] Um Probleme zu vermeiden, ist es nötig, frühzeitig eine M&A-Planung zu in-
stallieren. Diese orientiert sich an den Zielen und
Strategien der langfristigen Unternehmensplanung.[3] In
ihr ist explizit zu formulieren, welche Ziele mit den
Akquisitionen erreicht werden sollen.[4] Darüber hinaus
ist sicherzustellen, daß die Auswahl des am geeignetsten
erscheinenden M&A-Partners auf Grundlage ausreichender
Informationen erfolgt.[5]

Grundlage einer jeden systematischen Durchführung einer M&A-Transaktion ist die Analyse der eigenen Situation, aus der dann die Akquisitionsstrategie und die Anforderungen an das Übernahmeobjekt bzw. den Übernehmer
abgeleitet werden. Nachdem die eigene Lage und die mit
einer Übernahme verfolgten Ziele herausgearbeitet worden
sind, werden in einem nächsten Schritt Kriterien für das
zu akquirierende Unternehmen festgelegt. Sie tragen zu

---

[1] Vgl.: Chartered WestLB Limited: M&A, a.a.O., S. 6.
[2] Vgl.: Kitching, John: Mergers, a.a.O., S. 99.
[3] Vgl.: Jung, Willi: Praxis, a.a.O., S. 44-53.
[4] Vgl.: Holzapfel, Hans-Joachim/Pöllath, Reinhard:
    Recht, a.a.O., S. 3.
[5] Vgl.: Morgan Grenfell: Handbook, a.a.O., S. 22.

einer effizienten Suche nach potentiellen Kandidaten bei, indem sie die Zeit und die Kosten, die mit einer näheren Betrachtung von im Endeffekt nicht geeigneten Zielen verbunden wären, minimieren.[1] Damit auch tatsächlich die bestmöglichen Kandidaten gefunden werden können, ist es jedoch zunächst einmal nötig, möglichst viele potentielle Ziele zu identifizieren.[2] Mittelständler werden relativ selten in der Lage sein, umfangreiche M&A-Analysen durchzuführen und daraus folgende Strategien abzuleiten. Bei der Gewinnung einer Akquisitionsstrategie wird daher die Hilfe eines M&A-Praktikers vonnöten sein.[3] Die Identifikation geeigneter Kauf- bzw. Verkaufskandidaten dürfte mittelständischen Unternehmen ebenfalls sehr schwer fallen.[4] Wie gesehen ist der M&A-Markt in Deutschland nicht sonderlich transparent. Potentielle Interessenten sind daher schwer auffindbar.[5]

Die ermittelten möglichen Übernahmeobjekte werden anhand der aufgestellten Kriterien auf ihre Eignung hin überprüft.[6] Im Hinblick auf die nötige Diskretion müssen diese ersten Untersuchungen geräuschlos ablaufen. Ein zu frühes Bekanntwerden der eigenen Absichten in der Öffentlichkeit könnte den Erfolg der Transaktion beeinträchtigen. Daher wird man sich in dieser ersten Phase noch nicht direkt mit der Bitte um Informationen über das Unternehmen an die Kandidaten wenden. Ein solches Vorgehen, ohne Preisgabe der eigenen Identität, ist nur mittels der Einschaltung eines Beraters möglich. Somit verbleiben als Informationsquellen für die Vorselektion

---

[1]Vgl.: Earl, Peter/Fisher, Frederik G. III: International, London 1986, S. 1-6.
[2]Vgl.: Jung, Willi: Praxis, a.a.O., S. 62.
[3]Vgl.: Schumann, Peter Karl: Berater, in: Handbuch des internationalen Bankgeschäfts, Hrsg.: Büschgen, Hans E./Richolt, Kurt, Wiesbaden 1989, S. 307.
[4]Vgl.: Lennardt, Jörg: Unternehmensberatung, in: ZfgK 15.6.90, S. 612.
[5]Vgl.: Ferber, Manfred: Verkaufen, in: FAZ 23.4.91, S. B16.
[6]Vgl.: Davies, Quentin/Duncan, Gordan: Rolle, in: Handbuch des Bankmarketing, Hrsg.: Süchting, Joachim/ Hooven, Eckart van, Wiesbaden 1987, S. 446.

der Zielobjekte nur die von diesen veröffentlichten Daten, sofern nicht aus einer langjährigen Geschäftsverbindung mit den Kandidaten Informationen vorhanden sind. Zur Bewertung dieser publizierten Daten empfiehlt sich die Hinzuziehung sachkundiger Dritter. Die Informationen über börsennotierte Gesellschaften dürften noch vergleichsweise gut sein. Hier können die Aktienkursentwicklung, Analysen von Wertpapierberatungsgesellschaften, Börsenjahrbücher, zahlreiche Veröffentlichungen in der Wirtschaftspresse und die aufgrund der Publizitätspflicht veröffentlichten Rechnungsabschlüsse herangezogen werden. Begrenzter sind aber die Informationsmöglichkeiten über nicht-börsennotierte Unternehmen. Ihre Publizitätspflichten sind wesentlich geringer.[1] Gerade bei Akquisitionen im mittelständischen Bereich sind also Informationsdefizite zu erwarten, da zuverlässige Daten kaum zu beschaffen sind.[2] Für Unternehmen, die keine eigenen Mitarbeiter zur Beobachtung des Übernahmemarktes abstellen, ist zur Beschaffung weiterer Informationen sowie zur Analyse und Verifizierung der erlangten Daten die Einschaltung eines mit den Verhältnissen am M&A-Markt vertrauten Beraters sinnvoll.[3]

3.1.3.2 Unternehmensbewertung

Die Bewertung des Übernahmeobjekts ist für den Verkäufer schon vor der Kontaktaufnahme zu potentiellen Käufern weitgehend möglich, da er über die notwendigen Informationen verfügt. Der Übernehmer wird im Rahmen der Verhandlungen um die Bereitstellung von Daten, die ihm eine exaktere Ermittlung des Wertes erlauben, bitten.[4]

Die Bewertung bildet die Entscheidungsgrundlage für die Preisfixierung. Der Preis ist als "der in Geldeinheiten ausgedrückte Gegenwert, der für die Erlangung ei-

---

[1]Vgl.: Earl, Peter/Fisher, Frederik G. III: International, a.a.O., S. 8-14.
[2]Vgl.: Müller-Stevens, Günter: M&A, a.a.O., S. 28.
[3]Vgl.: Jung, Willi: Praxis, a.a.O., S. 58.
[4]Vgl.: Hölters, Wolfgang: Unternehmenskauf, a.a.O., S. 27-28.

nes wirtschaftlichen Gutes hingegeben wird"[1], zu verstehen. Die Bewertung ist immer subjektbezogen, d. h., sie ist davon abhängig, was der Interessent mit der Gesellschaft zu tun gedenkt. Demnach hat ein Betrieb für Käufer und Verkäufer einen unterschiedlichen Wert, je nachdem in welcher Verwendung sie ihn nutzen können oder wollen. Diese divergierenden Werte sind Grenzwerte in dem Sinne, daß sie für den Verkäufer den Mindestverkaufspreis und für den Käufer den Höchstkaufpreis darstellen. Der Preis, der am Ende für das Unternehmen gezahlt wird, liegt zwischen den beiden Grenzwerten und ist Resultat der Verhandlungen.[2] Seine Höhe wird durch das Angebot und die Nachfrage nach entsprechenden Gesellschaften am Markt beeinflußt.[3] Entscheidend ist aber das Verhandlungsgeschick der Beteiligten, da zwischen Preisunter- und -obergrenze ein taktischer Spielraum besteht.[4]

Für die Güte der Bewertung von entscheidender Bedeutung ist die Qualität der Analyse des Übernahmeobjekts. Die Lokalisierung von Risikopotentialen ist wichtiger als ihre anschließende Quantifizierung.[5] Daher ist die Beschaffung umfangreichen Datenmaterials nötig.[6]

---

[1]Fischer, Helmut: Bewertung, in: Handbuch des Unternehmens- und Beteiligungskaufs, Hrsg.: Hölters, Wolfgang, Köln 1989, S. 61.

[2]Vgl.: Großfeld, Bernhard: Unternehmensbewertung, Köln 1987, S. 17-20.

[3]Vgl.: Fischer, Helmut: Bewertung, a.a.O., S. 61.

[4]Vgl.: Schneider, Jörg: Ermittlung, in: BFuP November 1988, S. 524.

[5]Vgl.: Bretzke, Wolf-Rüdiger: Risiken, in: ZfbF September 1988, S. 821.

[6]Soweit möglich, sollten Jahresabschlüsse, Handelsregisterauszüge, Gesellschaftsverträge, Verträge mit Kunden, Lieferanten und Mitarbeitern, Versicherungsverträge sowie Angaben über gesellschaftsrechtliche Verbindungen, Schutzrechte, allgemeine Geschäftsbedingungen, Stand von Gerichtsverfahren, persönliche Verbindungen, organisatorischen Aufbau, Rechnungswesen, Personal, Gewerkschaftsengagement, Sozialleistungen, Marktsituation, Kundenstamm, Sortiment, Forschung und Entwicklung, Lieferanten, Standort und Auslastungsgrad herangezogen werden. Vgl.: Fischer, Helmut: Bewertung, a.a.O., S. 156-174.

Der Schwerpunkt der Untersuchung wird auf der Analyse des Jahresabschlusses beruhen. Dabei ergibt sich die Problematik, daß dieser nach dem Prinzip der kaufmännischen Vorsicht erstellt wurde, das für die Bewertung nicht gelten kann, weil sie die tatsächlichen Verhältnisse erfassen soll. Die Korrektur des Zahlenwerks ist nötig.[1] Es ist kritisch zu prüfen und um unerwünschte Komponenten zu bereinigen. Zur Bewältigung dieser Aufgabe ist eine umfangreiche Expertise erforderlich, die von der Qualifikation her auf Wirtschaftsprüferniveau anzusiedeln ist. Nur wenige Unternehmen dürften über Mitarbeiter mit solchen Fachkompetenzen verfügen, so daß hier Beratungsbedarf vorliegen wird.[2]

Die Extrapolation der Vergangenheitswerte ohne Berücksichtigung der Entwicklung externer Größen erscheint jedoch äußerst problematisch.[3] Daher sollte die Bewertung nicht alleine auf Basis der Zahlen des Rechnungswesens erfolgen, sondern darüber hinausgehende Daten umfassen, wie sie weiter oben in diesem Abschnitt bei den Anforderungen an das zu erhebende Informationsmaterial dargelegt wurden.

Bei der Bewertung des Zielobjekts darf dieses nicht als für sich alleinestehend betrachtet werden, sondern muß im Verbund mit dem Käufer, also inklusive möglicher Synergien, gesehen werden.[4] Auch der Verkäufer sollte diese Überlegung anstellen, da sich der Wert seines Unternehmens dadurch erhöht und er bemüht sein sollte, die Preisobergrenze des Käufers herauszufinden, um bei den Verhandlungen einen möglichst guten Preis zu erzielen.

Die gängigen Bewertungsverfahren lassen sich in Substanz- und Ertragswertmethoden einteilen.[5] Zusätzlich

[1]Vgl.: Fischer, Helmut: Bewertung, a.a.O., S. 63.
[2]Vgl.: Hölters, Wolfgang: Unternehmenskauf, a.a.O., S. 33.
[3]Vgl.: Schneider, Jörg: Ermittlung, a.a.O.,S. 523-524.
[4]Vgl.: Earl, Peter/Fisher, Frederik G. III: International, a.a.O., S. 96.
[5]Vgl.: Ebenda, S. 97.

gibt es noch eine Anzahl von Verfahren, die eine Kombination dieser beiden Methoden darstellen.[1] Auf letztere soll im weiteren nicht näher eingegangen werden.

Der Substanzwert eines Unternehmens berechnet sich prinzipiell als die Differenz der Summe der bewerteten Vermögensgegenstände und der Summe der bewerteten Verbindlichkeiten.[2] Dabei gibt es diverse Möglichkeiten der Bewertung der einzelnen Aktiva. Buchwert und Liquidationswert sind für die Zwecke der Übernahmebewertung ungeeignet.[3] Im Rahmen der Substanzwertmethode ist die Verwendung des Wiederbeschaffungswertes am sinnvollsten, da er die Fortführung des Unternehmens unterstellt und für die Vermögensgegenstände den Preis ansetzt, den man zu zahlen hätte, wenn man sie sich am Markt wiederbeschaffen müßte.[4] Als problematisch erweist sich der Substanzwertansatz, wenn es darum geht, Gesellschaften mit einem hohen Bestand an immateriellen Vermögensgütern zu bewerten.[5]

Das Ertragswertverfahren geht von der Fortführung des Unternehmens aus und legt diesem den Wert bei, den es in Zukunft am Markt erwirtschaften kann. Zur Ermittlung dieses Wertes gibt es verschiedene Methoden.[6] Der Ertragswert wird allgemein als die den Unternehmenswert determinierende Größe betrachtet, während man dem Substanzwert lediglich eine Hilfs- bzw. Kontrollfunktion zubilligt.[7] Daher orientieren sich auch die in der

---

[1] Vgl.: Jung, Willi: Praxis, a.a.O., S. 210-215.
[2] Vgl.: Reilly, Robert F.: Valuation, in: Merger & Acquisition Sourcebook, Hrsg.: Heninger, June, Santa Barbara 1986, S. 9/20.
[3] Vgl.: Bressmer, Claus/Mosner, Anton C./Sertl, Walter: Übernahme, a.a.O., S. 143-145.
[4] Vgl.: Earl, Peter/Fisher, Frederik G. III: International, a.a.O., S. 99.
[5] Vgl.: Flamholtz, Eric G./Coff, Russell: Resources, in: Mer Januar/Februar 1989 , S. 40.
[6] Vgl.: Earl, Peter/Fisher, Frederik G. III: International, a.a.O., S. 100.
[7] Vgl.: Koch, Hans Wolfgang: Kapitalanlage, in: bk August 1986, S. 29.

Praxis angewandten Bewertungsmethoden fast ausschließlich am Ertragswert.[1]

Eine Methode der Ertragsbewertung stellt die Berechnung des Barwerts der künftig erwarteten Zahlungsströme dar. Der solchermaßen durch Diskontierung der zukünftigen Zahlungsüberschüsse ermittelte Barwert gibt den jeweiligen Grenzpreis für Käufer und Verkäufer wieder. Aber auch bei diesem Ansatz treten Probleme auf. So gilt es zunächst einmal den adäquaten Diskontierungsfaktor zu bestimmen.[2] Die hierbei auftretenden Schwierigkeiten wurden bereits in anderem Zusammenhang in Abschnitt 2.1.1 diskutiert. Ferner gestaltet sich die Vorhersage der künftigen Zahlungsreihen äußerst kompliziert, da es sich um eine Prognose bei Unsicherheit handelt.[3] Daher sind die erwarteten Zahlungen für diverse mögliche Zukunftsszenarien zu prognostizieren. Für jedes der Szenarien ist seine Eintrittswahrscheinlichkeit abzuschätzen, mit der dann die bei der Realisation dieses Zustandes auftretenden Zahlungen gewichtet werden. Danach wird der Barwert aus dem so konstruierten erwarteten Zahlungsstrom berechnet.[4] Die Unsicherheit wird auf diese Weise nicht eliminiert, sondern lediglich mittels Quantifizierung rechenbar gemacht, so daß eine Sicherheit vorgetäuscht wird, die nicht besteht. Ein weiteres Problem liegt in der Gewinnung der Aussagen über die Wahrscheinlichkeitsverteilung der Szenarien und der in ihnen auftretenden Zahlungen, die ganz und gar auf subjektiver Einschätzung beruhen und nicht nachprüfbar ist.[5]

Für die Bewertung von M&A-Transaktionen erscheint die klassische Barwertmethode nicht ausreichend, weil sie die strategischen Motive einer solchen Akquisition nicht erfaßt.[6] Zur Berücksichtigung der nichtmonetären,

---

[1]Vgl.: Roventa, Peter: Unternehmenswert, in: FAZ 23.4.91, S. B8.
[2]Vgl.: Earl, Peter/Fisher, Frederik G. III: International, a.a.O., S.101-103.
[3]Vgl.: Bretzke, Wolf-Rüdiger: Risiken, a.a.O., S. 814.
[4]Vgl.: Franke, Günter/Hax, Herbert: Finanzwirtschaft, a.a.O., S. 276-277.
[5]Vgl.: Bretzke, Wolf-Rüdiger: Risiken, a.a.O., S. 814-822.
[6]Vgl.: Schneider, Jörg: Ermittlung, a.a.O., S. 523.

strategischen Aspekte einer Übernahme bei der Wertermittlung müssen daher andere Ansätze gewählt werden. Zunächst kann man versuchen, die strategischen Wirkungen zu quantifizieren, indem man die Zahlungsströme, die durch sie induziert werden, erfaßt und ihren Barwert berechnet.[1] Jede Akquisition ist als Teil einer Strategie zu verstehen, mit der ein bestimmtes Unternehmensprofil erreicht werden soll. Bei der Bewertung sind daher nicht nur das zu erwerbende Unternehmen selbst und die zwischen ihm und dem Käufer unmittelbar auftretenden Synergien zu erfassen, sondern auch der Beitrag, den die Akquisition zur Erreichung der Gesamtstrategie beisteuert. Demnach kann der Wert, der aus der Umsetzung des angestrebten Unternehmensprofils resultiert, den zu seiner Erlangung nötigen Unternehmensübernahmen zugerechnet werden. Dem herkömmlich ermittelten Ertragswert ist also noch ein Zuschlag für die strategische Komponente zuzufügen.[2] Dieses Vorgehen scheitert aber, wenn strategische Aspekte auftreten, die keine Zahlungseffekte zeigen. In diesen Situationen ist ein Übergang zum Nutzenkalkül nötig. Es muß der Zahlungsstrom ermittelt werden, der den gleichen Nutzen vermittelt wie die Erreichung des anvisierten strategischen Ziels.[3]

Wie gesehen führt die theoretisch genaue Ermittlung des Unternehmenswertes zu unzähligen Komplikationen. Daher bedient die Praxis sich simplerer Methoden. Der auf Basis der letzten Jahresabschlüsse festgestellte nachhaltige Durchschnittsgewinn wird mit einem Bewertungsfaktor b multipliziert. Im Grunde handelt es sich dabei um ein stark vereinfachtes Ertragswertverfahren, bei dem von der Konstanz der Gewinne im Zeitablauf ausgegangen wird und die Abzinsung mit dem Diskontierungsfaktor r erfolgt.[4] Dabei ist $b = 1/r$. Dieser Bewertungsfaktor

---

[1] Vgl.: Hafner, Ralf: Unternehmensbewertung, in: BFuP November 1988, S. 486-490; Schneider, Jörg: Ermittlung, a.a.O., S. 526-531.
[2] Vgl.: Sieben, Günter/Diedrich, Ralf: Aspekte, in: ZfbF September 1990, S. 797-807.
[3] Vgl.: Hafner, Ralf: Unternehmensbewertung, a.a.O., S. 490.
[4] Vgl.: Bretzke, Wolf-Rüdiger: Risiken, a.a.O., S. 818.

liegt zur Zeit am deutschen M&A-Markt zwischen fünf und acht.[1] Ein solcher Multiplikator muß aber nicht unbedingt am Gewinn anknüpfen, sondern kann sich auch, abhängig von der Branche des Übernahmeobjekts, auf andere Größen beziehen.[2] Die Flexibilität hinsichtlich einer anderen als der im Bewertungsfaktor enthaltenen Einschätzung des Risikogrades der Akquisition läßt sich durch einen Auf- oder Abschlag auf den gefundenen Wert in Rechnung stellen. Generell bietet die Nutzung eines Marktmultiplikators den Vorteil, daß in ihm aktuelle Kapitalkosten und marktüblicher Risikozuschlag als die kritischen Größen der Bewertung nach der Barwertmethode schon enthalten sind. Darüber hinaus wird im Multiplikator auch die Angebots- und Nachfragesituation am Markt für Unternehmensübernahmen berücksichtigt.[3] Die Kenntnis und Nutzung dieser Multiplikatoren bedarf einer gewissen Markterfahrung, die in der Regel nur bei Experten vorhanden ist. Zwar wenden diese Experten nicht die zuvor erläuterten, theoretisch exakten Verfahren der Preisermittlung an, da dies kaum praktikabel erscheint. Sie decken bei ihren Analysen aber die in diesen Modellen als wesentlich erachteten Determinanten für den Unternehmenswert auf und lassen diese in die Preisfindung einfließen, indem sie entsprechende Korrekturen des mittels des Multiplikators ermittelten Werts vornehmen.

Einen gewichtigen Einfluß auf die Höhe des endgültigen Kaufpreises für ein Unternehmen hat, neben den oben bereits erörterten in die Bewertung einfließenden De-

---

[1] Vgl.: Dunsch, Jürgen: Fusionswelle, a.a.O., S. 9; Roventa, Peter: Unternehmenswert, a.a.O., S. B8. Gestaffelt nach Branchen betragen die Multiplikatoren: Chemie 7-10, Elektronik 10-12, Feinmechanik 4-6, Kunststoffverarbeitung 6-8, Maschinenbau 4-8, Nahrung 5-7, Pharma 10-12, Werkzeugbau 6-8. Vgl.: Gösche, Axel: Wert, in: HB 29.4.92, S. B10.
[2] Bei Zeitungen ist die Basis z. B. der Bestand an Vollabonnements, bei Brauereien der Hektoliterausstoß pro Jahr, bei Pharmaunternehmen der Umsatz und bei Lebensversicherern die jährliche Nettoprämieneinnahme. Vgl.: Zimmerer, Carl: Bewertung, in: Finanzierungshandbuch, Hrsg.: Christians, F. Wilhelm, Wiesbaden 1988, S. 816.
[3] Vgl.: Bretzke, Wolf-Rüdiger: Risiken, a.a.O., S. 820.

terminanten, die Art der Zahlung und die Zahlungsstruktur. Die Barzahlung hat für den Verkäufer den Vorteil der Risikofreiheit, während er bei einer Zahlung mittels Aktien oder Schuldtiteln ein Risiko trägt. Auf der anderen Seite hat die Barzahlung für den Käufer den Nachteil der direkten Liquiditätsbelastung, und für den Verkäufer bringt sie eine unmittelbare Steuerbelastung mit sich. Daher bestehen, je nach der individuellen Situation, Präferenzen der Beteiligten für die eine oder andere Art der Zahlung, die sie zu Zugeständnissen in Form von Ab- oder Aufschlägen auf den Kaufpreis veranlassen. Gleiches gilt hinsichtlich der Zahlungsstruktur.[1] Der Verkäufer wird bei der Vereinbarung eines Fixpreises, der bei der Übernahme zu entrichten ist, eher zu Konzessionen bereit sein als bei Preisformen, deren endgültige Höhe erst im Zeitablauf fixiert wird und die daher eine gewisse Unsicherheit enthalten.[2] Zu berücksichtigende Auf- und Abschläge auf den Kaufpreis, die aus besonderen Risiken, der Art und Struktur der Zahlung sowie der steuerlichen Gestaltung der Transaktion resultieren, können nur auf der Basis eingehender Marktkenntnis und Erfahrung zutreffend ermittelt werden. Auch hier empfiehlt sich die Einschaltung von Experten.

3.1.3.3 Ansprache und Kaufverhandlungen

Bei der Bestimmung der Form der Veräußerung seines Unternehmens hat der Verkäufer die Wahl zwischen standardisierten Bietverfahren oder der direkten Aushandlung der Transaktion mit dem Käufer. Dabei erfreuen sich erstere in letzter Zeit zunehmender Beliebtheit. Sofern die Initiative zu der Akquisition vom Erwerber ausgeht, wird die Abwicklung, außer im seltenen Falle von feindlichen Übernahmeangeboten, immer in Form der direkten Verhandlung mit dem Verkäufer erfolgen.[3]

[1] Vgl.: Earl, Peter/Fisher, Frederik G. III: International, a.a.O., S. 105-107.
[2] Vgl.: Moschner, Manfred: M&A II, in: ÖBA Juli 1988, S. 711.
[3] Vgl.: Lakshman, Vir/Kopp, Andreas: Bietverfahren, in: HB 18.4.91, S. B19.

Das Hauptproblem bei der Anbahnung einer M&A-Transaktion liegt in der Identifikation der richtigen Ansprechpartner.(1) Lediglich bei sogenannten »Public Auctions«, bei denen Verkaufsabsicht und Identität des Verkaufsobjekts öffentlich bekanntgemacht werden, tritt diese Schwierigkeit nicht auf. Bei »Controlled Auctions« ist die Auswahl geeigneter Adressaten hingegen von erheblicher Bedeutung, da nur ein limitierter Kreis potentieller Interessenten in das Verfahren einbezogen werden soll.(2) Die Veräußerung von Unternehmen mittels einer Public Auction ist in Deutschland ein eher selten beobachtbarer Vorgang. Die Kontaktaufnahme zu potentiellen Käufern bzw. Verkäufern wird in Deutschland im Vergleich zu den angelsächsischen Ländern auch noch dadurch erschwert, daß es keinen vergleichbar organisierten M&A-Markt gibt.(3) Zur Anbahnung der Kontakte und Ansprache der richtigen Personen kann daher die Hilfe erfahrener Marktspezialisten sinnvoll sein.(4)

Ein weiteres Problem bei der Initiierung einer Unternehmensakquisition liegt in der Gewährleistung der nötigen Diskretion. Ein zu frühes Bekanntwerden der Transaktionspläne kann sich nachteilig auswirken.(5) Dringen z. B. Verkaufspläne verfrüht an die Öffentlichkeit, kann das Vertrauen von Lieferanten und Kunden in das Unternehmen erschüttert werden und ein Abbruch der Geschäftsbeziehungen drohen. Die Gewerkschaften können unruhig werden und gegen das Vorhaben opponieren. Qualifizierte Arbeitnehmer können aufgrund der bestehenden Unsicherheiten über die zukünftige Entwicklung abwandern. Bei einem etwaigen Scheitern der Verkaufspläne können sich negative Auswirkungen auf den Ruf der Gesellschaft ergeben, da der Fehlschlag als Folge eines in ihr verborge-

---

(1)Vgl.: Jung, Willi: Praxis, a.a.O., S. 64.
(2)Vgl.: Bollinger, Ekkehard: Käufer, in: FAZ 23.4.91, S. B16.
(3)Vgl.: Hölters, Wolfgang: Unternehmenskauf, a.a.O., S. 10.
(4)Vgl.: Jung, Willi: Praxis, a.a.O., S. 64.
(5)Vgl.: Chartered WestLB Limited: M&A, a.a.O., S. 6.

nen Mangels gewertet werden kann.[1] Um ein Mindestmaß
an Diskretion zu wahren, scheint es ratsam, die Vorklä-
rung des Interesses möglicher Käufer bzw. Verkäufer
durch eine allgemeine Ansprache ohne Preisgabe der eigenen Identität zu bewerkstelligen.[2] Dies ist allerdings nur durch Einschalten eines Dritten möglich.[3]

Eine wesentliche Aufgabe bei den Verhandlungen zur
Übernahme eines Unternehmens stellt die Verhinderung des
Mißbrauchs der dem Käufer vom Verkäufer zur Verfügung
gestellten Informationen über das Ziel dar. Für den Veräußerer ist mit der Informationsbereitstellung ein erhebliches Risiko verbunden. Daher müssen die potentiellen Erwerber sich verpflichten, die gewährten Daten vertraulich zu behandeln.[4] Ferner wird der Verkäufer bemüht sein, tatsächliche Interessenten möglichst schnell
von Schein-Käufern zu unterscheiden und nur ersterer
Gruppe weitergehende Informationen zu gewähren. Als Be-
urteilungskriterium für die Ernsthaftigkeit eines Interessenten können seine finanzielle Situation und die
Schlüssigkeit der mit dem Kauf verfolgten Strategie dienen.[5] Gerade Berater dürften hier aufgrund ihrer langjährigen Erfahrung eher in der Lage sein, ernsthafte Interessenten von Scheininteressenten zu unterscheiden und
somit den Mißbrauch von im Rahmen der Akquisitionsvorbe-
reitung weitergegebenen Informationen zu verhindern.

Beim Ablauf der Akquisition im Rahmen direkter bila-
teraler Verhandlungen der Transaktionsparteien über die
Gestaltung und Konditionen des Geschäfts ist die Kenntnis der Ziele und Prioritäten der eigenen und der anderen Seite für den eigenen Verhandlungserfolg unerläßlich. Wie in Abschnitt 3.1.3.2 gesehen, liegt der Kaufpreis für ein Unternehmen zwischen den Grenzwerten des

---

[1]Vgl.: Earl, Peter/Fisher, Frederik G. III: International, a.a.O., S. 62.
[2]Vgl.: Ferber, Manfred: Verkaufen, a.a.O., S. B16.
[3]Vgl.: Duengen, Rainer B.: Verkäufer, in: HB 18.4.91,
S. B11.
[4]Vgl.: Morgan Grenfell: Handbook, a.a.O., S. 639-640.
[5]Vgl.: Earl, Peter/Fisher, Frederik G. III: International, a.a.O., S. 62.

Käufers und Verkäufers und ist Ergebnis von Verhandlungen. Weitere Komponenten für eine erfolgreiche Verhandlungsführung sind Kompromißbereitschaft und richtiges Timing bei der Signalisierung derselben, das Schaffen einer lockeren Atmosphäre und das Vermeiden emotionaler Anfeindungen.[1] Diese Fähigkeiten können als Verhandlungsgeschick bezeichnet werden und dürften mit zunehmender Verhandlungserfahrung wachsen. Bei M&A-Experten werden sie daher besonders hoch sein, während der normale Unternehmer eher eine geringe Kenntnis von Akquisitionsverhandlungen besitzen wird. Der Verhandlungsstand wird in einer Absichtserklärung zusammengefaßt. Sie enthält die wichtigsten kaufmännischen Bedingungen des Angebots und die Verpflichtungen der beiden Parteien.[2] Die bilaterale Verhandlung zwischen Käufer und Verkäufer stößt im Falle von MBO-Transaktionen auf Probleme, da das Management hier auf beiden Verhandlungsseiten steht und sich in einem Konflikt zwischen Eigen- und Gesellschafterinteressen befindet. Das Angebot sollte daher in diesen Fällen durch Dritte auf seine Angemessenheit überprüft werden.[3] Der Interessenkonflikt wird durch die Mandatierung von M&A-Beratern limitiert.[4] Die Anwendung des Bietverfahrens kann den Konflikt ebenfalls begrenzen, da die Adäquatheit des Angebots hier durch die Gegengebote überprüft werden kann.

Während direkte Verhandlungen den Vorteil erhöhter Diskretion und Flexibilität aufweisen, beruhen die Bietverfahren auf dem Gedanken, daß sie den Gesellschaftern den bestmöglichen Preis für ihr Unternehmen einbringen, indem sie zum einen den diskretionären Handlungsspielraum des Verkäufermanagements begrenzen und zum anderen mit der Zahl der angesprochenen Interessenten die Chance erhöhen, den Käufer zu finden, der in der Lage ist, den

---

[1]Vgl.: Earl, Peter/Fisher, Frederik G. III: International, a.a.O., S. 64-69.
[2]Vgl.: Morgan Grenfell: Handbook, a.a.O., S. 640.
[3]Vgl.: Adams, Michael: Unternehmenskontrolle, a.a.O., S. 337.
[4]Vgl.: Hauschka, Christoph E.: Aspekte, in: BB 20.11.87, S. 2173.

höchstmöglichen Preis zu zahlen.[1] Beim kontrollierten
Bietverfahren werden zunächst potentielle Käufer ermittelt. Diese erhalten dann vorläufige Informationen gegen
Abgabe einer Vertraulichkeitsgarantie. Nach Auswahl der
als wirklich interessiert erachteten Bieter wird diesen
das Verkaufsdokument mit weitergehenden Daten über-
reicht. Auf dessen Basis geben sie vorläufige Absichts-
erklärungen ab. Die Kaufinteressenten mit den besten
vorläufigen Geboten erhalten die Gelegenheit einer In-
spektion des Übernahmeobjekts vor Ort.[2] Danach geben
sie ihre endgültige Offerte ab. Das höchste Gebot erhält
den Zuschlag.[3]

3.1.3.4 Rechtliche und steuerliche Ausgestaltung

Für die Ausgestaltung einer M&A-Transaktion sind eine Vielzahl juristischer und steuerlicher Detailkennt-
nisse erforderlich, die die Einbeziehung von Rechts- und
Steuerexperten unumgänglich erscheinen lassen.[4]

Zunächst sind die rechtlichen Konsequenzen, die mit
der Wahl einer bestimmten Vorgehensweise zur Bewerkstel-
ligung der Übernahme verbunden sind, zu beachten. Die
hier anfallenden rechtlichen Fragestellungen bedürfen
einer juristischen Beratung.[5] In nur wenigen Unternehmen wird hierzu eine eigene Rechtsabteilung zur Verfügung stehen. Auch der von der Gesellschaft üblicherweise
eingeschaltete Rechtsanwalt wird nur in den seltensten
Fällen für die Lösung dieser Probleme in Frage kommen,
da hier ein Jurist mit einschlägiger Erfahrung im M&A-
Sektor vonnöten ist.[6]

---

[1]Vgl.: Bebchuk, Lucian A.: Offers, a.a.O., S. 1041.
[2]Vgl.: Lakshman, Vir/Kopp, Andreas: Bietverfahren,
  a.a.O., S. B19.
[3]Vgl.: Interfinanz - Gesellschaft für internationale
  Finanzberatung mbH: Jahresbericht 1990, Düsseldorf
  1990, S. 43.
[4]Vgl.: Kramer, Joachim: Deutschland, in: ZfgK 1.11.89,
  S. 1001.
[5]Vgl.: Hölters, Wolfgang: Unternehmenskauf, a.a.O.,
  S. 32-34.
[6]Vgl.: Jung, Willi: Praxis, a.a.O., S. 333.

Einen Weg der Übernahme stellt der heimliche Aufkauf des Kandidaten über die Börse dar.[1] Dieses Verfahren stößt beim Erwerb von 25 % der Anteile und mehr jedoch gemäß § 20 AktG an seine Grenzen, da dann die Pflicht zur Offenlegung der Kaufaktivitäten besteht, wie Abschnitt 2.3.1.4 bereits zeigte.

Eine weitere Methode der Akquisition von Unternehmen stellt die Abgabe eines öffentlichen Übernahmeangebots dar.[2] Hierbei sind die im Abschnitt 2.3.1.1 dargelegten Bestimmungen zu beachten.

Die Übernahmen im Mittelstandsbereich werden im allgemeinen durch einen Kaufvertrag mit den Alteigentümern erfolgen.[3] Bei dessen Abfassung empfiehlt sich die Einschaltung eines Rechtsanwalts, der die bei den Verhandlungen erzielten Übereinkünfte in eine rechtliche Form bringt, um den notwendigen Rechtsschutz zu gewährleisten. Dieser sollte dabei über eine gewisse M&A-Erfahrung verfügen und vermeiden, die Substanz der Übereinkunft bei der Vertragsabfassung zu verändern.[4] Im Vertrag sind zunächst die zu übertragenden Anteile bzw. Wirtschaftsgüter zu spezifizieren.[5] Hinsichtlich des Auftretens von Mängeln sind bei variabler Kaufpreisvereinbarung die Minderungs- bzw. Rücktrittsrechte des Käufers abzusichern. Da der Übernehmer des Gesamtvermögens nach § 419 I BGB für die Schulden des Vorgängers haftet, ist in den Vertrag eine Garantie des Verkäufers aufzunehmen. Dieser hat Sicherheiten zu stellen, die eine Befriedigung nachträglich auftretender Forderungen garantieren. Diese können in der Deponierung eines Teils des Verkaufserlöses auf einem Sperrkonto bestehen. Ferner sind der Übergang und die Nutzung gewerblicher Schutzrechte vertraglich zu fixieren. Die Sicherheitsrechte

---

[1]Vgl.: Earl, Peter/Fisher, Frederik G. III: International, a.a.O., S. 75-76.
[2]Vgl.: Hauschka, Christoph E./Roth, Thomas: Übernahmeangebote, a.a.O., S. 182.
[3]Vgl.: Hölters, Wolfgang: Unternehmenskauf,a.a.O.,S.8.
[4]Vgl.: Jung, Willi: Praxis, a.a.O., S. 333.
[5]Vgl.: Morgan Grenfell: Handbook, a.a.O., S. 641.

Dritter müssen ebenso geregelt werden wie die Ansprüche des Verkäufers im Falle der Nichterfüllung vertraglicher Pflichten durch den Käufer. Der Verkäufer muß bemüht sein, sämtliche relevanten Informationen offenzulegen, da er ansonsten gemäß § 195 BGB Schadensersatz zu leisten hat.[1] Als Möglichkeit, dieser Haftung zu entgehen, bietet sich die Erstellung eines Prüfungsberichts über das Unternehmen vor dessen Übertragung an den Käufer und die Festschreibung der Ergebnisse im Kaufvertrag an.[2] Zur Beachtung aller für einen Unternehmenskauf wichtigen Punkte verfügen in der M&A-Branche tätige Rechtsberater über standardisierte Vertragsklauseln.[3]

Ein weiterer Aufgabenbereich der rechtlichen Ausgestaltung einer Akquisition ist die wettbewerbsrechtliche Abklärung des Vorhabens.[4] Die relevanten Rechtsgrundlagen wurden schon in Abschnitt 2.3.1.3 behandelt.

Die steuerliche Gestaltung der Transaktion hat wichtige Konsequenzen für die Höhe des Kaufpreises. Das Interesse des Verkäufers wird sich immer auf die Besteuerung des Verkaufserlöses beziehen, während den Käufer die steuerliche Behandlung seiner Akquisitionskosten beschäftigt.[5] Der Bereich der steuerlichen Gestaltung wird zumeist ebenfalls Beratungsbedarf aufweisen, da nicht alle Unternehmen eigene Fachleute beschäftigen, die die steuerlichen Implikationen der alternativen Gestaltungsformen überschauen.[6]

---

[1] Vgl.: Jung, Willi: Praxis, a.a.O., S. 336-340.
[2] Vgl.: Holzapfel, Hans-Joachim/Pöllath, Reinhard: Recht, a.a.O., S. 10-11.
[3] Vgl.: Jung, Willi: Praxis, a.a.O., S. 341.
[4] Vgl.: Hölters, Wolfgang: Unternehmenskauf, a.a.O., S. 30.
[5] Es ist unmittelbar einsichtig, daß ein Angebot in Höhe von 100 Geldeinheiten, das beim Verkäufer zu Steuerzahlungen von 50 Geldeinheiten führt, für diesen ungünstiger ist, als eine Offerte in Höhe von 80 Geldeinheiten, die zu einer Steuerlast von 20 Geldeinheiten führt.
Vgl.: Holzapfel, Hans-Joachim/Pöllath, Reinhard: Recht, a.a.O., S. 57-58.
[6] Vgl.: Hölters, Wolfgang: Unternehmenskauf, a.a.O., S. 33.

Die Steuerwirkungen einer Akquisition knüpfen an der Art der Übernahme an. Man unterscheidet dabei zwischen der Übertragung des Rechtsträgers in Form des Verkaufs von Gesellschaftsanteilen (Share Deal) und der Übertragung durch Einzelrechtsnachfolge mittels des Verkaufs der einzelnen Vermögensgegenstände (Asset Deal).[1]

Der Gewinn aus der Veräußerung von Anteilen an einer Kapitalgesellschaft, die im Betriebsvermögen gehalten wurden, ist voll steuerpflichtig, wenn die Zahlung nicht mittels Tausch gegen Anteile an einem anderen Unternehmen, die nach Art, Wert und Funktion gleich sind, erfolgte oder der erzielte Gewinn auf andere Wirtschaftsgüter übertragen wird.[2] Nur in dem Falle, daß es sich bei dem verkauften Anteil um eine hundertprozentige Beteiligung handelt, die im Betriebsvermögen einer natürlichen Person gehalten wird, sind gemäß § 34 Absatz 2 EStG bis zu 30 Mio. DM des Gewinns lediglich mit dem halben Steuersatz zu belegen.[3] In den anderen Fällen ist der volle Steuersatz zu zahlen. Wurden die Anteile an einer Kapitalgesellschaft dagegen im Privatvermögen gehalten, so unterliegt der Gewinn, sofern die Anteile länger als 6 Monate im Eigentum des Veräußerers waren und weniger als 25 % des Grundkapitals der Gesellschaft ausmachen, nicht der Besteuerung. Lediglich bei einer Beteiligung von 25 % und mehr ist der Ertrag zu versteuern, wobei aber wieder auf den halben Steuersatz gemäß § 34 EStG zurückgegriffen werden kann. Der Gewinn aus dem Verkauf von Anteilen an einer Personengesellschaft ist immer steuerpflichtig und wird mit dem halben Steuersatz belegt, wenn der Gesellschafter eine natürliche Person ist. Wird anstatt des Share Deal der Asset Deal als Verkaufsform gewählt, so unterliegt der Gewinn auch hier immer der Besteuerung in voller Höhe, wenn der Veräußerer eine Kapitalgesellschaft ist. Die Vergünstigung des halben Steuersatzes für natürliche Personen kann hier allerdings nur gewährt werden, wenn eine Betriebs-

---

[1]Vgl.: Morgan Grenfell: Handbook, a.a.O., S. 34.
[2]Vgl.: Jung, Willi: Praxis, a.a.O., S. 146.
[3]Vgl.: Otto, Hans-Jochen: Übernahmen, a.a.O., S. 1393.

oder Teilbetriebsaufgabe im Sinne von § 16 Absatz 3 EStG vorliegt.[1] Demnach wird ein Verkäufer, der eine natürliche Person ist, häufig den Share Deal präferieren, während ein Veräußerer in der Rechtsform einer Kapitalgesellschaft den beiden Alternativen indifferent gegenüberstehen wird.[2]

Aus der Sicht des Käufers spielt die steuerliche Behandlung der Akquisitionskosten die entscheidende Rolle bei der Beurteilung der Alternativen. Hier besteht beim Anteilskauf ein Verbot der Aktivierung des derivativen Firmenwerts, d. h. des Werts, um den die Anschaffungskosten den Buchwert der übernommenen Vermögensgegenstände übersteigen. Beim Asset Deal darf ein solcher Firmenwert hingegen aktiviert und abgeschrieben werden.[3] Aus diesem Grund wird der Käufer in den Fällen, in denen der Preis des Kaufobjekts seinen Buchwert übersteigt, den Asset Deal präferieren.[4]

Aus den von Käufern und Verkäufern verfolgten steuerlichen Interessen ergeben sich also unterschiedliche Präferenzen bezüglich der Übernahmeform. In der Praxis ist der Share Deal aufgrund seiner einfacheren Handhabbarkeit dominierend.[5] Um die Interessen beider Parteien zu befriedigen, bietet sich allerdings eine Kombination beider Verfahren an. Der Käufer erwirbt das Zielobjekt im Rahmen eines Share Deal mittels einer hundertprozentigen Tochtergesellschaft. Danach verkauft die akquirierte Unternehmung ihre Aktiva per Asset Deal an den Käufer. Die Tochtergesellschaft nimmt eine Teilwertabschreibung auf die Beteiligung am Zielobjekt vor, die sie mit dem ihr zufließenden Gewinn aus der Veräußerung der Aktiva saldiert. Somit werden bei ihr keine Körperschaftsteuern fällig. Allerdings ist diese Saldierung

---

[1]Vgl.: Jung, Willi: Praxis, a.a.O., S. 146-149.
[2]Vgl.: Otto, Hans-Jochen: Übernahmen, a.a.O., S. 1393.
[3]Vgl.: Jung, Willi: Praxis, a.a.O., S. 138+152.
[4]Vgl.: Leimbach, Andreas: Transactions, Frankfurt/Main 1989, S. 58.
[5]Vgl.: Bressmer, Claus/Mosner, Anton C./Sertl, Walter: Übernahme, a.a.O., S. 73.

nach § 8 Nr. 10 GewStG nicht zulässig, so daß auf den
Gewinn aus dem Aktivaverkauf Gewerbeertragsteuern zu
zahlen sind. Insgesamt führt das Verfahren dazu, daß der
Verkäufer durch die Gestaltung seiner Veräußerung als
Share Deal u. U. in den Genuß der Begünstigung des halben Steuersatzes gerät. Der Käufer kann andererseits die
erworbenen Aktiva in Höhe des gezahlten Kaufpreises bi-
lanzieren und somit die Abschreibungsbasis erhöhen.[1]

3.1.3.5 Finanzierung

Für den Erfolg einer Transaktion ist es unerläßlich,
die Finanzierungsmöglichkeiten und ihre künftigen Implikationen schon frühzeitig abzuklären.[2] Im Rahmen einer
Unternehmensübernahme sind die Erwerbs- und Folgefinanzierung zu gewährleisten.[3] Die Mittelbereitstellung
kann dabei zum einen auf der finanziellen Kraft des Käufers beruhen, der bereits vor der Akquisition ein ausreichendes Vermögen besitzt, das die Existenz oder die
Erlangung der erforderlichen Mittel durch Schuldenauf-
nahme bzw. Eigenkapitalerhöhung sicherstellt. Zum anderen kann die Finanzierung der Übernahme auf der Finanzkraft der erworbenen Gesellschaft beruhen. Deren Vermögen dient dann der Bedienung und Sicherung der mit dem
Kauf eingegangenen Verbindlichkeiten, wobei auf die in
Abschnitt 2.2.1.2 gezeigten Grenzen verwiesen sei.[4]

Besitzt der Erwerber eine ausreichende Finanzkraft,
so kann er die Mittel für die Akquisition ohne Zuhilfe-
nahme des Kaufobjekts aufbringen. Dabei kann er sich zunächst der Innenfinanzierung durch Zahlungsüberschüsse
aus dem Umsatzprozeß bedienen. Zusätzlich können mittels
der Verflüssigung von Vermögenswerten intern Mittel be-

---

[1]Vgl.: Koch, Ulrich: Verkaufspläne, in: HB 19.4.89,
    S. B21.
[2]Vgl.: Hölters, Wolfgang: Unternehmenskauf, a.a.O.,
    S. 29.
[3]Vgl.: Schwenkedel, Stefan: Management Buyout, a.a.O.,
    S. 75.
[4]Vgl.: Bressmer, Claus/Mosner, Anton C./Sertl, Walter:
    Übernahme, a.a.O., S. 76.

schafft werden. Daneben kommt die Zuführung neuen Kapitals in Betracht.[1]

Zunächst ist hier an eine Kapitalerhöhung zu denken. Diese erfolgt bei börsennotierten Gesellschaften durch die Ausgabe neuer Aktien. Ihre Vorteile liegen im Fehlen fester Tilgungs- und Zinsverpflichtungen, der Erhöhung des Kreditspielraums, der Unkündbarkeit des zugeführten Kapitals und der Nichtexistenz einer Notwendigkeit zur Stellung von Sicherheiten. Ihre Nachteile sind das Mitspracherecht der neuen Aktionäre, die erhöhten Informationspflichten und die steuerliche Diskriminierung des Eigenkapitals. Zudem sind die Kosten einer solchen Kapitalerhöhung sehr hoch. Die Fixkosten, wie z. B. die Kosten der Erstellung des Emissionsprospekts, belaufen sich schon auf 6-8 % des Emissionsvolumens.[2]

Nicht an der Börse notierte Unternehmen können diese Form der Kapitalerhöhung nicht nutzen. Eine Möglichkeit, sich diesen Weg der Beschaffung von Eigenmitteln zu eröffnen, wäre die Umwandlung der Gesellschaft in eine AG und die anschließende Plazierung von Aktien im Rahmen eines Going Public. Ansonsten ist eine Erhöhung des Eigenkapitals hier nur durch Einlagen der Altgesellschafter oder Aufnahme neuer Anteilseigner möglich. Ersteres wird häufig daran scheitern, daß die Teilhaber die Masse ihres Vermögens bereits im Unternehmen investiert haben und somit keine weiteren Einlagen mehr leisten können. Die Aufnahme neuer Anteilseigner gewährt diesen weitreichende Einwirkungs- und Informationsrechte und wird daher als nachteilig erachtet.[3] Eine Lösung kann hier die Eigenkapitalbereitstellung durch Kapital- und Unternehmensbeteiligungs- sowie Venture-Capital-Gesellschaften darstellen.[4] Die Rechte dieser Partner beschränken sich auf den Erhalt laufender Informationen über die

---

[1] Vgl.: Bressmer, Claus/Mosner, Anton C./Sertl, Walter: Übernahme, a.a.O., S. 157-158.
[2] Vgl.: Weiss, Michael: Finanzierungsfragen, a.a.O., S. 181-185.
[3] Vgl.: Ebenda, S. 189-191.
[4] Vgl.: Fanselow, Karl-Heinz/Stedler, Heinrich R.: Mittelstand, a.a.O., S. B1.

allgemeine Geschäftsentwicklung und die Mitsprache bei
grundlegenden geschäftspolitischen Entscheidungen. Die
Dauer der Beteiligung ist begrenzt, und das Unternehmen
hat ein einseitiges vorzeitiges Kündigungsrecht.[1] Sowohl Börseneinführung als auch Aufnahme eines neuen Gesellschafters lassen sich nicht in Eigenregie realisieren, sondern bedürfen der Kontaktierung eines Kreditinstituts.

Als Alternative zur Erhöhung der Eigenmittel kommt
die Aufnahme neuen Fremdkapitals in Frage. Hier ist zwischen vorrangiger (Senior Debt) und nachrangiger (Subordinated Debt) Schuld zu unterscheiden.

Vorrangige Schulden sind dinglich besichert.[2] Sie
werden überwiegend von Kreditinstituten mittels Darlehen
finanziert.[3]

Für die Banken ist die Finanzierung von M&A-Transak-
tionen mit einem größeren Risiko verbunden als das normale Firmenkreditgeschäft. Die Darlehen an den Käufer
stärken nicht die Finanzen der erworbenen Gesellschaft,
da sie an den Verkäufer fließen, der sich aus dem Unternehmen zurückzieht. Zudem ist der Kaufpreis, der anhand
künfig erwarteter Erträge ermittelt wurde, meist höher
als der Vermögenswert der akquirierten Gesellschaft, und
die Verwendung dieses Vermögens als Sicherheit ist eingeschränkt, wie Abschnitt 2.2.1.2 zeigt.[4] Daher kann
nur ein Teil des aufgenommenen Fremdkapitals als Senior
Debt besichert werden. Der Rest wird als Subordinated
Debt in Form von Darlehen mit Rangrücktritt zur Absicherung vorrangiger Gläubiger ausgestattet. Im Konkursfall
werden diese Forderungen nach der Senior Debt aber vor
dem Eigenkapital befriedigt. Daher werden sie, zusammen

---

[1]Vgl.: Weiss, Michael: Finanzierungsfragen, a.a.O.,
    S. 191.
[2]Vgl.: Arbeitskreis Finanzierung der Schmalenbach-Ge-
    sellschaft: Analyse, a.a.O. S. 841.
[3]Vgl.: Lerbinger, Paul: Unternehmensakquisitionen, in:
    B März 3/86, S. 138.
[4]Vgl.: Maus, Martin: Erfolg, in: FAZ 23.4.91, S. B11.

mit stillen Beteiligungen und Genußrechtskapital, auch als Mezzanine Financing bezeichnet.[1] Ihr größeres Risiko wird durch eine höhere Verzinsung abgegolten. Subordinated Debt ist in Deutschland in der Form von Darlehen anzutreffen, die zumeist von Banken oder den Verkäufern gewährt werden.[2] Die Banken haben mit der Bereitstellung solcher Kredite allerdings gewisse Schwierigkeiten, da sie aus ihrer alltäglichen Kreditpraxis daran gewöhnt sind, Darlehen auf Basis der vorhandenen Substanz zu bewilligen.[3]

Falls der Käufer selbst nicht über eine ausreichende Finanzkraft verfügt, kommt unter Umständen die Nutzung des finanziellen Potentials des Akquisitionsobjekts in Betracht. Die Mittel für die Erwerbsfinanzierung werden dann zumeist in Form von vor- und nachrangigen Krediten durch Banken bereitgestellt. Diese nehmen großen Anteil am Verlauf der M&A-Transaktion, da sie ihren Einlegern gegenüber für die ordentliche Verwendung der ausgeliehenen Gelder verantwortlich sind und das Risiko einer solchen Kreditgewährung aufgrund der mangelnden Finanzkraft des Schuldners sehr hoch ist. Im Rahmen der Folgefinanzierung erfolgt die Sicherung und Bedienung der eingegangenen Verbindlichkeiten durch die Finanzkraft des erworbenen Unternehmens. Zunächst kann auf die liquiden Mittel des Akquisitionsobjekts, die nicht unmittelbar für die Aufrechterhaltung des Geschäftsbetriebes notwendig sind, zurückgegriffen werden.[4] Die für die Aufrechterhaltung des Geschäftsbetriebs nichtbenötigten Vermögensgegenstände und Betriebsteile des Kaufobjekts

---

[1] Vgl.: Fanselow, Karl-Heinz/Stedler, Heinrich R.: MBO, in: B 7/92, S. 396.
Unter dem Begriff 'Mezzanine' versteht man im Englischen das Zwischengeschoß eines Hauses. Vgl.: Brinkmann, Klaus G.: Eigenkapital, in: HB 6.4.89, S. 29.
[2] Vgl.: Arbeitskreis Finanzierung der Schmalenbach-Gesellschaft: Analyse, a.a.O., S. 842-848.
[3] Vgl.: Moschner, Manfred: M&A VIII, a.a.O, S. 172.
Die Dresdner Bank hat daher eine eigenständige Abteilung für Spezialfinanzierungen, die frei vom traditionellen Sicherheitsdenken der Kreditabteilungen operiert. Vgl.: Wiebe, Frank: Beratung, a.a.O., S. 7.
[4] Vgl.: Bressmer, Claus/Mosner, Anton C./Sertl, Walter: Übernahme, a.a.O., S. 164-165.

können veräußert werden. Eine Sonderform dieses Verkaufs stellt das Sale-And-Lease-Back Verfahren dar. Bei diesem werden Gegenstände des Betriebsvermögens an einen Leasinggeber veräußert und unmittelbar danach, im Rahmen eines Leasingvertrages, dem Verkäufer durch den Leasinggeber wieder zur Nutzung überlassen. Daneben lassen sich Finanzierungseffekte aus der steuerlichen Gestaltung der Übernahme erzielen, indem das Abschreibungsvolumen erhöht wird.[1] Dies wurde bereits in Abschnitt 3.1.3.4 erläutert. Weitere Finanzierungspotentiale beim übernommenen Unternehmen ergeben sich aus der Senkung des Lagerbestandes, der Verkürzung des den Kunden gewährten Zahlungsziels bzw. der Verlängerung des eigenen Zahlungsziels bei den Lieferanten und dem Verkauf von Forderungen im Rahmen des Factoring.[2] Ferner läßt sich durch ein verbessertes Cash-Management beim Kaufobjekt u. U. dessen Cash-flow stärken.[3]

Der Großteil der aufgenommenen Fremdmittel zur Finanzierung einer M&A-Transaktion wird einer variablen Verzinsung unterliegen. Gegen das dadurch entstehende Zinsänderungsrisiko kann eine Absicherung mittels entsprechender Sicherungsinstrumente ratsam erscheinen.[4]

Unter Kostenaspekten wird im allgemeinen die Finanzierung der Akquisition mit Fremdkapital günstiger sein als die Finanzierung mit Eigenkapital. Zudem wird der Zeitbedarf für die Darstellung der Fremdmittelbeschaffung geringer sein. Allerdings limitiert der Verschuldungsgrad des in die Transaktion involvierten Unternehmens die freie Auswahl zwischen den beiden Finanzierungsalternativen, da mit zunehmender Verschuldung das Risiko potentieller Gläubiger steigt und deren Bereitschaft zur Überlassung weiterer Mittel sinkt.[5] In Ab-

[1] Vgl.: Arbeitskreis Finanzierung der Schmalenbach-Gesellschaft: Analyse, a.a.O., S. 843.
[2] Vgl.: Moschner, Manfred: M&A VIII, a.a.O., S. 173.
[3] Vgl.: Leimbach, Andreas: Transactions, a.a.O., S. 73.
[4] Vgl.: Ebenda, S. 74.
[5] Vgl.: Weiss, Michael: Finanzierungsfragen, a.a.O., S. 226-227.

schnitt 2.3.2.3 wurde bereits die niedrige Eigenkapitalausstattung der mittelständischen Wirtschaft erwähnt.
Somit dürfte diese bei der Finanzierung von M&A-Transak-
tionen häufig auf die in einem hohen Verschuldungsgrad
liegenden Probleme stoßen. Entsprechend gilt es dann,
Financiers zu finden, die bereit sind, das mit einer hohen Verschuldung einhergehende Risko einer Fremdkapital-
bereitstellung zu tragen bzw. eine Beteiligung an dem
Unternehmen zu übernehmen, ohne jedoch die unternehmerische Führungsposition der bisherigen Gesellschafter zu
gefährden. Um die Finanzierung der Akquisition darstellen zu können, muß gerade ein mittelständisches Unternehmen besondere Mühen für die Ausarbeitung eines trag-
fähigen Finanzierungskonzepts aufwenden. Hier scheint
Beratungsbedarf zu bestehen.[1] Da die Bank den Großteil
der Finanzierung tragen soll und daneben auch Hilfe bei
der Absicherung von Zinsänderungsrisiken, Installation
von Cash-Management-Systemen und sonstigen aus der Übernahme folgenden Anforderungen leisten kann, ist im Bereich der Finanzierung die enge Kooperation mit ihr
sinnvoll.[2]

3.1.3.6 Eingliederung des Akquisitionsobjekts

Die Integration des erworbenen Unternehmens in die
Gesellschaft des Käufers ist mit hohen Kosten verbunden.[3] Sie ist zeitaufwendig und bindet erhebliche Füh-
rungskräfte- und Mitarbeiterpotentiale.[4] Daher sollte
die Nachakquisitionsphase schon bei der Vorbereitung der
M&A-Transaktion geplant werden.[5] Dazu ist bereits zu
Beginn der Planung die Kenntnis der potentiellen Schwierigkeiten und der zu ihrer Vermeidung geeigneten Maßnahmen erforderlich. Dieses Wissen kann aber nur vorhanden
sein, wenn bereits Erfahrungen mit Übernahmen gemacht

---

[1] Vgl.: Lauf, Reinhold/Epp, Werner: Mittelständler, in:
HB 18.4.91, S. B5.
[2] Vgl.: Hölters, Wolfgang: Unternehmenskauf, a.a.O.,
S. 33.
[3] Vgl.: o.V.: Acquirers, in: Mer März/April 1989,S. 65.
[4] Vgl.: Gösche, Axel: Management,in: FAZ 26.6.90,S.B19.
[5] Vgl.: Jung, Willi: Praxis, a.a.O., S. 357.

wurden. Viele Gesellschaften dürften daher in diesem
Punkt Beratungsbedarf haben.

Probleme bei der Integration können zunächst aus einer abweichenden Unternehmenskultur resultieren.[1] Diese werden bei grenzüberschreitenden Akquisitionen noch
zusätzlich durch kulturelle Unterschiede verstärkt.[2]
Ein besonders kritischer Punkt ist die Divergenz in den
Führungsstilen der Beteiligten.[3] Generell wird sich
die Personalpolitik sehr schwierig gestalten, da die
Mitarbeiter bei für sie negativen Entscheidungen immer
argwöhnen werden, daß diese auf ihre Zugehörigkeit zum
ehemaligen Käufer- oder Verkäuferunternehmen zurückzuführen sind.[4] Resultat dieser vermuteten Benachteili-
gung ist eine starke Fluktuation. So verlassen bis zu
50 % der leitenden Angestellten des Verkäufers innerhalb
des ersten Jahres nach der Übernahme das Unternehmen.[5]
Die Schwierigkeiten im Personalwesen werden noch verstärkt, wenn zwischen dem Erwerber und dem Kaufobjekt
Divergenzen im Gehaltsgefüge bestehen.[6] Weitere negative Effekte resultieren aus der Eingliederung, wenn
beim Kauf einer kleinen Gesellschaft durch ein Großunternehmen der Käufer die eigenen Strukturen auf das Akquisitionsobjekt überträgt. Dieses übernimmt dann Ent-
schlußlosigkeit, Bürokratie und andere nachteilige Charakteristika des Erwerbers und verspielt so seine eigentlichen Stärken.[7] Die durch die Akquisition gestiegene Unternehmensgröße kann ebenfalls zu negativen Auswirkungen führen. Mit wachsendem Umfang des Unternehmens
leidet die Kommunikation zwischen Management, Mitarbeitern und Außenwelt.[8] Ein weiterer Problempunkt der

---

[1]Vgl.: Muehring, Kevin: Deutsche Bank, in: II Dezember
    1990, S. 50.
[2]Vgl.: o.V.: M&A, a.a.O., S. 56.
[3]Vgl.: Gösche, Axel: Management, a.a.O., S. B19.
[4]Vgl.: Arnold, John D.: Case, a.a.O., S. 9/11.
[5]Vgl.: Bressmer, Claus/Mosner, Anton C./Sertl, Walter:
    Übernahme, a.a.O., S. 190.
[6]Vgl.: Ravenscraft, David J./Scherer, F.M.: Mergers,
    a.a.O., S. 140.
[7]Vgl.: Interfinanz - Gesellschaft für internationale
    Finanzberatung mbH: Jahresbericht 1990, a.a.O.,S. 39.
[8]Vgl.: Burney, Sir Anthony: Take-overs, a.a.O., S. 18.

Eingliederung liegt in der Frage der Kompatibilität der technischen Systeme, insbesondere der EDV.[1] Schließlich ist noch sicherzustellen, daß die Managementkapazität der beteiligten Unternehmen ausreicht, um die zeitaufwendigen und schwierigen Aufgaben, die mit der Integration verbunden sind, bewältigen zu können.[2]

Um die Probleme bei der Integration in den Griff zu bekommen und negative Auswirkungen weitestgehend zu verhindern, ist bereits bei der Planung der Akquisition die Analyse der Chancen und Risiken der rechtlichen, organisatorischen und personellen Zusammenführung vorzunehmen.[3]

Bei der organisatorischen Gestaltung der Eingliederung ist die Ausgestaltung der Kontrolle des Kaufobjekts von entscheidender Relevanz. Als Alternative bietet sich zum einen das Einsetzen eigener Mitarbeiter als Manager der erworbenen Gesellschaft an. Diese werden allerdings bei den Mitarbeitern des Akquisitionsziels auf eine geringe Akzeptanz stoßen und Schwierigkeiten haben, ein für sie vollkommen unbekanntes Unternehmen zu führen. Daher erscheint es sinnvoller, das alte Management auf seinem Posten zu belassen und diesem lediglich eine Berichterstattungspflicht aufzuerlegen. Im Falle einer negativen Geschäftsentwicklung käme dann immer noch eine Auswechslung desselben in Betracht.[4] Der Käufer kann einen eigenen Mitarbeiter abstellen, der zusätzlich in die Geschäftsführung des Kaufobjekts berufen wird, um eine effektive Kontrolle sicherzustellen. Zusätzlich ist ein Kommunikationssystem einzurichten, das die Abstimmung und den Informationsaustausch zwischen den Geschäftsleitungen von Käufer und Übernahmeobjekt garantiert.[5] Die Kontrolle des Kaufobjekts erfolgt anhand von Zielvorgaben, die jedoch nicht auf starre Renditeer-

---

[1] Vgl.: Arnold, John D.: Case, a.a.O., S. 9/11.
[2] Vgl.: Gösche, Axel: Management, a.a.o., S. B19.
[3] Vgl.: Ebenda.
[4] Vgl.: Ravenscraft, David J./Scherer, F.M.: Mergers, a.a.O., S. 136-138.
[5] Vgl.: Kitching, John: Mergers, a.a.O., S. 96.

wartungen beschränkt sein sollten, da dies beim Management der erworbenen Gesellschaft zu einer Vernachlässigung langfristiger Perspektiven führen kann.[1] Neben der Gewährleistung der Kontrolle des Kaufobjekts sollte das Erreichen der angestrebten Synergien durch eine aktive Suche nach Synergiepotentialen und eine agressive Verfolgung derselben ein Ziel der organisatorischen Bewältigung der Integration sein. Dazu müssen die Führungskräfte der betroffenen Bereiche bei Käufer und Akquisitionsziel zusammenkommen und gemeinsam die Situation analysieren.[2]

Im personellen Bereich ist nach der Übernahme viel PR-Arbeit zu verrichten, um die Sorgen von Mitarbeitern, Lieferanten, Kunden und Öffentlichkeit zu zerstreuen.[3] Die Kooperation der Mitarbeiter kann dabei durch sachgerechte und koordinierte Informationsmaßnahmen gestärkt werden.[4]

3.2 Dienstleistungen eines externen Beraters

Bei der Tätigkeit externer M&A-Berater gilt es drei Abstufungen zu unterscheiden.[5] Zum einen kann der Dienstleister seine Unterstützung auf die reine Maklerfunktion begrenzen, indem er die "Interessenanmeldungen von Kunden entgegennimmt, in einen Pool zusammenfaßt und bei Übereinstimmung Kontakt herstellt"[6]. In einer zweiten Variante ist das Serviceangebot weitergehend und beinhaltet die aktive Suchtätigkeit. Hier kann erst von einer Beratung im eigentlichen Sinne gesprochen werden. Der in dieser Weise tätige M&A-Berater ist ein Generalist, der aber gleichzeitig über das nötige Fachwissen für die involvierten Spezialfragen verfügt und seine Hauptaktivitäten im Bereich der Bewertung und Struktu-

---

[1]Vgl.: Ravenscraft, David J./Scherer, F.M.: Mergers, a.a.O., S. 139.
[2]Vgl.: Jung, Willi: Praxis, a.a.O., S. 363.
[3]Vgl.: Ebenda, S. 360.
[4]Vgl.: Holzapfel, Hans-Joachim/Pöllath, Reinhard: Recht, a.a.O., S. 5.
[5]Vgl.: Moschner, Manfred: M&A II, a.a.O., S. 710.
[6]Ebenda.

rierung der Transaktion nach unternehmerischen, steuer-
rechtlichen, juristischen und finanziellen Kriterien
entfaltet.[1] Die weiteren Betrachtungen der Dienstleistungen eines externen M&A-Beraters werden sich auf diesen Anbietertypus beziehen. Die dritte Version der Beratungstätigkeit im M&A-Sektor bezeichnet man als "Deal
Drafting"[2]. Die Berater spüren hier selbsttätig Kauf-
bzw. Verkaufsmöglichkeiten auf, erarbeiten ein Übernah-
mekonzept und treten erst danach an die betroffenen Unternehmen heran. Diese Aktivitäten gehen über die eigentliche Beratung hinaus und können vielfach zusätzlich
zu dieser entfaltet werden.

Nach der Kontaktierung des Beraters durch seinen Mandanten werden zunächst Gespräche zwischen den beiden
stattfinden, deren Zielsetzung die Erstellung einer Voranalyse des Transaktionsvorhabens ist.[3] Alternativen
zu einer Akquisition werden betrachtet und hinsichtlich
ihrer Vorteilhaftigkeit bewertet.[4] Die Voranalyse
dient einer Objektivierung der Entscheidung über die
Durchführung des Projekts.[5]

Für den Fall, daß sich die Durchführung der Transaktion aufgrund der Voranalyse als sinnvoll erwiesen hat,
formuliert der Berater ein Projektangebot, in dem er die
Ausgangslage und seine Aufgabenstellung festhält. Ferner
wird darin die Art seiner Mitwirkung fixiert.[6] Sie
kann auch darin bestehen, daß er nicht selbst sämtliche
anfallenden Beratungstätigkeiten wahrnimmt, sondern für
einzelne Spezialgebiete Fachberater einschaltet und deren Einsatz koordiniert.[7] Das Projektangebot umfaßt
weiterhin die Darstellung der Phasen und der Organisa-

---

[1] Vgl.: Lichtenauer, Marie-Caroline: Vielseitigkeit,
    a.a.O., S. B19.
[2] Moschner, Manfred: M&A II, a.a.O., S. 710.
[3] Vgl.: Chartered WestLB Limited: M&A, a.a.O., S. 7.
[4] Vgl.: Bressmer, Claus/Mosner, Anton C./Sertl, Walter:
    Übernahme, a.a.O., S. 179.
[5] Vgl.: Lennardt, Jörg: Unternehmensberatung, a.a.O.,
    S. 612.
[6] Vgl.: Chartered WestLB Limited: M&A, a.a.O., S. 7.
[7] Vgl.: Kramer, Joachim: Deutschland, a.a.O., S. 1001.

tion der Transaktion. Schließlich enthält das Angebot
noch einen Ablaufplan, die Festlegung des Umfangs des
Beraterteams und das zu entrichtende Honorar.[1]

Im Falle einer Mandatierung gestaltet sich die weitere Leistung des externen Beraters gemäß des in Anlage II
dargestellten Ablaufplans. Exemplarisch wird hier im
folgenden der Verlauf der Verkaufsberatung erörtert.[2]

Den Anfang bildet die Strategiephase, in der die Ver-
kaufsstrategie festgelegt wird. Dazu werden zunächst die
Gesellschaft des Auftraggebers sowie deren Unternehmens-
ziele betrachtet. Aus den aus dieser Untersuchung gewon-
nenen Erkenntnissen werden die Anforderungen an den zu
suchenden Interessentenkreis abgeleitet.[3]

Als nächstes schließt sich die Analysephase an. In
ihr wird eine Verkaufsdokumentation erstellt. Diese beinhaltet allgemeine Daten des Verkaufsobjekts sowie die
Darstellung des Produktions- bzw. Leistungsprogramms,
der Vertriebsorganisation und der Finanzsituation.[4]
Daneben wird der Wert des Objekts ermittelt und die
Transaktion strukturell vorbereitet. Für eine rechtlich,
steuerlich und finanzierungstechnisch optimale Gestaltung ist Sorge zu tragen.[5]

Das dritte Stadium des Unternehmensverkaufs bildet
die Kontaktierungsphase. Anhand der ausgearbeiteten Kriterien werden potentielle Käufer identifiziert. Der
Kreis der möglichen Erwerber wird hierbei nochmals ver-
größert, wenn der Berater international tätig ist und
somit auch ausländische Interessenten ermitteln kann.[6]
Die in Frage kommenden Kandidaten werden dann kontak-

---

[1]Vgl.: Chartered WestLB Limited: M&A, a.a.O., S. 7.
[2]Vgl.: Ebenda, S. 8.
[3]Vgl.: Bressmer, Claus/Mosner, Anton C./Sertl, Walter:
      Übernahme, a.a.O., S. 192-194.
[4]Vgl.: Bickel, Walter: Unternehmensberatung, a.a.O.,
      S. 249.
[5]Vgl.: Schwenkedel, Stefan: Management Buyout, a.a.O.,
      S. 62-63.
[6]Vgl.: Bollinger, Ekkehard: Käufer, a.a.O., S. B16.

tiert bzw. in ein Auktionsverfahren einbezogen. Aufgrund des Fehlens eines organisierten Beteiligungsmarktes kommt dem Kontaktmechanismus große Bedeutung zu.[1] Die Berater bieten dem Verkäufer dabei die Gelegenheit, den Kontakt ohne Preisgabe der eigenen Identität herzustellen. Sie können über die öffentlich bekannten Daten hinausgehende Informationen diskret besorgen.[2]

Als vierter Schritt folgt die Verhandlungsphase. Die als tatsächlich interessiert erachteten Bewerber werden ausgewählt. Mit ihnen werden tiefergehende Verhandlungen aufgenommen. Dabei muß der Verkäufer erst jetzt seine Identität preisgeben. Der Berater unterstützt den Mandanten bei den Verhandlungen und der nun festzulegenden endgültigen Strukturierung der Transaktion.

Das letzte Stadium der Akquisition ist die Abschlußphase. In ihr wird zunächst der Übernahmevertrag formuliert, wobei der Berater dem Verkäufer Hilfestellung gewährt. Nach der Unterzeichnung des Kontrakts müssen Mitarbeiter, Kunden, Lieferanten, Banken, Behörden, Verbände und die Öffentlichkeit in geeigneter Weise von der Transaktion unterrichtet werden.[3] Hier kann der Berater ebenso unterstützend tätig sein wie bei der Planung der Re-Investition des Verkaufserlöses. Im Falle der Betreuung eines Kaufauftrages wird darüber hinaus auch Hilfe bei der Erarbeitung eines Finanzierungskonzepts angeboten. Dabei werden zu Bankengruppen gehörende Berater u. U. sogar die Bereitstellung von Kapital aus dem eigenen Haus bewerkstelligen können.[4] Einem Käufer wird jedoch von den wenigsten Beratern auch Hilfe bei der Integration des Kaufobjekts in sein Unternehmen zuteil werden. Hierfür sind die Kenntnisse spezieller Unternehmensberater nötig. Diese können jedoch vom M&A-Be-

---

[1] Vgl.: Hölters, Wolfgang: Unternehmenskauf, a.a.O., S. 10.
[2] Vgl.: Jung, Willi: Praxis, a.a.O., S. 65.
[3] Vgl.: Bressmer, Claus/Mosner, Anton C./Sertl, Walter: Übernahme, a.a.O., S. 201.
[4] Vgl.: Walter, Bernhard: Geschäftsfeld, in: B 2/91, S. 68-69.

rater, im Rahmen seiner Aufgabe, die Zusammenarbeit mit anderen Beratern zu koordinieren[1], vermittelt werden.

3.3 Bewertung der Eignung externer Berater zur Lösung der bei Mergers & Acquisitions auftretenden Probleme

Bei M&A-Transaktionen besteht für viele Unternehmen ein "Mißverhältnis zwischen Komplexität und Gewichtigkeit einerseits und dem gemeinhin relativ geringen Eigen-Know-how andererseits"[2]. Im Abschnitt 3.2 wurden die Dienstleistungen eines Beraters, der zur Kategorie der dort näher spezifizierten Anbieter aktiver Suchtätigkeit zählt, dargestellt. Es wurde ersichtlich, daß die von einer solchen Gesellschaft geleistete Beratung die meisten problematischen Punkte einer M&A-Transaktion, wie sie Abschnitt 3.1.3 darlegte, umfaßt. Der Berater ist in der Lage, seine Erfahrung und Kenntnisse einzubringen und somit die Fehler zu verhindern, die in Abschnitt 3.1.2 als ursächlich für das Scheitern von Akquisitionen ermittelt wurden. "Externe Experten werden dort unentbehrlich, wo M&A nicht Routinevorgang ist, sodass sich deswegen ein qualifiziertes internes Team lohnen würde"[3]. Ein Großteil der Risiken entsteht nämlich alleine deshalb, weil die an der Transaktion beteiligten Personen nicht über ausreichendes Wissen und die nötige Erfahrung verfügen.[4] Die Einschaltung externer Berater ist also geeignet, die Erfolgsaussichten einer Unternehmensakquisition deutlich zu erhöhen, und empfiehlt sich so lange, wie die durch sie enstehenden Kosten den aus ihr erwachsenden Nutzen nicht übersteigen.

Wie bereits in früheren Abschnitten erwähnt, besteht in Deutschland kein organisierter M&A-Markt, an dem sich

---

[1]Vgl.: Dresdner Bank AG: Corporate Finance, Frankfurt/ Main o.J., S. 5.
[2]Walter, Bernhard: Geschäftsfeld, a.a.O., S. 69.
[3]Caytas, Ivo G./Mahari, Julian I.: Banking, Stuttgart 1988, S. 73.
[4]Vgl.: Bressmer, Claus/Mosner, Anton C./Sertl, Walter: Übernahme, a.a.O., S. 212.

Anbieter und Nachfrager treffen können. Zur Identifikation potentieller Kandidaten kann man sich allenfalls der Hilfe von Auskunfteien bedienen, die aus ihren Dateien Unternehmen ermitteln, die die gewünschten Anforderungskriterien erfüllen. Weitere Aussagen, wie z. B. die Bereitschaft dieser Gesellschaften, als Käufer oder Verkäufer aktiv zu werden, oder die geeignete Form der Kontaktaufnahme, werden nicht vermittelt.[1] Diese mangelnde Transparenz, die durch die mittelständisch, familienunternehmerisch geprägte Struktur der Wirtschaft noch verstärkt wird, kann am geeignetsten durch die Einschaltung eines Beraters korrigiert werden.[2] Eine solche Mandatierung dürfte selbst für Unternehmen mit eigenen Stabsabteilungen für die Akquisitionsabwicklung in Betracht kommen. Für jedes M&A-Programm ist es nämlich notwendig, eine möglichst große Anzahl potentieller Interessenten zu finden, da so die Auswahl steigt und die Chance, den optimalen Partner zu finden, erhöht wird. Daher sollte keine Verbindung vernachlässigt werden, die den Kreis potentieller Kandidaten erweitern kann.[3] Ein international tätiger Berater kann insbesondere auch ausländische Interessenten ermitteln, die ansonsten nicht erfaßt worden wären.[4] Die Mandatierung eines externen Beraters ist darüber hinaus sinnvoll, wenn das Risiko von Indiskretionen und Situationen, die den Wert oder die Entwicklung der Gesellschaft negativ berühren, gemindert werden soll.[5] Nur die Einschaltung eines Dritten ermöglicht hier die anonyme Kontaktaufnahme und Sondierung der Lage.[6] Ähnlich ist die Konstellation bei der Konzipierung des Transaktionsvorhabens. Nur außenstehende Berater garantieren hier eine objektive Bewertung des Projekts, da sie die Angelegenheit aus einer

---

[1] Vgl.: Zimmerer, Carl: Konditionen, in: Unternehmensakquisitionen, Hrsg.: Goetzke, Wolfgang/Sieben, Günter, Köln 1981, S. 32.
[2] Vgl.: Odefey, Andreas M.: Beratung, in: FAZ 26.6.90, S. B23.
[3] Vgl.: Jung, Willi: Praxis, a.a.O., S. 62.
[4] Vgl.: Duengen, Rainer B.: Verkäufer, a.a.O., S. B11.
[5] Vgl.: Ferber, Manfred: Firmen, in: HB 18.4.91, S. B8.
[6] Vgl.: Sielaff, Meinhard/Zimmerer, Carl: Akquisition, a.a.O., S. 137.

kritischen Distanz betrachten und einseitigen Ansichten entgegenwirken können.[1]

Den Kosten der Beratung stehen neben der Reduktion der Fehlschlagwahrscheinlichkeit der Transaktion direkte Effekte in Form von Einsparungen und erhöhten Erträgen gegenüber. Unternehmen, die über keine eigenen Stäbe zur Abwicklung von Akquisitionen verfügen, haben meist nicht die personelle Kapazität, sich mit solchen Transaktionen eingehend zu beschäftigen.[2] Wenn sie dennoch Mitarbeiter für diese Aufgabe abstellen, so fehlen diese in anderen Bereichen und verursachen zudem projektbezogene Kosten.[3] Die Einschaltung externer Berater entlastet die Mitarbeiter des Mandanten von diesen Aufgaben und stellt die schnelle und zielgerichtete Ausführung der Transaktion sicher. Diese Entlastung, verbunden mit der Zeitersparnis und dem effektiven Vorgehen, senkt die Kosten und führt zu Einsparungen beim Mandanten.[4]

Weitere Vorteile ergeben sich bei der Bestimmung und Aushandlung des Kaufpreises. Schon wegen der potentiellen Diskussionen um die Bewertung ist hier ein Berater nötig.[5] Dessen Hilfe bei den Verhandlungen bringt dem Mandanten den größten direkten Vorteil. Die eigene Glaubwürdigkeit steigt mit dem Ansehen und der Reputation des beauftragten Helfers.[6] Der ausgehandelte Kaufpreis wird günstiger sein, als er es bei alleiniger Verhandlungsführung gewesen wäre. Dieser Vorteil alleine dürfte vielfach die Kosten der Beratung zumindest ausgleichen.[7] Daneben senkt die Einschaltung eines seriösen Beraters die Möglichkeiten des Mißbrauchs oder Betrugs und kommt somit beiden Parteien zugute. Während

---

[1]Vgl.: Matuschka, Graf Albrecht: Märkte, a.a.O.,S. 22.
[2]Vgl.: Zeyer, Fred: Vertraulichkeit, in: FAZ 15.5.91, S. 15.
[3]Vgl.: Gösche, Axel: Mittelstand, Wiesbaden 1991,S.30.
[4]Vgl.: Chartered WestLB Limited: M&A, a.a.O., S. 6.
[5]Vgl.: Rheinberg, Georg Wilhelm: Beratung, Berlin 1987, S. 276.
[6]Vgl.: Schumann, Peter Karl: Berater, a.a.O., S. 309.
[7]Vgl.: Hölters, Wolfgang: Unternehmenskauf, a.a.O., S. 36.

eine M&A-Transaktion für die beteiligten Unternehmen
nämlich eine einmalige Angelegenheit sein kann und die
Versuchung zur Erlangung eines Vorteils auf betrügeri-
schem Wege daher sehr groß ist, stellt das M&A-Geschäft
die Existenzgrundlage dieses Beraters dar, so daß etwaige Vorteile aus einem Betrug für ihn in keinem Verhältnis zu den dauernden Nachteilen der damit einhergehenden
Rufschädigung stehen.[1]

Die Einschaltung externer Berater dürfte somit gerade
bei mittelständischen Unternehmen aufgrund der mangelnden Voraussetzung zur eigenständigen Bewältigung anfal-
lender Probleme vorteilhaft sein. Abschließend bleibt zu
bemerken, daß trotz der evidenten Vorzüge von M&A-Bera-
tern in Deutschland nur ca. 15 % aller Akquisitionen von
solchen externen Experten betreut werden. Die Ver-
gleichszahl für die USA liegt bei über 90 %.[2] Der
deutsche Beratungsmarkt weist also noch ein erhebliches
Wachstumspotential auf.

**4 Die Universalbanken als Anbieter von Mergers & Acqui-
sitions-Beratungsleistungen**

**4.1 Die Mergers & Acquisitions-Beratung als Komponente
des Leistungsangebots der Banken**

**4.1.1 Einordnung der Mergers & Acquisitions-Beratung in
die bankbetriebliche Leistungssphäre**

Die bankbetriebliche M&A-Beratung umfaßt die im Abschnitt 3.2 unter dem Begriff der aktiven Suchtätigkeit
zusammengefaßten Dienstleistungen. Vereinzelt geht die
Aktivität der Institute sogar über dieses Niveau hinaus
und beinhaltet auch die eigenständige Anbahnung von M&A-
Transaktionen im Rahmen des Deal Drafting.[3] Die Banken

---

[1]Vgl.: Caytas, Ivo G./Mahari, Julian I.: Banking,
   a.a.O., S. 84.
[2]Vgl.: Müller-Stewens, Günter: Wirtschaft,a.a.O.,S.B1.
[3]Vgl.: Behrens, Rolf/Merkel, Reiner: M&A, Stuttgart
   1990, S. 75-76.

lassen sich meist nur von einer Marktseite beauftragen
und übernehmen rechtlich die Rolle des Agenten.[1]

Bei den deutschen Kreditinstituten ist seit 1987 eine
generelle Hinwendung zum Beratungsgeschäft verstärkt
feststellbar.[2] Ein Teil dieses Engagements betrifft
die M&A-Beratung. Die Banken haben bei dieser, wie die
Anlage III zeigt, einen beachtlichen Marktanteil erreicht.

Die Einordnung der M&A-Beratung in das bankbetriebliche Leistungsangebot ist vom Begriff des Consulting-Banking ausgehend vorzunehmen. Dieser umfaßt nach Rüschen
die Bereiche der allgemeinen betriebswirtschaftlichen
Beratung, der M&A- und Corporate-Finance-Beratung und
der Beratung im Rahmen des Electronic Banking.[3]

Zunächst ist zu klären, inwieweit Kreditinstitute
diese Dienstleistung überhaupt anbieten dürfen oder ob
gesetzliche Restriktionen dem entgegenstehen. Wie Pischulti zeigt, ergeben sich aus dem KWG keine Einschränkungen für die Beratungstätigkeit der Banken. Bei den
Spezialgesetzen erscheint nur der Sparkassensektor problematisch, da eine eigenständige Sortimentserweiterung
hier nur um bankübliche Leistungen möglich ist.[4] Eine
Leistung wird als banktypisch bezeichnet, wenn sie in
nennenswertem Umfang angeboten wird und von Bank und
Kunde als typisch eingestuft wird.[5] Die Beratung ist
für die Banken sicherlich kein Neuland. Die Kreditvergabe war und ist z. B. mehr als das Bereitstellen von
Geld. Sie umfaßt eine Erörterung der künftigen Vorhaben
des Kreditnehmers und impliziert somit einen Dialog zwischen Bank und Kunde, in dem auch Beratungselemente von

[1]Vgl.: Zimmerer, Carl: Unternehmensvermittlung, in:
    ZfgK 15.3.88, S. 216.
[2]Vgl.: Pischulti, Helmut: Vermittlung,in: ZfgK 1.2.90,
    S. 134.
[3]Vgl.: Rüschen, Thomas: Consulting, a.a.O., S. 8.
[4]Vgl.: Pischulti, Helmut: Unternehmensberatung, Frank-
    furt/Main 1990, S. 182-183.
[5]Vgl.: Bickel, Walter: Unternehmensberatung, a.a.O.,
    S. 43-44.

seiten des Kreditinstituts enthalten sind.[1] Die Beratungsfunktion unterliegt jedoch einem Wandel. Galt sie früher als Mittel des Absatzes von Bankdienstleistungen, hat sie nun den Charakter eines eigenständigen institutionalisierten Serviceangebots.[2] Alle die Bereiche des Consulting-Banking, die keinen sachlichen Zusammenhang zum klassischen Bankgeschäft aufweisen, können dabei als bankfremd klassifiziert werden. Besteht jedoch ein solcher Bezug, so sind die entsprechenden Bereiche banknah einzustufen.[3] Obwohl das Consulting-Banking in weiten Teilen als nicht banktypisch zu betrachten ist, wird es dennoch auch von den Sparkassen in seiner Gänze betrieben werden dürfen. Die dazu benötigte Genehmigung der Aufsichtsbehörde wird im allgemeinen erteilt werden, da die Beratung dem Mittelstand zugute kommt und die Förderung desselben Satzungsauftrag der Sparkassen ist.[4]

Bezüglich der Einordnung des M&A-Sektors in die Leistungspalette eines Kreditinstituts ist dessen Zuordnung zu einem eigenständigen Consulting-Bereich fraglich. Die Bank würde sich dann in die drei Felder Commercial-, Investment- und Consulting-Banking gliedern.[5] Das "Beratungs-Banking wird hier als Unternehmensberatung durch Banken gegenüber zumeist mittelständischen Firmenkunden mit dem Charakter einer eigenständigen Dienstleistung verstanden"[6]. Die M&A-Beratung wäre Teil dieses Consulting-Bereichs.[7] Eine solche Einordnung erscheint jedoch zu undifferenziert und wird den Besonderheiten der M&A-Beratung, die sich gegenüber anderen Consulting-Leistungen durch eine größere Banknähe auszeichnet, nicht gerecht. Betrachtet man die verschiedenen Bera-

---

[1] Vgl.: Landrock, Rudolf: Unternehmensberatung, in: Spk 11/89, S. 514.
[2] Vgl.: Schwenkedel, Stefan: Management Buyout, a.a.O., S. 61.
[3] Vgl.: Bickel, Walter: Unternehmensberatung, a.a.O., S. 45.
[4] Vgl.: Pischulti, Helmut: Unternehmensberatung,a.a.O., S. 183.
[5] Vgl.: Herrhausen, Alfred: Zukunft, in: BuI 7/88,S.51.
[6] Rüschen, Thomas: Unternehmensberatung, in: KP November 1990, S. 25.
[7] Vgl.: Ebenda.

tungsfelder, so sind die Kreditinstitute für die Tätigkeit im M&A-Bereich besonders geeignet und dürften hier
vergleichsweise die größten Vorteile haben.[1] Daher
wird das M&A-Geschäft in Deutschland zumeist vom Consulting-Banking getrennt und als eigenständige Einheit dem
Investment-Banking Bereich zugeordnet, weil es sich mehr
auf die finanzielle Sphäre des Kunden bezieht als das
Consulting.[2] Das Investment-Banking umfaßt nach Flach
die Geschäftsbereiche Corporate Finance, Emissions- und
Konsortialgeschäft, Wertpapiervermittlung und -handel,
Anlageberatung und Wertpapierverwaltung sowie Finanzinnovationen.[3] Unter Corporate Finance sind dabei laut
Walter "spezielle Beratungs- und Finanzierungsleistungen
..., die mit Eigentums- und Kapitalstruktur-Entscheidun-
gen von Unternehmen assoziiert sind"[4] zu verstehen. Im
Rahmen dieser Arbeit soll die M&A-Beratung als Bestandteil des Corporate Finance Bereichs aufgefaßt werden, um
ihre Bankennähe zu unterstreichen und die größeren Synergiepotentiale zu betonen, die bei ihr im Vergleich zu
anderen von Kreditinstituten angebotenen Beratungsleistungen auftreten.

**4.1.2 Gründe für die Betätigung der Universalbanken in
der Mergers & Acquisitions-Beratung**

**4.1.2.1 Die Konkurrenzsituation am Markt für klassische
Bankdienstleistungen**

Noch Mitte der achtziger Jahre distanzierten sich die
meisten Banken vom Consulting-Geschäft. Inzwischen ist
jedoch ein Umdenken und eine starke Zunahme des Engagements in diesem Bereich zu konstatieren.[5] Dieser Wandel ist nicht zuletzt das Ergebnis des Margenverfalls im

[1]Vgl.: Rüschenpöhler, Hans J.: Beratung, in: Spk 5/80,
    S. 158.
[2]Vgl.: Rüschen, Thomas: Consulting, a.a.O., S. 9.
[3]Vgl.: Flach, Uwe E.: Investmentbanking, in: Instru-
    mente und Strategien im Investment Banking, Hrsg.:
    Rudolph, Bernd, Frankfurt/Main 1990, S. 116-117.
[4]Walter, Bernhard: Geschäftsfeld, a.a.O., S. 69.
[5]Vgl.: Knief, Peter/Napp-Saarbourg, Arnold: Objektivi-
    tät, in: bk Juni 1989, S. 8.

klassischen Kreditgeschäft, der zu einem Rückgang der
Aktivitäten in diesem Sektor führte.[1]

Viele Großunternehmen sind im finanziellen Bereich
heute weitgehend autark. Sie haben direkten Zugang zu
den internationalen Kredit- und Kapitalmärkten und können ihre Finanzierung im Bedarfsfall somit selbst darstellen. Wenn sie dennoch auf Bankenkredite zurückgreifen, erlaubt ihnen ihre erstklassige Bonität und ausgezeichnete Verhandlungsposition die Erzielung günstiger
Konditionen, die die Margen der Kreditinstitute stark
reduzieren.[2] Der Markt hat sich in diesem Sektor vom
Verkäufer- zum Käufermarkt gewandelt.[3]

Aber nicht nur auf der Nachfrageseite kam es im klassischen Bankgeschäft in den letzten Jahren zu einschnei-
denden Veränderungen. Auch die Angebotsseite unterlag
einem starken Wandel. Die angestammte Arbeitsteilung
zwischen den Institutsgruppen wurde zunehmend verwischt,
und die Konkurrenz durch ausländische Banken nahm zu.[4]
Des weiteren traten neue Wettbewerber in Form von Non-
und Near-Banks an den Finanzdienstleistungsmarkt. Dadurch entstand eine verschärfte Konkurrenzsituation, die
zu einem vehementen Druck auf die Margen führte. Dieser
Druck wurde durch die Liberalisierung der Finanzmärkte
weiter verschärft. Das traditionelle Kreditgeschäft war
durch die Finanzinnovationen an den Euromärkten markan-
ten Veränderungen unterworfen.[5]

Die Kreditinstitute reagierten auf diesen Wandel am
Bankenmarkt. Zum einen gingen sie verstärkt zu einer
kundengruppenspezifischen Organisation über, zum anderen

---

[1]Vgl.: Eglau, Hans Otto: Frankfurt, Düsseldorf 1989,
S. 176.
[2]Vgl.: Schmitt-Weigand, Adolf: Universalbankensystem,
in: Organisation der Banken und des Bankenmarktes,
Hrsg.: Engels, Wolfram, Frankfurt/Main 1988, S. 97.
[3]Vgl.: Wielens, Hans: Bankenorganisation, in: Handbuch
des Bankmarketing, Hrsg.: Süchting, Joachim/Hooven,
Eckart van, Wiesbaden 1987, S. 70.
[4]Vgl.: Ebenda.
[5]Vgl.: Knief, Peter/Napp-Saarbourg, Arnold: Objektivität, a.a.O., S. 8.

wendeten sie sich zunehmend neuen Geschäftsfeldern zu,
insbesondere dem Investment-Banking.[1]

Die Kundengruppenorientierung dient dem Ziel, vorhandene Nachfragepotentiale besser ausnutzen zu können und
durch verbesserte Leistungen neue Kunden zu gewinnen.
Hauptzielgruppe im Firmenkundenbereich stellen dabei
kleine und mittlere Unternehmen dar, da die Großkunden
aufgrund der oben angeführten Entwicklung weniger Kredite benötigen und die bei diesen Kunden erzielbaren
Margen äußerst gering sind. Bei der Akquistion dieser
Kundengruppe stellt sich für die Banken das Problem der
Differenzierung gegenüber ihren Wettbewerbern. Aufgrund
der Homogenität der Bankdienstleistungen scheitert eine
auf einzelnen Dienstleistungen beruhende Abgrenzung zur
Konkurrenz. Daher versuchen die Institute eine persönliche Präferenz des Kunden für ihr Haus aufzubauen und
diesen so an sich zu binden.[2] Die Attraktivität einer
Bank hängt dann von einer kundenorientierten Angebotspalette ab. In jüngster Zeit glaubten viele Kreditinstitute das Bedürfnis der Kunden nach einem Finanzdienstlei-
stungsangebot aus einer Hand zu erkennen und verfolgten
daraufhin eine Allfinanzstrategie.[3] Hierunter versteht
man die "Expansion des Leistungsprogramms über den traditionellen Kreis der Bankgeschäfte hinaus"[4], wobei
die "Einzelleistung als Element eines Leistungspakets,
das als Gesamtheit die finanzwirtschaftliche Problemlösung für den Kunden darstellen soll"[5], aufzufassen
ist. Die M&A-Beratung kann hierbei als Variante des All-
finanzkonzepts für das Firmenkundengeschäft interpretiert werden.[6] Die Aufnahme von Beratungsleistungen
allgemein, und von M&A-Beratungen im besonderen, ist also zu einem großen Teil Ausfluß des Bemühens der Kreditinstitute, im Firmenkundenbereich Präferenzen der Kunden
für das eigene Haus zu schaffen.

---

[1]Vgl.: Schwenkedel, Stefan: Management Buyout, a.a.O.,
   S. 103.
[2]Vgl.: Wielens, Hans: Bankenorganisation, a.a.O.,S.70.
[3]Vgl.: Büschgen, Hans E.: Banking, in: JoCS 1979,S. 8.
[4]Büschgen, Hans E.: Allfinanz, in: MuB Nr. 65, S. 1.
[5]Ebenda, S. 2.
[6]Vgl.: Büschgen, Hans E.: Gestaltung, in: MuB Nr. 59,
   S. 45.

Eine zweite Konsequenz des zunehmenden Wettbewerbs am Markt für klassische Bankdienstleistungen war die Hinwendung der Banken zu neuen Geschäftsfeldern.[1] Diese wurde zum Teil im Rahmen der Allfinanzstrategie vollzogen und ist daher nicht eindeutig von dieser zu unterscheiden. Während das Allfinanzkonzept aber primär Ergebnis der Kundengruppenorientierung und Ausrichtung der Angebotspalette an deren Präferenzen ist, beruht die Suche neuer Geschäftsfelder auf dem Gedanken des Übergangs vom bilanzwirksamen Zinsgeschäft zum bilanzunwirksamen Provisionsgeschäft. Sie ist gekennzeichnet durch den Versuch, höhere Erträge im Dienstleistungsgeschäft zu erzielen.[2] Die Aufnahme einer neuen Dienstleistung in das Leistungsprogramm eines Instituts, die auf dem Motiv der Erschließung eines Geschäftsfeldes im Rahmen der Forcierung des Provisionsgeschäfts beruht, muß daher nicht mit der Ausweitung des Angebots im Sinne einer Allfinanzkonzeption einhergehen, sondern kann auch auf einer Konzentration auf ausgewählte Teilbereiche beruhen. Im Zuge der Verlagerung zum bilanzunwirksamen Geschäft geben die Banken zunehmend ihre Rolle als Finanzintermediäre auf und übernehmen die Händlerfunktion. Daher spricht man auch von einer Desintermediation und einer Umschichtung der Aktivitäten vom Commercial- zum Investment-Banking.[3] Die Orientierung zum Provisionsgeschäft erfordert im Vergleich zum Zinsgeschäft eine verminderte Kapitalunterlegung. Der Bedarf an zusätzlichem Eigenkapital, das aufgrund der Vorschriften des KWG das Geschäftsvolumen der Banken begrenzt, ist hier geringer.[4] Das Angebot von Beratungsleistungen ist somit zum Teil ein Ergebnis der Erschließung attraktiver Marktsegmente im Rahmen der Orientierung zum Provisions-

---

[1] Vgl.: Schwenkedel, Stefan: Management Buyout, a.a.O., S. 103.
[2] Vgl.: Moschner, Manfred: M&A IV, in: ÖBA September 1988, S. 921.
[3] Vgl.: Büschgen, Hans E.: Gestaltung, a.a.O., S. 42.
[4] Vgl.: Jacobi, Herbert H.: Spezialisierung, in: Organisation der Banken und des Bankenmarktes, Hrsg.: Engels, Wolfram, Frankfurt/Main 1988, S. 143.

geschäft.[1] Gerade der Consulting-Branche wird für die
Zukunft ein großes Wachstumspotential attestiert.[2]

4.1.2.2 Der Beratungsbedarf der Firmenkunden

Im Abschnitt 4.1.2.1 wurde u. a. gezeigt, daß die
Kreditinstitute im Rahmen der Kundenorientierung Beratungsleistungen in ihr Angebotsportefeuille aufgenommen
haben. Der Aufbau des Consulting-Banking und der M&A-Be-
ratung wurden besonders mit dem an die Banken herangetragenen Bedarf der Firmenkundschaft nach diesen Leistungen begründet. Daher sollen im folgenden die Faktoren dargestellt werden, die von der Nachfrageseite her
zur Ausweitung der Beratungsaktivitäten der Kreditinstitute führten.

Die Hauptzielgruppe der Banken im Firmenkundengeschäft stellen die mittelständischen Unternehmen dar.[3]
So waren im Jahre 1989 etwa 95 % der Firmenkunden der
Deutschen Bank Klein- und Mittelbetriebe. Unternehmen
mit einem Umsatz bis 50 Mio. DM im Jahr sorgten für 50 %
der Einlagen und Kredite im Firmenkundengeschäft.[4]

Der Beratungsbedarf gerade dieser Mittelständler ist
in den letzten Jahren gewaltig angestiegen. Dies liegt
in der zunehmenden Komplexität von Recht, Wirtschaft und
Gesellschaft begründet.[5] Besonders die Internationalisierung, sowohl der eigenen Aktivitäten als auch der
Konkurrenz, führt zu steigenden Anforderungen.[6] Dem
Mittelstand stehen zur Bewältigung dieser Probleme nicht
genügend Personal- und Sachkapazitäten zur Verfügung.[7]

---

[1] Vgl.: Herrhausen, Alfred/Zapp, Herbert: Beratung, in:
bm September 1987, S. 16.
[2] Vgl.: Pischulti, Helmut: Voraussetzungen, in: bm Juni
1992, S. 22.
[3] Vgl.: Otto, Klaus-Friedrich: Notizen, in: bm April
1989, S. 4.
[4] Vgl.: Juncker, Klaus: Beratung, in: bk Juni 1989, S. 14.
[5] Vgl.: Landrock, Rudolf: Unternehmensberatung, a.a.O.,
S. 514.
[6] Vgl.: Herrhausen, Alfred: Zukunft, a.a.O., S. 51.
[7] Vgl.: Büschgen, Hans E.: Anforderungen, in: MuB Nr.
62, S. 29.

Eine Befragung von 1500 Mittelständlern im Jahre 1986 ergab, daß 60 % von ihrer Bank Hilfe bei Marktanalysen und Prognosen erwarteten, 50 % von ihrem Kreditinstitut Informationen über technische Entwicklungen und Innovationen begehrten, 46 % eine Unterstützung seitens des Instituts bei der persönlichen Zukunftsvorsorge verlangten, 44 % ihre Bank als Partner bei der Finanz- und Erfolgsplanung wünschten und 39 % Hilfe des Kreditinstituts bei der Unternehmensorganisation und -führung in Anspruch nehmen würden.[1] Auch Bedarf nach Beteiligungsberatung ist im Mittelstandsbereich vorhanden.[2]

Wie aus den Resultaten der empirischen Umfragen ersichtlich ist, richtet sich ein Großteil des bestehenden Beratungsbedarfs an die Kreditinstitute. Dies hängt wesentlich mit dem den Banken entgegengebrachten Vertrauen zusammen. Für die Aufnahme der Beratertätigkeit ist keine Eingangsvoraussetzung zu erfüllen, wie dies z. B. im Bereich der Wirtschaftsprüfung in Form der Ablegung eines Berufsexamens der Fall ist. Daher sind im Consulting-Sektor auch eine Reihe von unseriösen Anbietern tätig. Aufgrund von Zeitmangel und fehlender fachlicher Kompetenz ist es den meisten Mittelständlern nicht möglich, die Seriosität eines Beraters zu evaluieren. Deshalb wenden sie sich häufig an ihnen bekannte Adressen, zu denen aufgrund langjähriger Geschäftsbeziehungen ein Vertrauensverhältnis besteht.[3] Den Kreditinstituten wird dabei eine besonders hohe Kompetenz zugeordnet.[4] Eine Umfrage von Marner und Jaeger ergab, daß 16,8 % der Mittelständler von ihrem Kreditinstitut über die Finanzierung hinaus beraten werden. Von den bisher nicht beratenen Unternehmen wünschen sich 27,2 % eine solche Unterstützung und 3,5 % erwarten sie gar.[5] Eine Erhebung der Deutschen Bank bei ihren Firmenkunden mit einem Jah-

[1] Vgl.: Bickel, Walter: Mittelstandsberatung, in: bm April 1989, S. 20.
[2] Vgl.: Dolff, Peter: Bedürfnis, in: HB 19.4.89,S. B21.
[3] Vgl.: Pischulti, Helmut: Vermittlung, a.a.O., S. 135.
[4] Vgl.: Landrock, Rudolf: Unternehmensberatung, a.a.O., S. 514.
[5] Vgl.: Marner, Bernd/Jaeger, Felix: Unternehmensberatung, Berlin 1990, S. 29-30.

resumsatz bis zu 50 Mio. DM zeigte, daß 28 % dieser Betriebe eine Beteiligungs- und Kooperationsvermittlung
von ihrem Kreditinstitut erwarten.[1] Eine neuere Studie
von Infratest ermittelte gar einen Anteil von 33 %, der
die Hilfe der Banken im M&A-Bereich wünscht.[2] Die in
dieser Erhebung festgestellte Struktur der Beratungserwartungen des Mittelstandes an die Kreditinstitute findet sich in Anlage IV wieder. Im Rahmen ihrer Kundengruppenorientierung haben die Banken diesen Bedarf erkannt. Um die Zielgruppe Mittelstand erfolgreich ansprechen zu können, haben sie ihr Angebot über die klassischen Bankdienstleistungen hinaus erweitert und Hilfestellungen für die Lösung der spezifischen mittelständischen Probleme in ihr Leistungsprogramm aufgenommen.[3]

**4.1.2.3 Mit der Mergers & Acquisitions-Beratung verbun-
dene Ertragspotentiale**

Nachdem in den vorangegangenen Abschnitten die Determinanten aufgezeigt wurden, die auf der Angebots- und
Nachfrageseite den Druck zur Aufnahme der M&A-Beratung
in das bankbetriebliche Leistungsprogramm erzeugten,
werden nun abschließend die mit einer solchen Tätigkeit
verbundenen Ertragspotentiale dargestellt. Das Angebot
der Beratung kommt für die Banken nur dann in Betracht,
wenn es sich auch unter Rentabilitätsaspekten rechnet.

Der Nutzen der Beratungsaktivitäten eines Instituts
kann nicht alleine anhand der mit ihnen verbundenen Pro-
visionserträge bewertet werden. Vielmehr sind auch die
Konsequenzen für die Attraktivität der Bank als Ganzes
und damit die Rückwirkungen auf andere Geschäftsbereiche
zu beachten. Natürlich sollte der Aufbau einer M&A-Bera-
tung nicht primär aus diesen Gründen erfolgen. Dennoch

---

[1]Vgl.: Juncker, Klaus: Zielgruppe, in: bm November
1985, S. 5.
[2]Vgl.: Juncker, Klaus: Beratung, a.a.O., S. 15.
[3]Vgl.: Otto, Klaus-Friedrich: Notizen, a.a.O., S. 4.

sind solche Nebeneffekte zu bedenken.[1] Das Angebot qualifizierter Beratungsleistungen ist Voraussetzung, um im mittelständischen Firmenkundengeschäft bestehen zu können.[2] Dies wurde im Abschnitt 4.1.2.1 bei der Vorstellung der Kundengruppenorientierung bereits erwähnt.

Ein Ziel der Beratungsaktivitäten der Kreditinstitute stellt somit also die Intensivierung der Kunde-Bank-Beziehung dar, indem versucht wird, mittels dieser Dienstleistung neue Kunden zu gewinnen, alte Kunden zu halten und bestehende Geschäftsverbindungen auszubauen.[3] Der Hauptantrieb ist das Bemühen des Ausbaus bestehender Kundenkontakte mit dem Ziel, eine "stärkere leistungsmäßige Ausschöpfung"[4] zu realisieren. Gerade im Bereich der M&A-Beratung ist diese Absicht von besonderer Bedeutung. Hier ergeben sich nicht nur indirekte Erfolgswirkungen, indem eine durch die Beratung gesteigerte Attraktivität des Instituts positve Effekte für andere Geschäftsbereiche zeigt. Im M&A-Sektor lassen sich Ertragspotentiale direkt ausschöpfen, die bisher vernachlässigt wurden. Wie die Anlage V zeigt, erbrachten die Kreditinstitute die als "M&A-Mitnahme" bezeichnete, unentgeltliche Beratung bei M&A-Transaktionen in der Vergangenheit bei rund 30 % aller Übernahmen. Die hierbei geleistete Unterstützung ist von Ausmaß und Qualität sicherlich nicht mit der im Rahmen einer institutionalisierten M&A-Beratung gebotenen Dienstleistung zu vergleichen. Sie zeigt aber das Potential, das die Banken durch die Überführung einer unentgeltlichen Nebenleistung in eine provisionspflichtige Dienstleistung erschließen können. Durch das Angebot einer M&A-Beratung versuchen sie die in der M&A-Mitnahme signalisierte Nachfrage ihrer Kunden auszuschöpfen und in eine ertrag-

---

[1]Vgl.: Dolff, Peter: Bedürfnis, a.a.O., S. B21.
Die Banken erwarten aus ihrer Tätigkeit im Beratungsgeschäft u. a. auch positive Imagewirkungen. Vgl.: Pischulti, Helmut: Banken, in: bm Mai 1990, S. 32.
[2]Vgl.: Schmitt-Weigand, Adolf: Universalbankensystem, a.a.O, S. 98.
[3]Vgl.: Bickel, Walter: Mittelstandsberatung, a.a.O, S. 23.
[4]Büschgen, Hans E.: Allfinanz, a.a.O., S. 15.

bringende Tätigkeit umzusetzen.[1] Momentan wird nur bei 15-20 % der M&A-Transaktionen ein externer Berater eingeschaltet, wobei dieser Anteil stark zunimmt.[2] In Anlage V wird die Mandatierung eines außenstehenden Beraters als "Auftrags-M&A" bezeichnet und mit 15 % beziffert. Der Anteil der Auftrags-M&A an den Gesamttransaktionen hat sich damit seit 1983 verdoppelt. Die Einschaltung externer Experten hat also deutlich zugenommen. Die Akquisitionen, bei denen keine externen Berater eingeschaltet werden, sind in der Anlage als "Übernahmen ohne M&A" bezeichnet und machen 55 % aus.[3] Aufgrund der im Kapitel 3 dargestellten Vorzüge der Einschaltung eines Beraters ist auch in Zukunft mit einem wachsenden Anteil der Auftrags-M&A zu rechnen. Das Vorhaben der Kreditinstitute, die in den M&A-Mitnahmen signalisierte Nachfrage ihrer Kunden in Auftrags-M&A umzuwandeln, scheint also gute Erfolgsaussichten zu haben.

Indem die M&A-Beratung darauf abzielt, die bisher unentgeltlich angebotene Hilfe bei Übernahmen in eine entgeltliche zu überführen, wobei natürlich das Niveau der Beratung zwangsläufig auch angehoben werden muß und zusätzliche Kosten entstehen, ist sie auch ein Instrument der Hinwendung der Kreditinstitute zum Provisionsgeschäft, wie sie in Abschnitt 4.1.2.1 erörtert wurde. Sie bringt den Banken neue Ertragspotentiale, wenn die mit ihrer Institutionalisierung als eigenständige Bankdienstleistung verbundenen Kosten niedriger sind als die durch sie zu erzielenden Honorare, Cross-Selling-Effekte und Synergien. Im Rahmen der Orientierung zum Provisionsgeschäft kommt gerade der M&A-Beratung besondere Bedeutung zu. Ein Einstieg in das Marktsegment der Übernahmeberatung für Mittelständler ist sehr lukrativ, da diese Dienstleistung sich noch in einem frühen Stadium ihres Lebenszyklus befindet.[4] Die bei der Akquisitionsberatung erzielbaren Provisionen erscheinen äußerst

---

[1]Vgl.: Storck, Joachim: Aspekte, a.a.O., S. 377.
[2]Vgl.: Best, Kimmo: M&A-Markt, a.a.O., S. 12.
[3]Vgl.: Storck, Joachim: Aspekte, a.a.O., S. 376-377.
[4]Vgl.: Ebenda, S. 376.

vorteilhaft. In Anlage VI sind die in Deutschland üblichen Honorare in Abhängigkeit vom Transaktionsvolumen
dargestellt. Die Provision gliedert sich im allgemeinen
in zwei Komponenten. Der erste Teil ist die Beratungsgebühr oder Retainer Fee.[1] Sie wird bei erfolgreich ver-
laufenden Transaktionen üblicherweise auf die Erfolgsprovision angerechnet.[2] Der zeitliche Einsatz der Berater soll durch sie vergütet werden. Dies kann in Form
von Arbeitshonoraren auf der Basis der tatsächlichen
zeitlichen Beanspruchung der Berater oder mittels Pau-
schalbeträgen erfolgen.[3] Die zweite Komponente der
Provision ist die Erfolgsprämie oder Success Fee.[4]
Aufgrund des im mittelständischen Bereich üblichen
Transaktionsvolumens wird die Erfolgsprovision hier
zwischen 1-3 % liegen.[5] Eine reine Erfolgsprämie, ohne
Berechnung einer Beratungsgebühr, findet sich bei pro-
fessionellen M&A-Beratern selten, da hierdurch Fehlanreize geschaffen würden. Die Berater könnten versucht
sein, auch eine nachteilige Transaktion noch zur Durchführung zu bringen, um die bei ihnen angefallenen Kosten
durch die Realisierung eines Erfolgshonorars zurückver-
gütet zu erhalten.[6] Neben der Retainer und Success
Fee erhalten die M&A-Berater alle bei der Bearbeitung
anfallenden Auslagen, wie z. B. Reise-, Kommunikations-
und Sachkosten, vom Mandanten zurückerstattet.[7] Die
bei der Übernahmeberatung erzielbaren Honorare lassen

---

(1) Vgl.: Horn, Peter E.: Beratung, in: FAZ 26.6.90,S.B18.
(2) Vgl.: Zimmerer, Carl: Unternehmensvermittlung,a.a.O.,
S. 216.
(3) Vgl.: Chartered WestLB Limited: M&A, a.a.O., S. 17.
(4) Sie berechnet sich mit Hilfe der Lehman-Formel. Diese
stammt ursprünglich aus den USA und wird in Europa in
einer modifizierten Form mit niedrigeren Provisions-
sätzen angewandt. Danach liegt die Prämie für die ersten 10 Mio. DM des Transaktionsvolumens bei 2,5-
4,5 % desselben. Der Bereich von 10 Mio. DM bis 50
Mio. DM wird mit einem Provisionssatz von 1,5-3 % belegt. Auf den 50 Mio. DM übersteigenden Betrag des
Transaktionsvolumens entfällt eine Prämie von 0,75-
1,75 %. Vgl.: Horn, Peter E.: Beratung, a.a.O.,S.B18.
(5) Vgl.: Gösche, Axel: Mittelstand, a.a.O., S. 31.
(6) Vgl.: Schwenkedel, Stefan: Management Buyout, a.a.O.,
S. 127.
(7) Vgl.: Chartered WestLB Limited: M&A, a.a.O., S. 17.

ein Engagement an diesem Markt aus der Sicht der Banken durchaus vorteilhaft erscheinen.

Ein weiteres Ertragspotential der Aufnahme der M&A-Beratung in das betriebliche Leistungsspektrum ergibt sich für die Kreditinstitute durch die damit einhergehenden Synergiepotentiale, die zu Kostenvorteilen führen. Aus der Vernetzung der Akquisitionsberatung mit anderen Geschäftsbereichen sind vielfache Vorteile zu erwarten.[1] Bei den Banken sind die personellen und institutionellen Voraussetzungen für die Aufnahme der Beratungstätigkeit vielfach schon gegeben.[2] Es bestehen viele Synergiepotentiale im Bereich von Know-how, Analyse und Distribution.[3] Sie ergeben sich aus gemeinsamen Anknüpfungspunkten der bisher betriebenen Banktätigkeiten mit der M&A-Beratung. Auf deren Bankennähe ist bereits im Abschnitt 4.1.1 eingegangen worden. Technisch-organisatorische Synergien treten bei der Nutzung von bereits vorhandenem Personal, dem Gebrauch vorhandenen Wissens und der Inanspruchnahme des informationswirtschaftlichen Potentials auf. Im Bereich der Distribution können Synergien durch die Nutzung der vorhandenen Filialen als Vertriebsstützpunkte realisiert werden. Im marktlichen Sektor stellen die vorhandenen Kundenverbindungen und Informationen einen beachtlichen Synergieträger dar.[4] Des weiteren kann die Aufnahme der M&A-Beratung zu einer besseren Auslastung bestehender Kapazitäten und damit zu einer Reduktion von Leerkosten beitragen. Die Bankleistung ist, wie andere Dienstleistungen auch, nicht speicherbar. Sie kann daher nicht auf Vorrat produziert, sondern erst im Augenblick der Leistungsabnahme erstellt werden. Die Kapazität für die Leistungserstellung ist dabei an der zu erwartenden Spitzenbelastung auszurichten.[5] Da die Leistungsabnahme bei Kre-

---

[1] Vgl.: Bringmann, Ralf/Krag, Joachim: M&A, in: ZfgK 15.1.90, S. 69.
[2] Vgl.: Müller-Schwerin, Eberhard/Streidt, Gunnar A.: Unternehmensberatung, in: ZfgK 1.11.77, S. 1062.
[3] Vgl.: Büschgen, Hans E.: Gestaltung, a.a.O., S. 36.
[4] Vgl.: Büschgen, Hans E.: Allfinanz, a.a.O., S. 3-4.
[5] Vgl.: Büschgen, Hans E.: Organisation, in: Handbuch Bankorganisation, Hrsg.: Stein, Johann Heinrich von/ Terrahe, Jürgen, Wiesbaden 1991, S. 31.

ditinstituten in ihrem Ausmaß stark schwankt, entstehen durch die Bereitstellung der Spitzenkapazität in den Zeitpunkten, in denen die maximale Belastung nicht erreicht wird, Überkapazitäten, mit denen Leerkosten verbunden sind. Das Erreichen einer besseren Kapazitätsauslastung durch Glättung der Schwankungen in der Leistungsabnahme trägt zu einer Reduzierung der Leerkosten bei. Eine solche Glättung wird durch die Aufnahme der M&A-Beratung in das Leistungsprogramm eines Kreditinstituts bewirkt. So werden beispielsweise Personal und EDV dadurch, daß sie für die M&A-Beratung Zulieferdienste verrichten können, die unabhängig von konkreten Projekten sind und in der Zeit anderweitig geringer Auslastung erbracht werden können, besser ausgelastet.[1]

Wie schon zuvor erwähnt, ergeben sich aus dem Engagement der Kreditinstitute im Beratungsbereich nicht nur direkte Ertragspotentiale, sondern im Rahmen von Cross-Selling-Effekten auch indirekte Vorteile. Durch die M&A-Beratung und die sich ihr anschließende Betreuung des Kunden eröffnen sich zahlreiche Möglichkeiten zu Folgegeschäften.[2] Als Beispiel sei hier die Vermögensberatung eines Verkäufers hinsichtlich des erzielten Verkaufserlöses genannt.[3] Lukrativ ist für die Banken auch die Finanzierung einer Übernahme, speziell eines Buyout.[4]

Schließlich ist bei den Vorteilen, die ein Kreditinstitut durch das Angebot von allgemeinen Consulting-Leistungen erzielt, auch auf die mittelbaren Rückwirkungen für die eigene Risikoposition hinzuweisen. Ein wirtschaftlich gesunder Kunde liegt im Interesse der Bank.[5] Dieses Argument trifft sicherlich auch für die M&A-Beratung zu, da eine Bank hier durch ihr Engagement

---

[1] Vgl.: Rüschen, Thomas: Consulting, a.a.O.,S. 185-188.
[2] Vgl.: Moschner, Manfred: M&A VIII, a.a.O., S. 172.
[3] Vgl.: Schwenkedel, Stefan: Management Buyout, a.a.O., S. 131.
[4] Vgl.: Bressmer, Claus/Mosner, Anton C./Sertl, Walter: Übernahme, a.a.O., S. 77.
[5] Vgl.: Lohmann, Wolfgang: Netzwerkmanagement, in: gi Dezember 1989, S. 4.

zur Bewältigung bestehender Probleme des Kunden, wie sie
in Abschnitt 2.3.2.3 dargelegt wurden, beitragen bzw.
das Entstehen von Schwierigkeiten durch die Folgen einer
fehlgeschlagenen Akquisition verhindern kann.

4.2 Konkurrenzanbieter von Mergers & Acquisitions-Beratungsleistungen

4.2.1 Unternehmensmakler

Die Tätigkeit des Unternehmensmaklers besteht im wesentlichen in der Entgegennahme von Kauf- und Verkaufs-
bekundungen und der Kontaktanbahnung zwischen den beiden
Parteien im Falle der Übereinstimmung der Aufträge.[1]
Der Makler wird somit von beiden Beteiligten beauftragt.
Demgemäß erhält er auch bei einer erfolgreichen Vermittlung sowohl vom Käufer, als auch vom Verkäufer eine Provision.[2] Die Aktivitäten des Unternehmensmaklers umfassen somit nicht alle im Abschnitt 3.2 unter dem Begriff der aktiven Suchtätigkeit aufgelisteten Dienstleistungen, sondern beschränken sich nur auf einen Teil-
aspekt dieses Leistungsspektrums. Versteht man die M&A-
Beratung aber nun als Teil der strategischen Unternehmensberatung, so kann man eine reine Vermittlertätigkeit
im Sinne der hier angeführten Makleraktivitäten nicht
unter diesen M&A-Begriff fassen.[3]

Ein Vorteil des Maklers, der aus seiner Stellung als
Beauftragter von Käufer und Verkäufer gleichermaßen erwächst, liegt in der neutralen Position, die er bei den
Verhandlungen einnehmen kann. Er kann somit auf einen
Ausgleich zwischen den beiden Vertragsparteien hinar-
beiten und zu einer Versachlichung der Atmosphäre beitragen.[4] Wie sich später jedoch noch zeigen wird, kann

---

[1]Vgl.: Moschner, Manfred: M&A II, a.a.O., S. 710.
[2]Vgl.: Zimmerer, Carl: Unternehmensvermittlung,a.a.O.,
S. 216.
[3]Vgl.: Wiebe, Frank: Beratung, a.a.O., S. 7.
[4]Vgl.: Interfinanz - Gesellschaft für internationale
Finanzberatung mbH: Jahresbericht 1990, a.a.O.,S. 41.

110

diese Mittelstellung zwischen den Verhandlungsteilneh-
mern auch durchaus zu negativen Konsequenzen führen.

Für die Tätigkeit als M&A-Berater sind keine Markt-
eintrittsbarrieren vorhanden. Weder besteht die Notwendigkeit hoher Investitionen zur Aufnahme der Beratertätigkeit, noch sind dazu irgendwelche Befähigungsnachwei-
se zu erbringen, die einen gewissen Beratungsstandard
garantieren. Das Resultat dieses freien Marktzugangs ist
ein erheblicher Unterschied bezüglich der Leistungsqua-
lität innerhalb der Gruppe der Unternehmensmakler. Es
existieren zahlreiche Anbieter, die den M&A-Markt inten-
siv beobachten, Kontakte zu den Marktakteuren pflegen
und ihr Leistungsspektrum beständig erweitern.[1] Gegenüber vielen Maklern bestehen jedoch häufig Zweifel bezüglich ihrer Seriosität und ihrer Kenntnisse im Akqui-
sitionsgeschäft.[2] Gerade im Bereich der Vermittlung
kleiner und mittlerer Unternehmen sind einige dubiose
Akteure tätig, die kurzfristige Erfolge einem langfristig angelegten, soliden Geschäftsgebaren vorziehen.[3]
Aufgrund der Schwierigkeit einer Bewertung der Qualitiät
der Leistungen eines Unternehmensmaklers für eine nicht
am M&A-Markt tätige Person dürfte die Auswahl eines seriösen Maklers für viele mittelständische Unternehmer
ein nicht zu unterschätzendes Problem darstellen.

Die Beschränkung auf die reine Vermittlungsfunktion
läßt den Großteil der im Abschnitt 3.1.3 als für den Erfolg einer Transaktion wesentlich erachteten Tätigkeiten
in keiner Weise zur Geltung kommen. Die wichtige Strate-
gieberatung findet überhaupt nicht statt. Dementspre-
chend wird der Frage, ob die eingeleitete Transaktion
tatsächlich geeignet ist, die mit ihrer Ausführung beabsichtigten Effekte zu erreichen, wenig Raum geschenkt.
Des weiteren konzentriert sich ein Makler nicht so sehr

---

[1] Vgl.: Walter, Bernhard: Geschäftsfeld, a.a.O., S.69-70.
[2] Vgl.: Heemann, Karen/Student, Dietmar: Werk, in: WiWo
7.12.90, S. 56.
[3] Vgl.: Bressmer, Claus/Mosner, Anton C./Sertl, Walter:
Übernahme, a.a.O., S. 11.

darauf, für ein gegebenes Objekt den optimalen Interessenten zu finden. Er beschränkt sich vielmehr auf die
Zuordnung des aus seinem Portefeuille der Unternehmen,
für die ihm ein Kauf- oder Verkaufsauftrag vorliegt, am
geeignetsten erscheinenden Objekts. Gesellschaften, die
nicht in seiner Kartei enthalten sind, scheiden somit
als potentielle Kandidaten aus.[1] Die Problematik wird
bei seriösen und erfahrenen Maklern sicherlich dadurch
abgemildert, daß sie über ein weites Netz von Beziehungen verfügen und so ein umfangreiches Angebot an Kauf-
bzw. Verkaufsobjekten in ihrem Portefeuille haben.[2]
Dennoch bleibt das Problem grundsätzlich bestehen.

Der Unternehmensmakler wird von beiden Parteien beauftragt und entlohnt. Dem Vorzug potentieller Neutrali-
tät, die daraus resultieren kann, steht der Zweifel bezüglich seiner tatsächlich verfolgten Interessen gegenüber.[3] Gerade in der Verhandlungsphase bedürfen zudem
in Unternehmensverkäufen unerfahrene Mandanten der Unterstützung durch einen sachkundigen Berater. Die Erzielung eines guten Verhandlungsergebnisses und insbesondere eines angemessenen Kaufpreises legt hier die Inanspruchnahme eines Beraters, der die Interessen nur jeweils einer Verhandlungsseite vertritt, nahe.[4]

Das Honorar eines Maklers fällt üblicherweise nur im
Erfolgsfall, also bei der Durchführung einer Transaktion
an.[5] Damit sieht sich dieser jedoch einem Interessenkonflikt ausgesetzt. Er kann versucht sein, eine Ausführung der Akquisition trotz widriger Umstände durchzusetzen, um sein Honorar zu erzielen.[6] Aus diesem Grunde
wählen andere M&A-Berater eine Kombination aus Erfolgs-
und Beratungsprämie, wie in Abschnitt 4.1.2.3 gesehen.

---

[1]Vgl.: Müller, Günther: Ziel, a.a.O., S. B19.
[2]Vgl.: Moschner, Manfred: M&A II, a.a.O., S. 710.
[3]Vgl.: Müller, Günther: Ziel, a.a.O., S. B19.
[4]Vgl.: Matuschka, Graf Albrecht: Märkte, a.a.O.,S. 24.
[5]Vgl.: Moschner, Manfred: M&A II, a.a.O., S. 710.
[6]Vgl.: Bressmer, Claus/Mosner, Anton C./Sertl, Walter:
Übernahme, a.a.O., S. 58.

4.2.2 Unternehmensberater

Das Angebot einer Unternehmensberatungsgesellschaft
umfaßt alle die Dienstleistungen, die im Abschnitt 4.1.1
dem Begriff des Consulting zugerechnet worden sind. Es
geht damit weit über die reine M&A-Beratung hinaus, wobei letztere aber einen Teil des offerierten Leistungsspektrums darstellen kann. Die Unternehmensberater haben
in den letzten Jahren ihr Engagement im M&A-Bereich
stark intensiviert.[1] Als Zielgruppe für Beratungsleistungen dieser Anbietergruppe trat in jüngster Zeit das
Segment familiengeführter Gesellschaften verstärkt in
den Blickpunkt.[2] Neben den Unternehmen, die ein die
gesamte Palette der Consulting-Leistungen umfassendes
Angebot unterbreiten, sollen im Rahmen dieser Arbeit
auch Gesellschaften, die lediglich die Beratung bei M&A-
Transaktionen offerieren, unter dem Begriff der Unternehmensberatung zusammengefaßt werden. Letztere stellen
zumeist Gründungen von ehemals als Angestellte diverser
M&A-Beratungsfirmen tätigen Übernahmeberatern dar, die
sich dann auf diesem Wege selbständig gemacht haben.[3]
Sie unterscheiden sich von den Unternehmensmaklern durch
ihr weit über die reine Vermittlungstätigkeit hinausge-
hendes Beratungsangebot, das als eine aktive Suche im
Sinne des Abschnitts 3.2 klassifiziert werden kann. Von
den in den beiden folgenden Abschnitten noch vorzustel-
lenden Anbietern heben sie sich, wie auch von den allum-
fassend tätigen Unternehmensberatern, dadurch ab, daß
die M&A-Beratung ihr einziger Geschäftsgegenstand ist.
Sie können unter die Gruppe der Unternehmensberater ge-
faßt werden, da ihre Tätigkeit nach Art und Struktur als
gleichartig aufgefaßt werden kann und sich nur durch ihre inhaltliche Beschränkung abhebt.

Viele Unternehmensberater verfügen über langjährige

---

[1]Vgl.: Moschner, Manfred: M&A X, in: ÖBA April 1989,
S. 426.
[2]Vgl.: o.V.: Familienunternehmen,in: FAZ 13.2.92,S.22.
[3]Vgl.: Heemann, Karen/Student, Dietmar: Werk, a.a.O.,
S. 52.

Industrieerfahrungen. (1) Aufgrund ihrer gesammelten Be-
ratungskenntnisse besitzen sie ein profundes Wissen und
eine ausgezeichnete Expertise, die sie für die Lösung
diffiziler Aufgaben, wie sie beispielsweise bei der Regelung von Nachfolgeproblemen im Mittelstand auftreten,
geeignet erscheinen lassen. (2) Aus ihrer Tätigkeit im
Consulting-Bereich haben die Unternehmensberater eine
enge Beziehung zu strategischen und operativen Manage-
mentproblemen. (3) Daher scheinen sie gerade für die Aktivitäten in der Vorbereitungsphase einer Akquisition,
die, wie im Abschnitt 3.1.3.1 gesehen, besonders wichtig
sind, sehr gut geeignet. Insbesondere bei der Formulierung einer M&A-Strategie und der Entwicklung von Akqui-
sitionskriterien anhand einer Stärken-Schwächen-Analyse
dürften diese Anbieter sehr leistungsfähig sein. (4) Gerade in diesem Bereich kommt der individuelle Service,
den Unternehmensberater anbieten, zum Tragen. (5) Allerdings wird die Kehrseite einer solch größeren Individua-
lisierung in der Regel in höheren Kosten für die Beratung liegen, da die Standardisierung einer Leistung im
allgemeinen zu Kosteneinsparungen führt.

Wertvolle Dienste können die Unternehmensberater auch
in der Identifizierungsphase einer Transaktion leisten,
da sie über eine umfassende Marktkenntnis verfügen. (6)
Zu dieser gesellt sich noch der Vorteil zahlreicher Verbindungen im In- und Ausland aufgrund eines Netzes von
Kooperationspartnern. (7) Diese Beziehungen erleichtern
ebenfalls die Suche nach potentiellen Interessenten. Die
Dichte eines solchen Kooperationsnetzes ist natürlich

---

(1)Vgl.: Kühn-Leitz, Knut/Steuernagel, Wolfgang: Wettbewerbsfähigkeit, in: BddW 26.4.91, S. 7.
(2)Vgl.: o.V.: Familienunternehmen, a.a.O., S. 22.
(3)Vgl.: Freudenberg, Thomas/Moock, Hans: Fehler, in: HB
 19.4.89, S. B13.
(4)Vgl.: Müller, Günther: Ziel, a.a.O., S. B19.
(5)Vgl.: Kühn-Leitz, Knut/Steuernagel, Wolfgang: Wettbewerbsfähigkeit, a.a.O., S. 7.
(6)Vgl.: Müller, Günther: Ziel, a.a.O., S. B19.
(7)Vgl.: Kräutli, Hans J.: Beratung, in: Kauf und Verkauf von Unternehmen, Hrsg.: Brand, Michael, Zürich
 1990, S. 134.

von der Größe und Bedeutung der jeweiligen Beratungsgesellschaft abhängig und kann stark variieren.

Dank ihrer langjährigen Erfahrung können die Unternehmensberater auch in der Verhandlungsphase entscheidende Hilfestellungen gewähren. Darüber hinaus kann ihre Eingliederungshilfe in der Integrationsphase viele Schwierigkeiten verhindern.[1] Wie zuvor erwähnt, bieten die wenigsten M&A-Berater eine eigenständige Integrationshilfe an. Die Unternehmensberater hingegen sind hierzu oft in der Lage. Sie werden daher von anderen M&A-Anbietern häufig mit der Betreuung von deren Mandanten bei der Eingliederung beauftragt.[2]

Als ein Hauptvorteil der Inanspruchnahme von Unternehmensberatern bei der Durchführung von M&A-Transaktionen wird oft ihr interessenkonfliktfreies Handeln angesehen. Es wird angenommen, daß ihre Analysen unabhängig und unvoreingenommen erstellt werden. Dies gilt insbesondere für den Bereich der Finanzierung der Transaktion, da ihre Gesellschaft, anders als im Falle bankzugehöriger Berater, nicht als Financier in Betracht kommt.[3]

Ein anderer Interessenkonflikt, der, wie im Abschnitt 4.1.2.3 dargestellt, aus der Struktur des Honorars erwachsen kann, ist bei Unternehmensberatern von geringer Relevanz. Deren Provision ist natürlich auch sehr stark vom Erfolg, also der Durchführung der Übernahme, abhängig.[4] Die Entlohnung ist aber nicht nur an die Ausführung der Transaktion gekoppelt, sondern enthält auch eine Beratungsgebühr. Somit kann das Ergebnis einer M&A-Beratung auch die Empfehlung der Nichtdurchführung sein, ohne daß dadurch der komplette Verlust des Honorars ausgelöst wird.[5]

---

[1]Vgl.: Müller, Günther: Ziel, a.a.O., S. B19.
[2]Vgl.: Bross, Holger F.L./Caytas, Ivo G./Mahari, Julian, I.: Consulting, a.a.O., S. 31.
[3]Vgl.: Walter, Bernhard: Geschäftsfeld, a.a.O., S. 70.
[4]Vgl.: Rotthaus, Dirk: Auswahl, a.a.O., S. B16.
[5]Vgl.: Freudenberg, Thomas/Moock, Hans: Fehler, a.a.O., S. B13.

Selbstverständlich ergeben sich auch bei der Einschaltung von Unternehmensberatern einige Nachteile, die
zu beachten sind. Die im Abschnit 4.2.1 dargestellten
Probleme bei der Auswahl eines geeigneten Maklers gelten auch hier. Es gibt erhebliche Qualitätsunterschiede
zwischen den verschiedenen Anbietern, die auf den freien
Marktzugang und die geringe Markttransparenz zurückzuführen sind.[1] Viele Anbieter sind qualitativ eher gering einzuschätzen.[2]

Ein Qualitätsproblem, und somit das Risiko der Auswahl eines unseriösen Beraters, stellt sich bei den bekannten und renommierten Unternehmensberatern, die bereits eine Reputation am Markt aufgebaut haben, nicht.
Deren Angebot dürfte jedoch eher auf den Bedarf von
Großunternehmen zugeschnitten sein. Die Honorare scheinen für Mittelständler zu hoch. Für diese Anbieter ist
ein Engagement im Marktsegment mittelständischer Unternehmen vielfach wenig lukrativ, da die Kosten der Kundenakquisition in diesem Bereich für sie in keinem ver-
tretbaren Verhältnis zum erzielbaren Ertrag stehen.[3]
Sie verfügen hier nicht über das engmaschige Kundennetz,
das beispielsweise den Kreditinstituten zur Verfügung
steht.[4] Somit kommen aus Kostengründen für den Mittelstand nur die kleineren Beratungsunternehmen in Betracht. Diese haben allerdings oft den Nachteil, nicht
über ein volles Leistungsangebot, wie es zur Bewältigung
der in Abschnitt 3.1.3 aufgezeigten Anforderungen nötig
ist, zu verfügen.[5]

4.2.3 Investment-Banken

Unter dem Begriff der Investment-Banken versteht man
"Institute, die ausschließlich die Emission, die Verwal-

---

[1]Vgl.: Walter, Bernhard: Geschäftsfeld, a.a.O., S. 70.
[2]Vgl.: Bressmer, Claus/Mosner, Anton C./Sertl, Walter:
   Übernahme, a.a.O., S. 57.
[3]Vgl.: Walter, Bernhard: Unternehmensberatung, in: bm
   April 1989, S. 14.
[4]Vgl.: Steuernagel, Wolfgang: Beratungsprofis, in: FAZ
   26.6.90, S. B19.
[5]Vgl.: Behrens, Rolf/Merkel, Reiner: M&A, a.a.O.,S.78.

116

tung und den An- und Verkauf von Effekten oder das Effektengeschäft gemeinsam mit anderen Geschäften als dem Depositen- und Kreditgeschäft betreiben"[1].

Ausländische Investment-Banken drängen in jüngster Zeit verstärkt auf den deutschen M&A-Markt.[2] Dabei bedienen sie sich unterschiedlicher Vorgehensweisen. Zum Teil gründen sie in Deutschland eigene Niederlassungen, wie z. B. die Morgan Stanley GmbH oder die Salomon Brothers AG. Eine Alternative hierzu stellt die Abwicklung des Geschäfts von einem ausländischen Standort aus dar. Dieser wird zumeist, wie im Falle von Goldman Sachs International, in London, einem der wichtigsten europäischen Finanzplätze, beheimatet sein.[3] Ein solches Vorgehen scheint im Bereich der M&A-Beratung aber problematisch, da dieses Geschäft, trotz einer Anzahl von grenzüberschreitenden Akquisitionen, doch eine eher nationale Tätigkeit ist. Sie erfordert die Kenntnis der nationalen Märkte, der örtlichen rechtlichen und steuerlichen Situation und des lokalen politischen und gesellschaftlichen Umfeldes. Diese Anforderungen verlangen die Anwesenheit des Beraters am Transaktionsort.[4] Aus diesem Grunde dürfte sich Goldman Sachs auch dazu entschlossen haben, im Herbst 1991 eine Niederlassung in Frankfurt zu eröffnen, der auch eine M&A-Abteilung angegliedert ist.[5] Vereinzelt findet sich, neben den beiden dargestellten Alternativen des Eintritts in den deutschen Bankenmarkt, noch die Strategie der Übernahme eines alteingesessenen deutschen Kreditinstituts.[6]

Die Investment-Banken verfügen in der M&A-Beratung über ein Full-Service-Angebot, das von der Strategieentwicklung bis zur Betreuung der Abschlußverhandlung und

---

[1] Büschgen, Hans E.: Bankbetriebslehre, a.a.O., S. 33.
[2] Vgl.: Heemann, Karen/Student, Dietmar: Werk, a.a.O., S. 52.
[3] Vgl.: Müller-Stewens, Günter: Wirtschaft,a.a.O.,S.B2.
[4] Vgl.: Moschner, Manfred: M&A I, a.a.O., S. 598.
[5] Vgl.: Erlenbach, Erich: Goldman, in: FAZ 5.2.92,S.19.
[6] Vgl.: Müller-Stewens, Günter: Wirtschaft,a.a.O.,S.B2.

Finanzberatung reicht.[1] Zumeist gehen ihre Aktivitäten sogar über den Bereich der aktiven Suchtätigkeit hinaus und erstrecken sich auch auf das Deal-Drafting, wie es im Abschnitt 3.2 dargestellt wurde.[2]

Ein großer Vorteil der Investment-Banken, den sie mit allen Kreditinstituten teilen, liegt in der zu erwartenden Seriosität dieser Anbieter. Gemäß § 32 KWG bedarf die Aufnahme der Tätigkeit als Kreditinstitut der Erlaubnis des Bundesaufsichtsamts für das Kreditwesen. Die Investment-Banken sind Kreditinstitute im Sinne der Legaldefinition in § 1 KWG. Auch ausländische Banken bedürfen für die Aufnahme der Geschäftstätigkeit in Deutschland grundsätzlich der Erlaubnis des BAK. In Ausnahmefällen kann aufgrund internationaler Verträge eine solche Zustimmungspflicht des BAK entfallen.[3] Eine solche Ausnahme wäre z. B. im Rahmen der EG-Harmonisierung möglich, bei der gemäß dem Prinzip der Sitzlandkontrolle die Bankenaufsichtsbehörde des Herkunftslandes für die Erlaubniserteilung zuständig ist. Aber auch hier untersteht die Bank einer Aufsicht, so daß davon auszugehen ist, daß alle Kreditinstitute einer Kontrolle unterliegen und somit gewissen Mindestqualitätsstandards genügen, die ihre Seriosität stärken. Die bei den Unternehmensmaklern und -beratern erörterten Qualitätsprobleme ergeben sich somit für den Bankenbereich nicht in diesem Umfang, da gewisse Qualifikationskriterien erfüllt sein müssen, um hier tätig werden zu können.

Als ein bedeutender Vorteil der Investment-Banken im Vergleich zu den Universalbanken wird ihre höhere Unabhängigkeit angesehen.[4] Dieses Argument dürfte sich auf den Bereich der bei letzteren auftretenden Interessenkonflikte zum Kreditgeschäft beziehen, auf die im Abschnitt 4.4 noch näher einzugehen ist.

---

[1]Vgl.: Dahm, Hans: Akquisitionsprozeß, in: Handbuch der Unternehmensakquisition, Hrsg.: Rädler, Albert J./Pöllath, Reinhard, Frankfurt/Main 1982, S. 30.
[2]Vgl.: Schumann, Peter Karl: Berater, a.a.O., S. 309.
[3]Vgl.: Büschgen, Hans E.: Bankbetriebslehre, a.a.O., S. 150.
[4]Vgl.: Achleitner, Paul M.: Bankverbindungen, in: HB 18.4.91, S. B17.

Den Investment-Banken wird häufig eine umfassende Marktkenntnis, ein gut ausgebautes Netz von Kontakten und ein großes Maß an Erfahrung im M&A-Geschäft zugebilligt.[1] Sie verfügen über ein umfangreiches Reservoir an qualifizierten Mitarbeitern.[2] Ein Hauptaktivum stellt ihr großes Know-how dar, das sie sich im Laufe der Jahre durch ihre weltweite Beteiligung an zahlreichen M&A-Transaktionen erworben haben. Hierdurch sammelten sie besonders Erfahrung im Bereich von Bewertung und Strukturierung einer Akquisition.[3] Sie gelten ganz speziell im Sektor der Buyouts als Experten.[4] Die Investmentbanken verfügen zudem über ausgezeichnete internationale Kontakte, die es ihnen ermöglichen, umfangreiche Informationen und Finanzdaten zu erlangen.[5] Aufgrund dieser internationalen Ausrichtung nehmen sie bei der Betreuung internationaler Übernahmen eine dominierende Stellung ein.[6]

Bei der Beratung durch Investment-Banken können auch einige Nachteile auftreten. Im Abschnitt 4.4.3 wird für den Bereich der Universalbanken das Interessenkonfliktpotential zum Wertpapiergeschäft dargestellt. Die gleichen Konflikte entstehen auch bei Investment-Häusern. Nicht nur die Weitergabe von Insiderwisssen an Außenstehende stellt ein Gefahrenpotential dar. Viele Investment-Banken haben eigene Arbitrageabteilungen, die versuchen, potentielle Übernahmekandidaten zu identifizieren und durch den rechtzeitigen Kauf von deren Aktien an den mit der Übernahme einhergehenden Kursgewinnen zu partizipieren. Die Trennung der M&A-Beratung von diesen Abteilungen, die durch eine sogenannte "Chinesische Mauer" erfolgen soll, gestaltet sich äußerst kompliziert.

---

[1] Vgl.: Morgan Grenfell: Handbook, a.a.O., S. 23.
[2] Vgl.: Caytas, Ivo G./Mahari, Julian I.: Banking, a.a.O., S. 77.
[3] Vgl.: Achleitner, Paul M.: Bankverbindungen, a.a.O., S. B17.
[4] Vgl.: Kramer, Joachim: Deutschland, a.a.O., S. 1002.
[5] Vgl.: Schumann, Peter Karl: Berater, a.a.O., S. 309.
[6] Vgl.: Storck, Joachim: Aspekte, a.a.O., S. 377.

Der Konflikt zwischen Wahrung der Diskretion im Interesse des M&A-Mandanten und Erzielung eines hohen Arbitra-
gegewinns für die Bank durch Nutzung des Wissens der
M&A-Abteilung ist evident. Die SEC vermutet, daß die
Chinesischen Mauern sich oft als undicht erwiesen haben.[1] Ein weiterer Interessenkonflikt wird bei den Investment-Banken häufig aufgrund ihrer Deal-Orientierung
unterstellt. Demnach sei die Beratung nicht objektiv,
sondern laufe immer auf eine Forcierung der Durchführung
der Transaktion hinaus, um die dann fällige Success Fee
realisieren zu können.[2] Dies könne für den Mandanten
dazu führen, daß für ihn negative Transaktionen dennoch
ausgeführt würden.

Vielfach wird darauf hingewiesen, daß die Honorare
der Investmentbanken sehr hoch sind.[3] Daher seien vor
allem Großunternehmen die Beratungskunden.[4] Der Mittelstand wird dagegen weniger als Zielgruppe der Investment-Banken angesehen.[5] Hier scheint sich aber ein
Wandel vollzogen zu haben. Die Institute haben in letzter Zeit davon Abstand genommen, ihre Dienstleistungen
nur den international tätigen Großunternehmen anzubieten.[6] Sie offerieren ihre Beratung mittlerweile auch
dem Mittelstand.[7] Dabei umfaßt ihre Zielgruppe jedoch
in erster Linie große mittelständische Unternehmen mit
Jahresumsätzen zwischen 100 und 500 Mio. DM. Das Mindesttransaktionsvolumen amerikanischer Investment-Banken
liegt bei etwa 50 Mio. DM.[8] Damit sind sie insgesamt
doch wesentlich stärker auf Großkunden fixiert als die
deutschen Universalbanken. Allerdings haben sie gegen-

[1]Vgl.: Falkenhausen, Bernhard Freiherr von: Unternehmenskäufe, a.a.O., S. 170+177.
[2]Vgl.: o.V.: Bankers, a.a.O., S. 25.
[3]Vgl.: Falkenhausen, Bernhard Freiherr von: Unternehmenskäufe, a.a.O., S. 170.
[4]Vgl.: Moschner, Manfred: M&A IV, a.a.O., S. 922.
[5]Vgl.: Heemann, Karen/Student, Dietmar: Werk, a.a.O.,
S. 56.
[6]Vgl.: Achleitner, Paul M.: Bankverbindungen, a.a.O.,
S. B17.
[7]Vgl.: Behrens, Rolf/Merkel, Reiner: M&A, a.a.O.,S.78.
[8]Vgl.: Bross, Holger F.L./Caytas, Ivo G./Mahari, Julian I.: Consulting, a.a.O., S. 46-47.

über diesen im mittelständischen Kundenbereich auch den Nachteil des fehlenden Geschäftsstellennetzes und der nicht vorhandenen Kundenbeziehungen. Dieses Manko versuchen sie durch aggressive Kundenakquisition zu kompensieren.[1] Im Bereich der kleinen und mittleren mittelständischen Unternehmen sind sie aufgrund dieses Nachteils und ihrer Struktur keine direkten Konkurrenten für die dort tätigen M&A-Berater.[2]

Ein Problem für die Investment-Banken kann die Umsetzung ihrer internationalen Erfahrungen darstellen. Es ist fraglich, inwieweit hier eine Anpassung des im angelsächsischen Bereich üblichen Procedere an die nationalen deutschen Gegebenheiten möglich ist.[3] Insbesondere wird das Verständnis des deutschen Marktes geringer ausgeprägt sein als bei den heimischen Beratern.[4]

4.2.4 Wirtschaftsprüfer, Steuerberater, Rechtsanwälte

Die Wirtschaftsprüfer, Steuerberater und Rechtsanwälte werden als Kammerberufe in dieser Arbeit unter einer Anbietergruppe von M&A-Beratungsleistungen zusammengefaßt.[5] Da die mit ihrer Beratertätigkeit verbundene Problematik in den meisten Punkten ähnlich ist, scheint diese Zusammenfassung auch gerechtfertigt.

Die drei hier angeführten Anbieter stellen, zusammen mit den Kreditinstituten, die traditionellen Berater des Mittelstandes dar.[6] Sie kommen deshalb auch als Ansprechpartner mittelständischer Unternehmen bei der Planung und Durchführung von M&A-Transaktionen in Betracht. Allerdings ist nur ein sehr kleiner Teil der Anwälte, Steuerberater und Wirtschaftsprüfer über das Engagement

---

[1] Vgl.: Walter, Bernhard: Geschäftsfeld, a.a.O., S. 72.
[2] Vgl.: Bross, Holger F.L./Caytas, Ivo G./Mahari, Julian I.: Consulting, a.a.O., S. 52.
[3] Vgl.: Walter, Bernhard: Geschäftsfeld, a.a.O., S. 72.
[4] Vgl.: Achleitner, Paul M.: Bankverbindungen, a.a.O., S. B17.
[5] Vgl.: Link, Harald: Verkauf, in: HB 18.4.91, S. B9.
[6] Vgl.: Büschgen, Hans E.: Binnenmarkt, in: MuB Nr. 61, S. 38.

als reiner Fachberater im M&A-relevanten Bereich seines angestammten Betätigungsfeldes hinaus in der Übernahmeberatung aktiv.[1] Dies liegt darin begründet, daß beim Überschreiten eines gewissen Beratungsumfangs die Bewältigung der anfallenden Aufgaben die Kapazität der obigen Anbieter häufig überschreitet und die Einstellung speziell für solche Fragen kompetenter Mitarbeiter erfordert. Dies würde letztendlich auf die Gründung einer eigenen Beratungseinheit hinauslaufen, was an den ökonomischen Restriktionen der meisten Anbieter scheitert.[2] Somit wird eine umfassende M&A-Beratung, wie sie im Abschnitt 3.2 dargestellt wurde, nur von einem kleinen Teil der hier betrachteten Anbietergruppe erbracht.

Viele Wirtschaftsprüfer, Steuerberater und Rechtsanwälte kommen noch nicht einmal für die Fachberatung bei den in ihr Tätigkeitsfeld fallenden Arbeitsschritten einer Akquisition in Betracht. Wie im Abschnitt 3.1.3 bereits gezeigt, bedarf es neben einem soliden Fachwissen vor allem einer umfassenden Erfahrung im M&A-Bereich, um auch für die Vielzahl der auftretenden Detailfragen gewappnet zu sein.[3] Nur wer über diese Erfahrung verfügt, ist als kompetenter Fachberater geeignet.

Solche Fachexperten werden häufig von anderen M&A-Beratern hinzugezogen, um diese bei der Durchführung einer Transaktion zu unterstützen.[4] Sie sind somit weniger eine Konkurrenz als vielmehr eine Ergänzung zu den anderen M&A-Anbietern.[5] So werden für die Bewertung des Kaufobjekts beispielsweise oft Wirtschaftsprüfer eingeschaltet.[6] Die Einschaltung dieser Fachleute bietet einem M&A-Berater zahlreiche Vorteile. Er muß selbst die

---

[1]Vgl.: Hölters, Wolfgang: Unternehmenskauf, a.a.O., S. 11.
[2]Vgl.: Vormbaum, Herbert: Unternehmensberatung, in: Stb Dezember 1982, S. 352.
[3]Vgl.: Kramer, Joachim: Welle, in: Management Buy-Out, Hrsg.: Continental Bank, Frankfurt/Main 1990, S. 15.
[4]Vgl.: Caytas, Ivo G./Mahari, Julian I.: Banking, a.a.O., S. 90.
[5]Vgl.: Kräutli, Hans J.: Beratung, a.a.O., S. 132.
[6]Vgl.: Bickel, Walter: Unternehmensberatung, a.a.O., S. 251.

notwendige Personalkapazität für diese Experten nicht vorhalten, sondern kann im Bedarfsfall auf sie zurückgreifen. Der wichtigste Vorteil liegt aber in der Delegation des Haftungsrisikos im Bereich der Bewertungs-, Rechts- und Steuergutachten.[1] Die beauftragten Spezialisten haben es täglich mit der Erstellung solcher Gutachten zu tun und sind mit den Haftungsfragen vertraut. Die Vergabe von Aufgaben, die bei der Realisation einer Übernahmetransaktion anfallen, an Fachberater ist nicht so zu verstehen, daß der vom Kunden eigentlich mandatierte M&A-Berater alle Arbeiten weitervergibt. Nur für einen Teil der anfallenden Aufgaben wird ein externer Spezialist hinzugezogen. Zumeist leistet der M&A-Berater in den Bereichen, in denen ein Fachberater eingeschaltet wird, schon die Vorarbeiten. Das Gutachten des Spezialisten dient dann meist nur noch der Absicherung und Legitimation.[2] Der M&A-Berater übernimmt es, die Tätigkeit der Fachberater zu koordinieren.[3] Er ist zumeist auch für ihre Auswahl verantwortlich. Dies bringt dem Kunden einige Vorteile. So ist z. B. die Mandatierung des Hausanwalts des Kunden für die Rechtsberatung bei der Akquisition wenig sinnvoll, wenn dieser keine M&A-Erfahrung besitzt.[4] Der M&A-Berater hat im Gegensatz zu seinem Auftraggeber die nötige Marktkenntnis, um einen routinierten Anwalt ausfindig zu machen.[5]

Die Gruppe der Rechtsanwälte, Steuerberater und Wirtschaftsprüfer kann, wie gesehen, in zwei verschiedenen Funktionen in der M&A-Beratung tätig sein: als eigenständiger Anbieter oder als von einem anderen Anbieter mandatierter Fachberater. Im Wirtschaftsprüfungsbereich sind viele Gesellschaften als eigenständige M&A-Dienstleister aktiv.[6] Sie vermitteln Käufer bzw. Verkäufer

---

[1] Vgl.: Peltzer, Martin: Rolle, in: ZIP 26.4.91, S. 486.
[2] Vgl.: Caytas, Ivo G./Mahari, Julian I.: Banking, a.a.O., S. 91.
[3] Vgl.: Kramer, Joachim: Welle, a.a.O., S. 16.
[4] Vgl.: Hölters, Wolfgang: Unternehmenskauf, a.a.O., S. 33.
[5] Vgl.: Caytas, Ivo G./Mahari, Julian I.: Banking, a.a.O., S. 91.
[6] Vgl.: Moschner, Manfred: M&A X, a.a.O., S. 426.

und übernehmen auch die Abwicklung der Transaktion.[1] Bei diesen Anbietern handelt es sich zumeist um große, international tätige Unternehmen.[2] Auch im Steuerberatungssektor finden sich in jüngster Zeit wiederholt Angebote, die besonders auf eine Beratung des Mittelstandes abzielen.[3] Ebenso bieten auch einige Wirtschaftsanwälte die Beratung bei M&A-Transaktionen an.[4]

Die drei hier behandelten Anbietergruppen haben den Vorteil, daß bei ihnen Qualitätsprobleme, wie sie bei Unternehmensmaklern und -beratern auftreten, geringere Bedeutung haben. Alle drei Berufsgruppen haben strenge Ausbildungs- und Zulassungsregeln, die die Möglichkeit des Auftretens von unseriösen Marktteilnehmern stark limitieren. Dadurch genießen diese Anbieter hohes Ansehen und großes Vertrauen. Die Zielgruppe, die sie mit ihrem Beratungsangebot ansprechen, sind Klein- und Mittelbetriebe, die in den angestammten Geschäftsbereichen schon lange Jahre zu ihren Kunden zählen.[5] Diese langjährigen Geschäftskontakte bauen zusätzliches Vertrauen auf und erleichtern die Akquisition von Mandanten für den Beratungsbereich. Eine empirische Untersuchung von Marner/Jaeger bei mittelständischen Unternehmen bestätigt die obigen Ausagen bezüglich Ansehen und Akquisitionspotential. Für den Bereich der Steuerberatung wurde hier ermittelt, daß 53,8 % aller befragten Mittelständler von ihrem Steuerberater bereits einmal über den Steuersektor hinaus beraten wurden. Von denjenigen, denen eine weitergehende Beratung noch nicht zuteil wurde, wünschen sich 42,8 % einen solchen Service von ihrem Steuerberater.[6]

---

[1] Vgl.: Moschner, Manfred: M&A IV, a.a.O., S. 922.
[2] Vgl.: Heemann, Karen/Student, Dietmar: Werk, a.a.O., S. 52.
[3] Vgl.: Marner, Bernd/Jaeger, Felix: Unternehmensberatung, a.a.O., S. 28.
[4] Vgl.: Moschner, Manfred: M&A IV, a.a.O., S. 922.
[5] Vgl.: Vormbaum, Herbert: Unternehmensberatung, a.a.O., S. 350.
[6] Vgl.: Marner, Bernd/Jaeger, Felix: Unternehmensberatung, a.a.O., S. 34-37.

Die Informationen über ihre Kunden, die Wirtschaftsprüfern, Steuerberatern und Anwälten aufgrund der langjährigen Geschäftskontakte zu diesen zur Verfügung stehen, stellen einen großen Wettbewerbsvorteil im M&A-Geschäft dar.[1] Gerade die Wirtschaftsprüfer haben durch die jährlichen Abschlußprüfungen einen tiefen Einblick in das Unternehmen des Mandanten.[2]

Die Vorzüge, die die hier aufgeführten Berater bei der Lösung der ihrem Fachgebiet zugehörigen Probleme einer Transaktion haben, sind evident. Wirtschaftsprüfer und Steuerberater sind die geeigneten Ratgeber für die steuerliche Optimierung einer Transaktion.[3] Bezüglich der Finanzierung einer Akquisition besitzen sie aufgrund der Steuersensitivität derselben ebenfalls eine große Expertise. Im Gegensatz zu Kreditinstituten unterliegen sie hier keiner Interessenkollision, da sie selbst nicht als Financiers in Betracht kommen und somit keine Eigeninteressen verfolgen.[4] Die Wirtschaftsprüfer haben ihre Stärken bei der Analyse der Finanzsituation und Rechnungslegung eines Unternehmens.[5] Sie müssen insbesondere die vorgelegten Jahresabschlüsse überprüfen und Über- bzw. Unterbewertungen aufdecken.[6] Des weiteren sind sie für die Aufgabe der Bewertung des Kaufobjekts prädestiniert.[7] Die Rechtsanwälte sind besonders für die Prüfung der Rechtsverhältnisse und Statuten des Kaufobjekts, den Entwurf des Vertrages und die Einholung gesetzlicher und behördlicher Bewilligungen zuständig.[8] Sie haben die Aufgabe, die Mandanten auf die

---

[1]Vgl.: Vormbaum, Herbert: Unternehmensberatung,a.a.O., S. 350.
[2]Vgl.: Rudolph, Hans-Joachim: Wirtschaftsprüfer, in: FAZ 25.4.91, S. 24.
[3]Vgl.: Albrecht, Lorenz: Deal, a.a.O., S. B10.
[4]Vgl.: Vormbaum, Herbert: Unternehmensberatung,a.a.O., S. 351.
[5]Vgl.: Davies, Quentin/Duncan, Gordan: Rolle, a.a.O., S. 447.
[6]Vgl.: Caytas, Ivo G./Mahari, Julian I.: Banking, a.a.O., S. 95.
[7]Vgl.: Bressmer, Claus/Mosner, Anton C./Sertl, Walter: Übernahme, a.a.O., S. 55.
[8]Vgl.: Caytas, Ivo G./Mahari, Julian I.: Banking, a.a.O., S. 92.

Rechtsfolgen von Entscheidungen aufmerksam zu machen.[1]

Auch die drei hier behandelten Beratergruppen sind in ihrer Tätigkeit nicht frei von Interessenkonflikten. Sie können ebenso wie die Kreditinstitute in ihrem Handeln durch die Gefahr des Verlusts eines langjährigen Kunden beeinflußt werden.[2] Dieser Konflikt wird im Abschnitt 4.4 näher erläutert. Seine Relevanz für den Bereich der Steuerberatung läßt sich aus der Studie von Marner/Jaeger erkennen, bei der einige Mittelständler eine über den Steuersektor hinausgehende Beratung durch ihren Steuerberater aus Furcht vor mangelnder Objektivität ablehnten.[3] Neben der Verhinderung des Verkaufs eines Unternehmens aufgrund des Eigeninteresses des Beraters, dieses als Mandant zu behalten, kann eine Interessenkollision auch die Forcierung einer Übernahme bewirken. Der Berater kann aus Eigeninteresse auf den Kauf drängen, wenn der Käufer auch im angestammten Geschäftsbereich sein Mandant ist und er im Falle der Übernahme mit der Betreuung des Kaufobjekts betraut zu werden hofft. Bei einem Anwalt kann das Eigeninteresse theoretisch sogar soweit gehen, daß er nicht versucht, einen Rechtsstreit zu verhindern, sondern seinen Mandanten bei der Aufnahme desselben noch bestärkt, um sich somit eine weitere Verdienstquelle zu erschließen.[4]

Ein großer Nachteil der aus den Kammerberufen kommenden M&A-Berater liegt in deren Mentalität. Ihre angestammte Tätigkeit umfaßt die Beurteilung und Gestaltung von Vergangenheitstatbeständen. Sie haben wenig mit zukunftsorientierten, unternehmerischen Entscheidungen zu tun.[5] Letztere sind aber bei der Konzipierung von Ak-

---

[1] Vgl.: Krneta, Georg: Mitwirkung, in: Kauf und Verkauf von Unternehmen, Hrsg.: Brand, Michael, Zürich 1990, S. 96.
[2] Vgl.: Hölters, Wolfgang: Unternehmenskauf, a.a.O., S. 33.
[3] Vgl.: Marner, Bernd/Jaeger, Felix: Unternehmensberatung, a.a.O., S. 37.
[4] Vgl.: Bressmer, Claus/Mosner, Anton C./Sertl, Walter: Übernahme, a.a.O., S. 55-56.
[5] Vgl.: Link, Harald: Verkauf, a.a.O., S. B9.

quisitionen erforderlich. Gerade den Anwälten wird oft
mangelndes Verständnis für unternehmerisches Denken unterstellt. Ihre mentale Ausrichtung wird als dem Konzept
der unternehmerischen Initiative entgegenstehend betrachtet.[1]

Vielen der hier dargestellten Berater wird vorgeworfen, daß sie zwar kompetent für die Betreuung von Teil-
bereichen einer Akquisition seien, nicht jedoch für die
Gesamtdurchführung.[2] Bei der Gesamtkonzeptionierung
einer Übernahme beachteten und überbetonten sie zu sehr
die Aspekte ihres eigenen Fachbereichs. Ferner wird ihre
betriebswirtschaftliche Qualifikation als zu gering angesehen.[3] Dies scheint die Studie von Marner/Jaeger zu
bestätigen. Von den befragten Mittelständlern, die eine
über das Steuergebiet hinausgehende Betreuung durch ihren Steuerberater ablehnten, gaben 70,7 % Bedenken hinsichtlich dessen betriebswirtschaftlicher Kompetenz als
Motiv an.[4] Ein besonderer Mangel vieler hier behandel-
ter Anbieter ist ihre geringe Kenntnis der Auslandsmärk-
te.[5] Diese ist aber gerade im Hinblick auf den Antrieb
des M&A-Marktes durch die in Abschnitt 2.3.2 dargestellten internationalen Entwicklungen sehr wichtig.

4.3 Bewertung der Mergers & Acquisitions-Beratung der Konkurrenzanbieter

Dem an einer M&A-Beratung interessierten Kunden eröffnen sich zahlreiche Beratungsangebote. Unter den vielen Anbietern befinden sich allerdings nur wenige, die
über umfassende Erfahrung im Übernahmegeschäft verfügen.[6] Das durchschnittliche mittelständische Unterneh-

---

(1)Vgl.: Bressmer, Claus/Mosner, Anton C./Sertl, Walter:
     Übernahme, a.a.O., S. 57.
(2)Vgl.: Müller, Günther: Ziel, a.a.O., S. B19.
(3)Vgl.: Vormbaum, Herbert: Unternehmensberatung,a.a.O.,
     S. 352.
(4)Vgl.: Marner, Bernd/Jaeger, Felix: Unternehmensbera-
     tung, a.a.O., S. 38.
(5)Vgl.: Knief, Peter/Napp-Saarbourg, Arnold: Objektivi-
     tät, a.a.O., S. 12.
(6)Vgl.: Kramer, Joachim: Welle, a.a.O., S. 15.

127

men hat nun aber weder die Zeit noch die Kenntnis, um
die Qualität der Berater zu bewerten und einen seriösen
Anbieter zu ermitteln.[1] Somit kommt dem Vertrauen zum
M&A-Berater eine wichtige Funktion bei der Auswahl desselben zu.[2] Ein weiteres Kriterium der Beraterselek-
tion wird der Umfang der bei ihm auftretenden Interessenkonflikte sein.[3] In diesem Bereich wird den Freibe-
ruflern allgemein ein Vorteil eingeräumt.[4] Dennoch ist
darauf hinzuweisen, daß jeder Anbieter, wenn auch in unterschiedlichem Umfang, mit dem Interessenkonfliktpro-
blem konfrontiert sein wird.[5] In diesem Zusammenhang
ist auch die Sicherstellung, daß der Berater nur die Interessen einer Verhandlungspartei vertritt, und die Form
der Honorierung des Betreuers, die nicht alleine am Erfolg der Transaktion bemessen sein darf, von Bedeutung.[6] Auch die Höhe des Honorars ist von erheblicher
Relevanz. Ein weiteres wichtiges Auswahlkriterium ist
die Kenntnis nationaler und internationaler Märkte, über
die der Anbieter verfügt.[7] Besonders die Existenz eines internationalen Netzwerkes wird bei dem zur Zeit
stattfindenden Konzentrationsprozeß am M&A-Beratungs-
markt über den langfristigen Erfolg eines Anbieters entscheiden.[8]

Bei der Bewertung der in diesem Abschnitt vorgestellten Berater anhand der Kriterien, die mittelständische
Unternehmen an ein solches Angebot anlegen, können einige Defizite festgestellt werden.

Die Unternehmensmakler kommen für eine umfassende Be-

---

[1]Vgl.: Pischulti, Helmut: Vermittlung, a.a.O., S. 136.
[2]Vgl.: Bickel, Walter: Mittelstandsberatung, a.a.O.,
    S. 21.
[3]Vgl.: Dietzsch-Doertenbach, Maximilian: Diskret, in:
    FAZ 23.4.91, S. B20.
[4]Vgl.: Hoffmann, Peter/Ramke, Ralf: MBO, Berlin 1990,
    S. 83.
[5]Vgl.: Müller-Stewens, Günter: M&A, a.a.O., S. 37.
[6]Vgl.: Dietzsch-Doertenbach, Maximilian: Diskret,
    a.a.O., S. B20.
[7]Vgl.: Achleitner, Paul M.: Bankverbindungen, a.a.O.,
    S. B17.
[8]Vgl.: Best, Kimmo: M&A-Markt, a.a.O., S. 12.

ratung nicht in Betracht, da sie nur einen Teil der im Abschnitt 3.1.3 als notwendig erachteten Beratungsleistungen offerieren. Sie können allenfalls mit der Spezialaufgabe der Vermittlung von Interessenten betraut werden, wobei die anderen noch verbleibenden Aufgaben dann an andere Berater vergeben werden müssen. Bei ihrer Mandatierung stellt sich aber in besonderer Weise das Problem der Selektion eines seriösen Anbieters, das in seiner Dimension nicht unterschätzt werden darf und häufig zum Rückgriff auf dem Unternehmen aus langjährigen Geschäftskontakten vertraute Berater führen wird.

Mit dem gleichen Vertrauensproblem haben die Unternehmensberater zu kämpfen, sofern sie die Kunden nicht schon zuvor in anderen Bereichen beraten haben. Aber selbst dann hatten sie zunächst bei der erstmaligen Herstellung einer Geschäftsbeziehung zu den Kunden dieses Vertrauensdefizit zu überwinden. Lediglich für die großen, renommierten Gesellschaften, deren Qualitäten außer Zweifel stehen, stellt sich das Problem in dieser Form nicht. Allerdings ist deren Potential im Mittelstandsbereich nicht allzu groß einzuschätzen, da die von ihnen in Rechnung gestellten Honorare sehr hoch ausfallen. Bei Consulting-Gesellschaften, die auch über das M&A-Geschäft hinausreichende Beratung anbieten, ergibt sich des weiteren bei der Betreuung des Verkaufsvorhabens eines langjährigen Kunden der gleiche Interessenkonflikt bezüglich des Mandatsverlusts wie bei vielen anderen Anbietern.

Auch für die Investment-Banken stellt die hohe Provision, neben der geringeren Kenntnis nationaler Besonderheiten, den Hauptnachteil bei der Kundengruppe Mittelstand dar. Sie verfügen über die nötige Seriosität und besitzen zweifelsohne die umfassendste M&A-Erfahrung aller Anbieter. Sie haben die qualifiziertesten Mitarbeiterstäbe, die sich bereits bei unzähligen Großprojekten bewährt haben. Mit diesen Stäben sind aber auch entsprechende Kosten verbunden.[1] Diese wirken sich auf die

---

[1] Vgl.: Behrens, Rolf/Merkel, Reiner: M&A, a.a.O.,S.19.

Honorare aus. Weitere Wettbewerbsnachteile, die ebenfalls zu höheren Kosten führen, haben sie gegenüber den
deutschen Universalbanken und der Anbietergruppe der
Kammerberufe durch den fehlenden Zugang zu den mittelständischen Unternehmen in Form bereits bestehender Geschäftsverbindungen. Daneben sind sie im Vergleich zu
den Universalbanken nicht in der Lage, eine ähnlich umfassende Problemlösung für ihre Kunden zu bieten, da sie
gewisse Leistungen nicht erbringen dürfen.[1] Dieser
Aspekt wird bei der Bewertung der Qualität der von ihnen
angebotenen Zusatzleistungen in einer im folgenden noch
zu erörternden Studie von Storck deutlich. Auch sie sind
nicht frei von Interessendivergenzen, die bei ihnen vornehmlich im Wertpapiergeschäft auftreten.

Die Gruppe der Wirtschaftsprüfer, Steuerberater und
Rechtsanwälte verfügt neben den deutschen Universalbanken über den Vorzug eines besonderen Vertrauensverhält-
nisses zum Mittelstand. Die Nutzung dieser Kontakte zur
Betreuung dieses Kundenkreises bei M&A-Transaktionen ist
jedoch nur wenigen Mitgliedern der Gruppe möglich. Dies
liegt an den mangelnden Voraussetzungen zur Erbringung
einer umfassenden M&A-Beratungsleistung. Viele der obigen Freiberufler erfüllen lediglich spezifische, nachge-
ordnete Aufgaben bei der Durchführung einer Übernahme.
Von den besonders mit dem Mittelstand verbundenen Insti-
tutionen bietet nur ein Teil der Kreditinstitute und der
Wirtschaftsprüfer eine umfassende M&A-Beratung an.[2]
Dabei haben die Wirtschaftsprüfer ähnliche Vorteile wie
sie für die Banken im Abschnitt 4.5 dargestellt werden.

In einer Mitte 1989 durchgeführten Studie untersucht
Storck die Bewertung verschiedener M&A-Berater durch die
Marktteilnehmer hinsichtlich der Kriterien Beratungsleistung, Zusatzleistung und Marktkenntnis/Internationali-
tät.[3] Zunächst wird die Positionierung bezüglich der

---

[1]Vgl.: Flach, Uwe E.: Investmentbanking, a.a.O.,
   S. 130-132.
[2]Vgl.: Link, Harald: Verkauf, a.a.O., S. B9.
[3]Vgl.: Storck, Joachim: Aspekte, a.a.O., S. 376-380.

Kriterien Zusatzleistung und Marktkenntnis/Internationalität vorgenommen. Dabei ergeben sich drei homogene Anbietergruppen: die Gruppe inländischer Universalbanken, die Gruppe der Auslandsbanken und inländischen Spezialbanken sowie die Gruppe der Nichtbanken. Daneben existieren zwei Ausreißer: eine inländische Universalbank und eine Wirtschaftsprüfungsgesellschaft. In bezug auf die Zusatzleistung rangiert die Gruppe der inländischen Universalbanken in der Bewertung vor der einzelnen inländischen Universalbank, der Gruppe der Auslands- und Spezialbanken, der Gruppe der Nichtbanken und der Wirtschaftsprüfungsgesellschaft. Bei der Marktkenntnis führt die einzelne Universalbank vor den Nichtbanken, der Gruppe der Universalbanken, den Auslands- und Spezialbanken und der Wirtschaftsprüfungsgesellschaft. Läßt man die beiden Ausreißer außer Betracht und setzt die Gruppe der Auslands- und Spezialbanken einmal vereinfachend mit den Investment-Banken gleich sowie die Nichtbanken mit den Maklern, Unternehmensberatern und Kammerberufen, so ergeben sich die zuvor schon unterstellten Bewertungen. Die Universalbanken dominieren bei den Zusatzleistungen, da sie ein umfassendes Leistungsangebot unterbreiten können, wie es auch im Abschnitt 4.5.1.2 noch genauer dargestellt wird. Die Investment-Banken sind in ihrem Angebot begrenzt, und die Nichtbanken verfügen kaum über die reine Beratung übersteigende Dienstleistungen. Bei der Marktkenntnis liegen Nichtbanken und Universalbanken fast gleichauf. Die hohe Marktkenntnis war bei beiden Gruppen aufgrund ihrer engen Verflechtungen mit der Wirtschaft so erwartet worden. Ebenso wundert es nicht, daß die Investment-Banken in diesem Punkt zurückliegen, da die Kenntnis der nationalen Gegebenheiten als ihr Schwachpunkt angesehen wurde.

Bezüglich der Qualität der Beratung ergeben sich bei der Studie zunächst keine signifikanten Unterschiede zwischen den Anbietern. Daher wird dieser Bereich nochmals in die drei Akquisitions-Phasen Vorbereitung, Durchführung und Kontrolle unterteilt. Hierbei kristallisieren sich dann drei homogene Gruppen heraus: Invest-

ment-Banken, Universalbanken und Nichtbanken. In den Bereichen Vorbereitung und Kontrolle dominieren die Investment-Banken dabei klar vor den Universalbanken, die
ihrerseits knapp vor den Nichtbanken liegen. Bei der
Durchführung liegen die Universalbanken vor den Investment-Banken und den Nichtbanken. Auch dieses Ergebnis
scheint die zuvor getroffenen Aussagen zu bestätigen.
Die größte Expertise in der M&A-Beratung liegt bei den
Investment-Banken.

Abschließend kann festgehalten werden, daß alle Anbieter von M&A-Beratungsleistungen für die Zielgruppe
Mittelstand gewisse Defizite aufweisen. Die günstigsten
Voraussetzungen der im Abschnitt 4.2 vorgestellten Berater scheinen die Wirtschaftsprüfungsgesellschaften zu
besitzen, da sie aufgrund ihrer bestehenden Geschäftsverbindungen zu dieser Kundengruppe über umfangreiche
Kontakte und Informationen verfügen. Daneben besitzen
sie die Voraussetzungen für das Angebot einer umfassenden M&A-Beratung. Wie die Studie von Storck allerdings
zeigt, liegt ihr Nachteil im Bereich der Zusatzleistungen. Von den Voraussetzungen her könnten die Universalbanken ein bedeutender Konkurrent im Geschäftsfeld der
M&A-Beratung für den Mittelstand werden. Ihre Vor- und
Nachteile in diesem Marktsegment werden im folgenden betrachtet.

4.4 Bei Universalbanken auftretende Probleme im Mer-
gers & Acquisitions-Beratungsgeschäft

4.4.1 Interessenkonflikt und Universalbankensystem

4.4.1.1 Machtpotentiale im Universalbankensystem

Die in diesem Abschnitt zu diskutierenden Zusammen-
hänge werden im allgemeinen unter dem Schlagwort "Macht
der Banken" zusammengefaßt. Die Kumulationsthese unterstellt hierbei, daß das Zusammenwirken verschiedener
Einzelfaktoren den Kreditinstituten einen dominierenden

Einfluß auch im Nichtbankensektor einräumt.[1] Als bedeutende Einzelkomponenten werden dabei die Kreditentscheidungskompetenz, das Vollmachtstimmrecht, die bankeigenen Industrie- und Handelsbeteiligungen und die von Mitarbeitern der Banken eingenommenen Aufsichtsratsmandate angesehen.[2]

Die Herausstellung der Kreditvergabekompetenz als Faktor für die Macht der Banken erscheint problematisch. Die Kompetenz, eine solche Entscheidung zu treffen, ist Wesensmerkmal eines jeden Kreditinstituts. Der Entschluß beruht nicht auf Willkür, sondern auf der eingehenden Prüfung und Bewertung des Antragstellers. Diese Analyse ist notwendig, um den Fortbestand der Bank zu garantieren und eine Gefährdung der Einlagen der Kundschaft auszuschließen.[3] Daher ist die Kreditvergabeentscheidung als Teil des gewöhnlichen Geschäfts eines Bankhauses zu verstehen und nicht als Komponente der Bankenmacht, auch wenn dieser Faktor im Zusammenwirken mit den drei verbleibenden Faktoren der Bankenmacht sicherlich die Position eines Kreditinstituts gegenüber dem Nichtbankensektor stärken kann.

Somit können das Vollmachtstimmrecht, die Beteiligungen eines Kreditinstituts im Nichtbankensektor und die Aufsichtsratssitze der Bankenvertreter als die Hauptfaktoren der Macht angesehen werden. Mit Hilfe dieser Instrumente nehmen die Kreditinstitute, so die Kritik, Einfluß auf unternehmerische Entscheidungen.[4] Ihre dominante Stellung wird durch die engen Kontakte zu den Unternehmen, die besonders aus der Hausbankbeziehung resultieren, noch gestärkt.[5] Die aus den obigen Kompo-

---

[1] Vgl.: Bundesverband deutscher Banken: Diskussion, in: B 10/89, S. 562.
[2] Vgl.: Deutsche Bank AG: Macht, in: Geschäftsbericht 1986, Frankfurt/Main 1987, S. 15.
[3] Vgl.: Herrhausen, Alfred: Großbanken, in: B 3/88, S. 126.
[4] Vgl.: Engels, Wolfram: Bankbeteiligungen, Berlin 1978, S. 29.
[5] Vgl.: Köpf, Georg: Depotstimmrecht, in: WiSt November 1986, S. 584.

nenten erwachsende Zunahme von Macht und Einfluß der
Kreditinstitute muß nicht notwendigerweise negative Konsequenzen haben und tatsächlich zu einem Mißbrauch führen.[1] Um die Chancen für einen Mißbrauch der Bankenmacht besser abschätzen zu können, sind ihre Komponenten
zunächst näher zu betrachten.

Das Vollmachtstimmrecht vermittelt den Kreditinstituten ein großes Einflußpotential.[2] Es ist im § 135 AktG
geregelt. Demnach können die Depotkunden ihre Bank
schriftlich mit der Ausübung des auf ihre Aktien entfal-
lenden Stimmrechts beauftragen.[3] Sofern die Aktionäre
selbständige Anordnungen erteilen, ist die Bank keine
Entscheidungsinstanz, sondern lediglich Weiterleiter von
Entscheidungen.[4] Das Depotstimmrecht eröffnet eine
Reihe von Interessenkonflikten, auf die im Abschnitt
4.4.1.2 noch näher einzugehen ist. Bei der Betrachtung
des Einflußpotentials der Kreditinstitute dürfen die
verschiedenen Institute jedoch nicht zu einer Gruppe zusammengefaßt werden. Die diversen Banken sind Konkurrenten am Markt und ein gemeinsames Handeln, wie es durch
die Zusammenrechnung der Stimmanteile impliziert wird,
besteht nicht.[5]

Ein weiterer wesentlicher Machtfaktor der Banken ist
die Präsenz ihrer Vertreter in zahlreichen Aufsichtsräten. Vielfach wird kritisiert, daß ihnen für die eigentliche Aufgabe des Aufsichtsrats, die in der Kontrolle
des Vorstands liege, die Qualifikation fehle, da sie
sich diversen Interessenkonflikten ausgesetzt sähen und
gegenüber dem Management eine gewisse Konfliktscheu an
den Tag legten.[6] Ein Aufsichtsrat hat aber vielfache

---

[1]Vgl.: Körber, Ulrich: Stimmrechtsvertretung, Berlin
     1989, S. 91.
[2]Vgl.: Adams, Michael: Unternehmenskontrolle, a.a.O.,
     S. 335.
[3]Vgl.: Gottschalk, Arno: Stimmrechtseinfluß, in: WSI
     5/88, S. 296.
[4]Vgl.: Deutsche Bank AG: Macht, a.a.O., S. 15.
[5]Vgl.: Herrhausen, Alfred: Großbanken, a.a.O., S. 127.
[6]Vgl.: Eglau, Hans Otto: Frankfurt, a.a.O.,S. 142-143.

Funktionen, die über die reine Kontrolle hinausgehen.[1] Banker sind aufgrund ihrer fachlichen Kompetenz für die Beratungsaufgabe gut qualifiziert. Des weiteren werden viele Bankenvertreter zum Zwecke der Pflege der Geschäftsbeziehungen in den Aufsichtsrat berufen.[2] Ein weiteres Motiv für die Aufnahme von Bankmitarbeitern in die Aufsichtsräte ist die Einräumung von Kontrollmöglichkeiten gegenüber den Kreditinstituten bei akuten Schwierigkeiten, die das Kreditengagement des Instituts gefährden könnten.[3] Es gibt also Gründe, die eine Berufung von Bankvertretern sachlich rechtfertigen.

Eine dritte Komponente der Bankenmacht stellt der umfangreiche Bestand an Beteiligungen im Nichtbankenbereich dar. Die 2. Bankrechtskoordinierungsrichtlinie der EG limitiert jedoch die Beteiligung an einer einzelnen Nichtbank der Höhe nach auf 15 % des Eigenkapitals eines Kreditinstituts und die Summe der Beteiligungen an allen Nichtbanken auf 60%.[4] Bei Überschreitung dieser Werte ist die Bank verpflichtet, den übersteigenden Anteil hundertprozentig mit Eigenkapital zu unterlegen.[5] Bei den deutschen Kreditinstituten hat die Diskussion um ihren Beteiligungsbesitz offensichtlich auch ohne weitergehende gesetzliche Regelungen schon Wirkung gezeigt, da sie ihren Anteilsbesitz verringerten.[6] Banken erwarben die Anteile zudem nicht, um industriell tätig zu sein. Die Beteiligungen sind in vielen Fällen das Ergebnis von Sanierungen oder der Abwehr einer drohenden Überfremdung in der Vergangenheit.[7] Weitere Gründe für den Anteilserwerb können die Stützung mittelständischer

---

[1] Vgl.: Hopt, Klaus J.: Funktion, in: Recht und Entwicklung der Großunternehmen im 19. und 20. Jahrhundert, Hrsg.: Horn, Norbert/Kocka, Jürgen, Göttingen 1979, S. 235-239.
[2] Vgl.: Engels, Wolfram: Bankbeteiligungen,a.a.O.,S.54.
[3] Vgl.: Immenga, Ulrich: Investments, in: JoCS 1979, S. 32.
[4] Vgl.: Bundesverband deutscher Banken: Diskussion, a.a.O., S. 560.
[5] Vgl.: Geiger, Helmut: Politiker, in: HB 13.7.89,S. 8.
[6] Vgl.: Camman, Helmuth/Arnold, Wolfgang: Anteilsbesitz in: B 3/87, S. 121.
[7] Vgl.: Engels, Wolfram: Bankbeteiligungen,a.a.O.,S.41.

Unternehmen oder die Vorbereitung einer Aktienemission
sein. Das wichtigste Motiv für das Halten des Anteilsbe-
sitzes ist jedoch dessen Risikoausgleichsfunktion. Seine
Erträge stellen für die Institute eine Stärkung in
schwierigen Zeiten dar.[1]

Die Darstellung der Komponenten der Bankenmacht hat
gezeigt, daß diese ein erhebliches Einflußpotential darstellen. Es wird jedoch häufig ein einheitliches Auftreten und Vorgehen der Banken angenommen, das ihre Konkur-
renzbeziehung nicht in Rechnung stellt.[2] Der Wettbewerb zwischen den Instituten beschränkt und kontrolliert
das Einflußpotential der Banken.[3] Weitere Kontrollen
ergeben sich aus der gesetzlichen Reglementierung des
Bankgeschäfts und der Aufmerksamkeit einer sensibili-
sierten Öffentlichkeit.[4] Das wahre Machtpotential der
Kreditinstitute liegt nicht in unternehmerischen Einflußmöglichkeiten in Form von Depotstimmrechten, Aufsichtsratsmandaten und Beteiligungen. Es ist vielmehr in
ihrem Wissen begründet.[5] Sie verfügen über Einschät-
zungen und Informationen aus der Wirtschaft, die sie
komprimieren und wieder umsetzen. Sie besitzen ein dicht
geknüpftes Informationssystem und ausgezeichnete Beziehungen.[6]

4.4.1.2 Interessenkonfliktpotentiale im Universalbanken-
system

Die Universalbankendiskussion wird seit vielen Jahren
unter dem Aspekt von Konflikten zwischen den Eigeninter-

---

[1] Vgl.: Camman, Helmuth/Arnold, Wolfgang: Anteilsbesitz, a.a.O., S. 122.
[2] In Deutschland, das die höchste Bankstellendichte in
der EG besitzt, kann von einem regen Wettbewerb zwischen den Banken ausgegangen werden. Vgl.: Schimmelmann, Wulf von: Analyse, in: Banken im Vorfeld des
Europäischen Binnenmarktes, Hrsg.: Franke, Günter/
Schimmelmann, Wulf von, Wiesbaden 1989, S. 105.
[3] Vgl.: Herrhausen, Alfred: Großbanken, a.a.O., S. 128.
[4] Vgl.: Schmitt-Weigand, Adolf: Universalbankensystem,
a.a.O., S. 90.
[5] Vgl.: Herrhausen, Alfred: Großbanken, a.a.O., S. 128.
[6] Vgl.: Eglau, Hans Otto: Frankfurt, a.a.O.,S. 193-195.

essen der Kreditinstitute und den Kundeninteressen geführt.[1] Dieser Konflikt entsteht schon aus der Kombination des Einlagen- und Kreditgeschäfts mit dem Wertpapiergeschäft.[2] Die Konzentration diverser Geschäftsbereiche innerhalb eines einzigen Instituts schafft Konfliktpotentiale, die das Institut dazu veranlassen können, diese zu Lasten des schwächsten Gliedes, nämlich der Kunden, zu lösen. Der klassische Konflikt, der hierbei zumeist unterstellt wird, liegt in der Bevorzugung der Kredit- gegenüber der Aktienfinanzierung. Als sein Resultat wird die Eigenkapitalschwäche der deutschen Wirtschaft angesehen. Analog dazu wird den Banken eine Präferierung des Einlagengeschäfts gegenüber dem Effektenkommissionsgeschäft nachgesagt. Ein weiterer Vorwurf, der Universalbanken gemacht wird, ist die Ausnutzung von Informationen aus dem Kreditgeschäft für eigene Wertpapiertransaktionen.[3]

Weitere Interessenkonflikte ergeben sich aus den im Abschnitt 4.4.1.1 dargestellten Machtpositionen der Kreditinstitute. So können diese versucht sein, die ihnen anvertrauten Vollmachtstimmrechte zum Nachteil der Depotkunden zur Verfolgung eigener Ziele zu nutzen. Ihr Interesse könnte aus Gründen der Sicherung ihres Kreditengagements auf eine hohe Thesaurierung gerichtet sein, während ihre Depotkunden eher an einer hohen Dividendenzahlung interessiert sein werden. Allerdings würde ein solches Interesse der Banken ihren langfristigen Zielen zuwiderlaufen, da durch die Selbstfinanzierung des Unternehmens dessen Bedarf an künftigen Kreditmitteln sinken wird.[4] Ein Abweichen des Abstimmungsverhaltens der Kreditinstitute von den Interessen der vertretenen Kunden kann auch im Streben der Institute, gute Kontakte zum Management der betroffenen Unternehmen zu wahren, begründet liegen. Sie können bemüht sein, durch die Vermeidung von Konflikten mit dem Vorstand die bestehenden

---

[1] Vgl.: Engels, Wolfram: Bankbeteiligungen,a.a.O.,S.11.
[2] Vgl.: Monopolkommission: Chancen, a.a.O., S. 177.
[3] Vgl.: Büschgen, Hans E.: Banking, a.a.O., S. 10-11.
[4] Vgl.: Köpf, Georg: Depotstimmrecht, a.a.O.,S.584-585.

Geschäftsverbindungen zu den Gesellschaften zu pflegen und auszubauen.(1)

Auch bei der Wahrnehmung von Aufsichtsratsmandaten ergeben sich für die Kreditwirtschaft Interessenkonflikte. So können die Banken versucht sein, die in diesen Gremien erlangten Informationen für ihr eigenes Geschäft zu nutzen. Insbesondere kommt ein Gebrauch dieses Wissens im Kreditbereich in Betracht, was für die betroffenen Unternehmen u. U. zu Nachteilen führen kann.(2) Des weiteren besteht auch in den Aufsichtsräten, wie schon in den Hauptversammlungen, das Problem, daß die Kreditinstitute daran interessiert sein können, das Management der Gesellschaft zu unterstützen, um die Finanzbeziehungen zu dem Unternehmen nicht zu gefährden.(3)

Der Beteiligungsbesitz der Banken kann ebenfalls zur Einflußnahme genutzt werden. Die hierbei vertretenen Interessen können den Zielsetzungen der anderen an einer Gesellschaft beteiligten Personen zuwiderlaufen. Insbesondere können die Institute versucht sein, ihre Kreditinteressen durchzusetzen. Inwieweit dies alleine durch die organisatorische Trennung von Beteiligungsverwaltung und Kreditabteilung(4) verhindert werden kann, bleibt fraglich.

Nicht alle der hier skizzierten Interessenkonflikte müssen zwangsläufig zu einer Verletzung der Interessen der Kunden führen.(5) Vielfach wird vermutet, daß die "Möglichkeiten von Interessenkonflikten, die zur Ausbeutung von Bankkunden führen könnten, wegen der Langfristigkeit des Bankgeschäfts ohnehin gering sind"(6). Dieser Überlegung liegt der Gedanke zugrunde, daß der Anreiz zur Ausbeutung eines Geschäftspartners immer dann

---

(1)Vgl.: Eglau, Hans Otto: Frankfurt, a.a.O.,S. 186-187.
(2)Vgl.: Adams, Michael: Unternehmenskontrolle, a.a.O., S. 335.
(3)Vgl.: Eglau, Hans Otto: Frankfurt, a.a.O., S. 167.
(4)Vgl.: Engels, Wolfram: Bankbeteiligungen,a.a.O.,S.48.
(5)Vgl.: Körber, Ulrich: Stimmrechtsvertretung, a.a.O., S. 75.
(6)Engels, Wolfram: Bankbeteiligungen, a.a.O., S. 30.

besonders hoch sein wird, wenn es sich um ein einmaliges Geschäft mit diesem handelt. Je dauerhafter jedoch die Geschäftsbeziehung zu einem Kunden ist, desto geringer wird der Anreiz zu einer Verletzung von dessen Interessen sein, da man auch in Zukunft noch Geschäfte mit ihm tätigen möchte. Der Bankbereich ist aber nun mehr als die meisten anderen Sektoren auf die Dauerhaftigkeit der Kundenverbindungen angelegt.[1] Der langfristige Erfolg der Anbieter von Finanzdienstleistungen basiert ganz erheblich auf dem Vertrauen ihrer Kunden.[2] Dieses Vertrauen entsteht aus den Erfahrungen, die diese Kunden in der Vergangenheit mit einer Bank gemacht haben. Das Kreditinstitut baut sich durch korrektes Verhalten einen Vertrauenskredit - die sogenannte Reputation - auf, die Voraussetzung für den langfristigen Geschäftserfolg ist. Erst diese positive Reputation versetzt die Bank in die Lage, ihre bisherigen Kunden auch in Zukunft an sich zu binden und neue Geschäftspartner zu gewinnen.[3] Die Reputation muß über Jahre hinweg mühsam aufgebaut werden. Daher kann es nicht im Interesse eines Kreditinstituts liegen, seinen Vertrauenskredit wegen der Aussicht kurzfristiger Vorteile auf Jahre hinaus zu schädigen.[4] Aus einem Fehlverhalten resultierende Reputationsverluste und ihre nachteiligen Wirkungen für die Bank sowie die aus diesen Effekten resultierende Begrenzung eines Mißbrauchsanreizes sollen im Abschnitt 5.1 näher betrachtet und analysiert werden. Daher sei die Folge einer Schädigung der Reputation durch die kurzfristige Verfolgung von Eigeninteressen hier nur kurz dargestellt. Eine an den Interessen des Kreditinstituts orientierte Beratung des Kunden, die für diesen zu nachteiligen Wertpapiertransaktionen führt, kann bewirken, daß dieser in Zukunft die Wertpapierberatung einer anderen Bank in Anspruch nehmen wird, da das Vertrauen zu seinem ursprüng-

[1]Vgl.: Engels, Wolfram: Bankbeteiligungen, a.a.O., S. 25-26.
[2]Vgl.: Chiplin, Brian/Wright, Mike: Mergers, a.a.O., S. 43.
[3]Vgl.: Engels, Wolfram: Bankbeteiligungen,a.a.O.,S.26.
[4]Vgl.: Chiplin, Brian/Wright, Mike: Mergers, a.a.O., S. 43.

lichen Institut erschüttert wurde. Es kann u. U. sogar
die Verlagerung der gesamten Geschäftsverbindung drohen,
wenn der Kunde das Fehlverhalten im Wertpapierbereich
als Zeichen für eine generelle Unzuverlässigkeit der
Bank ansieht. Wird der Mißbrauch öffentlich bekannt, so
sind nicht nur negative Konsequenzen für die Geschäftsverbindung zu dem von diesem Fehlverhalten konkret betroffenen Kunden zu erwarten, sondern auch zu anderen
Geschäftspartnern, da diese befürchten müssen, ebenfalls
Opfer eines solchen Mißbrauchs zu werden. Der Wettbewerb
am Bankenmarkt zwingt die Kreditinstitute somit zu einer
Orientierung an den Kundenwünschen, da ansonsten eine
Abwanderung der Kundschaft zur Konkurrenz droht.[1] Der
Spielraum der Kreditwirtschaft zur Verletzung von Kundeninteressen zugunsten eigener Ziele ist also einge-
engt. Weitere Einschränkungen ergeben sich aus gesetzlichen Vorschriften, der Aufsicht von Bundesbank, Bundesaufsichtsamt für das Kreditwesen und Bundeskartellamt
sowie der Sensibilisierung von Öffentlichkeit und Poli-
tik für diese Thematik.[2]

4.4.1.3 Universalbanken- versus Trennbankensystem

Aufgrund der in den vorangehenden Abschnitten dargestellten Nachteile des Universalbankensystems stand dieses immer wieder zur Disposition. Nach der Herstatt-Kri-
se wurde eine Bankenstrukturkommission eingesetzt.[3]
Sie hatte den Auftrag, Machtzusammenballungen und Interessenkonflikte bei den Banken zu untersuchen.[4] Diese
Studienkommission "Grundsatzfragen der Kreditwirtschaft", die nach ihrem Vorsitzenden auch Geßler-Kommission genannt wurde, legte 1979 ihren Abschlußbericht

---

[1]Vgl.: Schmitt-Weigand, Adolf: Universalbankensystem,
a.a.O., S. 89.
[2]Vgl.: Herrhausen, Alfred: Vorschlägen, in: Wettbewerbspolitik und Wettbewerbsrecht, Hrsg.: Helmrich,
Herbert, Köln e.a. 1987, S. 314.
[3]Vgl.: Camman, Helmuth: Opportunität,in:HB 25/26.7.86,
S. 5.
[4]Vgl.: Herrhausen, Alfred: Vorschlägen, a.a.O.,S. 300.

vor.[1] Darin kam sie zu dem Ergebnis, daß in der Kreditwirtschaft bestehende Interessenkonflikte wegen des intensiven Wettbewerbs nicht zum Tragen kommen. Das Universalbankensystem habe sich insgesamt bewährt. Eine mißbräuchliche Ausnutzung des Einflusses der Banken konnte in keinem Fall nachgewiesen werden.[2] Es bestehe kein Handlungsbedarf bezüglich der Macht der Banken. Die Vorteile des Universalbankensystems träten besonders in Zeiten wirtschaftlicher Schwierigkeiten hervor, in denen die Kreditinstitute eine Pufferfunktion zwischen angeschlagenen Unternehmen und dem Markt wahrnähmen, indem sie Beteiligungen an den Gesellschaften übernähmen.[3]

Somit kann abschließend festgehalten werden, daß die Universalbanken sich schon immer mit Bedenken hinsichtlich der bei ihnen auftretenden Interessenkonflikte konfrontiert sahen. Die Untersuchungen der Geßler-Kommission ergaben keinen Anhaltspunkt für den den Banken unterstellten Mißbrauch ihrer zweifelsohne vorhandenen Machtpotentiale. Es existiert auch eine Vielzahl von Restriktionen, die die Banken an einem solchen Mißbrauch hindern. Deren wichtigste ist der Wettbewerb zwischen den Instituten. Interessenkonflikte treten auch im Trennbankensystem auf. Die Kunden haben das Universalbankenangebot trotz der potentiellen Konflikte angenommen. Dies dürfte auch daran liegen, daß das Leistungsangebot der Kreditinstitute für sie sehr attraktiv ist und das Potential der Verletzung ihrer Interessen durch die Banken gering erscheint. Bezogen auf die folgenden Abschnitte läßt sich daraus folgern, daß zum einen ein potentieller Interessenkonflikt bei der M&A-Beratung nicht notwendigerweise zu einer Verletzung von Kundeninteressen führt. Zum anderen muß das Potential für solche Konflikte nicht zu einem Scheitern der Kreditinstitute in diesem Marktsegment führen, da Interessenkonflikte nicht nur bei Banken auftreten, sondern auch die Konkurrenzan-

---

[1]Vgl.: Camman, Helmuth/Arnold, Wolfgang: Anteilsbesitz, a.a.O., S. 120.
[2]Vgl.: Arndt, Franz-Josef: Schlußwort, in: B 5/87, S. 276.
[3]Vgl.: Camman, Helmuth: Opportunität, a.a.O., S. 5.

bieter betreffen können, und die aus solchen Konflikten
resultierenden Nachteile durchaus durch Vorteile in anderen Bereichen der M&A-Beratung kompensiert werden können.

4.4.2 Interessenkonflikt zum Kreditgeschäft

4.4.2.1 Unabhängigkeit als Grundlage einer Mergers & Ac-quisitions-Beratung

Die entscheidende Voraussetzung für eine erfolgreiche
Beratungstätigkeit ist die räumliche, organisatorische
und finanzielle Unabhängigkeit des Beraters von seinem
Klienten, da nur so eine neutrale und objektive Beratung
erfolgen kann. Diese Autonomie ist bei einer M&A-Bera-
tung durch Banken u. U. nicht gewährleistet, falls der
Mandant gleichzeitig Kunde des Kreditinstituts in anderen Geschäftsbereichen ist.[1] Die Bank kann dann Eigeninteressen verfolgen, die aus ihrer Stellung als Hausbank des Mandanten resultieren. Ihr Hauptaugenmerk wird
in einem solchen Falle auf dem Kreditbereich liegen.[2]
Es entstehen dann möglicherweise Interessenkonflikte,
bei denen die objektiven Problemlösungsvorschläge des
M&A-Beraters den geschäftspolitischen Zielen des Kreditbereichs zuwiderlaufen.[3] "Der Berater ist nicht mehr
unabhängiger Anwalt des Kunden, sondern ein Vertreter
des Kreditinstitutes, der sein Lösungskonzept den Zielen
der Kreditabteilung unterordnen, zumindest aber anpassen
wird"[4]. Ein potentieller Mandant der M&A-Beratung, der
diese Konfliktmöglichkeiten antizipiert und den Eindruck
gewinnt, daß nicht seine wirtschaftlichen Interessen,
sondern die der Bank im Mittelpunkt der Beratung stehen,
wird die Unabhängigkeit dieser Beratung als nicht gegeben ansehen.[5] Damit unterstellt er dem M&A-Service des

---

[1]Vgl.: Knief, Peter/Napp-Saarbourg, Arnold: Objektivität, a.a.O., S. 10-12.
[2]Vgl.: Körber, Ulrich: Stimmrechtsvertretung, a.a.O.,
S. 53.
[3]Vgl.: Pischulti, Helmut: Unternehmensberatung,a.a.O.,
S. 188.
[4]Müller-Schwerin, Eberhard/Streidt, Gunnar A.: Bankdienstleistung, in: ZfgK 15.11.77, S. 1119.
[5]Vgl.: Ebenda, S. 1118.

Kreditinstituts das Fehlen der wichtigsten Voraussetzung
einer solchen Tätigkeit, mit entsprechend negativen Auswirkungen auf seine Bereitschaft, dieses Angebot in Anspruch zu nehmen. Daher ist eine wesentliche Bedingung
für den Erfolg der M&A-Beratung der Banken, den Kunden
glaubhaft zu versichern, daß die Verletzung ihrer Interessen nicht zu befürchten und die Unabhängigkeit der Beratung gewährleistet ist.

4.4.2.2 Einer unabhängigen Mergers & Acquisitions-Bera-tung entgegenstehende Interessen des Kreditsek-tors

Interessenkonflikte, die bei der Beratung durch Banken möglicherweise auftreten könnten, sind bei der Entscheidung über die Inanspruchnahme dieser Leistung von
hoher Relevanz. Laut einer Studie von Marner/Jaeger war
für 53,2 % der mittelständischen Bankkunden, die die Beratungsleistungen der Kreditinstitute bislang nicht
wahrgenommen haben, das Potential von Interessenkonflikten einer der entscheidenden Gründe hierfür.[1]

Zunächst sollen hier die Konflikte dargestellt werden, die zwischen der M&A-Beratung und dem Kreditgeschäft auftreten können. Im Abschnitt 4.4.3 werden dann
darüber hinausgehende Konfliktpotentiale zum Wertpapierbereich erörtert.

4.4.2.2.1 Minderung des Kreditausfallrisikos

Interessenkonflikte zwischen der M&A-Beratung und dem
Kreditgeschäft, die die Sicherung des Kreditengagements
einer Bank betreffen, können auftreten, wenn die Bankberater mit einem Verkaufsmandat für eine Gesellschaft betraut werden, die gleichzeitig Kreditnehmer des Instituts ist. Vielfach wird die These vertreten, die "Eingliederung einer angeschlagenen Gesellschaft in einen
Konzern biete für die Bank als deren Gläubigerin die

---

[1]Vgl.: Marner, Bernd/Jaeger, Felix: Unternehmensberatung, a.a.O., S. 31.

Chance, die Bonität eines vorher notleidenden Kredits wieder herzustellen"[1]. Der Bank wird somit unterstellt, den Verkauf von Unternehmen, deren Kreditrückzahlung gefährdet ist, zu betreiben.[2] Wenn schon nicht die Veräußerung des gesamten Unternehmens in Betracht kommt, dann wird das Kreditinstitut zumindest darauf bedacht sein, Wertberichtigungen im Kreditgeschäft durch die rechtzeitige Zufuhr unternehmerischen Kapitals zu vermeiden, indem es der angeschlagenen Gesellschaft einen neuen, finanzstarken Anteilseigner vermittelt.[3] Das Kreditsicherungsinteresse der Bank könnte sogar soweit gehen, daß die für die Kreditüberwachung zuständigen Mitarbeiter bei einer Gefährdung des Engagements selbst aktiv werden. Zu denken wäre an eine Einschaltung der M&A-Einheit durch diese Angestellten mit dem Ziel, einen soliden Käufer oder Beteiligungsnehmer für den in Schwierigkeiten geratenen Kreditnehmer zu finden.[4] In diesem Falle wären die eigene Kreditabteilung der eigentliche Auftraggeber der M&A-Berater und das Kreditengagement der Bank der Auslöser für deren Käufersuche.[5]

Auch in Fällen in denen der Anstoß zum Verkauf eines Unternehmens nicht vom Kreditinstitut ausgeht, sondern ein entsprechender Auftrag von der Gesellschaft selbst an die M&A-Beratung herangetragen wird, können Motive der Sicherung des Kreditengagements einer unabhängigen Beratung entgegenstehen. Damit auch in Zukunft keine Gefährdung der dieser Gesellschaft gewährten Kredite zu befürchten ist, ist der Bank an einem bonitätsmäßig einwandfreien Käufer gelegen. Sie kann daher daran interessiert sein, bei der Suche nach Kaufinteressenten nur solche Kandidaten zu berücksichtigen, die die Bonitätsanforderungen erfüllen.[6] Dabei werden dann u. U. Unternehmen außer Betracht gelassen, die bereit gewesen

---

[1] Körber, Ulrich: Stimmrechtsvertretung, a.a.O., S. 86.
[2] Vgl.: Wiest, Daniel: Beratung, Berlin 1991, S. 126.
[3] Vgl.: Dahm, Hans: Funktion, Düsseldorf 1986, S. 8.
[4] Vgl.: Bringmann, Ralf/Krag, Joachim: M&A,a.a.O.,S.70.
[5] Vgl.: Bressmer, Claus/Mosner, Anton C./Sertl, Walter: Übernahme, a.a.O., S. 12.
[6] Vgl.: Link, Harald: Verkauf, a.a.O., S. B9.

144

wären, für den Verkäufer günstigeren Konditionen zuzustimmen. Diesem wird durch die Vorselektion der Banken somit eventuell der für ihn geeignetste Kaufinteressent vorenthalten.

Wenn die Banken tatsächlich die M&A-Beratung als Instrument zur Veräußerung angeschlagener Kreditkunden gebrauchen, dann muß sich auch ein Kaufinteressent, der die M&A-Beratung mit der Suche nach einem passenden Akquisitionsobjekt betraut, darüber bewußt sein, daß die Vorlage der geeignet erscheinenden Objekte nicht frei von Interessen des Kreditinstituts erfolgt. Die Berater könnten ihm dann, sofern er selbst über eine gute Bonität verfügt, die in Schwierigkeiten befindlichen Unternehmen, auf deren Verkauf die Kreditabteilung drängt, besonders empfehlen. Allerdings sind den M&A-Beratern hier enge Grenzen gesetzt, da sie die wirtschaftliche Situation der Akquisitionsobjekte umfassend darlegen müssen und für die Richtigkeit ihrer Beratung haften. Wie im Abschnitt 4.2.4 dargelegt, wird für die Beurteilung des Kaufobjekts ein Wirtschaftsprüfergutachten eingeholt.

Zu dem Eigeninteresse der Kreditinstitute, die drohende Insolvenz eines Kreditnehmers durch die Vermittlung eines finanzkräftigen Partners zu verhindern, ist anzumerken, daß eine solche Abwendung des Zusammenbruchs eines Unternehmens zunächst einmal positiv ist. Wenn die Aufnahme eines neuen Gesellschafters bzw. der Verkauf des ganzen Unternehmens die einzige Möglichkeit zur Sanierung desselben darstellt, dann werden in aller Regel auch die Altgesellschafter Interesse an einem solchen Schritt haben, und es besteht kein Interessenkonflikt zwischen Kreditnehmer, Kreditabteilung und M&A-Beratern. Vielmehr besteht hier Zielidentität zwischen den Beteiligten.[1] Fälle, in denen eine Bank im Rahmen der Sanierung eines Unternehmens zur Vermittlung eines kapitalkräftigen Partners beiträgt, treten in der Praxis

---

[1]Vgl.: Müller-Schwerin, Eberhard/Streidt, Gunnar A.: Bankdienstleistung, a.a.O., S. 1119.

nicht selten auf.[1] Häufig beteiligt sich das Kreditinstitut dann selbst an der angeschlagenen Unternehmung, indem es Kredite in Gesellschafteranteile umwandelt.[2]

Die Sicherung des Kreditengagements durch Aktivitäten der M&A-Beratung ist immer dann negativ zu beurteilen, wenn sie gegen den Willen des Kunden erfolgt und somit gegen seine Interessen verstößt. Eine von Schwenkedel durchgeführte Befragung von Kreditinstituten hinsichtlich der mit ihrem M&A-Angebot verbundenen Intentionen ergab, daß die Möglichkeit der Sanierung von Unternehmen und die daraus resultierende Vermeidung von Kreditausfällen kein Motiv für die Aufnahme dieser Dienstleistung in die Angebotspalette war.[3] Demnach wäre die Minderung des Kreditausfallrisikos kein Anliegen der M&A-Beratung. Dieses Ergebnis sagt jedoch noch nichts darüber aus, inwieweit dieser Gedanke nicht doch als günstiger Nebeneffekt der Beratung bei deren Konzeptionierung mit ins Kalkül einbezogen wurde. Auf letzteres läßt zumindest eine Äußerung des ehemals bei der WestLB tätigen Hans Dahm schließen, der eine "Verhinderung von Wertberichtigungen im Kreditgeschäft"[4] als einen Vorteil der M&A-Beratung der Banken anführte. Ein solcher Nebeneffekt kann natürlich auch nur auf die Fälle beschränkt sein, bei denen, wie oben bereits gezeigt, kein Interessenkonflikt zwischen den Beteiligten besteht. Wird die Kreditsicherung jedoch auch über die Interessen der Kunden gestellt, dann ist die Beratung nicht länger unabhängig. Es stellt sich hier jedoch die Frage, ob und wann der Verkauf eines Unternehmens gegen die Interessen der Gesellschafter überhaupt möglich ist. In Abschnitt 2.2.3 wurde dargestellt, daß eine solcher Fall nur bei börsennotierten Gesellschaften bei Vorliegen des Gefangenen-Dilemmas möglich ist und im Rahmen einer feindlichen Übernahme erfolgt. Diese Transaktionen sind am

---

[1]Vgl.: Immenga, Ulrich: Investments, a.a.O., S. 32.
[2]Vgl.: Bressmer, Claus/Mosner, Anton C./Sertl, Walter: Übernahme, a.a.O., S. 53.
[3]Vgl.: Schwenkedel, Stefan: Management Buyout, a.a.O., S. 130.
[4]Dahm, Hans: Funktion, a.a.O., S. 8.

deutschen Markt jedoch fast nicht existent. Zudem ist die Zielgruppe der M&A-Beratung der Kreditinstitute der Mittelstand, der zum Großteil aus nicht-börsennotierten Familiengesellschaften besteht. Hier erscheint ein Verkauf des Betriebes gegen den Willen der Gesellschafter sehr schwierig. Um diesen durchzusetzen, müßte die Bank schon enormen Druck auf die Anteilseigner ausüben. Dies wäre ihr sicherlich nur in Extremfällen, wie einer drohenden Zahlungsunfähigkeit des Unternehmens, mit der Androhung der Auslösung des Insolvenzverfahrens oder der Verweigerung von Liquiditätskrediten möglich. In anderen Situationen verbliebe ihr nur die Chance, auf die Notwendigkeit der Aufnahme eines finanzkräftigen Partners hinzuweisen und bei den Gesellschaftern Überzeugungsarbeit in diesem Sinne zu verrichten. Ein solches Vorgehen kann aber nicht als Verletzung der Interessen des Kunden angesehen werden, da er nicht zu einem Verkauf gezwungen wird und es ihm freisteht, ein solches Ansinnen abzulehnen. Vielmehr kann man letzteres zu den üblichen Akquisitionsbemühungen eines M&A-Beraters rechnen, da die Aufnahme eines neuen Gesellschafters in einer finanziell prekären Lage eine sinnvolle Strategie darstellen kann und durchaus erörterungswürdig ist. Das Potential der Banken, Unternehmen gegen ihren Willen zu einem Verkauf zu drängen, erscheint somit begrenzt.

Der Vorwurf, bei der Auswahl der Kaufinteressenten Bonitätskriterien anzulegen, ist von der Interessenlage der Banken her betrachtet durchaus denkbar und von diesen nur schwer zu entkräften. Wie bereits mehrfach erwähnt, ist die Transparenz am M&A-Markt gering, und die Mandanten können die Qualität der erbrachten Leistung schlecht bewerten. Einem Verkäufer ist es kaum möglich zu beurteilen, ob ein anderer Berater einen besseren Kaufinteressenten hätte vermitteln können, der ihm einen höheren Preis gezahlt hätte. Den deutschen Kreditinstituten wurde bei der Privatisierung der Treuhandunternehmen vorgeworfen, nicht die optimalen Käufer ermittelt zu haben. Die Investment-Banken erzielten bei diesen Privatisierungen angeblich bessere Preise und betrachten die

dort gezeigte Leistungsstärke als Einstieg in den deutschen M&A-Markt. Nach eigenen Angaben erhielten sie auch
schon erste Anschlußaufträge aus der deutschen Industrie.[1] Dies würde darauf hindeuten, daß sich am Markt
eine Reputation bezüglich der Qualität eines M&A-Bera-
ters entwickelt, die über den langfristigen Erfolg seines Angebots entscheidet. Demnach setzt der Wettbewerb
den Beratern der Banken eine Grenze hinsichtlich ihres
Verhaltens bei der Identifikation von Kaufinteressenten.

4.4.2.2.2 Sicherung bestehender Geschäftsverbindungen

Für die M&A-Beratung durch ein Kreditinstitut ergibt
sich ein weiteres Interessenkonfliktpotential, wenn diese mit dem Verkauf eines Unternehmens, zu dem die Bank
seit vielen Jahren eine Geschäftsverbindung unterhält,
beauftragt wird. Die erfolgreiche Ausführung dieses Mandats kann dann zu einem Verlust der Kontoverbindung führen, wenn der Käufer nicht ebenfalls Kunde des Instituts
ist.[2]

Eine Bank gefährdet eine lukrative Geschäftsverbindung, wenn sie einem ihrer Kunden den Verkauf seiner Gesellschaft empfiehlt. Daher kann sie versucht sein, eine
solche Empfehlung zu unterlassen, auch wenn eine Veräußerung für den Klienten vorteilhaft wäre. Das Kreditinstitut hat ein Interesse daran, daß die M&A-Berater einen guten Bankkunden nicht aus eigener Initiative auf
die günstige Gelegenheit für einen Verkauf seines Unternehmens aufmerksam machen. Die Initiative für eine Veräußerung sollte nur dann von der eigenen M&A-Abteilung
ausgehen, wenn die Geschäftsverbindung zu dem Kunden
sich negativ entwickelt und ein Verkauf der Sicherung
des Kreditengagements dienen kann.[3] Ein solch einseitiges Vorgehen der M&A-Berater bei der Akquisition von
Verkaufsmandaten hat wiederum negative Auswirkungen auf

---

[1]Vgl.: Schulz, Bettina: Treuhand, in: FAZ 3.4.92,S.17.
[2]Vgl.: Wiest, Daniel: Beratung, a.a.O., S. 126.
[3]Vgl.: Zimmerer, Carl: Handel, in: ÖBA August 1979,
    S. 495.

die Qualität der von ihnen zum Kauf angebotenen Unternehmen und sollte Kaufinteressenten zu einer gewissen Vorsicht animieren. Allerdings sind auch hier wieder die bereits in Abschnitt 4.4.2.2.1 gemachten Vorbehalte bezüglich der Grenzen eines solchen Vorgehens zu erwähnen, da die Bank für die Ordnungsmäßigkeit der Beratungsleistung haftet und die Schwächen eines Akquisitionsobjekts einem Käufer somit nicht verborgen werden können. Der Gedanke, einen guten Kreditkunden nicht zu verlieren, kann selbst dann zu einer Verhinderung vorteilhafter Verkaufstransaktionen führen, wenn die M&A-Berater ausschließlich die Interessen ihres potentiellen Mandanten im Auge haben. Dies ist dann der Fall, wenn die für die Kreditbeziehung zu diesem Kunden verantwortlichen Filialleiter den Beratern die Kontaktaufnahme verwehren können, indem sie entsprechenden Einfluß auf die diesen übergeordneten Instanzen nehmen.[1] Ein solches Verhalten hat negative Implikationen hinsichtlich der im Abschnitt 4.5 noch zu erörternden Vorteile der Kreditinstitute im M&A-Beratungsgeschäft. Bei einer unzureichenden Kooperation zwischen den Beratern und den Firmenkundenbetreuern, so wie sie hier wegen des angenommenen Interessenkonflikts unterstellt wird, können viele dieser Vorteile nicht realisiert werden.

Das Interesse an der Erhaltung einer Kundenbeziehung kann sich nicht nur auf die Initiative der M&A-Beratung bei der Akquisition von Verkaufsmandaten oder auf die Bereitschaft von Firmenkundenbetreuern zur Kooperation auswirken, sondern auch auf die Suchtätigkeit der Berater bei vorliegenden Mandaten. Wenn diesen von einem guten Bankkunden der Auftrag zum Verkauf von dessen Unternehmen erteilt wird, dann wird dem Kreditinstitut u. U. mehr an der Person des Käufers gelegen sein als am Wohl des Verkäufers.[2] Es wird den Verlust der lukrativen Geschäftsverbindung zu der zu veräußernden Gesellschaft fürchten. Um diesen zu vermeiden, müßte ein Käufer ge-

---

[1]Vgl.: Heemann, Karen/Student, Dietmar: Werk, a.a.O., S. 56.
[2]Vgl.: Müller, Günther: Ziel, a.a.O., S. B19.

funden werden, der ebenfalls Stammkunde der Bank ist oder bereit wäre, die alte Kontoverbindung des Akquisitionsobjekts bestehen zu lassen. Das Kreditinstitut hat also ein Interesse daran, das zu verkaufende Unternehmen im eigenen Einflußbereich zu halten. Daher kann die M&A-Beratung versucht sein, nur Gebote von solchen Kaufinteressenten zu gewinnen, zu denen eine Geschäftsverbindung besteht oder aufgebaut werden kann.[1] Dann werden aber nicht alle Interessenten berücksichtigt, und der am geeignetsten erscheinende Käufer kommt eventuell nicht zum Zuge. Im Extremfall könnte der Kampf um den Erhalt einer Kundenbeziehung soweit gehen, daß die Bank die Übernahme durch einen nicht genehmen Käufer mit allen ihr zur Verfügung stehenden Machtmitteln verhindert.[2]

Der hier dargestellte Interessenkonflikt wird wiederum durch den Wettbewerb der Banken begrenzt. Darüber hinaus ist fraglich, ob mit dem Verkauf einer Gesellschaft an einen Käufer, der kein Kunde des Kreditinstituts ist, immer ein vollständiger Verlust der Kundenbeziehung verbunden ist. Zum einen eröffnet sich hier auch die Chance der Akquisition eines neuen Kunden, da der Käufer ja nicht notwendigerweise die Kontoverbindung des Akquisitionsobjekts wechseln muß. Zum anderen bedeutet der Verkauf einer Gesellschaft für deren Eigentümer nicht das Ende seiner Existenz. Der Verkaufserlös wird dem Altgesellschafter zufließen und muß von diesem angelegt bzw. reinvestiert werden. Da davon auszugehen ist, daß der ehemalige Eigentümer nach der Veräußerung nicht plötzlich die Kontoverbindung wechselt, besonders wenn die M&A-Beratung zu seiner vollen Zufriedenheit ausfiel, eröffnen sich der Bank attraktive Anschlußgeschäfte in Form der Vermögensanlage- oder Investitionsberatung. Bei einer Reinvestition des Kapitals in eine unternehmerische Verwendung wird u. U. sogar das Firmenkreditgeschäft wieder angesprochen werden. Die Geschäftsverbindung bleibt mithin fortbestehen. Die Struktur der

---

[1]Vgl.: Wiest, Daniel: Beratung, a.a.O., S. 127.
[2]Vgl.: Bressmer, Claus/Mosner, Anton C./Sertl, Walter: Übernahme, a.a.O., S. 54.

Nachfrage nach den diversen Bankdienstleistungen kann
sich ändern.

4.4.2.2.3 Informationsmißbrauch

Die Kreditinstitute verfügen aufgrund ihrer geschäftlichen Aktivitäten und ihrer wirtschaftlichen Stellung
über umfangreiche Daten und Informationen. Wie Abschnitt
4.4.1.1 zeigte, ist dieses Wissen die eigentliche Basis
ihres Einflußpotentials. Durch die Aufnahme der Beratung
in ihr Leistungsangebot erhöht sich ihr Informationsstand noch weiter und ihre Einflußmöglichkeiten werden
gesteigert.[1] Das Angebot einer M&A-Beratung durch die
Bank, das dieser weitgehende Einblicke in die Gesellschaft des Mandanten bringt, kann von der Kundschaft als
Bedrohung der eigenen Unabhängigkeit empfunden werden.[2] Eine solche Furcht des Mittelstandes vor einer
übermächtigen Hausbank wird in der Studie von Marner/
Jaeger deutlich. Von den Unternehmen, die eine weitergehende Beratung durch ihr Kreditinstitut ablehnten, begründeten dies 26,6 % u. a. mit der Furcht vor einem zu
umfassenden Einblick ihrer Bank. Einige führten gar die
Angst vor einer Erpreßbarkeit als Ablehnungsmotiv an.[3]
Dieses Ergebnis zeigt, daß die Befürchtung eines Informationsmißbrauchs gegeben ist. In welcher Form ein solcher Mißbrauch auftreten kann, soll im folgenden untersucht werden.

Zum einen ist die Nutzung der im Rahmen der M&A-Bera-
tung erlangten Informationen für andere Bereiche des
Bankgeschäfts, insbesondere den Kreditsektor, denkbar.
Wenn die Beratung durch eine Abteilung des Kreditinstituts erfolgt, dann scheint eine Weiterleitung des hier
erlangten Wissens an andere Abteilungen vorgezeichnet zu

---

[1]Vgl.: Pischulti, Helmut: Unternehmensberatung,a.a.O.,
S. 179.
[2]Vgl.: Kailich, Norbert: Qualität, Köln 1990, S. 134.
[3]Vgl.: Marner, Bernd/Jaeger, Felix: Unternehmensberatung, a.a.O., S. 31.

sein.[1] Die im Zusammenhang mit der Beratungsleistung
angefertigte Analyse des Mandanten wird an die Kreditabteilung weitergereicht, um dieser Aufschluß über die Bonität des Kunden zu geben. Bei schlechten Daten wird die
Bank bezüglich weiterer Kreditvergaben vorgewarnt und
bei den anstehenden Kreditverhandlungen aufgrund des umfangreichen Wissens zum übermächtigen Partner.[2] Wurden
gravierende Mängel festgestellt, so kann das Institut
eine restriktive Kreditvergabepolitik gegenüber dem betroffenen Kunden einschlagen.[3] Im Extremfall kommt gar
eine Kündigung bestehender Kredite bzw. eine Verweigerung der Bereitstellung von für die Fortführung des Unternehmens notwendigen finanziellen Mitteln in Betracht.[4] Zumindest scheint aber eine Abstufung der Bonität des Kunden und die Forderung nach Stellung zusätzlicher Sicherheiten unabwendbar.[5] Die Unternehmen, die
eine solche Informationsweitergabe vermuten, werden entweder die Beratung durch ihr Kreditinstitut erst gar
nicht in Anspruch nehmen oder sich weigern, den Bankberatern bestimmte sensible Informationen zur Verfügung zu
stellen.[6] Letzteres wird jedoch negative Auswirkungen
auf die Qualität der Beratung haben, so daß beide Effekte für die Banken nachteilig sind und von diesen verhindert werden sollten.

Um negative Auswirkungen der M&A-Beratung auf die Interessen des Mandanten zu erreichen, bedarf es aber noch
nicht einmal der expliziten Weiterleitung von Informationen an die Kreditabteilung. Schon das Bekanntwerden
des Scheiterns des Verkaufs eines Unternehmens ohne detaillierte Kenntnis der Gründe hierfür kann ausreichen,
um im Kreditbereich zu entsprechenden Rückschlüssen zu

[1]Vgl.: Landrock, Rudolf: Unternehmensberatung, a.a.O.,
    S. 514.
[2]Vgl.: Zantow, Roger: Unternehmensberatung,in: B 5/83,
    S. 212.
[3]Vgl.: Bickel, Walter: Unternehmensberatung, a.a.O.,
    S. 149-150.
[4]Vgl.: Kailich, Norbert: Qualität, a.a.O., S. 134.
[5]Vgl.: Zimmermann, Klaus: Gesprächsspartner, in: FAZ
    23.4.91, S. B14.
[6]Vgl.: Kailich, Norbert: Qualität, a.a.O., S. 134.

gelangen und Korrekturen in der Bonitätseinschätzung vorzunehmen.[1]

Die Studie von Marner/Jaeger ergab, daß von den mittelständischen Unternehmen, die das Beratungsangebot ihrer Bank bisher nicht wahrgenommen haben, 15,3 % dies u. a. damit begründeten, daß sie als Folge der Beratung eine restriktivere Kreditvergabe erwarteten.[2]

Es dürfte wohl unbestritten sein, daß die Informationen der M&A-Beratung für die Kreditabteilung eine große Hilfe bei der Evaluierung von Kreditrisiken darstellen würden und ein Anreiz zur Weitergabe dieser Daten bestehen wird. Diesem Anliegen der Banken stehen die Interessen der Kunden entgegen, wenn dadurch ihre Stellung als Kreditnehmer beeinträchtigt wird. Gegen eine Weiterleitung von Branchenanalysen oder anderen allgemeinen Daten der M&A-Beratung werden sie wenig einzuwenden haben. Bedenken werden hingegen bei der Weitergabe von kundenspezifischem Wissen auftreten. Dies wird aber nicht immer der Fall sein, da bonitätsmäßig einwandfreie Mandanten an einer solchen Datenübermittlung sogar interessiert sein können.[3] Dies liegt an den Agency-Kosten des Fremdkapitals. Ein Kreditnehmer kann die Position des Gläubigers, also in diesem Falle der Bank, nach dem Abschluß des Kreditvertrages verschlechtern, indem er die Verschuldung erhöht oder Investitionen mit einem höheren Risiko durchführt. Der Kreditgeber hat auf dieses Verhalten kaum Einfluß, erkennt aber diese Möglichkeiten. Daher berücksichtigt er sie bei der Gestaltung der Kreditkonditionen und stellt sie dem Schuldner unabhängig von dessen tatsächlichem Verhalten in Rechnung. Der Kreditnehmer muß diese Kosten also in Form von Agency-Kosten tragen. Er kann diese Agency-Kosten aber reduzieren, indem er sich einer Kontrolle durch den Gläubiger unterwirft und diesem ermöglicht, seine Verschuldungs-

---

[1]Vgl.: Zimmermann, Klaus: Gesprächspartner, a.a.O., S. B14.
[2]Vgl.: Marner, Bernd/Jaeger, Felix: Unternehmensberatung, a.a.O., S. 31.
[3]Vgl.: Rüschen, Thomas: Consulting, a.a.O.,S. 190-195.

und Investitionspolitik zu überwachen. Die Kontrollkosten sind ebenfalls von ihm zu tragen, so daß er eine solche Kontrolle nur einrichten wird, wenn die von ihr verursachten Kosten geringer sind als die eingesparten Agency-Kosten.[1] Im Falle der Weiterleitung der Analyseergebnisse der M&A-Beratung an die Kreditabteilung einer Bank entstehen dem Kreditnehmer keine zusätzlichen Kosten, da er die Beratung ohnehin bezahlen muß. Falls die Analyse aber für ihn günstige Resultate ausweist, werden seine Agency-Kosten reduziert, da dem Kreditgeber eine Kontrollmöglichkeit eingeräumt wird, die ihm erlaubt, das Verhalten des Schuldners besser zu beurteilen und die Kreditkonditionen diesem anzupassen. Daher kann eine Weitergabe der Beratungsergebnisse an den Kreditsektor u. U. durchaus im Interesse des Mandanten liegen. Sie sollte aber selbst dann immer an die Zustimmung des Kunden gebunden sein, um Unterstellungen bezüglich eines Informationsmißbrauchs zu vermeiden.[2]

Dem Interesse der Weitergabe von Beratungswissen an andere Bankabteilungen sind jedoch auch Grenzen gesetzt. Zunächst verstößt ein solches Vorgehen, wenn keine Zustimmung des Mandanten vorliegt, gegen die Verschwiegenheitspflicht eines Beraters und gegen zivilrechtliche Treuepflichten.[3] Den Banken wird bei der Vornahme solcher Aktivitäten also ein illegales Verhalten unterstellt. Die bei einem Bekanntwerden von derlei Aktionen erwachsenden rechtlichen Folgen und die Konsequenzen für die Reputation der Institute stellen mithin Auswirkungen dar, die dem oben skizzierten Interesse entgegenwirken.

Dem Vorwurf des mangelnden Vertrauens der Firmenkunden in die ordnungsgemäße Verwendung der von ihnen bereitgestellten Informationen steht die These gegenüber, daß gerade das besondere Vertrauensverhältnis des Kunden zu seiner Hausbank die Ursache der Mandatierung dersel-

---

[1]Vgl.: Hax, Herbert/Hartmann-Wendels, Thomas/Hinten, Peter von: Finanzierungstheorie, a.a.O., S. 708.
[2]Vgl.: Rüschen, Thomas: Consulting, a.a.O.,S. 190-195.
[3]Vgl.: Kerber, Markus C.: Rollenkonflikte, in: BddW 8.2.88, S. 7.

ben mit der Beratung ist. Eine Studie aus dem Jahr 1986, in der 1500 Mittelständler befragt wurden, scheint dies zu bestätigen, da hier ein eindeutiger Wunsch dieser Gruppe nach einer Beratung durch die Kreditinstitute ermittelt wurde.[1] Die Existenz solchen Vertrauens zur Hausbank wirkt wiederum limitierend auf die Besorgnisse hinsichtlich eines Informationsmißbrauchs durch diese. Das Ausmaß des zuvor dargestellten Anreizes der Firmenkunden, das eigene Kreditinstitut nicht mit der M&A-Beratung zu mandatieren bzw. den Beratern gewisse Informationen nicht zu überlassen, würde hierdurch begrenzt.[2]

Neben der Nutzung von Wissen, das durch die M&A-Beratung erworben wurde, für andere Bankbereiche wird eine zweite Mißbrauchsmöglichkeit in der Verwendung von Informationen, die aus der Geschäftsbeziehung zu einem Kunden resultieren, für die Belange der M&A-Beratung gesehen. Insbesondere die Kreditbeziehung werde von den Banken dazu genutzt, detaillierte Daten für das M&A-Geschäft zu erlangen.[3] "Bedenklich an dieser intermediären Funktion von Geschäftsbanken ist dagegen, daß sie die Informationen über Markt und Marktteilnehmer, die aus ihrer Tätigkeit als Kreditinstitut stammen, eventuell zugunsten von anderen Marktteilnehmern, die mit ihren industriellen Kreditkunden in Wettbewerb stehen, verwenden"[4]. Hier scheint besonders die Nutzung des Wissens aus Kundenbeziehungen zur Identifikation von Akquisitionsobjekten für interessierte Käufer denkbar.[5] Sicherlich sollen die Kreditinstitute bei der Suche nach Verkaufsobjekten ihre Marktkenntnis und ihre Beziehungen zum Mittelstand einbringen, da hier auch eine ihrer großen Stärken liegt, wie Abschnitt 4.5 noch zeigen wird. Die Frage ist aber, wo die Grenze zwischen der erlaubten Nutzung von Daten und Informationen und der Verletzung

---

(1) Vgl.: Bickel, Walter: Mittelstandsberatung, a.a.O., S. 20.
(2) Vgl.: Kailich, Norbert: Qualität, a.a.O., S. 135.
(3) Vgl.: Heemann, Karen/Student, Dietmar: Werk, a.a.O., S. 56.
(4) Kerber, Markus C.: Rollenkonflikte, a.a.O., S. 7.
(5) Vgl.: Zimmerer, Carl: Unternehmensvermittlung,a.a.O., S. 216.

des Bankgeheimnisses liegt.[1] Die Banken werden hier immer so lange nicht in Schwierigkeiten geraten, wie die Freigabe der Daten durch den potentiellen Verkäufer genehmigt ist. Daher erscheint es sinnvoll, eine solche Zustimmung als Voraussetzung der Informationsweitergabe einzuführen. Die Grenzen der unerlaubten Nutzung von Kundendaten werden im übrigen auch hier wieder durch die zivilrechtlichen Treuepflichten und die berufsrechtliche Verschwiegenheitspflicht bestimmt.[2]

4.4.2.3 Begrenzung des Interessenkonflikts

Die Glaubwürdigkeit der Trennung von M&A-Beratung und Kreditbereich stellt das große Problem für die Banken dar. Wie soll garantiert werden, daß keine Unterlagen vom Beratungs- in den Kreditsektor gelangen, bzw. wie soll die Trennung dieser beiden Bereiche verdeutlicht werden?[3] Ein einseitiger Informationsfluß muß stattfinden, damit die im Abschnitt 4.5 noch zu erörternden Vorteile realisiert werden können. Auszuschließen ist jedoch jegliche unautorisierte Weitergabe von Kundendaten. Die Mandanten werden aber häufig nicht glauben, daß eine Weiterleitung ihrer Unterlagen ohne ihre ausdrückliche Zustimmung tatsächlich unterbleibt.[4] Da das M&A-Mandat zumeist durch den Firmenkundenbetreuer vermittelt werden wird, fällt es der Bank schwer, glaubwürdig zu versichern, daß diesem hierfür keinerlei Gegenleistung durch die M&A-Berater in Form der Übermittlung von Informationen über den Kunden gewährt werden. Eine unvoreingenommene Beratung erscheint aus Kundensicht mithin nur bei solchen Mandanten garantiert zu sein, die zuvor keine geschäftlichen Kontakte zu dem Kreditinstitut unterhalten haben. In einem solchen Falle treten aber wiederum die spezifischen Vorteile einer Bankberatung nicht

[1]Vgl.: Bringmann, Ralf/Krag, Joachim: M&A,a.a.O.,S.70.
[2]Vgl.: Kerber, Markus C.: Rollenkonflikte, a.a.O.,S.7.
[3]Vgl.: Knief, Peter/Napp-Saarbourg, Arnold: Objektivität, a.a.O., S. 12.
[4]Vgl.: Rüschen, Thomas: Consulting, a.a.O., S. 194.

zutage.[1] Der Argwohn der Kunden wird selbst dann bestehen bleiben, wenn die Kreditinstitute alle Vorkehrungen dafür getroffen haben, daß die M&A-Berater vollkommen unabhängig arbeiten können.[2] Dies liegt darin
begründet, daß sich immer ein Interessenkonflikt kon-
struieren läßt, der Anlaß zu Zweifeln geben kann. Ziel
der Banken kann es also nicht sein, sämtliche Vorbehalte
bezüglich der Verfolgung von Kreditinteressen bei der
M&A-Beratung zu beseitigen, sondern lediglich diese auf
ein erträgliches Maß zu begrenzen.

Der Grad des Mißtrauens, der den Kreditinstituten bei
ihrer Beratungstätigkeit entgegengebracht wird, ist am
besten aus der Annahme dieser Leistung durch ihre Kunden
zu erkennen. Wie der Abschnitt 4.1.2.2 verdeutlichte,
besteht im Mittelstand eine ausgeprägte Nachfrage nach
diesem Service. Diese hohe Bereitschaft, sich von Banken
über den Finanzbereich hinaus beraten zu lassen, scheint
darauf hinzudeuten, daß die Unternehmen die Wahrscheinlichkeit einer Verletzung ihrer vitalen Interessen eher
gering einschätzen.[3] Dennoch gibt es noch einen erheblichen Anteil von Kunden, die eine Beratung wegen der
damit verbundenen Interessenkonflikte zum Kreditgeschäft
ablehnen. Die Attraktivität der M&A-Beratung der Kreditinstitute ließe sich noch steigern, wenn es diesen ge-
länge, die Wahrung der Interessen der Mandanten glaubwürdiger zu versichern.

4.4.3 Interessenkonflikt zum Wertpapiergeschäft

Im Rahmen der Investment-Banking Aktivitäten eines
Kreditinstitus ergeben sich weitere Interessenkonfliktpotentiale zur M&A-Beratungstätigkeit. Diese treten besonders in den Bereichen des Wertpapierkommissions- und
-eigengeschäfts auf. Solche Konflikte sind jedoch nur

---

[1] Vgl.: Knief, Peter/Napp-Saarbourg, Arnold: Objektivität, a.a.O., S. 13.
[2] Vgl.: Remele, Hermann: Unternehmensberatung, in: BI
8/77, S. 2.
[3] Vgl.: Bickel, Walter: Mittelstandsberatung, a.a.O.,
S. 22.

möglich, wenn das Akquisitionsobjekt eine börsennotierte Gesellschaft ist. Dies ist aufgrund der mittelständisch geprägten Industriestruktur in Deutschland allerdings selten der Fall, wie schon Abschnitt 2.3.1.2 zeigte. Daher geht man auch davon aus, daß die Interessenkonflikte der Banken im Bereich des Mittelstandes weniger stark ausgeprägt sind.[1] Die hier im folgenden zu erörternden Probleme treten bei diesen Unternehmen nicht auf. Obwohl somit die Interessenkonflikte zum Wertpapiergeschäft im Vergleich zu denen zum Kreditbereich eher gering zu veranschlagen sind, sollen sie hier dennoch der Vollständigkeit halber abgehandelt werden.

Der Hauptvorwurf, der den Banken in diesem Bereich gemacht wird, ist die Nutzung des bei der M&A-Beratung erlangten Wissens zur Tätigung von eigenen Wertpapiertransaktionen oder zur Anlageberatung ihrer Wertpapierkunden. Dieser Tatbestand wird allgemein als Insiderhandel bezeichnet. Es zeigt sich, daß die schwersten und häufigsten Insiderdelikte im Zusammenhang mit M&A-Transaktionen erfolgen.[2] Empirische Studien weisen auf die Tätigung von Insidergeschäften vor der öffentlichen Ankündigung von Akquisitionsvorhaben hin.[3]

Die Tätigung von Insidergeschäften ist in Deutschland seit 1970 durch die Insiderhandelsrichtlinien und die Händler- und Beraterregeln der Börsensachverständigenkommission untersagt. Diese beruhen auf dem Prinzip der Selbstkontrolle und stellen freiwillige Verhaltensnormen dar.[4] Sie werden laut § 5 Nummer 1 der Insiderhandelsrichtlinien jedoch erst durch ihre Anerkennung seitens des potentiellen Insiders für diesen verbindlich.[5] Eine solche Anerkennung wird zumeist im Rahmen des Dienst-

---

[1]Vgl.: Solf, Philipp/Arnold, Robert: Bewältigung, in: HB 19.4.89, S. B6.
[2]Vgl.: Raida, Helmut: Zukunft, in: ZfgK 1.6.88,S. 480.
[3]Vgl.: Keown, Arthur J./Pinkerton, John M.: Merger, in: JoF September 1981, S. 863.
[4]Vgl.: Jentsch, Werner: Insider, in: B 6/88, S. 338.
[5]Vgl.: Bank Verlag Köln: Insiderregeln,Köln 1988,S.10.

bzw. Arbeitsvertrages erfolgen.[1] Da diese Richtlinien
Standesrecht sind, sind mit ihrer Verletzung keine gesetzlichen Sanktionen, wie z. B. Freiheitsstrafen in
schwerwiegenden Fällen, verbunden. Die Konsequenzen werden vielmehr standesrechtlicher und gesellschaftlicher
Natur sein.[2] Die Kreditinstitute sind gemäß § 2 Nummer
1f der Insiderhandelsrichtlinien als Insider aufzufassen. Ihr aus der M&A-Beratung stammendes Wissen ist laut
§ 2 Nummer 3c als Insiderinformation zu verstehen. Allerdings fallen auch alle anderen Anbieter von M&A-Be-
ratungsleistungen unter diesen Passus und sind daher Insider im Sinne der Richtlinien.[3] Eine Nutzung der aus
den M&A-Aktivitäten resultierenden Informationen zur
Ausführung von Wertpapiertransaktionen stellt mithin eine Verletzung der Insiderregeln dar und führt für den
Betroffenen zu standesrechtlichen Konsequenzen, die seine Neigung zur Durchführung solcher Geschäfte begrenzen
werden. Eine weitergehende Abschreckung von einem solchen Verhalten bewirkt die EG-Richtlinie zum Insiderhandel.[4] Nach ihrer Umsetzung werden gesetzliche Sanktionen bei den im Zusammenhang mit einer M&A-Transaktion
stehenden Insidervergehen greifen, so daß der Anreiz zu
deren Ausführung weiter limitiert wird.

Neben standesrechtlichen und gesetzlichen Strafen,
begrenzen die negativen Folgen des Bekanntwerdens eines
Insidervergehens für die Reputation einer Bank das Interesse derselben an einem solchen Verhalten.[5] Hier
liegt auch der Vorteil der Banken gegenüber dubiosen und
eher kurzfristig orientierten M&A-Beratern und Vermitt-
lern, die ebenfalls versucht sein werden, Insidertrans-
aktionen zu tätigen, dabei aber nicht in vergleichbarer
Weise einen Reputationsverlust als Risiko dieses Verhaltens ins Kalkül mit einbeziehen müssen. Das Risiko eines

---

[1]Vgl.: Hauschka, Christoph E.: Argumente, in: BB
     30.6.88, S. 1190.
[2]Vgl.: Raida, Helmut: Zukunft, a.a.O., S. 482.
[3]Vgl.: Bank Verlag Köln: Insiderregeln, a.a.O.,S. 6-8.
[4]Vgl.: Raida, Helmut: Zukunft, a.a.O., S. 483.
[5]Vgl.: Chiplin, Brian/Wright, Mike: Mergers, a.a.O.,
     S. 43.

Fehlverhaltens liegt bei den Banken viel weniger in der Institution als solcher begründet, da diese durch die Sorge um ihren guten Ruf zumeist von solchen Aktivitäten abgehalten wird, als vielmehr in den Mitarbeitern. Letztere werden von einem Reputationsverlust des Kreditinstituts allenfalls indirekt betroffen, während sie die Vorteile eines gelungenen Insidergeschäfts vollkommen für sich vereinnahmen können. Das von ihnen zu tragende Risiko des Arbeitsplatzverlustes im Falle der Entdeckung ihres Fehlverhaltens ist im Vergleich zu den Vorteilen aus einem solchen zu gering, um den Mißbrauchsanreiz zu eliminieren. Daher muß die Bank gerade im Mitarbeitersektor umfangreiche Kontrollmaßnahmen ergreifen, um einen Informationsmißbrauch zu verhindern, der bei seinem Bekanntwerden negativ auf sie selbst zurückfällt.[1]

Ein zweite Folge des Interessenkonflikts zwischen dem Wertpapiergeschäft und der M&A-Beratung kann die Beeinflussung der Wertpapierkunden des Kreditinstituts im Sinne der Ziele des M&A-Bereichs sein. Den Banken wird generell unterstellt, die Wertpapierberatung für ihre eigenen Interessen zu instrumentalisieren. So erteilten sie z. B. für den Fall, daß sie den Erwerb oder die Veräußerung einer eigenen Beteiligung planten, ihren Kunden entsprechende Ratschläge, so daß diese ihnen die betreffenden Aktien verkauften oder abkauften.[2] Es besteht die "Vermutung, daß manche Bank in dringenden Fällen und bei hohen Beträgen die Ahnungslosigkeit ihrer Kunden insbesondere durch Anlageempfehlungen in ihrem Sinne zu beinflussen weiß"[3]. Man kann sich vorstellen, daß die Bank als Berater des Käufers diesem bei der Akquisition eines börsennotierten Unternehmens behilflich ist, indem sie in der Anlageberatung ihren Wertpapierkunden die entsprechenden Ratschläge erteilt.[4] Eine solche Unterstützung kann für den Erwerber den Vorteil haben, daß die Übernahme erst überhaupt gelingt, zumindest aber der

---

[1]Vgl.: Caytas, Ivo G./Mahari, Julian I.: Banking, a.a.O., S. 78+84.
[2]Vgl.: Engels, Wolfram: Bankbeteiligungen,a.a.O.,S.11.
[3]Adams, Michael: Unternehmenskontrolle, a.a.O.,S. 335.
[4]Vgl.: Bringmann, Ralf/Krag, Joachim: M&A,a.a.O.,S.70.

für die Aktien zu zahlende Preis geringer ist als ohne
die Intervention der Bank. Zum Gelingen einer feindlichen Übernahme kann z. B. die gezielte Information von
Anlegern mit dem Hinweis auf spätere Gewinnpotentiale
beitragen. Dies führt dazu, daß diese eine stille Beteiligung am Kaufobjekt erwerben, die später an den Erwerber weiterverkauft wird.[1] Die Instrumentalisierung der
Wertpapieranlageberatung für Eigeninteressen steht natürlich nicht nur Universalbanken zur Verfügung, sondern
auch den Investment-Banken.

Eine Grenze der Instrumentalisierung der Analgebera-
tung für bankeigene Ziele wird durch § 1 Buchstabe a der
Händler- und Beraterregeln gesetzt. Dieser untersagt den
Kreditinstituten, Wertpapiergeschäfte zu empfehlen, die
nicht im Interesse des Kunden liegen. Insbesondere sind
solche Ratschläge verboten, die darauf abzielen, dem Ei-
genbestand der Banken zugute zu kommen oder die Kurse
der Papiere zu beeinflussen.[2] Genau dieses würde aber
mit der zuvor unterstellten Orientierung der Beratung an
M&A-Zwecken bewirkt. Somit läuft ein solches Verhalten
den Händler- und Beraterregeln zuwider und hat standes-
rechtliche Sanktionen zur Folge. Neben diesen Sanktionen
gibt es aber noch eine zweite Überlegung, die gegen den
Mißbrauch der Anlageberatung spricht. Diese liegt wiederum in der Reputation der Banken begründet. Das Bekanntwerden einer Fehlberatung würde langfristig betrachtet
mehr Nachteile mit sich bringen als die aus dem Mißbrauch erwachsenden kurzfristigen Vorteile.[3]

Weitere Interessenkonflikte zum Wertpapiergeschäft
können dazu führen, daß die Banken die im Abschnitt
4.4.1.1 erläuterten Machtpotentiale mißbrauchen. Zunächst kann ein Kreditinstitut bei der Ausübung des Depotstimmrechts seine eigenen Ziele verfolgen.[4] Zum ei-

---

[1]Vgl.: Wolman, Clive/Goodhart, David: Insider, in: FT
27.4.87, S. 18.
[2]Vgl.: Bank Verlag Köln: Insiderregeln, a.a.O., S. 11.
[3]Vgl.: Engels, Wolfram: Bankbeteiligungen,a.a.O.,S.27.
[4]Vgl.: Körber, Ulrich: Stimmrechtsvertretung, a.a.O.,
S. 52.

nen kann die Bank versucht sein, der Geschäftsführung eines von der Übernahme bedrohten Unternehmens bei der Abwehr derselben mittels der Depotstimmen beizustehen, wenn es sich bei der Gesellschaft um einen langjährigen Kunden handelt.[1] Dadurch soll verhindert werden, daß die Gesellschaft in die Hände eines Käufers fällt, der dann u. U. eine andere Bankverbindung wählt.[2] Zum anderen erscheint es aber auch möglich, daß die Kreditinstitute die Depotstimmen zur Unterstützung einer Akquisition einsetzen, wenn der Käufer Mandant ihrer M&A-Beratung ist. In solchen Fällen begünstigen sie das externe Unternehmenswachstum durch die Möglichkeit, das "Depotstimmrecht ... im Sinne von Großaktionären in die Waagschale zu werfen"[3].

Allerdings ergeben sich auch für den Mißbrauch des Depotstimmrechts die Grenzen, die aus dem Wettbewerb der Kreditinstitute resultieren. Darüber hinaus ist eine Nutzung des Vollmachtstimmrechts zur Abwehr von Übernahmen nur so lange möglich, wie den Kleinaktionären kein attraktives Angebot vorliegt.[4] Bei Existenz einer nach Meinung der Aktionäre günstigen Offerte werden sie diese annehmen und nicht ihrer Bank die Vertretung des Stimmrechts überlassen.

Der Anreiz zur Ausnutzung von Aufsichtsratsposten und Stimmen aus Depotverwahrung und Eigenbesitz zur Erreichung von Zielen der M&A-Abteilung ist also vorhanden. Zu den Grenzen der Ausschöpfung all dieser Potentiale sei auf den Abschnitt 4.4.1 verwiesen.

---

[1]Vgl.: Gotthelf, Michael A.: Giftpillen, a.a.O.,S. 11.
[2]Vgl.: Peltzer, Martin: Sache, in: BZ 8.7.88, S. 7.
[3]Kruber, Klaus-Peter: Unternehmensgrößen, Baden-Baden 1973, S. 77.
[4]Vgl.: Otto, Hans-Jochen: Übernahmeversuche, a.a.O., S. 12.

4.5 Vorteile der Mergers & Acquisitions-Beratung durch Banken

4.5.1 Einzelwirtschaftliche Betrachtung

Zunächst sollen hier die Vorteile, die die M&A-Beratung der Kreditinstitute bei vollständiger Nutzung aller Synergien einem Mandanten bietet, dargestellt werden. Die Beurteilung der Vorzüge dieser Bankdienstleistung erfolgt mithin aus der einzelwirtschaftlichen Perspektive eines Nachfragers dieses Angebots. Inwieweit tatsächlich alle Synergien genutzt werden, wird sich im Abschnitt 5 zeigen.

Die Vorteilhaftigkeit der Beratungsleistung kann sowohl in ihrer Qualität als auch in dem für sie zu entrichtenden Preis begründet liegen. Die Möglichkeit, die M&A-Beratung u. U. kostengünstiger anzubieten als die Konkurrenz, kann sich für die Banken aufgrund des Auftretens von Synergieeffekten ergeben. Zum einen können diese Synergien auf der Fähigkeit, Wissen und Erfahrung zwischen gleichartigen Wertschöpfungsketten zu übertragen, beruhen. Dann spricht man von einem Know-how-Transfer. Zum anderen sind Synergiegewinne möglich, wenn Wertschöpfungsketten gemeinsam ausgeführt werden können. In diesem Fall ist eine Aufgabenzentralisierung gegeben, die zu einer besseren Auslastung der Kapazitäten in der Leistungserstellung und im Vertrieb führt.[1] Anlehnend an diese Synergiepotentiale erfolgt die weitere Diskussion der einzelwirtschaftlichen Vorteile der Bankberatung sowohl hinsichtlich des Preises als auch bezüglich der Qualität. Die Vorzüge im Vertrieb stehen im Mittelpunkt des Abschnitts 4.5.1.1. Im dann folgenden Abschnitt werden die Vorteile bei der Leistungserstellung erörtert, und im Punkt 4.5.1.3 sollen die positiven Effekte des Know-how-Transfers berücksichtigt werden.

---

[1]Vgl.: Juncker, Klaus: Diversifizierung, in: bm April 1989, S. 5.

4.5.1.1 Hausbankbeziehung

4.5.1.1.1 Charakteristika einer Hausbankbeziehung

In Deutschland vertrauen viele Unternehmen die Durchführung ihrer Bankgeschäfte oder zumindest eines großen
Teils derselben einem einzigen Kreditinstitut an.[1] Man
spricht in solchen Fällen von einer Hausbankbeziehung,
die als "eine dauerhafte, stabile und permanente Zusammenarbeit zwischen Kunde und Bank, und zwar für Bankgeschäfte aller Art, gegebenenfalls einschließlich Ver-
mittlungs- oder Beratungsleistungen"[2], zu verstehen
ist.

Die Ergebnisse einer Infratest-Studie, bei der bun-
desweit kleine und mittlere Unternehmen mit 2 bis 1000
Mitarbeitern untersucht wurden, scheint auf eine rückläufige Bedeutung der Hausbankbeziehung hinzuweisen. Die
Kontoverbindungsquote der Gesellschaften ist demnach in
den letzten Jahren sprunghaft angestiegen. Diese Zahlen
scheinen somit auch für den Mittelstand eine Abkehr vom
Hausbankprinzip anzudeuten. Allerdings schwanken die Ansprüche der Firmenkunden hinsichtlich ihrer Bankverbindung zwischen zwei Extremen: dem Wunsch nach Unabhängigkeit einerseits und Rückendeckung durch das Kreditinstitut in Zeiten wirtschaftlicher Schwierigkeiten andererseits. Die Erhöhung der Kontoverbindungsquote ist sicherlich Ausfluß des Unabhängigkeitsstrebens. Diesem
dürfte jedoch gerade im Mittelstand das Verlangen nach
einer Vertrauensbasis zur Bank gegenüberstehen, die wiederum nur auf einer langjährigen Geschäftsverbindung
aufbauen kann.[3] Daher wird das Hausbankenelement in
diesem Kundenbereich weiterhin von Bedeutung sein. Der
Kontakt zu mehreren Kreditinstituten schließt nicht aus,
daß trotzdem zu einem von diesen eine engere Bindung be-

---

[1]Vgl.: Schwenkedel, Stefan: Management Buyout, a.a.O.,
   S. 132.
[2]Terrahe, Jürgen: Zukunft, in: Organsiation der Banken
   und des Bankenmarktes, Hrsg.: Engels, Wolfram, Frank-
   furt/Main 1988, S. 148.
[3]Vgl.: Ebenda, S. 151-165.

steht, die als Hausbankbeziehung aufgefaßt werden kann,
da gemäß der obigen Definition nicht sämtliche Bankgeschäfte mit ein- und demselben Institut getätigt werden
müssen. Selbst bei den Großkunden ist der Übergang zum
Transactional-Banking noch nicht vollständig erfolgt, da
die Vorteile einer Hausbankbeziehung bei finanziellen
Engpässen auch hier erkannt wurden.[1]

4.5.1.1.2 Implikationen der Hausbankbeziehung für die Mergers & Acquisitions-Beratung

Wenn der Kauf oder Verkauf eines Unternehmens zur
Disposititon steht, dann werden die Mittelständler in
vielen Fällen zunächst ihre Hausbank zu Rate ziehen.[2]
Diese wird als natürlicher Ansprechpartner empfunden.
Die Banken können diese Tatsache für den Vertrieb ihrer
M&A-Beratungsleistung nutzen.[3] Da eine Akquisition in
Deutschland aufgrund der spezifischen Gegebenheiten be-
sonders analyse- und beratungsintensiv ist, bietet die
Hausbankbeziehung, die umfangreiche Kenntnisse des Kre-
ditinstituts über den Firmenkunden zur Folge hat, eine
geeignete Basis für die Beratung.[4]

Die Kreditinstitute besitzen günstige Möglichkeiten
zur Akquisition von M&A-Beratungskunden, besonders aus
dem Mittelstand.[5] "Aufgrund ihres, meist weitverzweig-
ten, Filialnetzes und ihrer langjährigen engen Kundenverbindung zur deutschen Industrie kommen sie in den Genuß eines Deal-Flows, der erheblich über dem anderer Anbietergruppen liegt"[6].

Der aus der Hausbankbeziehung resultierende Kunden-

---

[1]Vgl.: Büschgen, Hans E.: Gestaltung, a.a.O.,S. 44-45.
[2]Vgl.: Fanselow, Karl-Heinz: Entscheidung, in: FAZ
  26.6.90, S. B7.
[3]Vgl.: Reckinger, Gabriele: Banken,in: HB 15.2.89,S.7.
[4]Vgl.: Dahm, Hans: Banking, in: Bankmanagement für
  neue Märkte, Hrsg.: Krümel, Hans J./Rudolph, Bernd,
  Frankfurt/Main 1987, S. 236.
[5]Vgl.: Knief, Peter/Napp-Saarbourg, Arnold: Objektivität, a.a.O., S. 11.
[6]Walter, Bernhard: Geschäftsfeld, a.a.O., S. 72.

kontakt ist ein wesentlicher Erfolgsfaktor für die M&A-
Beratung. Der persönliche Kontakt zum Kunden ist im
Bankgeschäft von hohem Stellenwert. Von einer solchen
Beziehung zu einem Unternehmen bis zu dessen Beratung
ist es oft nicht mehr sehr weit.[1] Die langjährige Geschäftsverbindung zu einem Kreditinstitut und dessen
Diskretion bewirken bei dem Firmenkunden großes Vertrau-
en in dessen Leistungen.[2] Die langfristige Ausrichtung
der Geschäftsverbindung mindert für die Bank den Anreiz
zur Verfolgung von Eigeninteressen und steigert dadurch
das Vertrauen der Kunden in die Bankleistungen. So hat
eine Hausbank ein Interesse an einer sorgfältigen M&A-
Beratung, da sie mit dem Kunden auch künftig Geschäfte
tätigen will, während eine solche Beratung für andere
Anbieter ein einmaliges Geschäft darstellt.[3] Demgemäß
steht bei ihr nicht alleine die Realisierung eines an
die Transaktion anknüpfenden Erfolgshonorars im Blickpunkt, sondern auch die Entwicklung einer langfristigen
Kundenbeziehung. Im Hinblick auf den letzteren Aspekt
kann daher auch das Abraten von einer Transaktion in Betracht kommen.[4] Eine solche Empfehlung führt für die
Bank zwar zum Verlust des Erfolgshonorars, kann aber der
Gewinnung oder Festigung einer Firmenkundenbeziehung
dienen und u. U. wirtschaftlichen Problemen dieses Kunden infolge einer nachteiligen Akquisition vorbeugen.
Letzteres liegt auch im Interesse der Bank, da Schwierigkeiten ihrer Firmenkunden für sie selbst eine Erhöhung des Risikos der diesen gewährten Kredite bedeuten.
Die Hausbankbeziehung begründet mithin eine solide Vertrauensbasis der Firmenkunden zu ihren Kreditinstituten.
Dieses Vertrauen ist wiederum Voraussetzung der M&A-Be-
ratung.[5] Es ist notwendig, um Vorbehalte gegenüber einem externen Berater zu überwinden und sich zu einer
Kontaktierung desselben zu entschließen. Trotz eines be-

---

[1]Vgl.: Rüschenpöhler, Hans J.: Beratung, a.a.O.,S.157.
[2]Vgl.: Dahm, Hans: Akquisitionsprozeß, a.a.O., S. 29.
[3]Vgl.: Bickel, Walter: Unternehmensberatung, a.a.O.,
    S. 123.
[4]Vgl.: Dahm, Hans: Funktion, a.a.O., S. 2.
[5]Vgl.: Lennardt, Jörg: Unternehmensberatung, a.a.O.,
    S. 618.

stehenden Beratungsbedarfs scheuen viele Mittelständler davor zurück, M&A-Experten einzuschalten. Dies liegt in der Angst begründet, an einen unseriösen Berater zu gelangen.[1] Den Kreditinstituten kommt somit "zugute, daß der typische mittelständische Firmenkunde konservativ ist und die Bearbeitung sensibler Fragen wie die Akquisition von Unternehmen oder den Verkauf der eigenen Firma einer ihm vertrauten Bank überträgt"[2].

"Mit den Firmenkundenberatern besitzt jedes Geld- und Kreditinstitut eine 'Brückenkopforganisation', um die es von der gesamten Consultingbranche nur beneidet werden kann"[3]. Der Firmenkundenbetreuer ist ein wichtiger Synergieträger. Er genießt das Vertrauen der Kunden, das andere Berater erst aufbauen müssen, indem sie die Vorbehalte der Unternehmen überwinden.[4] In Deutschland ist das M&A-Geschäft ein reines Personengeschäft, d. h. der Aufbau einer Vertrauensbasis zum Mandanten ist Voraussetzung für den Erfolg in diesem Sektor.[5] Wenn die Firmenkundenbetreuer einer Bank und ihre M&A-Berater gut miteinander harmonieren, dann muß der Kontakt zum Kunden durch die Berater nicht erst neu aufgebaut werden.[6] Die bestehende Vertrauensbasis kann genutzt werden. In diesem Sinne kommt dem Firmenkundenbetreuer hier, neben der Vertrauens-, auch eine Katalysatorfunktion im Verhältnis zwischen Kunde und Berater zu. Daneben wahrt er für den Kunden die Kontinuität in der Bankbeziehung, indem er der Ansprechpartner für ihn bleibt.[7] Durch die Kooperation der M&A-Beratung mit dem Firmenkundenbetreuer erlangt diese das nötige Wissen über die personellen und sachlichen Gegebenheiten des Kunden. Insbesondere

---

[1] Vgl.: Bickel, Walter: Mittelstandsberatung, a.a.O., S. 21.
[2] Schirmacher, Albrecht F.: Banken, in: BZ 31.5.89, S.1.
[3] Niedereichholz, Christel: Consulting, in: bm April 1989, S. 24.
[4] Vgl.: Ebenda.
[5] Vgl.: Bross, Holger F.L./Caytas, Ivo G./Mahari, Julian I.: Consulting, a.a.O., S. 37.
[6] Vgl.: Rüschen, Thomas: Unternehmensberatung, a.a.O., S. 27.
[7] Vgl.: Niedereichholz, Christel: Consulting, a.a.O., S. 25-27.

wird ein rechtzeitiges Erkennen von Problemen, die eine
Beratung erforderlich machen, ermöglicht.[1] Ein Kreditinstitut, das über lange Jahre beobachtet hat, wie sich
ein Unternehmen in einer ungünstigen Sparte schwer tat,
kann u. U. raten, das Engagement in andere Bereiche zu
verlagern.[2] Im allgemeinen artikulieren die Gesellschaften von sich aus nur selten den Wunsch nach einer
Beratung, da sie oft keine Kenntnis über solche Angebote
besitzen.[3] Die Banken können hier selbständig die Möglichkeit einer M&A-Transaktion ins Gespräch bringen.[4]
Sie sind in der Lage, an die Unternehmen heranzutreten,
sobald sie deren Beratungsbedarf erkannt haben, und sie
auf ihr Angebot hinzuweisen.[5]

Der zweite große Akquisitionsvorteil der Kreditinstitute, neben der Hausbankbeziehung, liegt in ihrem weiten
Geschäftsstellennetz. Zwar ist die unmittelbare räumliche Präsenz in der Beratung nicht unbedingt erforderlich, aber dennoch vorteilhaft, sofern sie mit geringem
Aufwand darstellbar ist.[6] Beide Vorteile zusammen vermitteln den Banken eine "mentale und - über ihr Filial-
netz - räumliche Nähe zum deutschen Unternehmer"[7].

Aus den hier geschilderten Vorteilen ergeben sich für
die Banken im Vergleich zu ihren Konkurrenten geringere
Kosten für die Akquisition von M&A-Beratungsmandan-
ten.[8] Lediglich die Wirtschaftsprüfer, Steuerberater
und Rechtsanwälte dürften ähnliche Vorteile haben. Ein
potentieller Kunde wird die Wahl eines M&A-Beraters von
dessen fachlicher Kompetenz und Vertrauenswürdigkeit abhängig machen. Als Anhaltspunkt zur Beurteilung des Beraters dient ihm dabei der Eindruck, den dieser beim Ak-

---

[1]Vgl.: Rüschenpöhler, Hans J.: Beratung, a.a.O.,S.160.
[2]Vgl.: Zimmerer, Carl: Handel, a.a.O., S. 495.
[3]Vgl.: Bullinger, Dieter: Unternehmung, in: Unt 2/84,
    S. 165.
[4]Vgl.: Moschner, Manfred: M&A I, a.a.O., S. 597.
[5]Vgl.: Walter, Bernhard: Geschäftsfeld, a.a.O., S. 73.
[6]Vgl.: Rüschen, Thomas: Consulting, a.a.O., S. 222.
[7]Müller-Stewens, Günter: Wirtschaft, a.a.O., S. B2.
[8]Vgl.: Pischulti, Helmut: Unternehmensberatung,a.a.O.,
    S. 108.

quisitionsgespräch hinterläßt. Insbesondere seine Analyse der Situation und Alternativen des Mandanten sind entscheidungsrelevant. Ein Kreditinstitut hat hier im Vergleich zu den meisten anderen M&A-Anbietern klare Vorteile. Bei seinen Firmenkunden genießt es bereits Vertrauen. Aufgrund der langjährigen Hausbankverbindung verfügt es darüber hinaus über unternehmensspezifische und beratungsrelevante Informationen. Diese erlauben ihm zum einen eine bessere Einschätzung der Beratungwilligkeit eines Unternehmens, so daß im Gegensatz zu anderen Anbietern weniger Zeit und Mühe auf letztendlich erfolglose Akquisitionsversuche verwandt wird. Zum anderen ermöglichen die Informationen eine schnellere und bessere Analyse der Situation des potentiellen Mandanten, so daß die Präsentation einer Problemlösung im Akquisitionsgespräch der der Konkurrenz überlegen sein dürfte. Somit ist die Mandantenakquisition für die Beratungseinheiten der Banken mit niedrigeren Kosten verbunden.[1] Diese geringeren Kosten versetzen die Kreditinstitute ceteris paribus in die Lage, die M&A-Beratungsleistung billiger anzubieten.[2]

4.5.1.2 Umfassendes Leistungsangebot

Die Konzeption eines umfassenden Leistungsangebots bei Universalbanken basiert auf dem Gedanken des Angebots aus einer Hand.[3] Der Hauptvorteil liegt für den Kunden in den Synergien aus der Zusammenarbeit der einzelnen Bankabteilungen.[4] Die daraus resultierenden kürzeren Informationswege tragen zu einer höheren Qualität und zu niedrigeren Kosten der M&A-Beratung der Kreditinstitute bei. Diese Synergien werden in den folgenden Abschnitten erörtert.

---

[1]Vgl.: Rüschen, Thomas: Consulting, a.a.O.,S. 215-227.
[2]Vgl.: Pischulti, Helmut: Vermittlung, a.a.O., S. 137.
[3]Vgl.: Büschgen, Hans E.: Banking, a.a.O., S. 8.
[4]Vgl.: Caytas, Ivo G./Mahari, Julian I.: Banking, a.a.O., S. 78.

4.5.1.2.1 Finanzierungsgeschäft

Die Kreditinstitute haben alle Voraussetzungen, um die im Abschnitt 3.1.3.5 dargelegten Anforderungen der Finanzierung einer Übernahme zu erfüllen. Sie können alle Fremd- und Eigenkapitalfinanzierungsformen offerieren.[1] Neben den Finanzierungsinstrumenten verfügen sie auch über das nötige finanztechnische Wissen.[2]

Das umfassende Leistungsangebot mindert das Auftreten von Interessenkonflikten, denen ein Einzelanbieter ausgesetzt ist, da er versucht sein kann, seine Leistung um jeden Preis abzusetzen, auch wenn dies für den Kunden nachteilig ist. Den Banken steht die Möglichkeit zum Angebot von Eigen- und Fremdfinanzierungsinstrumenten offen, so daß sie nicht gezwungen sind, dem Klienten einseitig zu einer der beiden Alternativen zu raten, obwohl die andere für ihn günstiger wäre.[3] Im Rahmen der M&A-Beratung kann u. U. sogar vom Verkauf eines Unternehmens abgeraten werden, wenn die Börseneinführung eine bessere Alternative für den Mandanten darstellt.[4] Dies ist möglich, weil das Kreditinstitut in all diesen Bereichen tätig ist und eine solche Empfehlung nicht zu dem Verlust eines Geschäfts führt und somit nicht gegen eigene Interessen verstößt.

Die Finanzierung ist bei M&A-Transaktionen gerade im Mittelstandsbereich oft ein schwerwiegendes Problem. Eigen- und konventionelle Fremdmittel reichen häufig nicht aus, so daß ein erheblicher Finanzierungsbedarf besteht.[5] Dieser Kapitalbedarf geht im Kreditbereich weit über das normale Maß hinaus. Daher sind flexible Lösungen notwendig, um ihn zu befriedigen.[6]

---

[1]Vgl.: Raettig, Lutz R./Hablizel, Gerhard: Banken, in: BZ 30.9.89, S. 13.
[2]Vgl.: Kerber, Markus C.: Kreditinstitute, in: BddW 1.2.88, S. 7.
[3]Vgl.: Rupf, Wolfgang: Beratung,in: FAZ 23.4.91,S.B19.
[4]Vgl.: Chartered WestLB Limited: M&A, a.a.O., S. 4.
[5]Vgl.: Flach, Uwe E.: Investmentbanking, a.a.O.,S.124.
[6]Vgl.: Lerbinger, Paul: Unternehmensakquisitionen, a.a.O., S. 142.

Für die Beschaffung der nötigen Eigenmittel zur Erwerbsfinanzierung bietet sich die Kapitalerhöhung an. Mit deren Planung und Realisation wird i. a. eine Bank betraut.[1] Nicht-börsennotierte Gesellschaften haben keinen Zugang zum Kapitalmarkt, so daß diese Möglichkeit der Eigenkapitalzufuhr für sie entfällt.[2] Sie müssen sich zusätzliche Eigenmittel durch die Aufnahme neuer Gesellschafter besorgen, bei deren Suche wiederum die Unterstützung eines M&A-Beraters genutzt werden kann. Allerdings ist die Aufnahme eines weiteren Anteilseigners üblicherweise mit dem Zugeständnis eines gewissen Einflußpotentials desselben auf das Unternehmen verbunden. Da dieses von den Alteigentümern in der Regel nicht erwünscht ist, kommt nur die Aufnahme eines stillen Gesellschafters in Betracht.[3] Für diese Rolle sind die Venture-Capital-, Unternehmensbeteiligungs- und Kapitalbeteiligungsgesellschaften prädestiniert. Diese sind zum größten Teil Eigentum der Banken.[4] Daneben können die Kreditinstitute ihren Mandanten auch dadurch bei der Eigenkapitalzufuhr behilflich sein, daß sie selbst zeitweise Geschäftsanteile übernehmen. Dies wird als "Ware-Housing" bezeichnet.[5] Als Alternative zur Aufnahme eines weiteren Gesellschafters kommt noch die Umwandlung der Unternehmung in eine Aktiengesellschaft und die anschließende Börseneinführung in Betracht. Auch hier ist allerdings die Hilfe einer Bank unerläßlich.[6] Wie im Abschnitt 3.1.3.5 bereits erwähnt, dürfte für den Mittelstand aufgrund seiner geringen Eigenkapitalquote gerade die Zufuhr von Eigenmitteln ein wichtiger Aspekt der Finanzierung der Transaktion sein. Die Banken tragen diesem Rechnung und haben spezielle Experten für die Eigenkapitalbeschaffung. So hat z. B. die Dresdner Bank

---

[1]Vgl.: Weiss, Michael: Finanzierungsfragen, a.a.O., S. 182.
[2]Vgl.: Lauf, Reinhold/Epp, Werner: Mittelständler, a.a.O., S. B5.
[3]Vgl.: Weiss, Michael: Finanzierungsfragen, a.a.O., S. 189-190.
[4]Vgl.: Schwenkedel, Stefan: Management Buyout, a.a.O., S. 90-97.
[5]Vgl.: Walter, Bernhard: Geschäftsfeld, a.a.O., S. 72.
[6]Vgl.: Weiss, Michael: Finanzierungsfragen, a.a.O., S. 193.

eine eigenständige Abteilung Eigenkapitalfinanzierung
innerhalb des Corporate-Finance-Sektors, die mit der
bankeigenen Beteiligungsgesellschaft kooperiert.[1]

Die Beschaffung von langfristigem Fremdkapital zur
Finanzierung des Unternehmenserwerbs kann, wie ebenfalls
im Abschnitt 3.1.3.5 erläutert, auf verschiedene Art und
Weise bewerkstelligt werden. Primär wird sie im Wege der
Aufnahme eines Bankkredites erfolgen. Daneben kommt aber
auch die Nutzung eines Schuldscheindarlehens in Betracht. Bei dessen Vermittlung wird sich der Käufer i.a.
ebenso der Hilfe eines Kreditinstituts bedienen wie bei
der Finanzierung mittels Industrieobligationen. Letztere
sind für Mittelständler wenig geeignet. Ferner kann bei
der Unternehmensakquisition u. U. auch noch auf staatliche Mittel zurückgegriffen werden. Informationen über
bestehende Fördermöglichkeiten erteilen Wirtschaftsprüfer, Steuerberater oder Banken. Die Beantragung dieser
Gelder muß zumeist, wie z. B. im Falle der ERP-Mittel,
über die Hausbank erfolgen.[2]

Neben der Erwerbsfinanzierung muß bei einer Akquisition auch die Folgefinanzierung gesichert sein.[3] Ein
gängiges Instrument derselben bei der Übernahme nicht-
börsennotierter Unternehmen ist die Börseneinführung der
Gesellschaften.[4] Die Banken sind mit ihren erfahrenen
Emissionsabteilungen die geeigneten Begleiter für ein
solches "Going Public".[5] Auch für andere Formen der
Folgefinanzierung, wie etwa das Leasing, sind sie kompe-
tente Ratgeber, da sie hierauf spezialisierte Abteilungen oder Tochtergesellschaften besitzen.

Somit scheint eine Einschaltung der Kreditinstitute
zur Finanzierung einer M&A-Transaktion unumgänglich. Die

---

[1] Vgl.: Dresdner Bank AG: Corporate Finance,a.a.O.,S.7.
[2] Vgl.: Weiss, Michael: Finanzierungsfragen, a.a.O.,
     S. 194-206.
[3] Vgl.: Schwenkedel, Stefan: Management Buyout, a.a.O.,
     S. 75.
[4] Vgl.: Walter, Bernhard: Geschäftsfeld, a.a.O., S. 73.
[5] Vgl.: Lerbinger, Paul: Unternehmensakquisitionen,
     a.a.O., S. 142.

gleichzeitige Betrauung ihrer M&A-Einheiten mit der Beratung kann zu Synergien führen. Selbstverständlich können beide Funktionen auch getrennt durchgeführt werden. Eine Identität von Berater und Financier bietet aber die Möglichkeit der Einsparung von Zeit und Kosten.[1] Die Banken werden keine Mittel bereitstellen, wenn sie sich nicht zuvor in einer gründlichen Untersuchung von der Eignung der Investition, also in diesem Falle der M&A-Transaktion, überzeugen konnten.[2] Dabei ist es häufig sehr schwierig, einem Kreditsachbearbeiter die Vorteile einer solchen Akquisition zu verdeutlichen, da diese zumeist mit großen Risiken verbunden ist und in der Kreditabteilung aufgrund eines starken Sicherheitsdenkens Skepsis gegenüber neuen unternehmerischen Ideen besteht. Aus diesem Grunde schuf, wie im Abschnitt 3.1.3.5 schon dargelegt, die Dresdner Bank eine Abteilung Spezialfinanzierung, die organisatorisch dem M&A-Bereich zugeordnet ist.[3] Diese hat die Aufgabe "schnell, vertraulich und unbürokratisch"[4] eine Finanzierung der Übernahme zu modellieren. Eine Mandatierung der Bank mit der M&A-Beratung dürfte daher sehr förderlich für die Finanzierung der Akquisition durch das Kreditinstitut sein, da die Befürwortung des Projekts durch die hauseigenen Berater die Skepsis der Kreditfachleute mindern wird.

Aber auch ansonsten wird eine Identität von Financier und Berater Vorteile bringen. Beim Unternehmenskauf, besonders bei einem Buyout, werden häufig für einen langen Zeitraum bei hoher Verschuldung erhebliche Fremdmittel eingesetzt. Um eine Bank zu einem solchen Engagement zu bewegen, muß sie schon frühzeitig in die Ausarbeitung dieser Transaktion einbezogen werden.[5] Sie wird am Verlauf der Akquisition regen Anteil nehmen, da sie ihren Einlegern für die ordnungsgemäße Verwendung der Kre-

---

[1] Vgl.: Kramer, Joachim: Welle, a.a.O., S. 17.
[2] Vgl.: Kramer, Joachim: Deutschland, a.a.O., S. 1002.
[3] Vgl.: Wiebe, Frank: Beratung, a.a.O., S. 7.
[4] Dresdner Bank AG: Corporate Finance, a.a.O., S. 11.
[5] Vgl.: Kramer, Joachim: Welle, a.a.O., S. 16.

dite verantwortlich ist.[1] Im Rahmen der Kreditprüfung
müssen bei einem Akquisitionskredit u. a. Wirtschaft-
lichkeitsberechnungen über das Kaufobjekt, Planungen zur
Integration des erworbenen Unternehmens, eine Analyse
der voraussichtlichen Entwicklung des Übernahmeobjekts
und ein Gesamtfinanzplan vorgelegt werden.[2] Ferner
wird die Bank zur Sicherung ihres Kredits Zielvereinba-
rungen über die Umsatz- und Ertragsentwicklung sowie
einzuhaltende Bilanzrelationen mit dem Käufer treffen.
Darüber hinaus läßt sie sich u. U. Mitspracherechte bei
der Gestaltung des Gesellschaftsvertrags, des Geschäfts-
führungsvertrags und der Geschäftsordnung einräumen sowie eine Präsenz im Beirat des Unternehmens gewähren.
Schließlich kann sie auf eine Regelung drängen, die ihre
Zustimmung bei Entscheidungen, die von grundsätzlicher
Bedeutung für die Gesellschaft sind, verlangt.[3] Somit
ist eine Bank aufgrund ihrer Stellung als Financier einer Akquisition schon sehr weitgehend in selbige involviert. Sie nimmt als Kreditgeber umfangreiche Analyse-
und Kontrolltätigkeiten wahr. Viele der im Rahmen dieser
Aktivitäten durchgeführten Arbeiten müssen auch von einem M&A-Berater verrichtet werden. Die Kreditsachbearbeiter könnten sich eine Menge dieser Tätigkeiten erspa-
ren, wenn sie die Möglichkeit hätten, auf die Vorlei-
stungen der M&A-Berater zurückzugreifen. Für letztere
würde sich das Einholen von Finanzierungszusagen wesentlich vereinfachen. Dies gilt nicht nur für die Fremdka-
pitalbeschaffung, sondern auch für die Eigenkapitalzufuhr mittels der im Eigentum der Kreditinstitute befindlichen Kapitalbeteiligungsgesellschaften. Durch deren
Ansiedlung unter dem gleichen Dach wie die M&A-Beratung
ergeben sich kurze Informationswege, schnelle Entscheidungen und eine umfassende Beratung.[4] Eine Identität
von Financier und Berater ist also geeignet, Doppelarbeiten zu verhindern und die Koordination der beiden Ak-

---

[1]Vgl.: Bressmer, Claus/Mosner, Anton C./Sertl, Walter:
Übernahme, a.a.O., S. 164.
[2]Vgl.: Weiss, Michael: Finanzierungsfragen, a.a.O.,
S. 195-196.
[3]Vgl.: Maus, Martin: Erfolg, a.a.O., S. B11.
[4]Vgl.: Fanselow, Karl-Heinz: Entscheidung,a.a.O.,S.B7.

tivitäten zu erleichtern. Aus diesen Synergien ist eine
Zeit- und Kostenersparnis zu erwarten.[1] Diese dürfte
dem Kunden zugute kommen.

4.5.1.2.2 Wertpapier- und Beteiligungsgeschäft

Ein Mandant, der am Erwerb einer börsennotierten Unternehmung interessiert ist, kann durch die Einschaltung
der M&A-Beratung eines Kreditinstitus einige Vorteile
realisieren. Zunächst besteht die Möglichkeit, den Aufkauf der Aktien des Akquisitionsobjekts bis zum Erreichen der meldepflichtigen Grenze, wie sie im Abschnitt
2.3.1.4 erläutert wurde, durch die Effektenabteilung der
Bank durchführen zu lassen und somit die Identität des
Käufers vorerst zu verbergen.[2] Bei der Einschaltung
einer Nicht-Bank müßte der Kreis der in den Aufkauf ein-
geweihten Personen zumindest um das Institut, das dann
mit den Käufen betraut würde, erweitert werden. Zum anderen kann die mandatierte Bank u. U. das eigene Beteiligungsgeschäft einsetzen, um den Kunden beim Erwerb der
Anteile zu unterstützen.[3]

4.5.1.2.3 Internationales Bankgeschäft

Der Mittelstand hat einen ausgeprägten Bedarf an Ak-
quisitions- und Finanzierungsberatung bezüglich Unternehmensübernahmen im Ausland.[4] Dieser resultiert aus
der im Abschnitt 2.3.2 erläuterten zunehmenden internationalen Orientierung dieser Kundengruppe. Um aber im
Ausland eine Vertriebsorganisation oder Fertigungsstätte
aufbauen zu können, bedarf es einer Anlaufstation vor
Ort.[5] Die Kreditinstitute können eine solche bieten,
da sie im Rahmen der Internationalisierung ihrer Aktivitäten an allen wichtigen Auslandsmärkten eigene Stütz-

---

[1]Vgl.: Kramer, Joachim: Welle, a.a.O., S. 17.
[2]Vgl.: Otto, Hans-Jochen: Übernahmeversuche, a.a.O.,
    S. 4.
[3]Vgl.: Jürgensen, Hans: WestLB, in: FAZ 28.2.91,S. 22.
[4]Vgl.: Büschgen, Hans E.: Anforderungen, a.a.O.,S. 53.
[5]Vgl.: Weiss, Ulrich: Strategien, in: Banken im Vor-
    feld des Europäischen Binnenmarktes, Hrsg.: Franke,
    Günter/Schimmelmann, Wulf von, Wiesbaden 1989, S. 77.

punkte errichtet bzw. ausländische Institute übernommen
haben.[1] Sie besitzen daher günstige Voraussetzungen
zur Vermittlung internationaler M&A-Transaktionen. Sie
können so ihr breites Kundenpotential im Inland durch
gute internationale Verbindungen ergänzen.[2] Ihre Mandanten kommen in den Genuß einer großen Auswahl auslän-
discher Kauf- bzw. Verkaufsinteressenten, was zu einer
Hebung der Beratungsqualität beitragen dürfte. Da die
Auslandsorganisation der Kreditinstitute bereits vorhanden ist, fallen hier keine erheblichen zusätzlichen Kosten an, sondern bestehende Kapazitäten werden besser
ausgelastet. Dies wird wiederum günstige Rückwirkungen
auf die Kosten der Bankberatung haben.

4.5.1.2.4 Vermögensberatungsgeschäft

Viele Familienunternehmer haben bis zum Verkauf ihrer
Gesellschaft fast ihr gesamtes Vermögen im Betrieb investiert. Erst mit dem Verkauf wird das Geld frei für eine
andere Anlage.[3] Der Unternehmer hat dann häufig das
Problem, für dieses Vermögen eine adäquate Verwendung zu
finden. In solchen Situationen besteht häufig Beratungsbedarf.[4] Bei der Planung der Wiederanlage dieser Mittel kann eine Bank helfen, da die Vermögensanlage eine
ihrer Serviceleistungen ist.[5] Dem Verkäufer können so
schon frühzeitig die für ihn aus der Transaktion resultierenden finanziellen Konsequenzen aufgezeigt werden,
so daß er diese in seiner Entscheidung berücksichtigen
kann. Somit liegt hier offensichtlich eine qualitative
Ergänzung des Beratungsangebots vor.

4.5.1.2.5 Sonstige Bankgeschäfte

Neben den bisher gezeigten Vorteilen für den M&A-Be-
ratungsmandanten, die aus dem umfassenden Bankleistungs-

---

[1]Vgl.: Flach, Uwe E.: Investmentbanking, a.a.O.,S.129.
[2]Vgl.: Moschner, Manfred: M&A I, a.a.O., S. 597.
[3]Vgl.: Temperli, Walter: Gesprächspartner, in: FAZ
    26.6.90, S. B23.
[4]Vgl.: Duengen, Rainer B.: Verkäufer, a.a.O., S. B11.
[5]Vgl.: Zimmerer, Carl: Handel, a.a.O., S. 498.

angebot erwachsen, können im Einzelfall noch weitere Vorzüge auftreten. Einige seien hier noch abschließend erwähnt.

Die Banken bieten, über die M&A-Betreuung hinausgehend, auch allgemeine betriebswirtschaftliche Beratungsleistungen an.[1] Falls im Rahmen der Übernahmetransaktion hier weitergehender Beratungsbedarf erkannt wird, so kann dieser ebenfalls durch die Bank befriedigt werden. Insbesondere erscheint eine Hilfe bei der Integration des Kaufobjekts denkbar. Dabei ist ein Rückgriff auf die bei der Akquisition bereits angesammelten Daten möglich. Somit sind hier wiederum Zeit- und Kostenersparnisse realisierbar.

Dem Abschnitt 3.1.3.2 kann entnommen werden, daß der endgültige Kaufpreis für ein Unternehmen u. U. noch eine gewisse Zeit offen bleibt. Bis zur endgültigen Klärung ist dann eine Garantie der Zahlungs- bzw. Rückzahlungsfähigkeit von Käufer und Verkäufer nötig. Diese läßt sich durch Hinterlegung einer bestimmten Summe auf einem Sperrkonto erreichen. Ein solcher Schritt entzieht den Betroffenen aber liquide Mittel in erheblichem Umfang. Eine bessere Lösung stellt daher die Garnatie der Zahlungsfähigkeit durch eine Bank im Rahmen eines Avalkredits dar.[2] Dessen Gewährung durch das mit der M&A-Beratung betraute Kreditinstitut dürfte unproblematisch sein, da dieses die Verhältnisse seines Mandanten kennt und keine tiefgehende Analyse desselben mehr vornehmen muß. Auch hier sind also Zeit- und Kostenersparnisse zu vermuten.

Zwischen der Abgabe eines Kaufangebots und dem Abschluß einer Transaktion können oft Wochen oder Monate vergehen. Bei einer internationalen Übernahme kann hinsichtlich des gebotenen Kaufpreises in dieser Zeit ein

---

[1] Vgl.: Möller, Heinz: Kundenberatung, in: Impulse für den Aufschwung, Hrsg.: Deutsche Gesellschaft für Betriebswirtschaft, Berlin 1976, S. 203.
[2] Vgl.: Hagenmüller, Karl Friedrich/Diepen, Gerhard: Bankbetrieb, Wiesbaden 1989, S. 534.

Wechselkursrisiko entstehen.[1] Banken können zur Limitierung dieser Gefahr Sicherungsinstrumente anbieten. Gleiches gilt für das Zinsänderungsrisiko, das anfällt, weil ein Großteil der Fremdmittel, mittels derer eine Transaktion finanziert wird, variabel verzinslich ist. Zu dessen Begrenzung kann ein Kreditinstitut Hedging-Instrumente einsetzen.[2] Hierauf wurde in dem Abschnitt 3.1.3.5 schon hingewiesen. Die M&A-Berater sind somit in der Lage, ihren Mandanten Dienstleistungen zu offerieren, die deren Risiko mindern und die Qualität der Beratung erhöhen. Durch den Einsatz der Instrumente wird zum einen das Risiko von Zins- und Wechselkursverlusten vermieden, andererseits aber zumeist die Chance zu Gewinnen aus solchen Schwankungen genommen. Eine Aussage über ihre Wirkung auf die vom Mandanten zu tragenden Kosten einer Akquisition ist daher ex ante nicht möglich.

Schließlich bleibt noch auf den Beitrag zu verweisen, den eine Bank zum Erreichen der Stärkung des Cash-flow nach einer Übernahme beitragen kann. Als Mittel einer solchen Stärkung wird oft die Verbesserung des Cash-Management eingesetzt.[3] Die Kreditinstitute können ihren Mandanten dabei wirkungsvoll unterstützen, da sie im Rahmen ihres Leistungsprogramms auch die Installation von Cash-Management-Systemen anbieten.[4]

4.5.1.3 Informationskosten

Falls der Informationsaustausch zwischen den einzelnen Bankbereichen unter Wahrung der Interessen des Kunden und der nötigen Diskretion funktioniert, lassen sich Synergien im Informationsbereich realisieren.[5] Die Banken sammeln und verarbeiten Informationen im Rahmen

---

[1]Vgl.: Miller, Michael L./Altenburg, Karl-Georg: Übernahmeangebot, in: HB 18.4.91, S. B3.
[2]Vgl.: Leimbach, Andreas: Transactions, a.a.O., S. 74.
[3]Vgl.: Ebenda, S. 73.
[4]Vgl.: Büschgen, Hans E.: Bankbetriebslehre, a.a.O., S. 363.
[5]Vgl.: Bringmann, Ralf/Krag, Joachim: M&A,a.a.O.,S.74.

ihrer normalen Geschäftstätigkeit.[1] Als Quelle dieser
Daten dienen nicht nur die üblichen Bankgeschäfte, sondern auch die Tätigkeit in Aufsichts- und Beiräten von
Geschäftskunden.[2] Neben dem Rückgriff auf dieses Datenmaterial haben die Kreditinstitute die Möglichkeit,
Vorteile aus der Nutzung des Know-hows anderer Bankabteilungen und -töchter im In- und Ausland zu ziehen.[3]
Ähnliche Vorteile dürften in der Gruppe der M&A-Berater
nur noch bei Wirtschaftsprüfern und Steuerberatern auftreten. Neben diesen kundenspezifischen Daten besitzen
die Banken ferner branchenbezogene und gesamtwirtschaftliche Kenntnisse, die sie aufgrund ihrer universellen
Geschäftstätigkeit erlangt haben.[4] Die Institute verfügen somit über einen umfassenden "Informations-
pool"[5], dessen Inhalt weit über das Ausmaß öffentlich
zugänglicher Informationen hinausgeht.[6] Damit sind sie
in der Lage, das im Abschnitt 3.1.3.1 dargestellte Problem der Beschaffung von Datenmaterial über eine in eine
Akquisition involvierte Gesellschaft teilweise zu lösen.

Von herausragender Bedeutung für die Realisation von
Synergiepotentialen im Informationsbereich sind die Firmenkundenbetreuer. Voraussetzung für ihre Einschaltung
ist das Bestehen einer Kontoverbindung zu dem betreffenden Unternehmen.[7] Wenn eine solche existiert, dann hat
der Firmenkundenbetreuer profunde Kenntnisse über die
Situation und Entwicklung des Kunden in den letzten Jahren.[8] Ein solches Wissen ist wichtig für die Analyse
dieser Gesellschaft. Ebenfalls von Relevanz sind die
aufgebauten Kontakte im persönlichen, zwischenmenschli-
chen Bereich, da gerade im Mittelstand die Eigentümer
bzw. Geschäftsführer eine dominierende Stellung einneh-

---

[1]Vgl.: Zantow, Roger: Unternehmensberatung, a.a.O.,
S. 211.
[2]Vgl.: Kerber, Markus C.: Kreditinstitute, a.a.O.,S.7.
[3]Vgl.: Chartered WestLB Limited: M&A, a.a.O., S. 16.
[4]Vgl.: Schmitt-Weigand, Adolf: Universalbankensystem,
a.a.O., S. 98.
[5]Kerber, Markus C.: Kreditinstitute, a.a.O., S. 7.
[6]Vgl.: Kantzenbach, Erhard: Beschränkung, in: HB
17.7.89, S. 8.
[7]Vgl.: Rüschen, Thomas: Consulting, a.a.O., S. 212.
[8]Vgl.: Zimmerer, Carl: Handel, a.a.O., S. 495.

men und wesentlichen Einfluß auf die Entwicklung eines
Unternehmens haben.[1] Die Zusammenarbeit mit dem Firmenkundenbetreuer bei der Akquisitionsberatung vermittelt den Bankberatern einen Informationsstand, den viele
Konkurrenten erst nach Abschluß der Analysephase haben.[2]

Den Großteil der beratungsrelevanten Informationen
erhalten die Banken aus der Kreditbeziehung zu einem
Kunden.[3] Die Institute sind verpflichtet, sich die
wirtschaftlichen Verhältnisse eines Kreditnehmers offen-
legen zu lassen.[4] Dies geschieht im Rahmen einer Kreditwürdigkeitsprüfung, bei der die wirtschaftliche Lage
eines Unternehmens analysiert wird und diverse betriebswirtschaftliche Kennziffern ermittelt werden.[5] Eine
solche Prüfung wird häufig mittels des Einsatzes der EDV
vorgenommen.[6] Die Berechung von Kennziffern und Verwendung der EDV lassen die Möglichkeit für einen raschen
und kostengünstigen Rückgriff auf diese Daten erwarten.
Im Rahmen einer Kreditwürdigkeitsprüfung werden u. a.
die letzten Jahresabschlüsse eines Unternehmens, eine
Zwischenbilanz oder ein Kreditstatus zum Zeitpunkt des
Kreditantrags, ein Vermögensverzeichnis, eine Aufstel-
lung über Umsatzentwicklung, Auftragsbestand und Darle-
hens- bzw. Kreditverhältnisse sowie ein Finanzplan und
ein Verzeichnis verfügbarer Sicherheiten vom Kreditnehmer verlangt.[7] Damit erhält die Bank schon hier einen
Großteil der Informationen, die im Abschnitt 3.1.3.2 als
für die Unternehmensbewertung wesentlich erachtet wurden. Das Ergebnis der Kreditwürdigkeitsprüfung ist eine
Stärken-Schwächen-Analyse des Antragstellers, die für

---

[1]Vgl.: Rüschen, Thomas: Consulting, a.a.O.,S. 212-213.
[2]Vgl.: Niedereichholz, Christel: Consulting, a.a.O.,
      S. 24.
[3]Vgl.: Müller-Schwerin, Eberhard/Streidt, Gunnar A.:
      Unternehmensberatung, a.a.O., S. 1063.
[4]Vgl.: Knief, Peter/Napp-Saarbourg, Arnold: Objektivi-
      tät, a.a.O., S. 11.
[5]Vgl.: Bickel, Walter: Unternehmensberatung, a.a.O.,
      S. 108-109.
[6]Vgl.: Möller, Heinz: Kundenberatung, a.a.O., S. 195.
[7]Vgl.: Hagenmüller, Karl Friedrich/Diepen, Gerhard:
      Bankbetrieb, a.a.O., S. 378.

die M&A-Beratung ebenso hilfreich sein kann wie die für
die Kreditbeurteilung ermittelten gesamtwirtschaftlichen
und branchenspezifischen Daten.[1]

Die Eignung der Zahlen aus der Kreditanalyse für die
Beratung wird häufig mit dem Verweis auf ihre statische
Natur in Frage gestellt.[2] Dazu ist anzumerken, daß die
meisten Ansätze zur Vorhersage künftiger Entwicklungen
auf einer Projektion von Vergangenheitswerten in die Zukunft beruhen und daher oft ein Bedarf an historischen
Daten besteht. Des weiteren hat auch bei der Kreditwürdigkeitsprüfung die Zukunftsorientierung an Bedeutung
gewonnen. Auch dort wird versucht, die künftige Erfolgs-
lage und Dynamik eines Unternehmens offenzulegen. Der
Blick ist nicht mehr alleine auf historische Zahlen gerichtet.[3] Es wird angestrebt, mittels Planungsrechnun-
gen eine mittelfristige Prognose für den Erfolg eines
Unternehmens abzugeben. Es besteht ein Trend zur dynami-
schen Betrachtung der nachhaltigen künftigen Ertragslage
einer Gesellschaft unter Einsatz von EDV-gestützten Ana-
lyseprogrammen.[4] Zumindest Teile der Kreditanalyse
scheinen also u. U. für die M&A-Beratung nutzbar zu
sein.

Neben der Kreditbeziehung kommen noch weitere Bankbereiche für einen Know-how-Transfer in Frage. Das Wissen,
das aus der Präsenz in diversen Aufsichts- und Beiräten
resultiert, wurde bereits erwähnt und ist gerade für den
Mittelstandsbereich bedeutend.[5] Die nationalen und internationalen Geschäftsverbindungen der Kreditinstitute
verschaffen zusätzliche Informationspotentiale.[6] Durch
sie besteht Kontakt zu einer Vielzahl von Kunden, Banken

---

[1]Vgl.: Bickel, Walter: Unternehmensberatung, a.a.O,
    S. 113-119.
[2]Vgl.: Möller, Heinz: Kundenberatung, a.a.O., S. 195.
[3]Vgl.: Koch, Hans Wolfgang: Bank, in: bk April 1985,
    S. 32.
[4]Vgl.: Weiss, Michael: Finanzierungsfragen, a.a.O.,
    S. 214.
[5]Vgl.: Lauf, Reinhold/Epp, Werner: Mittelständler,
    a.a.O., S. B5.
[6]Vgl.: Raettig, Lutz R./Hablizel, Gerhard: Banken,
    a.a.O., S. 13.

und Dienstleistern, von denen somit zuverlässige Angaben besorgt werden können.[1] Von der volkswirtschaftlichen Abteilung können gesamtwirtschaftliche und branchenbezogene Analysen angefordert bzw. übernommen werden.[2] Die Auslandsabteilung kann mit ihrer Erfahrung und ihrem Wissen bei internationalen Akquisitionen als Ratgeber hinzugezogen werden.[3] Im Falle des Kaufs eines Übernahmeobjekts über die Börse kann die Wertpapierabteilung Aufschluß darüber geben, wie am günstigsten vorzugehen ist und welcher Preis bei einem öffentlichen Gebot zu wählen ist, damit es Aussicht auf Erfolg hat.[4] Schließlich ist auch eine Nutzung der Informationen und Erfahrungen der Consulting Abteilung möglich, die, wie im Abschnitt 4.1.1 bereits erörtert, allgemein betriebswirtschaftliche Beratungsleistungen anbietet.

Mithin kann also festgehalten werden, daß Banken bei der M&A-Beratung auf einen schnellen Informationsfluß und umfassendes Datenmaterial zurückgreifen können.[5] Diese Vorzüge lassen eine Reduktion der Beratungskosten für den Mandanten und eine Steigerung der Beratungsqualität erwarten.[6]

Die Kostenreduktion resultiert aus der breiten Informationsbasis der Banken, die bewirkt, "daß der Aufwand zur Einführung des Beraters in die Problemkonstellation reduziert wird, was Zeit- und ggf. Kostenersparnisse mit sich bringt"[7]. Die Nutzung der in den Kundenbeziehungen gesammelten Daten mindert die Kosten der Generierung von Informationen.[8] Weitere Kostensenkungspotentiale ergeben sich aus der Möglichkeit zur Standardisierung der Beratung bei Kreditinstituten.[9] Hier ist in erster

---

[1] Vgl.: Dahm, Hans: Akquisitionsprozeß, a.a.O., S. 29.
[2] Vgl.: Bickel, Walter: Mittelstandsberatung, a.a.O., S. 22.
[3] Vgl.: Bringmann, Ralf/Krag, Joachim: M&A, a.a.O., S.74.
[4] Vgl.: Caytas, Ivo G./Mahari, Julian I.: Banking, a.a.O., S. 97.
[5] Vgl.: Moschner, Manfred: M&A I, a.a.O., S. 597.
[6] Vgl.: Bickel, Walter: Mittelstandsberatung, a.a.O., S. 22.
[7] Kailich, Norbert: Qualität, a.a.O., S. 135.
[8] Vgl.: Büschgen, Hans E.: Banking, a.a.O., S. 8.
[9] Vgl.: Rüschen, Thomas: Consulting, a.a.O., S. 142.

Linie an den Einsatz computerunterstützter Sachbearbeitungs- und Beratungssysteme zu denken.[1] Somit dürften die informationswirtschaftlichen Aktivitäten der Banken diesen das Angebot einer kostengünstigen M&A-Beratung erlauben.[2]

Eine Steigerung der Qualität der Beratung könnte sich in zweierlei Hinsicht ergeben. Zunächst ist von einem höheren Ausmaß der Suchaktivitäten auszugehen. Für den Erfolg einer Transaktion ist es von Bedeutung, eine Vielzahl von Interessenten, aus denen dann der geeignetste ausgewählt werden kann, ausfindig zu machen.[3] Aufgrund der umfangreichen Informationsbasis, über die eine Bank verfügt, scheint sie für die Identifikation einer möglichst großen Anzahl von Interessenten prädestiniert zu sein. Dies gilt besonders für den Mittelstandsbereich, bei dem öffentlich zugängliche Daten besonders knapp sind, wie Abschnitt 3.1.3.1 zeigte. Eine Anhebung der Beratungsqualität dürfte zum anderen aus dem geringeren Zeitbedarf der Bankberater für die Gewinnung der beratungsrelevanten Informationen resultieren. Die zeitliche Dauer einer Beratung ist nicht alleine ein Kostenfaktor, sondern auch ein Qualitätsmerkmal. Die Existenz der nötigen Daten bei den Instituten und die Kenntnis der speziellen örtlichen und persönlichen Gegebenheiten spart den Beratern viel Zeit.[4]

4.5.2 Gesamtwirtschaftliche Betrachtung

In diesem Abschnitt ist die Frage zu klären, inwieweit die Betätigung der Banken in der M&A-Beratung Auswirkungen auf gesamtwirtschaftlicher Ebene hat. Dabei kann zunächst auf die Ergebnisse des Abschnitts 2.2.3 zurückgegriffen werden. Dort wurde die volkswirtschaft-

---

[1] Vgl.: Nowak, Richard: Kommunikationssysteme, in: Handbuch Bankorganisation, Hrsg.: Stein, Johann Heinrich von/Terrahe, Jürgen, Wiesbaden 1991, S. 292.
[2] Vgl.: Büschgen, Hans E.: Gestaltung, a.a.O., S. 46.
[3] Vgl.: Jung, Willi: Praxis, a.a.O., S. 62.
[4] Vgl.: Zantow, Roger: Unternehmensberatung, a.a.O., S. 211.

liche Wirkung von M&A-Transaktionen positiv bewertet. Dies galt insbesondere für den Mittelstandsbereich, in dem die Verfolgung von Eigeninteressen des Managements und das Marktmachtstreben, die beide negative Wohlfahrtswirkungen implizieren, nur wenig relevant sind. Somit kann ein Engagement der Kreditinstitute, das zu einer Belebung der M&A-Aktivitäten in diesem Segment beiträgt, positive gesamtwirtschaftliche Effekte erbringen.

Eine Zunahme der M&A-Aktivitäten ist, wie Abschnitt 2.2.3 auch zeigte, besonders vorteilhaft für die Gesellschafter der Unternehmen. Der Wert ihrer Anteile ergibt sich aus der Summe des Wertes dieser Rechte bei der momentanen Gesellschafterstruktur und dem Produkt aus der Wahrscheinlichkeit eines Wechsels der Unternehmenskontrolle auf einen neuen Anteilseigner und dem für das Erreichen dieses Wechsels zu zahlenden Aufpreis. Der Aufpreis wird positiv sein, da die Altgesellschafter sich von ihren Anteilen nur trennen, wenn der ihnen gebotene Preis über dem von ihnen verlangten Mindestverkaufspreis liegt. Der Eintritt des Gefangenen-Dilemmas ist für den Mittelstandsbereich nicht zu fürchten. Somit steigt bei einer Zunahme der Übernahmewahrscheinlichkeit der Wert der Gesellschaftsanteile. Dieser Wertzuwachs signalisiert zugleich einen Wohlfahrtsgewinn, da, wie oben bereits erwähnt, die mit negativen volkswirtschaftlichen Konsequenzen verbundenen Erklärungsansätze für Unternehmensübernahmen im mittelständischen Sektor von geringer Bedeutung sind und die Fähigkeit des Käufers, einen Aufpreis zu zahlen, daher eher auf mit der Akquisition einhergehende Effizienzgewinne zurückzuführen ist. Die somit positiv wirkende Erhöhung der Übernahmewahrscheinlichkeit läßt sich durch ein Senken der Informations- und Suchkosten erreichen. Die Banken können daher eine gesamtwirtschaftlich vorteilhafte Wirkung entfalten, da ihre M&A-Beratung eine solche Absenkung obiger Kosten bewirken kann, wie Abschnitt 4.5.1 zeigte.

Außer durch die Reduktion der Beratungskosten können

die Banken aber auch durch die Qualität der von ihnen angebotenen Leistung zu einer Belebung des M&A-Marktes beitragen. Dabei können sie Vorteile realisieren, die in dieser Form kein anderer Berater anbieten kann und die somit eine Ergänzung der Angebotspalette darstellen. Das große Problem am Akqusitionsmarkt stellt der Mangel an zuverlässigen Informationen über potentielle Interessenten dar.[1] Gerade in Deutschland existiert kein organisierter Beteiligungsmarkt. Es gibt nur unzureichende Informationen über die Unternehmen und die M&A-Transaktionen.[2] Im Abschnitt 3.1.3.1 wurde dies schon erläutert und auf die fehlende Markttransparenz hingewiesen.[3] Die Banken als Informationssammelstellen haben die Möglichkeit, die Transparenz des Marktes durch ihr Engagement zu erhöhen.[4] Sie verfügen über Kenntnisse, die weit über die öffentlich verfügbaren Informationen hinausreichen.[5] Zumeist ist ihnen der Mandant bereits aus einer langjährigen Kontoverbindung bekannt, so daß sie seine Stärken und Schwächen kennen. Sie können daher die Kriterien, die an einen Interessenten anzulegen sind, ableiten und sicherstellen, daß aus dem Kreis der potentiellen Kandidaten der für die Belange des Mandanten geeignetste ausgewählt wird. Noch wichtiger sind ihr Wissen und ihre Kontakte jedoch bei der Identifikation konkreter Interessenten. In Deutschland besteht gewöhnlich ein Nachfrageüberhang am M&A-Markt.[6] Diese Situation hat sich lediglich im Zuge der Privatisierungen in Ostdeutschland kurzfristig umgekehrt.[7] Die Ursache für den Nachfrageüberhang am Beteiligungsmarkt ist in der geringen und nicht offenkundigen Verkaufsbereitschaft des Mittelstandes zu suchen. Es bedarf daher intimer Kenntnisse dieses Marktsegments, um potentielle Verkaufskandidaten aufzuspüren.[8] Da dieses Segment auf-

---

[1]Vgl.: Manne, Henry G.: Mergers, a.a.O., S. 118.
[2]Vgl.: Hölters, Wolfgang: Unternehmenskauf, a.a.O., S. 10.
[3]Vgl.: Müller-Stewens, Günter: M&A, a.a.O., S. 30.
[4]Vgl.: Rüschen, Thomas: Consulting, a.a.O., S. 240.
[5]Vgl.: Kantzenbach, Erhard: Beschränkung, a.a.O., S. 8.
[6]Vgl.: Kühn-Leitz, Knut/Steuernagel, Wolfgang: Wettbewerbsfähigkeit, a.a.O., S. 7.
[7]Vgl.: Best, Kimmo: M&A-Markt, a.a.O., S. 12.
[8]Vgl.: Schirmacher, Albrecht F.: Banken, a.a.O., S. 1.

grund der mittelständisch geprägten Struktur der deutschen Wirtschaft eine dominante Stellung am M&A-Markt
einnimmt, kommt der Fähigkeit, Interessenten aus diesem
Bereich zu identifizieren, entscheidende Bedeutung für
den Erfolg einer Akquisition zu. Die Einschaltung eines
Beraters mit detailliertem Wissen und guten Kontakten
zum Mittelstand ist daher notwendig.[1] Die Kreditinstitute scheinen hier wegen ihrer Kundenbeziehungen zu einer Vielzahl mittelständischer Gesellschaften als Berater prädestiniert. Sie können sowohl Kauf- als auch Verkaufsinteressenten in diesem Bereich leicht auffinden
und problemlos einen Kontakt zu ihnen herstellen.[2]
Insbesondere sind sie in der Lage, selbst die Initiative
zu ergreifen und dem Kunden die Vorteile einer M&A-
Transaktion aufzuzeigen, wenn dieser die mit ihr verbundenen Chancen von selbst noch gar nicht erkannt hat.[3]
So werden neue Akteure an den Markt herangeführt, die
ohne das Engagement der Banken dort nicht tätig geworden
wären. Ein Bankberater kann mithin u. U. einen größeren
Kreis von M&A-Interessenten identifizieren als andere
Anbieter. Dies kann die Marktaktivität steigern. Über-
dies wird die Auswahlmöglichkeit zwischen diversen Interessenten für den Mandanten erhöht.[4] Mit der Auswahl
steigt aber auch die Chance, bei einer Transaktion für
ein Verkaufsobjekt den Käufer zu identifizieren, der die
Zuführung der Ressourcen dieses Objekts zu ihrer bestmöglichen Verwendung garantiert. Darauf wurde in Abschnitt 3.3 bereits verwiesen. Das Erreichen einer solchen Allokation ist die volkswirtschaftlich beste Lösung. Die Tätigkeit der Kreditinstitute in der M&A-Bera-
tung kann also die Chance für eine optimale Allokation
der Ressourcen erhöhen.

Gesamtwirtschaftliche Vorteile aus dem Engagement der
Banken im M&A-Beratungsgeschäft treten besonders deutlich bei der Abwendung von Insolvenzen mittels Übernah-

---

[1]Vgl.: Odefey, Andreas M.: Beratung, a.a.O., S. B23.
[2]Vgl.: Zantow, Roger: Unternehmensberatung, a.a.O.,
    S. 211.
[3]Vgl.: Kerber, Markus C.: Kreditinstitute, a.a.O.,S.7.
[4]Vgl.: Jung, Willi: Praxis, a.a.O., S. 62.

metransaktionen hervor. Während die volkswirtschaftliche
Bewertung von Akquisitionen ansonsten, wie im Abschnitt
2.2 gesehen, noch umstritten ist, werden sie in diesen
Fällen eindeutig positiv beurteilt und als Instrument
der Unternehmenssicherung betrachtet.[1] Für den Mittelstand ist die Abwendung einer Insolvenz durch Zufuhr zusätzlichen Eigenkapitals im Rahmen einer M&A-Transaktion
von besonderer Relevanz. Eigenkapitalmangel stellt bei
ihm die häufigste Insolvenzursache dar.[2] Die Bedeutung
dieses Problems wurde schon im Abschnitt 2.3.2.3 deutlich. Mittelständler erkennen einen drohenden Eigenkapitalmangel oft zu spät und beginnen nicht rechtzeitig mit
der Beteiligungssuche.[3] Die M&A-Berater der Banken
können den Unternehmen hier Hilfestellung gewähren, da
die Firmenkundenbetreuer im Rahmen der Hausbankbeziehung
einen engen Kontakt zu den Kunden pflegen und sich an-
bahnende Probleme frühzeitig erkennen. Sie können die
Kunden dann, wie im Abschnitt 4.5.1.1.2 angedeutet,
rechtzeitig an die M&A-Experten weiterverweisen. Auch
hier stellt die Tätigkeit der Kreditinstitute eine Bereicherung für das Übernahmeberatungsangebot dar, da
wohl kein anderer Anbieter über ähnliche Früherkennungs-
potentiale verfügt.

Die M&A-Beratungsaktivität der Kreditinstitute beinhaltet zahlreiche Synergien zum Firmenkundengeschäft.[4]
Sie lassen sich durch die Kooperation beider Bereiche
realisieren.[5] Darauf haben bereits die Ausführungen
des Abschnitts 4.5.1 verwiesen. Die Ausschöpfung dieses
Synergiepotentials ist jedoch nicht möglich, wenn eine
strikte Trennung des Bankgeschäfts von den Beratungsaktivitäten erfolgt.[6] Diese wäre gegeben, wenn die Kreditinstitute keine solchen Leistungen anbieten würden.
Dann könnten die Effizienzgewinne aus der Ausnutzung des

---

[1]Vgl.: Dahm, Hans: Banking, a.a.O., S. 235.
[2]Vgl.: Gemm, Klaus: Möglichkeiten, in: Spk 7/79,S.248.
[3]Vgl.: Lennardt, Jörg: Unternehmensberatung, a.a.O.,
    S. 611.
[4]Vgl.: Dolff, Peter: Bedürfnis, a.a.O., S. B21.
[5]Vgl.: Bringmann, Ralf/Krag, Joachim: M&A,a.a.O.,S.74.
[6]Vgl.: Dolff, Peter: Bedürfnis, a.a.O., S. B21.

Synergiepotentials nicht realisiert werden. Die damit einhergehenden volkswirtschaftlichen Vorteile würden nicht erreicht. Somit trägt das Beratungsangebot der Banken auch zur Erzielung gesamtwirtschaftlich relevanter Effizienzgewinne bei und ist positiv zu bewerten, wenn diese Vorteile die mit der Beratungstätigkeit der Institute verbundenen Nachteile übersteigen.

4.6 Beurteilung der Mergers & Acquisitions-Beratung durch Universalbanken

Im Abschnitt 4.5.1 konnte dargelegt werden, daß die Mandatierung der M&A-Beratung eines Kreditinstituts für den Kunden eine Reihe von Vorteilen mit sich bringen kann. Diese Vorteile tragen zu einer Kostenreduktion bei. Daneben führen sie auch zu einer schnelleren und umfassenderen Beratung.

Der Mittelstand hat durchaus Bedarf an einer Beratung, scheut aber vielfach die mit ihr verbundenen hohen Kosten. Hier erscheint ein kostengünstiges Angebot seitens der Banken äußerst vielversprechend.[1] Es stellt sich jedoch die Frage, inwieweit die Institute die oben angeführten Einsparungen tatsächlich an ihre Kunden weitergeben. Nur für den Fall, daß sich die Vorteile der Banken im M&A-Beratungsgeschäft auch in ihren Konditionen widerspiegeln, ist ihr Angebot für den Mandanten attraktiv.[2] Aufgrund des bereits mehrfach erwähnten harten Wettbewerbs im Kreditgewerbe ist jedoch mit einer Weitergabe der Kostenvorteile an die Kunden zu rechnen. Dies scheinen die Tagessätze der Institute für die M&A-Beratung, die unter denen bankfremder Anbieter liegen, zu bestätigen.[3] Somit ist das Beratungsangebot der Banken sowohl aus Kosten- als auch aus Qualitätsaspekten einzelwirtschaftlich betrachtet vorteilhaft. Insbesondere dem Mittelstand dürfte es aufgrund der niedrigen Honorare entgegenkommen.

---

[1]Vgl.: Büschgen, Hans E.: Gestaltung, a.a.O., S. 46.
[2]Vgl.: Rüschen, Thomas: Consulting, a.a.O., S. 238.
[3]Vgl.: Pischulti, Helmut: Unternehmensberatung,a.a.O., S. 116.

Wie Abschnitt 4.5.2 zeigte, ist die M&A-Beratung durch die Kreditinstitute auch gesamtwirtschaftlich gesehen positiv zu bewerten. Das bestehende Angebot wird durch sie nicht nur quantitativ, sondern auch qualitativ ergänzt. Somit spricht auch bei dieser Betrachtung vieles für ein Engagement der Kreditinstitute in diesem Geschäft, da sie Vorteile haben, die andere Anbieter nicht erzielen können, und somit eine Bereicherung des Marktes darstellen.

Allerdings sind mit der Tätigkeit der Kreditinstitute in der M&A-Beratung auch Nachteile verbunden. Durch ihr Engagement entsteht ein weiteres Machtpotential, das zu einem Mißbrauch führen kann. Die Abhängigkeit der Kunden von ihrer Bank wird weiter verstärkt und kann von letzterer u. U. ausgenutzt werden. Dies ist jedoch nur bei ihrer Mandatierung mit der Übernahmebetreuung der Fall, so daß der Kunde diesen Ausbau der Abhängigkeit durch die Auswahl eines anderen M&A-Beraters verhindern kann.

Die größten Nachteile im M&A-Beratungsgeschäft erwachsen den Kreditinstituten aus den im Abschnitt 4.4 skizzierten Interessenkonflikten. Den Universalbanken wird dabei, wie gesehen, generell ein solcher Rollenkonflikt, der bereits durch die Kombination von Kredit- und Wertpapiergeschäft vorprogrammiert sei, unterstellt. Das Mißbrauchspotential werde durch die Machtposition der Institute noch verstärkt. Bei empirischen Untersuchungen konnte jedoch den Banken ein Mißbrauch ihrer Stellung nicht nachgewiesen werden. Vielmehr schien es, als werde ihre Neigung zur Verfolgung von Eigeninteressen durch die Sorge um ihre Reputation und den Wettbewerb am Markt begrenzt. Die Kreditinstitute sehen sich also schon lange mit dem Vorwurf des Auftretens von Interessenkonflikten bei ihrer Tätigkeit konfrontiert. Ihre Kunden nahmen die angebotenen Dienste dennoch in Anspruch. Somit ist die Existenz von potentiellen Konflikten nicht gleichbedeutend mit dem Scheitern eines Anbieters in diesem Tätigkeitsbereich. Allerdings ist gerade im Beratungsgeschäft die Garantie der Unabhängigkeit des Beraters ein entscheidender Erfolgsfaktor. Wie sich im Abschnitt 4.4.2.2 ergab, sind Zweifel an einer solchen Autonomie der Bankberatung ein wichtiges Motiv für ihre zögernde Inanspruchnahme. Die Potentiale der Kreditinstitute zur Verfolgung von Eigeninteressen bezüglich der Minderung des Kreditausfallrisikos, der Sicherung von Geschäftsverbindungen und der Informationsverwendung sind für die Kunden Anlaß zum Argwohn. Die Interessenkonfliktpotentiale zum Wertpapiergeschäft sind für das Hauptbetätigungsfeld der Banken, den Mittelstandssektor, von untergeordneter Bedeutung.

Die glaubwürdige Garantie der Wahrung der Kundeninteressen erweist sich als problematisch. Ein einseitiger Informationsfluß zwischen Beratungs- und Bankbereich, den der Mandant zuvor autorisiert haben muß, ist notwendig, um die im Abschnitt 4.5 erörterten Vorteile zu erreichen. Der Ausschluß der Möglichkeit einer nicht genehmigten Weitergabe von Kundendaten ist jedoch kaum glaubhaft zu versichern. Ein Interessenkonflikt ist potentiell immer konstruierbar. Daher kann der Argwohn der Kunden nie vollständig eliminiert werden. Auch trotz bestehender Interessenkonfliktpotentiale kann sich jedoch eine Dienstleistung am Markt durchsetzen. Dies zeigen andere Leistungen der Universalbanken, die, wie Abschnitt 4.4.1 zeigte, mit ähnlichen Vorbehalten zu kämpfen haben. Es scheint, daß die Kunden in diesen Fällen, nach Abwägung der Vor- und Nachteile, zu einem positiven Gesamturteil für diese Bankleistungen gelangten. In ähnlicher Weise wird der Markt auch bei der Bewertung des M&A-Beratungsangebots der Kreditinstitute verfahren. In die Beurteilung der Wahrscheinlichkeit eines Verstoßes der Bank gegen die Interessen des Mandanten wird dabei sicherlich die bisherige Erfahrung bezüglich des Verhaltens der Kreditwirtschaft in anderen Konfliktsituationen einfließen, bei denen bislang kein Mißbrauch festgestellt werden konnte, wenngleich Vermutungen bezüglich eines solchen immer latent vorhanden sind. Ein weiterer wesentlicher Faktor bei dieser Bewertung wird das den Kreditinstituten im Rahmen der Hausbankbeziehung entgegengebrachte Vertrauen sein. Somit ergeben sich zwei Komponenten, die für eine eher geringe Gewichtung der aufgrund bestehender Interessenkonflikte möglichen Nachteile einer Mandatierung von Bankberatern sprechen. Dem stehen die bereits erwähnten Vorteile gegenüber. Besonders die niedrigen Kosten und der langjährige Kontakt zu der Hausbank dürften für den Mittelstand dabei wichtige Entscheidungsfaktoren sein. Wie im Abschnitt 4.4.2.3 dargelegt wurde, dürften die von den mittelständischen Unternehmen an die Kreditinstitute herangetragenen Beratungswünsche ein deutliches Indiz dafür sein, daß viele dieser Gesellschaften zu einem positiven Gesamturteil bezüglich dieses Leistungsangebots gekommen sind. Somit scheint eine breite Klientel für die M&A-Beratung der Banken zu existieren. Diese wird tendenziell um so größer sein, je mehr es gelingt, die Vorbehalte der Kundschaft im Hinblick auf die mögliche Verletzung eigener Interessen in Konfliktsituationen zu mindern. Daher sind die Banken gefordert, hier aktiv zu werden. Die Möglichkeiten, die sich ihnen bieten, um die auftretenden Interessenkonflikte zu begrenzen bzw. die Wahrung der Kundeninteressen in solchen Fällen zu garantieren, werden im Abschnitt 5 erörtert.

5 Möglichkeiten zur Begrenzung der bei Universalbanken im Rahmen der Mergers & Acquisitions-Beratung auftretenden Interessenkonflikte

5.1 Der Interessenkonflikt als Agency-Problem

Im nun folgenden Abschnitt werden die bei Universalbanken im Rahmen der M&A-Beratung auftretenden Interessenkonflikte mittels einer agencytheoretischen Betrachtung dargestellt. Anhand dieses Vorgehens ist es möglich, genauere Erkenntnisse bezüglich des Eigeninteresses der Kreditinstitute an einer Begrenzung des Mißbrauchspotentials abzuleiten und geeignete Mittel für die Ausgestaltung einer solchen Begrenzung aufzuzeigen.

Insbesondere ist die Wirkung der im Abschnitt 4.4 als Schranke des Fehlverhaltens einer Bank kurz angeführten Reputation aufzeigbar.

5.1.1 Charakterisierung einer Agency-Beziehung

Bei einer Agency-Beziehung handelt es sich um eine Situation, in der eine Person oder Personengruppe (Principal) eine andere Person oder Personengruppe (Agent) beauftragt, eine Dienstleistung für sie durchzuführen, wobei einige Entscheidungsbefugnisse an den Agent delegiert werden.[1] Dabei ist die Delegation von Entscheidungsgewalt jedoch keine notwendige Bedingung für die Existenz einer Agency-Situation.[2] Die beiden Parteien handeln konsequent eigennützig, wobei der Agent Handlungen wählt, die die Wohlfahrt beider Partner beeinflussen.[3] Er ist die Person, die Handeln, Anstrengung, Verhalten oder Einsatz ändern kann. Der Principal hingegen kann nicht ohne Kosten Handeln, Anstrengung, Verhalten oder Einsatz des Agent beobachten. Damit aus dieser asymmetrischen Informationsverteilung ein Agency-Problem resultiert, ist es erforderlich, daß die Aktionen des Agent entgegengesetzte Effekte für die Wohlfahrt der beiden Parteien haben können. Bei einer gleichgerichteten Wirkung bestünde Interessenidentität bezüglich der Aktivitäten des Agent. Für den Principal hätte ein an den eigenen Interessen orientiertes Verhalten des Agenten dann ebenfalls positive Auswirkungen. Die asymmetrische Informationsverteilung wäre unerheblich. Somit können also die Existenz von negativen externen Effekten und asymmetrischen Informationen als die beiden notwendigen Bedingungen angesehen werden, die vorliegen müssen, damit ein Agency-Problem auftritt. Die Agency-Theorie beschäftigt sich mit der Kooperation zwischen Indi-

---

[1] Vgl.: Jensen, Michael C./Meckling, William H.: Theory a.a.O., S. 308.
[2] Vgl.: Spremann, Klaus: Agent, in: Agency Theory, Information, and Incentives, Hrsg.: Bamberg, Günter/ Spremann, Klaus, Berlin-Heidelberg 1987, S. 9.
[3] Vgl.: Neus, Werner: Aussagekraft, in: ZfbF Juni 1989, S. 472.

viduen, bei denen diese beiden Voraussetzungen erfüllt
sind.[1]

Das "im Verhalten des agent liegende Risiko wird auch
als 'moral hazard' bezeichnet"[2]. Es resultiert aus dem
Problem, daß die am Beginn der Kooperation getroffenen
Vereinbarungen bezüglich der Aktivitäten des Agent ex
post nicht durchsetzbar sind.[3] Dem Agent wird dabei
unterstellt, daß er das Risiko eines Fehlverhaltens im
Sinne einer Abweichung von den ex ante getroffenen Vereinbarungen eingehen wird, wenn er dadurch nichts oder
nur wenig zu verlieren hat.[4]

Für den Principal kann der Mangel an Informationen,
der ihm eine vollständige Kontrolle des Agent ermöglichen würde, im wesentlichen bezüglich zweier Punkte bestehen.[5] Zum einen ist es möglich, daß er einen mangelnden Einsatz oder ein Fehlverhalten des Agent nicht
erkennt. Vom Ergebnis der Tätigkeit des Agent ist für
den Principal kein Rückschluß auf dessen Einsatz oder
Verhalten möglich. Der Principal kann lediglich die Re-
aktion des Agent in einer gegebenen Situation prognostizieren. Es ist ihm daher möglich, die Wirkung gewisser
Anreizsysteme abzuschätzen. Es liegt hier eine Hidden-
Effort- oder Hidden-Action-Situation vor. Zum anderen
kann es vorkommen, daß der Principal mit vielen potentiellen Agents in Kontakt kommt, die bezüglich ihrer
Charakteristika differieren. Er kennt dann zwar die Aus-
prägungen der verschiedenen Charaktere und u. U. die
Häufigkeitsverteilung für das Auftreten dieser Charaktere, weiß aber im konkreten Falle nicht, mit welchem

---

[1]Vgl.: Spremann, Klaus: Agent, a.a.O., S. 3-9.
[2]Hax, Herbert/Hartmann-Wendels, Thomas/Hinten, Peter
von: Finanzierungstheorie, a.a.O., S. 705.
[3]Vgl.: Fama, Eugene F.: Agency Problems, a.a.O.,S.300.
[4]Vgl.: Coffee, John C. Jr.: Managers, a.a.O., S. 102.
[5]Arrow führte hier die Unterscheidung zwischen Hidden
Action und Hidden Information ein.
Vgl.: Arrow, Kenneth J.: Agency, in: Principals and
Agents: The Structure of Business, Hrsg.: Pratt, John
W./Zeckhauser, Richard J., Boston 1985, S. 38.

Agent-Typus er es gerade zu tun hat. Es handelt sich mithin hier um eine Hidden-Characteristics-Situation.[1]

Die Existenz von Agency-Beziehungen führt zum Auftreten von Agency-Kosten. Der Agent kann eine Handlung x ergreifen, die eine der zahlreichen möglichen Alternativen seines Handlungsspielraums X darstellt. Der Principal wird bemüht sein, die Festschreibung eines x zu erreichen, das seinen Interessen entspricht. Sei dieses mit x_i bezeichnet. Bei vollkommenen Kontrollmöglichkeiten, also bei Informationssymmetrie, könnte der Principal die Realisation dieses x_i durch den Agent sicherstellen. Er würde letzterem für seine Bemühungen eine Zahlung p(x) vergüten, die von der ergriffenen Handlung abhängt und so gestaltet ist, daß der Agent das im Interesse des Principal liegende x_i wählt. Die für ihn optimale Ausprägung des x_i ergäbe sich für den Principal aus der Maximierung seines Nutzens, der mit x steigt und mit p fällt. Der Agent würde das Verhalten x wählen, das seinen eigenen Nutzen, der mit p steigt und mit x fällt, maximiert. Dieses x würde aufgrund der oben dargestellten Gestaltung der Zahlung p(x) gleich x_i sein. Es würde also eine Kombination (x_i,p) realisiert, die den Bedingungen eines Pareto-Optimum entspräche und als First-Best-Lösung bezeichnet werden kann. Eine Agency-Beziehung ist nun aber durch eine asymmetrische Informationsverteilung gekennzeichnet. Daher kann der Principal das Verhalten x des Agent nicht beobachten und somit auch die Zahlung p nicht von diesem abhängig machen. Er wird die Vergütung also an einer anderen Größe y bemessen, die für ihn beobachtbar ist. Diese steht zwar in einem Zusammenhang zu x, gibt es aber nicht exakt wieder. Für die Zahlung an den Agent gilt mithin: p = p(y). Dieser wird die Handlung x in Abhängigkeit von p wählen: x = f(p). Es sei nun B die Menge aller Kombinationen (x_i,p), die First-Best-Lösungen darstellen, und S die Menge der Kombinationen (f(p),p), bei denen das Verhalten des Agent durch das Anreizsystem p(y) ausgelöst wird. Dann ist die Situation anreizkompatibel, wenn min-

---

[1]Vgl.: Spremann, Klaus: Agent, a.a.O., S. 10-11.

destens eine Kombination von S auch in B enthalten ist. Andernfalls umfaßt S nur Second-Best-Lösungen. Den Wohlfahrtsverlust zwischen einer First- und einer Second-Best-Lösung bezeichnet man als Agency-Kosten.[1]

Der Agent kann seine Reichtumsposition verbessern, wenn er den Principal davon überzeugen kann, daß er den diskretionären Handlungsspielraum nicht zu dessen Nachteil ausnutzen wird. Dies liegt darin begründet, daß der Agent, sofern er den Vertrag mit dem Principal formuliert, die Agency-Kosten letztendlich tragen muß. So hat beispielsweise bei einer typischen Kreditbeziehung der Gläubiger Informationsnachteile, die er durch einen Risikozuschlag bei den Konditionen zu kompensieren sucht und somit dem Kreditgeber aufbürdet.[2] Dies wurde bereits im Abschnitt 4.4.2.2.3 erörtert. Bei der Eigenkapitalfinanzierung treten Agency-Probleme zwischen Aktionären und Management auf, die im Abschnitt 2.1.2 detailliert behandelt wurden. Auch hier berücksichtigen die Kapitalgeber die Existenz dieser Fehlanreize und stellen sie bei der Zeichnung des Kapitals durch einen Kursabschlag in Rechnung.[3] Da die Agency-Kosten in diesen Fällen also vom Agent zu tragen sind, wird er bemüht sein, diese zu reduzieren. Er erreicht dies, indem er sich Kontrollen unterwirft.[4] Dies wird gerade im Bereich der Kapitalbeschaffung der Unternehmen deutlich, wo die Initiative zur Errichtung von Kontrollinstanzen häufig nicht von den Anlegern, sondern von den Gesellschaften selbst stammt.[5]

Generell unterscheidet man zwei Mechanismen, die eine Beschränkung des diskretionären Handlungsspielraums des Agent bewirken. Dies ist zum einen das Monitoring, bei

---

[1] Vgl.: Spremann, Klaus: Agent, a.a.O., S. 6-8.
[2] Vgl.: Hax, Herbert/Hartmann-Wendels, Thomas/Hinten, Peter von: Finanzierungstheorie, a.a.O., S. 708-710.
[3] Vgl.: Jensen, Michael C./Meckling, William H.: Theory a.a.O., S. 313.
[4] Vgl.: Hax, Herbert/Hartmann-Wendels, Thomas/Hinten, Peter von: Finanzierungstheorie, a.a.O., S. 708.
[5] Vgl.: Dodd, Peter: Corporate Control, in: MCFJ Sommer 1983, S. 9.

dem der Principal Überwachungskosten übernimmt, um die
abträglichen Aktivitäten des Agent zu begrenzen. Dieses
Monitoring wird er so lange ausdehnen, bis die Grenzkosten desselben gerade ihren Grenzerträgen entsprechen.
Er wird die Kosten jedoch nicht selbst tragen, sondern
sie beim Eingehen der Agency-Beziehung bereits berücksichtigen und dem Agent anlasten. Das zweite Begren-
zungsinstrument stellt das Bonding dar. Hierbei unter-
nimmt der Agent selbst Anstrengungen, die garantieren
sollen, daß er gewisse Handlungen nicht ausführt.[1]

Trotz der Möglichkeiten des Monitoring und Bonding
ist keine vollständige Elimination der Fehlanreize der
Agency-Beziehung zu erwarten, da eine solche ineffizient
wäre.[2] In der Regel werden keine Randlösungen verwirk-
licht werden, d. h., es wird weder der vorhandene diskretionäre Handlungsspielraum vollständig beseitigt noch
vollständig auf jegliche Kontrolle verzichtet werden.
Dies liegt darin begründet, daß man von einer Minderung
der Kosten des Fehlverhaltens des Agent (F) bei einer
Zunahme der Kontrollaktivität (M) ausgeht. Man unterstellt also einen positiven Grenzertrag der Kontrolltätigkeit: $dF/dM < 0$. Weiterhin ist aber anzunehmen, daß
die Kontrolle mit abnehmenden Grenzerträgen verbunden
ist: $d^2F/dM^2 > 0$.[3] Der Grenzertrag der Kontrolle sinkt
also mit steigender Kontrollaktivität, während bezüglich
ihrer Grenzkosten von einer Zunahme auszugehen ist:
$d^2K/dM^2 > 0$, mit K: Kosten der Kontrolle. Diese Tatsache
deutet auf eine optimale Kontrolltätigkeit hin, die keine Randlösung ist und bei der gilt: $dK/dM = -(dF/dM)$.[4]

---

[1] Vgl.: Jensen, Michael C./Meckling, William H.: Theory
a.a.O., S. 308.
[2] Vgl.: Hax, Herbert/Hartmann-Wendels, Thomas/Hinten,
Peter von: Finanzierungstheorie, a.a.O., S. 708.
[3] Vgl.: Jensen, Michael C./Meckling, William H.: Theory
a.a.O., S. 323.
[4] Eine Randlösung ergäbe sich lediglich für die beiden
Fälle, daß:
a) die Grenzkosten der Kontrolle schon für die erste
Einheit der Kontrollaktivität größer wären als die
daraus resultierende Reduktion der Kosten des Fehlverhaltens. Dann würde für alle M gelten:
$dK/dM > - (dF/dM)$. Es fänden keinerlei Kontrollaktivitäten statt.

Ein absoluter Schutz des Principal vor einem Fehlverhalten des Agent scheint somit ökonomisch nicht sinnvoll, da die Kosten hierfür zu hoch wären.[1]

Eine Elimination der Fehlanreize durch eine vollkommene Kontrolle ist also auf wenige Ausnahmefälle beschränkt. Es verbleibt daher ein diskretionärer Spielraum für den Agent. Die Kosten, die aus diesem resultieren, werden als Residual-Verlust bezeichnet. Sie bilden zusammen mit den Kosten für das Monitoring und Bonding die Agency-Kosten.[2] Diese umfassen somit also die "Kosten, die aus den noch gegebenen Möglichkeiten zu Reichtumsverschiebungen resultieren, sowie die Aufwendungen für Kontrollmaßnahmen"[3].

5.1.2 Aus der Mergers & Acquisitions-Beratung der Banken entstehende Agency-Probleme

Bei der M&A-Beratung durch die Kreditinstitute tritt die Agency-Problematik in zweifacher Weise auf: beim potentiellen Mißbrauch der Informationen aus dem Bankgeschäft für den M&A-Bereich und bei der möglichen Instrumentalisierung der M&A-Beratung für bankbetriebliche Interessen. Im folgenden sollen beide Situationen detailliert untersucht werden. In jedem dieser Fälle ist die Bank als Agent anzusehen. Die Rolle des Principal nimmt im einen Falle der Bankkunde und im anderen Falle der Beratungsmandant ein.

---

b) die Grenzkosten der Kontrolle auch bei der Kontrollaktivität (M*), die zu einer vollständigen Elimination des Fehlanreizes führte, geringer wären als die Einsparungen aus dieser Elimination. Es würde dann für alle M, mit 0 M M* gelten: dK/dM < - (dF/dM). Der Principal könnte den Agent vollständig beobachten, d.h. der Residual-Verlust wäre gleich Null.
Diese beiden Fälle scheinen nicht sehr wahrscheinlich zu sein, so daß im allgemeinen wohl eine Randlösung nicht als optimal erachtet werden kann.

[1] Vgl.: Hax, Herbert/Hartmann-Wendels, Thomas/Hinten, Peter von: Finanzierungstheorie, a.a.O., S. 708.
[2] Vgl.: Jensen, Michael C./Meckling, William H.: Theory a.a.O., S. 308.
[3] Hax, Herbert/Hartmann-Wendels, Thomas/Hinten, Peter von: Finanzierungstheorie, a.a.O., S. 708.

Im Abschnitt 5.1.1 wurde dargelegt, daß die Informationsasymmetrie im wesentlichen bezüglich zweier Punkte bestehen kann: dem versteckten Verhalten und dem versteckten Charakter des Agent. Bei den im Rahmen dieses Abschnitts zu behandelnden Agency-Beziehungen liegt die Informationsasymmetrie in der mangelnden Beobachtbarkeit des Verhaltens des Agent begründet. Die Hidden-Characteristics-Problematik ist hier wenig relevant, da die Principals in aller Regel schon in langjähriger geschäftlicher Beziehung zu der Bank stehen und somit deren Eigenschaften beurteilen können. Genau dieses Vertrauen stellt, wie Abschnitt 4.5.1.1 zeigte, ein wesentliches Motiv für die Mandatierung einer Bank mit der Beratung dar. Fehlende Kenntnisse eines Mandanten über die Charakteristika eines M&A-Beraters spielen aber bei anderen Anbietern dieser Leistung eine wichtige Rolle und können dort Ursache für das Entstehen eines Agency-Problems sein. Im Abschnitt 4.2 wurde dargestellt, daß eine Evaluierung der M&A-Anbieter bezüglich der Qualität ihrer Beratung für die Nachfrager sehr schwierig ist. Die Qualität kann in diesen Situationen als Hidden Characteristic interpretiert werden. Dieser Konflikt wird jedoch nicht weiter verfolgt, da hier das M&A-Beratungsangebot der Banken zu betrachten ist und bei diesem nicht die Hidden Characteristics, sondern die Hidden Efforts bzw. Actions von Relevanz sind.

5.1.2.1 Mißbrauch der Informationen des Bankgeschäfts für die Mergers & Acquisitions-Beratung

Zur weiteren Darstellung der Interessenkonflikte, die aus der Kombination von Beratungs- und Bankgeschäft resultieren, wird vereinfachend angenommen, daß die Aktivitäten des Bankgeschäfts lediglich die Kreditgewährung umfassen. Andere Aktivitäten der klassischen Bankentätigkeit bleiben außer Betracht.

Die Grundlage für das hier zu erörternde Mißbrauchs-

potential wird durch das Kreditgeschäft der Bank gelegt.
Im Rahmen der Kreditaktivitäten entsteht eine Agency-Beziehung erster Stufe. Das Kreditinstitut nimmt dabei die
Rolle des Principal ein, der das Verhalten des Kreditnehmers nicht vollständig beobachten kann. Der Kreditkunde ist also der Agent. Eine solche Situation und die
aus ihr erwachsenden Implikationen stellen Jensen und
Meckling in einem Aufsatz dar.[1] Dem Kreditnehmer können aus einer derartigen Konstellation, in der der Kreditgeber die Mißbrauchsmöglichkeiten seines Schuldners
antizipieren wird, Agency-Kosten entstehen. So wird eine
Bank z. B. aufgrund der Unsicherheit über das Verhalten
ihres Kreditnehmers einen Risikozuschlag auf den Kreditzins erheben.[2] Um seine Agency-Kosten zu reduzieren,
kann es daher im Interesse des Kreditnehmers liegen,
sein Mißbrauchspotential durch Gewährung von Informa-
tions- und Kontrollrechten an die Bank zu begrenzen.
Aber auch dem Kreditinstitut wird an einer solchen Einräumung von Überwachungsmöglichkeiten gelegen sein. Während im Modell von Jensen und Meckling nämlich davon
ausgegangen wird, daß der Kreditgeber in der Lage ist,
die Handlungsalternativen des Schuldners so weit zu
überschauen, daß er die für ihn ungünstigste Alternative
identifizieren und ihre Auswirkung auf seine Reichtumsposition quantifizieren kann, dürfte dies in der Realität kaum möglich sein. Die Bank wird hier keinen so
weitgehenden Einblick in das Unternehmen des Schuldners
haben. Der erhobene Risikozuschlag muß somit keinesfalls
beim für sie ungünstigsten Verhalten des Kreditnehmers
eine Reichtumsverschiebung zu ihren Lasten verhindern.
Daher hat sie ein sehr starkes Interesse daran, Informationen zu erhalten, die ihr eine Beobachtung der Handlungen des Schuldners erlauben. Lediglich bei Gültigkeit
der Risikoabgeltungshypothese wäre ein Kreditinstitut
überhaupt bereit, Einzelrisiken aus einem Kredit gegen
Gewährung eines Risikozuschlags auf den Zinssatz zu

---

[1]Vgl.: Jensen, Michael C./Meckling, William H.: Theory
a.a.O., S. 333-343.
[2]Vgl.: Hax, Herbert/Hartmann-Wendels, Thomas/Hinten,
Peter von: Finanzierungstheorie, a.a.O., S. 710.

übernehmen. Risikonormierungs- und Risikovermeidungshy-
pothese sehen eine solche Abgeltung hingegen nicht vor,
sondern gehen davon aus, daß Banken Kredite nur bis zu
einem bestimmten Risikoniveau gewähren bzw. Einzelrisiken ganz zu vermeiden suchen.[1] Wenn man also annimmt,
daß eine der beiden letztgenannten Hypothesen das Kre-
ditvergabeverhalten der Banken determiniert, dann wird
ein reges Interesse der Kreditinstitute an der Einräumung von Informations- und Kontrollrechten bestehen, da
eine Abgeltung der erhöhten Unsicherheit durch einen
Zinsaufschlag zumindest ab einem gewissen Risikoniveau
nicht in Betracht kommt. Für das Kreditgeschäft der Bank
folgt daraus, daß der Schuldner zur Reduktion der Agency-Kosten Kreditvereinbarungen, die seine Handlungsmöglichkeiten beschränken sowie Kontroll- und Informationsrechte der Bank garantieren, akzeptiert. Im Abschnitt
4.5.1.2.1 wurden solche Bestimmungen dargestellt. Wie im
Abschnitt 5.1.1 bereits gezeigt, wird es wegen der steigenden Kosten der Kontrolle nicht zu einer kompletten
Elimination der Fehlanreize kommen. Die Überwachung wird
nur soweit betrieben, bis ihre Grenzkosten ihren Grenz-
erlösen entsprechen. Dies hat große Bedeutung für Abschnitt 5.1.2.2, da die Nutzung von Informationen aus
der M&A-Beratung, deren Generierungskosten vom Beratungsmandanten getragen werden, zur Senkung der Kontrollkosten führen wird und dadurch eine Ausdehnung der
Überwachung ermöglicht.

Die Einräumung der Kontroll- und Informationsrechte
zur Begrenzung der Fehlanreize der Agency-Beziehung aus
dem Kreditgeschäft ist die Grundlage für die Agency-Beziehung der zweiten Stufe. In dieser ist die Bank der
Agent und der Kreditkunde der Principal. Die Bank kann
über die erteilten Informationen verfügen, ohne daß der
Kunde diese Verwendung beobachten kann. So ist eine Nutzung des Wissens aus dem Kreditgeschäft zur Identifikation von Übernahmeobjekten denkbar. Die Bank zieht aus
einem solchen Handeln Vorteile, da sie ihr M&A-Geschäft

---

[1]Vgl.: Büschgen, Hans E.: Bankbetriebslehre, a.a.O.,
S. 724.

hierdurch forciert. Dem Kunden können Nachteile entstehen, indem seine Verhandlungsposition geschwächt wird, weil einem potentiellen Käufer u. U. Informationen zugeflossen sind, die es ihm erlauben, sämtliche Schwachstellen des Verkäufers zu lokalisieren. Dies wird zu einer Minderung des erzielbaren Kaufpreises führen. Für den Kreditkunden sind mit dem für ihn nicht beobachtbaren Verhalten der Bank also negative externe Effekte verbunden. Es sind mithin beide Kriterien, die für das Vorliegen einer Agency-Beziehung notwendig sind, erfüllt.

Im folgenden sollen die Implikationen der vorliegenden Agency-Beziehung erörtert werden. Zunächst soll von einem Kunden ausgegangen werden, der sich bei einer Bank einen Kredit beschaffen möchte. Bei der Entscheidung über die Kreditvergabe wird das Institut gemäß den im Modell von Jensen und Meckling enthaltenen Überlegungen die Handlungsmöglichkeiten des Kreditnehmers antizipieren und in den Kreditkonditionen berücksichtigen. Für den Kunden stellt sich die Aufgabe, die von ihm zu tragenden Agency-Kosten zu minimieren. Als Mittel hierzu steht ihm die Einräumung von Informations- und Kontrollrechten gegenüber der Bank zur Verfügung. Dabei wird die von dem Kreditinstitut vorgenommene Einschätzung der Risikohaftigkeit der Ausleihung um so günstiger ausfallen, je höher der Grad der Kontrollrechte ist. Es wird unterstellt, daß der im Zins enthaltene Risikozuschlag mit sinkendem Umfang der der Bank eingeräumten Kontrollmöglichkeiten steigt. Der Schuldner wird den für ihn optimalen Grad der Informations- und Kontrollaktivitäten wählen, der lediglich durch die Kosten dieser Aktivitäten und die aus ihnen resultierende Zinsreduktion determiniert wird. Wie Abschnitt 5.1.1 zeigte, entsprechen im Optimum die Grenzkosten der Kontrolle den Grenzerträgen aus der Reduktion der Kosten des Fehlverhaltens.

Die Ausgangssituation für den Kreditnehmer wird sich ändern, wenn die Bank, bei der er den Kredit nachfragt, auch die M&A-Beratung anbietet. Dann besteht die Gefahr eines Mißbrauchs der aus dem Kreditgeschäft erlangten Informationen für die Zwecke der Akquisitionsberatung.

Für das Kreditinstitut ergibt sich der Anreiz zu einem Fehlverhalten, da daraus Vorteile für die M&A-Beratung resultieren können. Es kann davon ausgegangen werden, daß die Vorteilhaftigkeit eines Mißbrauchs des aus dem Kreditgeschäft stammenden Wissens mit dem Umfang der dort gewährten Informations- und Kontrollrechte zunimmt. Je umfangreicher die hier gesammelten Daten sind, desto geringer ist der Anteil der in der M&A-Beratung noch zu generierenden Informationen und um so tiefer ist der Einblick in das Unternehmen des Kreditkunden. Ebenso werden die Vorteile aus der Nutzung von Kreditinformationen mit dem Ausmaß der Inanspruchnahme, also dem Grad des Fehlverhaltens, wachsen. In beiden Fällen ist jedoch mit abnehmenden Grenzerträgen zu rechnen. Die M&A-Beratung wird zunächst auf die wichtigsten Informationen aus dem Kreditbereich zurückgreifen, so daß mit jeder weiteren abgerufenen Information der aus dieser erwachsende zusätzliche Vorteil sinken wird. Den Vorzügen eines Fehlverhaltens stehen aber auch Nachteile gegenüber, die von den Kreditinstituten zu beachten sind. Das Bekanntwerden eines Mißbrauchs wird die Reputation der Bank schädigen, wie bereits im Abschnitt 4.4 erwähnt. Die Höhe dieses Schadens ist eine unsichere Größe, die sich als Produkt aus der Wahrscheinlichkeit der Entdeckung eines Fehlverhaltens und aus dem Umfang der aus diesem Bekanntwerden resultierenden Nachteile ergibt. Die Gefahr der Offenlegung eines Mißbrauchs steigt sicherlich mit seinem Ausmaß. Sie beinhaltet aber auch ein exogenes Risiko, das aus der mangelnden Kontrollierbarkeit der Wirkungen eines Fehlverhaltens resultiert. Dieses Risiko ist insofern kurzfristig exogen, als es bei einem gegebenen Stand von Kontrollen des Bankenverhaltens von dem Kreditinstitut nicht beeinflußt werden kann und auch beim Fehlen jeglicher Kontrollen nicht zu eliminieren ist. Langfristig kann es aber mittels der Wahl eines bestimmten Niveaus von Monitoring- und Bonding-Aktivitäten sicherlich in einem gewissen Umfang durch die Bank be-

einflußt werden. Dabei wird es mit steigender Kontrollaktivität wachsen, da die Entdeckungswahrscheinlichkeit
eines Fehlverhaltens erhöht wird. Bezüglich dieses exo-
genen Risikos dürfte das Kreditinstitut, wegen der hohen
Bedeutung der Reputation für das Bankgeschäft, stark risikoavers sein. Je größer das exogene Risiko für die
Bank ist und je ausgeprägter ihre Risikoaversion ist,
desto bedeutender wird die in einem möglichen Reputa-
tionsschaden liegende Restriktion.

Die Bank wird den für sie optimalen Grad des Fehlverhaltens wählen. Da die Wirkungen eines Mißbrauchs für
das Kreditinstitut eine unsichere Größe darstellen, wird
es diese Wahl anhand eines Nutzenkalküls vornehmen. Der
Fehlverhaltensgrad wird um so höher liegen, je größer
die Vorteile eines Mißbrauchs für den M&A-Bereich sind.
Der Anreiz zur Nutzung des Kreditwissens wird mit dem
Umfang der dort vorhandenen Informationen ansteigen, da
mit deren Zunahme auch die daraus ableitbaren Vorteile
für die M&A-Beratung wachsen. Dem Kreditnehmer steht mit
der Festlegung des Umfangs der der Bank einzuräumenden
Kontrollrechte also ein Mittel zur Begrenzung von deren
Mißbrauchspotential zur Verfügung. Der Fehlverhaltensgrad des Kreditinstituts wird limitiert durch die möglichen Nachteile für die Reputation. Eine konkrete Auswirkung einer Schädigung des Renommees wird im Zusammenhang
mit der Informationsbereitstellung durch die Kreditnehmer noch darzustellen sein. In der durch die Reputation
gegebenen Restriktion machen sich die Überlegungen bezüglich der Effekte eines Mißbrauchs auf den langfristigen Erfolg einer Bank bemerkbar. Diese werden mit der
Intensität des Wettbewerbs zunehmen, da bei wachsender
Konkurrenz schon geringste Wettbewerbsnachteile zur Abwanderung der Kunden führen können.

Die Möglichkeit eines Fehlverhaltens der Bank verän-
dert, wie bereits angedeutet, die Ausgangssituation des
Kreditnehmers im Vergleich zu einer Konstellation, in
der das Kreditinstitut keine M&A-Beratungseinheit unterhält. Bei der Wahl des optimalen Niveaus der einzuräu-

menden Informations- und Kontrollrechte gegenüber der
kreditgebenden Bank sind nun nicht mehr nur die Kosten
dieser Überwachungsinstrumente und die erreichbare Zinsreduktion entscheidungsrelevant, sondern auch die zu erwartenden Nachteile aus einem Mißbrauch dieser Informationen für den Schuldner. Auch der Kreditnehmer wird bei
seiner Entscheidung auf ein Nutzenkalkül zurückgreifen.

Der zu erwartende Nachteil, der einem Kreditnehmer
aus einem Fehlverhalten der Bank erwächst, ist eine unsichere Größe und ergibt sich als Produkt aus der Wahrscheinlichkeit eines solchen Mißbrauchs und aus dem dann
anfallenden Schaden. Die Wahrscheinlichkeit eines Fehlverhaltens des Kreditinstituts hängt von der Vorteilhaftigkeit desselben für die Bank ab. Der Kreditnehmer wird
zwar den Anreizmechanismus des Kreditinstituts für einen
Mißbrauch kennen, d. h., er wird wissen, daß das Fehlverhalten mit der Vorteilhaftigkeit der Nutzung des Kreditwissens für die M&A-Beratung, die insbesondere mit
dem Umfang der gewährten Kreditinformationen steigt, zunimmt und mit wachsender Gefahr einer Reputationsschädigung sinkt. Die genaue Ausprägung dieser Größen ist dem
Schuldner jedoch nicht bekannt. Daher ist zu erwarten,
daß er bei der Evaluierung der Mißbrauchsgefahr auf in
der Vergangenheit gesammelte Erfahrungen hinsichtlich
des Fehlverhaltens der Bank und somit auf die bisherige
Reputation des Instituts zurückgreifen wird.

Der Kreditnehmer wird das Ausmaß der von ihm gegenüber der Bank einzuräumenden Informations- und Kontrollrechte also von drei Determinanten abhängig machen: den
mit der Überwachung verbundenen Kosten, der mit den Kontrollen erreichbaren Zinsreduktion und den aus der Gewährung der Rechte potentiell resultierenden Nachteilen
eines Mißbrauchs durch die Bank. Der Grad der eingeräumten Überwachungspotentiale wird tendenziell um so höher
liegen, je größer die dafür gewährten Zinszugeständnisse
sind. Er wird andererseits um so niedriger sein, je höher die Kosten für die Installation der Kontrollinstru-
mente und die aus ihrem Mißbrauch zu erwartenden Nach-

teile sind. Der Schuldner wird mittels der Reduktion der gewährten Informationsrechte an die Bank deren Mißbrauchsanreize begrenzen. Das abgeleitete Niveau der Informations- und Kontrollrechte wird aufgrund der Berücksichtigung des möglichen Fehlverhaltens des Kreditinstituts tendenziell niedriger liegen als in der Ausgangssituation, in der die Bank keine M&A-Beratung anbot. Dies liegt darin begründet, daß sich die Kosten der Überwachung nun noch um den Erwartungswert der Nachteile eines Mißbrauchs der erlangten Informationen erhöhen. Für den Kreditnehmer resultiert hieraus ceteris paribus ein höherer Kreditzins. Seine Position hat sich im Vergleich zur Ausgangssituation verschlechtert, wenn die erwarteten Nachteile des Fehlverhaltens größer als Null sind.

Der Bank entstehen aus der verminderten Informationsbereitschaft des Kreditkunden gemäß der im Modell von Jensen und Meckling angestellten Überlegungen keine Nachteile, da sie den erhöhten diskretionären Handlungsspielraum des Schuldners in den Kreditkonditionen antizipieren wird. Wie bei der Erörterung dieses Modells aber bereits angemerkt, wird eine solche vollkommene Antizipation der Handlungsalternativen des Kreditnehmers in der Praxis jedoch nicht möglich sein. Daher dürfte das Ziel eines Kreditinstituts weniger in der Risikoabgeltung als vielmehr in der Risikonormierung bzw. -vermeidung liegen. Die Bank wird also nicht indifferent bezüglich des Umfangs der ihr zur Verfügung gestellten Informations- und Kontrollrechte sein, sondern auf ein ausreichendes Niveau derselben bestehen, um ihr Risiko zu begrenzen. Somit führt das Fehlverhalten in der M&A-Beratung bei einem Kreditinstitut zu Nachteilen im Kreditgeschäft, die sich in einer sinkenden Informationsbereitschaft der Kunden niederschlagen. Wie bereits zuvor erläutert, werden die Kreditnehmer die Reputation einer Bank als Maßstab zur Beurteilung der Gefahr eines Mißbrauchs durch dieses Institut heranziehen. Diese Beurteilung hat wiederum direkte Auswirkungen auf das Niveau der Überwachungsrechte, die die Kunden ihrer Bank einzuräumen bereit sind. Hier ergibt sich also ein konkretes

Beispiel für einen aus der Schädigung der Reputation erwachsenden Nachteil für ein Kreditinstitut.

Einer Bank entstehen aus der Möglichkeit einer miß-
bräuchlichen Nutzung von Kreditinformationen für die
M&A-Beratung somit Nachteile, die eine Begrenzung der
Fehlanreize in ihrem Interesse erscheinen lassen. Wie
bereits dargestellt, erhöhen die erwarteten Nachteile
aus einem Fehlverhalten des Kreditinstituts tendenziell
die mit der Gewährung der Informations- und Kontrollrechte verbundenen Kosten. Das in der Ausgangssituation
optimale Überwachungsniveau und der mit ihm verbundene
Kreditzins werden somit u. U. nicht realisiert. Diese
aus dem Mißbrauchspotential der Bank resultierenden
Nachteile mindern deren Attraktivität für den Kreditkunden. Je nach Umfang dieser Minderung und der Konkurrenzsituation im Kreditgewerbe kann die Wahl einer anderen
Bank dem Kreditnehmer einen höheren Nutzen bringen und
für die Bank zum Verlust dieser Verbindung führen. Das
bedeutet, daß der Wettbewerb zwischen den Kreditinstituten deren Mißbrauchspotential reduziert. Um eine Abwanderung zu verhindern, wird die Bank u. U. in anderen Bereichen Konzessionen machen müssen. So kommt z. B. ein
Zugeständnis bei den Kreditkonditionen in Betracht. Aber
selbst wenn ein Verlust der Geschäftsverbindung nicht
unmittelbar droht, werden der Bank aus ihrem Mißbrauch
Nachteile im Kreditgeschäft entstehen. Die sinkende Informationsbereitschaft des Kunden läuft den Interessen
des Instituts zuwider, da dadurch das Risiko des Kredits
steigt und eine vollkommene Antizipation der Folgen mittels einer Erhöhung der Konditionen nicht möglich ist.

5.1.2.2 Mißbrauch der Mergers & Acquisitions-Beratung für bankbetriebliche Interessen

Auch in diesem Abschnitt wird das Bankgeschäft der
Einfachheit halber gedanklich auf die Kreditgewährung
beschränkt, um die Beziehungen zwischen Beratungs- und
Bankbereich besser darstellen zu können. Bei der M&A-Be-
ratung eines Mandanten, der gleichzeitig auch Kunde der

Bank im Kreditsektor ist, übernimmt dieser die Rolle des Principal und das Institut den Part des Agent.

Die Bank wird im Rahmen ihrer M&A-Beratung mit der Suche nach einem Käufer oder Verkäufer für ein Unternehmen betraut und erhält dazu von dem Auftraggeber Informationen über die eigene Situation. Bezüglich der Nutzung dieser Daten bzw. des generellen Verhaltens bei der Beratung bestehen bei dem Kreditinstitut Eigeninteressen, die denen des Mandanten zuwiderlaufen.

Zum einen ist die Unabhängigkeit der Beratung fraglich. Sie kann durch die Dominanz von Kreditinteressen verletzt werden. Denkbar erscheint die Forcierung des Verkaufs eines angeschlagenen Unternehmens gegen dessen Willen, die Verhinderung des Verkaufs guter Kreditkunden oder die Auswahl der Käufer nach den Kriterien Bonität und Bestehen einer Geschäftsverbindung zur Bank. Allen diesen Verhaltensweisen auf seiten des Kreditinstituts steht auf seiten des Mandanten der Nachteil gegenüber, daß ein Käufer bzw. Verkäufer ermittelt wird, der nicht den optimalen Partner darstellt. Dies führt besonders beim Verkäufer zu Verlusten, da u. U. nicht der Interessent gefunden wird, der wegen des umfangreichsten Synergiepotentials den höchsten Preis für die Gesellschaft zahlen könnte. Es wird also ein geringerer Verkaufserlös erzielt. Aber auch dem Käufer entstehen Nachteile, wenn ihm nicht das Kaufobjekt vermittelt wird, das für die Realisation seiner Pläne am geeignetsten erscheint. Das Verhalten der Bank hat für den Mandanten somit negative externe Effekte.

Zum anderen kommt eine Weitergabe der bei der M&A-Beratung erlangten Informationen an den Kreditbereich in Betracht. Dieser kann die Handlungen des Kreditnehmers dann besser überwachen und das Kreditrisiko begrenzen. Wie im Abschnitt 5.1.2.1 bereits erläutert wurde, haben die Banken ein Interesse an einem möglichst hohen Maß von Monitoring-Aktivitäten, um den diskretionären Handlungsspielraum des Schuldners zu limitieren. Sie stoßen

bezüglich dieser Kontrollen jedoch an eine Grenze, da
diese mit Kosten verbunden sind und die Überwachung nur
soweit ausgedehnt wird, bis die Grenzkosten ihren Grenzerträgen entsprechen. Die Nutzung der bei der M&A-Bera-
tung generierten Daten verursacht jedoch zunächst lediglich Kosten der Übermittlung und Auswertung dieses Ma-
terials. Die Kosten der Erstellung fallen im Beratungsbereich an und werden dem Kreditsektor nicht angelastet.
Somit sinken durch die Informationsweitergabe die Monitoring-Kosten, und es kann eine umfassendere Überwachung
des Kreditnehmers erreicht werden. Diese weitergehende
Kontrolle kann für den Schuldner positiv sein, wenn der
Bank dadurch deutlich wird, daß die Risikohaftigkeit
dieser Ausleihung geringer ist als bei den Kreditkonditionen veranschlagt, d. h. wenn für das Kreditinstitut
durch die neuen Informationen ein Fehlverhalten des Kreditnehmers unwahrscheinlich erscheint. Dann ist bei Existenz von starkem Wettbewerb am Bankenmarkt die Anpassung der Konditionen an das veränderte Risiko denkbar.
Falls aber durch die Erkenntnisse aus der M&A-Beratung
deutlich wird, daß das Risiko des Kredits ursprünglich
zu niedrig eingestuft wurde, dann ist eine Revision dieser Einschätzung durch die Bank die Folge. Die Kreditkonditionen werden sich für den Kunden verschlechtern,
wie bereits im Abschnitt 4.4.2.2.3 ausgeführt. Das Verhalten der Bank hat für den Mandanten negative externe
Effekte.

Das Kreditinstitut hat bei der M&A-Beratung also Anreize zu einem Verhalten, das für den Mandanten nachteilige Konsequenzen hat. Dieses Verhalten ist für den Klienten nicht beobachtbar. Die geringe Transparenz am M&A-
Markt macht es dem Mandanten schwer zu beurteilen, inwiefern eine Beratung einwandfrei war oder besser hätte
gestaltet werden können. Auch ein Vergleich anhand des
erzielten Verkaufserlöses ist schwierig, da entsprechende Daten von anderen Transaktionen selten bekannt sind.
Mithin besteht hier also eine Agency-Beziehung.

Im folgenden sollen die Implikationen der vorliegenden Agency-Beziehung erörtert werden. Dabei wird von einer Mandatierung der M&A-Beratung einer Bank durch einen Kreditkunden, der sein Unternehmen verkaufen möchte, ausgegangen. Der Mandant wird in diesem Falle an der Erzielung eines möglichst hohen Verkaufspreises und der Festlegung eines für ihn günstigen Beratungshonorars für die Bank interessiert sein. Die Höhe des erzielbaren Preises für das Akquisitionsobjekt hängt, wie Abschnitt 3.1.3.2 bereits zeigte, stark von der Person des Käufers ab. Der Wert des zu verkaufenden Unternehmens ist je nach intendierter späterer Verwendung und anfallenden Synergien verschieden. Dem Verkäufer muß also daran gelegen sein, den Käufer zu ermitteln, für den das Verkaufsobjekt den höchsten Wert hat.

Das Kreditinstitut kann bei der M&A-Beratung aufgrund der zum Verkäufer unterhaltenen Kreditbeziehung Eigeninteressen verfolgen. Diese können darin bestehen, nicht den Käufer zu ermitteln, für den das Akquisitionsobjekt den höchsten Wert hat, sondern einen Erwerber, der den Fortbestand der Kreditbeziehung garantiert oder unter Bonitätsaspekten der Kreditabteilung genehm erscheint. Es wird angenommen, daß ein solcher Mißbrauch der Bank Vorteile im Kreditgeschäft verschafft. Das Fehlverhalten des Kreditinstituts in der M&A-Beratung führt zu positiven, abnehmenden Grenzerträgen für den Kreditbereich. Der Mandant wird geschädigt, weil die bestmögliche Allokation und somit auch der maximale Verkaufspreis aufgrund des Fehlverhaltens der Bank nicht erreicht wird.

Den Vorteilen eines Mißbrauchs für das Kreditinstitut stehen allerdings auch entsprechende Nachteile gegenüber.

Wie im Abschnitt 4.1.2.3 dargelegt wurde, setzt sich das M&A-Beratungshonorar einer Bank aus zwei Komponenten zusammen: der Retainer Fee und der Success Fee. Während erstere den fixen Bestandteil des Honorars wiedergibt, ist letztere in ihrer Höhe variabel und vom Kaufpreis abhängig. Demnach hat ein Mißbrauch des Kreditinstituts

bei der M&A-Beratung negative Implikationen für den Umfang der erzielbaren Vergütung aus dieser Tätigkeit. Infolge der Identifizierung und Vermittlung eines Käufers,
der nicht den maximal erreichbaren Preis für das Akquisitionsobjekt zahlt, wird die Bank eine geringere Success Fee erhalten als im Falle der Ermittlung des im Interesse des Beratungsmandanten liegenden Erwerbers.

Ein zweiter Nachteil, der dem Kreditinstitut aus dem
Mißbrauch der M&A-Beratung für kreditgeschäftliche Interessen entstehen kann, ist die Schädigung der Reputation im Falle des Bekanntwerdens eines solchen Fehlverhaltens. Wie schon im Abschnitt 5.1.2.1 erwähnt, ist die
Höhe dieses Schadens eine unsichere Größe, die dem Produkt von Entdeckungswahrscheinlichkeit eines Mißbrauchs
und dann anfallenden Verlusten entspricht. Das Risiko
des Bekanntwerdens steigt mit dem Ausmaß des Fehlverhaltens der Bank. Wie schon dargelegt, umfaßt es aber auch
das zumindest kurzfristig exogene Risiko der mangelnden
Kontrollierbarkeit der Wirkugen eines Mißbrauchs. Die
Bank wird gegenüber dieser Gefahr stark risikoavers
sein.

Die hier dargestellten Vor- und Nachteile eines Mißbrauchs bilden die Determinanten bei der Bestimmung des
optimalen Grades des Fehlverhaltens durch das Kreditinstitut. Die Bank wird das Niveau wählen, das ihr den
maximalen Nutzen verspricht. Dabei ist der Anreiz zu
einer Verletzung der Mandanteninteressen um so größer,
je mehr Vorteile für den Kreditbereich daraus resultieren. Eine Begrenzung des Mißbrauchsanreizes kann durch
die Gestaltung der Success Fee erreicht werden. Je höher
deren Anteil ist, desto stärker wird das Interesse der
Bank an der Erzielung eines hohen Verkaufserlöses sein.
Dabei wird das Augenmerk des Kreditinstituts jedoch mehr
noch auf der absoluten Höhe der erfolgsabhängigen Vergütung liegen als auf dem prozentualen Anteil des Honorars
am Kaufpreis. Somit dürfte die Wirkung der Success Fee
in bezug auf die Minderung der Fehlanreize der Bank bei
großvolumigen M&A-Transaktionen besonders stark ausge-

prägt sein. Dem M&A-Mandanten wird insgesamt betrachtet
also offensichtlich durch die Gestaltung des Honorars
für die Beratung ein Mittel zur Begrenzung des Mißbrauchsanreizes des Kreditinstituts in die Hand gegeben.
Hier ergibt sich eine weitere Limitierung für das Fehlverhalten der Bank, die zu den im Abschnitt 4.4 vermuteten, möglichen Begrenzungsfaktoren hinzutritt. Eine
zweite Restriktion für den Mißbrauch durch das Kreditinstitut stellt die Gefahr der Schädigung der Reputation
dar. Diese Begrenzung ist um so stärker, je höher die
Wahrscheinlichkeit für eine Entdeckung eines Fehlverhaltens und die Risikoaversion der Bank sind. Wie bereits
im Abschnitt 5.1.2.1 gezeigt, können die Folgen einer
Verletzung des Renommees vielfältig sein. Sie können
u.a. auch wieder auf die Beurteilung der Fehlverhaltens-
wahrscheinlichkeit der Bank durch die Mandanten zurück-
wirken. Eine solche Rückwirkung ist auch im hier behandelten Fall zu erwarten.

Der M&A-Beratungsmandant kann, wie oben gesehen,
durch die Gestaltung der Success Fee den Fehlverhaltensanreiz des Kreditinstituts begrenzen. Er wird die für
ihn optimale Höhe des Honorars mittels eines Nutzenkalküls wählen. Bei seiner Entscheidung wird ihm die Wirkung der diversen Anreize auf das Verhalten der Bank bekannt sein. Die exakte Quantifizierung der dem Kreditinstitut aus einem Mißbrauch erwachsenden Vor- und Nachteile wird der Mandant jedoch nicht vornehmen können. So
wird er die aus dem Fehlverhalten entstehenden Vorteile
für den Kreditbereich, die Gefahr einer Reputationsschädigung und die Risikoaversion der Bank, die alle für das
Handeln des Kreditinstituts bedeutend sind, nicht kennen. Daher wird die Beurteilung des Mißbrauchspotentials
auch in diesem Fall auf den mit der Bank gemachten Erfahrungen in früheren Zeiträumen basieren. Es wird
letztlich also wieder auf die Reputation zurückgegriffen. Inwieweit der Mandant bereit ist, die Gefahr einer
Verletzung seiner Interessen in Kauf zu nehmen, wird vom
Grad seiner persönlichen Risikoaversion abhängen. Tendenziell wird die Success Fee um so höher liegen, je

größer die Vorteile des Kreditinstitus aus einem Mißbrauch eingeschätzt werden und je geringer die Gefahr
der Entdeckung eines Fehlverhaltens und die Risikoaversion des Instituts veranschlagt werden. Je höher der
Mandant die bei der Bank bestehenden Fehlanreize bewertet, desto höher wird er die Success Fee wählen müssen,
wenn er eine Begrenzung der Mißbrauchsspielräume erreichen möchte. Durch diesen Anstieg des zu entrichtenden
Honorars kann das M&A-Angebot des Kreditinstituts für
den Mandanten u. U. unattraktiv werden, so daß eine Abwanderung zur Konkurrenz droht.

Der Bank entstehen aus der Möglichkeit des Mißbrauchs
der M&A-Beratung zur Verfolgung von Kreditinteressen
Nachteile, die von ihr zu tragen sind. Dies sind zum
einen die geringere Success Fee und die potentielle
Schädigung der Reputation im Falle eines tatsächlichen
Fehlverhaltens bei der Beratung. Die Verletzung des Renommees würde im konkreten Fall dann wiederum direkte
Rückwirkungen auf die Einschätzung der Fehlverhaltens-
wahrscheinlichkeit durch die Mandanten haben. Zum anderen erwachsen der Bank selbst bei einem korrekten eigenen Handeln Nachteile durch die reine Existenz der Möglichkeit eines Mißbrauchs. Sobald ein potentieller Mandant die Gefahr eines Fehlverhaltens des Kreditinstitus
annimmt und dieses durch eine entsprechende Gestaltung
der Success Fee zu limitieren sucht, mindert sich die
Attraktivität dieses Beratungsangebots. Je nach dem Umfang dieser Minderung und der Konkurrenzsituation am
M&A-Beratungsmarkt kann ein anderer Anbieter dann für
den Kunden günstiger sein, und es droht der Verlust bzw.
die Nichtgewinnung des Mandats. Der Wettbewerb am Markt
begrenzt also die Möglichkeit zu einem Fehlverhalten. Um
die aus den Mißbrauchsmöglichkeiten resultierenden Nachteile zu mindern, wird die Bank ein Eigeninteress daran
haben, Einschränkungen dieses Fehlverhaltenspotentials
vorzunehmen.

Wie bereits im Abschnitt 5.1.2.1 dargelegt, kann das
Risiko der mangelnden Kontrollierbarkeit der Wirkungen

eines Mißbrauchs langfristig mittels der Wahl eines bestimmten Niveaus von Monitoring- und Bonding-Aktivitäten
sicherlich in einem gewissen Umfang durch die Bank beeinflußt werden, wobei es mit steigender Kontrollaktivität wachsen wird. Hier zeichnet sich neben der Gestaltung der Success Fee eine zweite Möglichkeit zur Reduktion des Fehlverhaltensanreizes einer Bank ab.

5.1.3 Implikationen für eine mögliche Begrenzung der Agency-Probleme

Im Abschnitt 5.1.1 wurde erläutert, daß der Agent,
sofern er den Vertrag formuliert, die Agency-Kosten zu
tragen hat und daher ein Anreiz für ihn besteht, das
Verhältnis von Residual-Verlust, Monitoring-Kosten und
Bonding-Kosten zu optimieren. Abschnitt 5.1.2 ergab, daß
auch aus den bei der M&A-Beratung der Banken auftretenden Agency-Beziehungen solche Nachteile erwachsen, die
von den Instituten zu tragen sind. Die Kreditinstitute
müssen daher ein Interesse daran haben, die anfallenden
Fehlanreize zu begrenzen.

Das Fehlverhalten bezüglich des Mißbrauchs von Informationen aus dem Bankgeschäft für die Beratung wird, wie
im Abschnitt 5.1.2.1 gezeigt, durch den Umfang der vom
Kunden gewährten Informations- und Kontrollrechte limitiert. Des weiteren begrenzen die nachteiligen Wirkungen
eines Mißbrauchs auf das Renommee einer Bank deren Fehlverhalten. Diese Restriktion ist um so gewichtiger, je
intensiver der Wettbewerb zwischen den Kreditinstituten
ist. Eine konkrete Auswirkung der Reputation für das
Bankgeschäft ergibt sich bei der Entscheidung der Kunden
über das Ausmaß der der Bank zu gewährenden Kontrollrechte. Der Kunde schätzt die Gefahr eines Mißbrauchs
des Kreditinstituts anhand der von ihm unterstellten
Vor- und Nachteile eines solchen Handelns für die Bank
ab. Das Bestehen von Vorteilen aus einem Fehlverhalten
für das Kreditinstitut ist also alleine noch nicht aus-
schlaggebend für potentielle, für das Institut negative
Verhaltensänderungen der Kunden. Diese machen ihr Han-

deln vielmehr von der Gesamtwirkung eines Mißbrauchs für die Bank, also von auftretenden Vor- und Nachteilen abhängig. Dies wurde im Abschnitt 4.4.1.3 in ähnlicher Weise schon für andere im Universalbankensystem existierende Interessenkonflikte festgestellt und kann nun hier auch auf die M&A-Problematik übertragen werden. Die Bank muß also nicht notwendigerweise die Möglichkeit eines Mißbrauchs eliminieren, sondern kann auch durch eine Erhöhung der ihr daraus entstehenden Nachteile den Anreiz zu einem solchen Handeln glaubhaft reduzieren. Der Kunde wird letztendlich aber keine Evaluierung der einzelnen Vor- und Nachteile des Kreditinstituts aus einem Fehlverhalten vornehmen, sondern eine Einschätzung der Wahrscheinlichkeit des Mibrauchs treffen. Der Bank wird demnach an einer Minderung dieser erwarteten Wahrscheinlichkeit gelegen sein. Letztere wird in Anlehnung an das bisher beobachtbare bzw. vermutete Verhalten der Bank, also die Reputation, geschätzt. Eine Minderung des Renommees durch ein Fehlverhalten des Kreditinstituts wird für dieses also als konkrete Auswirkung u. a. eine sinkende Bereitschaft der Kreditkunden zur Überlassung von Informations- und Kontrollrechten zur Folge haben. Solche aus Reputationsschäden erwachsenden Nachteile begrenzen den Anreiz zu einem Mißbrauch.

Das drohende Fehlverhalten eines Kreditinstituts bei der M&A-Beratung ist im Abschnitt 5.1.2.2 anhand eines Verkaufsmandats illustriert worden, da hier die meisten Interessenkonflikte auftreten. Aber auch bei Kaufmandaten können, wie in den Abschnitten 4.4.2 und 5.1.2.2 erwähnt, die Kreditinteressen der Bank einer unabhängigen Beratung entgegenstehen. Im dargestellten Fall wird der Mißbrauch zunächst durch die Gefahr eines Reputationsverlusts begrenzt. Ein ähnlich restriktiver Effekt des Renommees ist auch bei Kaufmandaten zu erwarten. Eine konkrete Auswirkung der Reputation ergibt sich auch im Abschnitt 5.1.2.2, analog zu Abschnitt 5.1.2.1, bei der Bewertung der Vorteilhaftigkeit eines Fehlverhaltens für die Bank durch den Mandanten. Diese Einschätzung wird, ebenso wie die Ermittlung der Risikoaversion des Kredit-

instituts, in Anlehnung an das in der Vergangenheit beobachtbare Verhalten erfolgen. Ein negativer Reputa-
tionseffekt wird u. a. dazu führen, daß aufgrund geringer eingeschätzter Risikoaversion und gestiegener Erwartungen bezüglich der Vorteile eines Fehlverhaltens
für die Bank der Mandant eine höhere Success Fee wählen
wird. Das Fehlverhalten eines Kreditinstituts wird durch
die Furcht vor einem Reputationsverlust um so stärker
begrenzt, je höher die Risikoaversion ist. Gerade in bezug auf das eigene Standing dürften die meisten Institute sehr vorsichtig und risikoscheu sein, da diesem, wie
im Abschnitt 4.4.1.2 erwähnt, eine bedeutende Rolle zu-
kommt. Das exogene Risiko bezüglich der Wirkungen eines
Mißbrauchs, das ebenfalls das Fehlverhalten einer Bank
limitiert, ist, wie gesehen, eine Komponente, die auch
der Reputationsthematik zuzurechnen ist. Eine Einflußnahme der Bank ist hier jedoch kurzfristig nicht möglich. Langfristig kann sie aber einen gewissen Einfluß
auf diese Größe nehmen und so eine Begrenzung ihrer Mißbrauchsanreize bewirken. Eine weitere Einschränkung des
Anreizes zu einem Fehlverhalten wird durch die Success
Fee erreicht. Dabei erfolgt die limitierende Wirkung
nicht nur durch die relative Höhe derselben im Vergleich
zum Transaktionsvolumen, sondern auch durch ihren absoluten Umfang. Mit steigender Größe der Transaktion sinkt
also ceteris paribus der Fehlverhaltensanreiz für die
Bank. Allerdings ist zu beachten, daß eine zu starke Gewichtung der Success Fee erneut zu Fehlanreizen führen
kann. Wie im Abschnitt 4.2.1 bereits erläutert, kann
dann eine zu starke Erfolgsorientierung der Beratung,
die eine Realisation der Transaktion um jeden Preis anstrebt, die Folge sein. Daher muß der Einsatz dieses Instruments zur Begrenzung der im Abschnitt 5.1.2.2 dargelegten Fehlanreize genau tariert werden. Für Kaufmandate
scheidet die Success Fee als Mittel der Fehlverhaltens-
minderung aus, da dem Mandanten an einem niedrigen Kaufpreis gelegen ist.

Der Abschnitt 5.1.2 bringt zum Ausdruck, daß die
Hauptrestriktion für ein Fehlverhalten der Bank durch

die daraus möglicherweise entstehende Schädigung der eigenen Reputation gegeben ist. Dieser Schaden ist eine unsichere Größe. Das Kreditinstitut wird sein Handeln am Erwartungswert dieses Verlustes, der sich als Produkt aus der Wahrscheinlichkeit der Entdeckung des Mißbrauchs und dem Geldäquivalent des dann eintretenden Schadens berechnet, orientieren. Ein Anstieg dieses Erwartungswertes bewirkt eine Minderung des Fehlverhaltensanreizes für die Bank. Er kann durch die Erhöhung eines jeden der beiden Faktoren erreicht werden. Dabei scheint der Versuch einer Erhöhung des Geldäquivalents des Schadens wenig sinnvoll. Beim Bekanntwerden eines Mißbrauchs leidet die Reputation des Instituts, die dessen wesentliche Geschäftsgrundlage darstellt. Der hieraus resultierende Verlust ist gewaltig und könnte durch den Zuschlag einer etwaig vereinbarten Konventionalstrafe nur unwesentlich gesteigert werden, wenngleich deren mögliche Signalwirkung für die Bankkunden hier nicht in Abrede gestellt werden soll. Daher erscheint es effektiver, zur Minderung des Anreizes für ein Fehlverhalten bei der Wahrscheinlichkeit für dessen Entdeckung anzusetzen. Wie im Abschnitt 5.1.2 erläutert, ist dieses Risiko nur insofern exogen, als es kurzfristig nicht beeinflußbar ist und nicht vollständig eliminiert werden kann. Die Bank kann aber sehr wohl durch die Installation von Überwachungs- und Kontrollsystemen zu einer Steigerung der Gefahr des Bekanntwerdens eines Mißbrauchs beitragen. Eine geringfügige Erhöhung dieser Wahrscheinlichkeit wird für den Erwartungswert des Verlustes große Auswirkungen haben, da sie, wie oben dargelegt, mit einem sehr hohen Betrag für das Geldäquivalent des Schadens multipliziert wird.

Der Bank bieten sich prinzipiell zwei Instrumente zur Begrenzung der auftretenden Fehlanreize an. Sie kann zum einen versuchen, eine überprüfbare Einschränkung ihrer Handlungsmöglichkeiten vorzunehmen. Zum anderen kann sie ihren Kunden Kontrollmöglichkeiten einräumen.[1] Dabei

---

[1]Vgl.: Neus, Werner: Aussagekraft, a.a.O., S. 473.

stellt sich das Problem, daß der Kunde diesen Einschränkungen bzw. Kontrollinformationen nur dann vertrauen
wird, wenn er sie selbst oder durch einen unabhängigen
Dritten überprüfen kann.[1] Die Glaubwürdigkeit der ein-
gerichteten Überwachungs- und Kontrollsysteme ist für
einen Erfolg bei der Reduktion des Residual-Verlusts also entscheidend. Einzusetzende Instrumente müssen mithin
sowohl praktikabel als auch glaubwürdig sein. Eine vollständige Elimination des Residual-Verlusts ist bei einer
Agency-Beziehung in der Regel nicht sinnvoll, wie Abschnitt 5.1.1 zeigte. Ebensowenig wird aber auch ein
völliger Verzicht auf Monitoring- und Bonding-Aktivitäten vorteilhaft sein. Diese Erkenntnis bestätigt die
Thesen des Abschnitts 4.4.2.3, der eine absolute Elimination aller Zweifel am korrekten Verhalten der Banken
als unmöglich ansah, sich von einer erhöhten Begrenzung
des Mißbrauchspotentials aber Vorteile für die Institute
versprach.

5.2 Ansätze zur Begrenzung der vorhandenen Fehlanreize

In diesem Abschnitt sollen Möglichkeiten zur Limitierung der zuvor dargestellten Fehlanreize erörtert werden. Zum einen ist zu überlegen, welche Anreize der Kunde einer Bank setzen kann, um eine Wahrung seiner Interessen zu erreichen. Zum anderen werden die Potentiale
des Kreditinstituts zur Beschränkung der Möglichkeiten
des eigenen Fehlverhaltens diskutiert.

5.2.1 Möglichkeiten des Bankkunden

Wie im Abschnitt 5.1 bereits dargelegt, können die
Interessen des Kunden durch ein Fehlverhalten im Bereich
des klassischen Bankgeschäfts, das dort der Einfachheit
halber mit dem Kreditgeschäft gleichgesetzt wurde, oder
einen Mißbrauch im Sektor der M&A-Beratung verletzt werden.

---

[1] Vgl.: Hax, Herbert/Hartmann-Wendels, Thomas/Hinten,
Peter von: Finanzierungstheorie, a.a.O., S. 710.

Eine Nutzung von Informationen aus dem Kreditgeschäft für den M&A-Bereich kann durch Aktivitäten des
Kreditkunden selbst kaum verhindert werden.[1] Er kann
dann, wie Abschnitt 5.1.2.1 zeigte, nur versuchen, durch
die Reduktion der gewährten Informationen bei der Kreditvergabe den Mißbrauchsspielraum des Kreditinstituts
einzuschränken. Dies wird für ihn aber mit Kosten in
Form ungünstigerer Konditionen verbunden sein, sofern er
das aufgrund der geringeren Information gestiegene Kreditrisiko der Bank nicht anderweitig begrenzen kann. Eine solche anderweitige Begrenzung wäre die Stellung von
Sicherheiten. Sofern diese in ausreichendem Umfang vorhanden sind, kann eine Substitution von Informationen
durch Sicherheiten vorgenommen werden, ohne daß die Kreditkonditionen darunter leiden. Diese Alternative wird
sich jedoch nicht allen Kunden eröffnen, da die meisten
nicht über die entsprechenden Sicherheiten verfügen werden.

Auch der Mandant der M&A-Beratung ist daran interessiert, der Bank einen Anreiz zu geben, Mißbrauchspotentiale nicht auszuschöpfen. Wie Abschnitt 5.1.2.2 zeigte,
ist die Gefahr eines Fehlverhaltens insbesondere bei
Verkaufsmandaten sehr hoch. Gleichzeitig ergibt sich
durch die Success Fee für die Bank jedoch auch ein wirkungsvoller Anreiz zur ordnungsgemäßen Beratung. Die er-

---

[1]Lediglich wenn man das Eigeninteresse der Bank am Erhalt einer lukrativen Geschäftsverbindung, wie es im
Abschnitt 4.4.2.2.2 unterstellt wurde, als tatsächlich relevant für deren Verhalten ansieht, ergibt
sich für den Kunden eine Chance, die Weitergabe von
Kreditinformationen an die M&A-Berater zum Zwecke der
Identifikation und Analyse eines potentiellen Übernahmeobjekts zu verhindern. In einem solchen Falle,
in dem die Bank alles vermeiden wird, was zum Verlust
eines guten Kunden führt, kann dieser seine Attraktivität für das Kreditinstitut dadurch begründen, daß
er eine einwandfreie Zahlungsmoral zeigt und so seine
Bonität stärkt. Abgesehen von dieser eher hypotheti-
schen Möglichkeit, die von der oben unterstellten
Verhaltensweise der Bank und dem Potential des Kreditnehmers zur ordnungsgemäßen Bedienung seiner Zah-
lungsverpflichtungen ausgeht, bestehen für den Kunden
keine Potentiale zur Einflußnahme auf das Handeln der
Bank.

zielbare Provision hängt vom Kaufpreis ab, so daß der Berater veranlaßt wird, den optimalen Akquisiteur, der in der Lage ist, das höchste Gebot abzugeben, zu ermitteln. Mit der Erhöhung der Success Fee kann der Mandant also den Anreiz zur Wahrung seiner Interessen verstärken. Allerdings ist hier auch auf die Problematik hinzuweisen, daß eine zu hohe Erfolgsprämie wiederum negative Effekte haben kann, indem sie zu einer einseitigen Transaktionsorientierung des Beraters führt. Der Einsatz dieses Anreizmittels muß also wohldurchdacht erfolgen. Es ist im übrigen ungeeignet für ein Kaufmandat, bei dem ja eine Minimierung des Kaufpreises angestrebt wird.

Neben der Gestaltung der Success Fee bietet die Wahl des Verkaufsmodus dem Verkäufer ebenfalls die Möglichkeit zur Begrenzung eines Fehlverhaltens des Kreditinstituts. Bei Anwendung des Bietverfahrens werden die Chancen der Bank zur Auswahl des Käufers nach eigenen Interessen limitiert. Sie kann dann lediglich versuchen, ihr nicht genehme Interessenten an der Abgabe eines Gebots zu hindern. Aus den eingegangenen Geboten muß jedoch dasjenige ausgewählt werden, das den höchsten Preis für das Kaufobjekt enthält.

5.2.2 Möglichkeiten der Bank

Die Begrenzung der Mißbrauchspotentiale muß auch im Interesse der Bank liegen, da hierdurch ihre Integrität und Loyalität gegenüber den Kunden gestärkt wird.[1] Insofern scheint der Vorschlag von Rüschen, die strenge Abschottung zwischen Kreditbereich und Beratung aufzugeben und die Weitergabe der Beratungsergebnisse an die Kreditabteilung öffentlich anzukündigen, für das M&A-Geschäft problematisch.[2] Die Agency-Kosten des Fremdkapitals könnten durch ein solches Vorgehen zwar u. U. reduziert werden, was auch den Kreditnehmern zugute käme. Dennoch wären negative Folgen für das M&A-Beratungsge-

---

[1] Vgl.: Körber, Ulrich: Stimmrechtsvertretung, a.a.O., S. 76.
[2] Vgl.: Rüschen, Thomas: Consulting, a.a.O., S. 194.

schäft zu erwarten. Wie zuvor gezeigt, liegt das Haupt-
mandantenpotential einer Bankberatung im Mittelstand und
dort besonders bei Verkaufsaufträgen infolge von Eigenkapitalmangel und Nachfolgeproblemen. Diese Mandanten
hätten aus einer Weitergabe von Informationen an den
Kreditbereich aber tendenziell eher negative Konsequenzen zu erwarten, da ihre Bonität aufgrund der Probleme
leidet. Sie würden daher durch ein solches Verhalten von
der Mandatierung der M&A-Beratung einer Bank abge-
schreckt. Ferner hätte ein solches Vorgehen u. U. nachteilige Auswirkungen auf die Beurteilung der Interessen-
konfliktproblematik des Kreditinstituts durch die Kunden. Ein Ausschluß des Mißbrauchs durch die Bank in anderen Bereichen wäre noch schwieriger glaubwürdig zu
versichern, wenn in obigem Fall offiziell auf eine Abschottung verzichtet würde. Daher sollte in allen auftretenden Konfliktfällen auf eine Begrenzung der Fehlanreize hingearbeitet werden, um die Wahrung der Interessen des Kunden glaubhaft zu machen.

Im Abschnitt 5.1 wurde gezeigt, daß der Bank durch
die Antizipation eines Mißbrauchs durch die Kunden Agency-Kosten entstehen. Diese beurteilen die Chance eines
Fehlverhaltens anhand der von ihnen vermuteten Vor- und
Nachteile eines solchen Handelns für das Kreditinstitut.
Wenn die Bank diese Agency-Kosten also senken will, dann
muß sie ihre Vorteile aus einem Mißbrauch vermindern,
die Nachteile erhöhen und die Ausprägung dieser Größen
den Kunden transparent machen. Letztere müssen die Wahrscheinlichkeit eines Fehlverhaltens gering schätzen.

Zunächst einmal muß die Bank bemüht sein aufzuzeigen,
welche eigenen Interessen gegen ein Fehlverhalten sprechen und welche Vorkehrungen getroffen wurden, um einen
solchen Mißbrauch zu verhindern. Hier geht es also um
die Reduktion der Vorteilhaftigkeit bzw. Durchführbar-
keit einer Fehlhandlung durch Bonding-Aktivitäten. Diese
Aspekte werden im Abschnitt 5.2.2.1 erörtert.

Daneben müssen die aus einer Verletzung der Kundeninteressen erwachsenden Nachteile erhöht werden. Die größte Limitierung des Fehlverhaltens der Bank resultiert aus ihrer Furcht vor einem daraus folgenden Reputationsverlust. Wie Abschnitt 5.1.3 zeigte, ist es am sinnvollsten, zur Erhöhung des Nachteils an der Wahrscheinlichkeit des Bekanntwerdens und nicht am Geldäquivalent des Reputationsverlusts, das kaum noch zu steigern sein dürfte, anzusetzen. Als Mittel der Erhöhung der Entdeckungsgefahr sind Kontrollmaßnahmen geeignet, die im Abschnitt 5.2.2.2 diskutiert werden.

5.2.2.1 Bonding-Aktivitäten

5.2.2.1.1 Gestaltung der Organisationsstruktur

5.2.2.1.1.1 Anforderungen an eine Organisationsstruktur

Zur Begrenzung der auftretenden Interessenkonflikte ist eine organisatorische, personelle und kompetenzmäßige Trennung von M&A-Beratung und Bankgeschäft zu empfehlen.[1] Die verschiedenen Bereiche müssen innerhalb der Bankenorganisation hierarchisch gleichgestellt werden. Das Ziel muß es sein, für den Berater keinen Anlaß für einen Mißbrauch entstehen zu lassen.[2] Die Organisationsstruktur ist ein wichtiges Instrument der Bonding-Aktivitäten des Kreditinstituts. Bei ihrer Gestaltung müssen potentielle Zielkonflikte schon mitbedacht werden, um "durch organisatorische Maßnahmen eine möglichst große Übereinstimmung zwischen persönlichen Zielen, Gruppenzielen und dem Unternehmensziel zu erreichen"[3].

Die Organisation darf allerdings nicht einseitig auf die Begrenzung der Fehlanreize ausgerichtet sein. Auch die Realisation der Vorteile einer Bank bei der M&A-Beratung muß beachtet werden. So sind die Synergien aus der Kooperation von Firmenkundenbetreuern und Beratern,

---

[1] Vgl.: Pischulti, Helmut: Unternehmensberatung, a.a.O., S. 189.
[2] Vgl.: Gemm, Klaus: Möglichkeiten, a.a.O., S. 253.
[3] Wielens, Hans: Bankenorganisation, a.a.O., S. 65.

insbesondere beim Verkauf der M&A-Leistung, zu berücksichtigen. Es muß eine Organisation geschaffen werden,
die die Nutzung dieser Vorzüge ermöglicht.[1] Eine vollständige Trennung von M&A-Beratung und Bankgeschäft ver-
bietet sich auch im Hinblick auf die mit dem Beratungsangebot angestrebten Imageeffekte und Cross-Selling-Po-
tentiale für das Kreditinstitut.[2]

Es stellt sich also die Aufgabe der Optimierung der
Organisation bezüglich der mit ihr verbundenen Vor- und
Nachteile. Falls der Firmenkundenbetreuer und die M&A-
Beratung gegenüber dem Kunden gemeinsam als eine Einheit
auftreten, ergibt sich der Vorzug der vollständigen Nutzung der Synergiepotentiale. Gleichzeitig treten aber
auch die Interessenkonflikte ganz deutlich zutage, da
keine Vorkehrungen gegen einen Mißbrauch erkennbar sind.
Falls die Filialen lediglich als Vermittler der M&A-Be-
ratung fungieren und ansonsten nicht in diese involviert
sind, werden die Synergien nicht vollständig ausgeschöpft. Dafür wird aber eine organisatorische Trennung
zwischen den beiden Bereichen eingeführt, die das Mißbrauchspotential mindert.[3] Ein Fehlverhalten wird am
weitestgehendsten begrenzt, wenn die M&A-Einheit ganz
auf die Hilfe des Bankbereichs verzichtet und von diesem
getrennt operiert. Dann können allerdings auch keine Synergien genutzt werden.

Es stellt sich also die Aufgabe, eine Organisations-
form zu finden, die einen sinnvollen Kompromiß zwischen
den jeweiligen Vor- und Nachteilen darstellt. Generell
unterscheidet man zwischen der Ablauf- und der Aufbauorganisation. Erstere umfaßt die sinnvolle Gestaltung des
betrieblichen Arbeitsprozesses.[4] Letztere umschreibt
hingegen den gegenwärtigen Stand des organisatorischen
Aufbaus eines Unternehmens und die permanente Aufgabe

---

[1]Vgl.: Niedereichholz, Christel: Consulting, a.a.O.,
   S. 24-25.
[2]Vgl.: Dahm, Hans: Banking, a.a.O., S. 230-231.
[3]Vgl.: Kailich, Norbert: Qualität, a.a.O., S. 116-117.
[4]Vgl.: Hellner, Thorwald: Organisationsplan, in: Handbuch Bankorganisation, Hrsg.: Stein, Johann Heinrich
   von/Terrahe, Jürgen, Wiesbaden 1991, S. 269.

der Anpassung dieses Aufbaus an Veränderungen im Umfeld,
so daß die langfristige Leistungsfähigkeit gesichert
wird.[1] Beide Bereiche sind für die Minderung von Mißbrauchspotentialen relevant. In der Ablauforganisation
ist sicherzustellen, daß gewisse Routinen, wie die Kontaktierung der Kreditabteilung durch die M&A-Berater zum
Zwecke der Informationsbeschaffung ohne das Wissen der
Kunden, erst gar nicht entstehen. Dazu werden Verhal-
tensregeln und Verfahrensbeschreibungen, die im Organi-
sationshandbuch einer Bank festgehalten werden, vorgege-
ben.[2] Größere Bedeutung kommt aber zweifelsohne der
Aufbauorganisation zu, da sie die Grundlagen für eine
wirkungsvolle Unterbindung solcher Praktiken legen muß.
Sie bestimmt die Kompetenz- und Weisungssysteme sowie
die Informations- und Kommunikationswege.[3] Fehler bei
der Struktur des Aufbaus werden sich auch durch Vorschriften bezüglich des Ablaufs nicht mehr korrigieren
lassen, wenn dem Aufbau Fehlanreize immanent sind. Daher
soll hier im weiteren die Aufbauorganisation betrachtet
werden.

5.2.2.1.1.2 Ausgestaltung der Aufbauorganisation

5.2.2.1.1.2.1 Organisatorische Grundkonzeption

Wie bereits gesehen, ist die M&A-Beratung hierarchisch möglichst autonom anzusiedeln, um Interessenkonflikte mit anderen Bereichen der Bank zu vermeiden und
die nötige Unabhängigkeit der Berater zu garantieren.[4]
Insbesondere ist auch auf eine hierarchische Gleichstellung von Beratung und Verkauf, also von M&A-Einheit und
Firmenkundenbetreuern, zu achten, damit keinerlei Weisungen in die eine oder andere Richtung möglich sind.[5]

---

[1]Vgl.: Wielens, Hans: Bankenorganisation, a.a.O., S.63.
[2]Vgl.: Hellner, Thorwald: Organisationsplan, a.a.O.,
S. 270-275.
[3]Vgl.: Jacob, Adolf-Friedrich: Instrumente, in: Handbuch Bankorganisation, Hrsg.: Stein, Johann Heinrich
von/Terrahe, Jürgen, Wiesbaden 1991, S. 173.
[4]Vgl.: Pischulti, Helmut: Unternehmensberatung, a.a.O.,
S. 60.
[5]Vgl.: Gemm, Klaus: Möglichkeiten, a.a.O., S. 253.

Ein solcher Aufbau impliziert die Trennung von Relation-
ship Management, im Sinne der Verantwortung für das Ge-
samtergebnis zu einer gewissen Kundengruppe, und Produkt
Management, verstanden als Zuständigkeit für die Entwicklung und den Erfolg einer bestimmten Bankdienstleistung. Sie führt zur Struktur der Matrixorganisation.[1]
Bei dieser ist die Zentrale produktbezogen organisiert,
während die Filialen kundengruppenbezogen gestaltet
sind. Beide Bereiche sind hierarchisch gleichgestellt.[2] Die Matrixorganisation impliziert erhebliche
Konfliktpotentiale in bezug auf Verantwortungsabgrenzung
und Kommunikationsausgestaltung zwischen den beiden Or-
ganisationssektoren, die durch entsprechende Koordina-
tionsmechanismen zu entschärfen sind.[3]

Die Produktorientierung der Zentrale erleichtert die
Installation einer Profit-Center-Organisation, da die
diversen Verantwortungsbereiche klar voneinander abge-
grenzt sind.[4] Hier werden die einzelnen Sektoren der
Bank nach den von ihnen erzielten Ergebnissen beurteilt.
Eine solche Erfolgsorientierung stärkt die Eigenkompe-
tenz der Produktbereiche und schafft ein innerbetriebli-
ches Anreizsystem.[5] Gerade für die M&A-Beratung ist
diese Eigenständigkeit und Eigenverantwortlichkeit im
Hinblick auf die Stärkung der Unabhängigkeit dieser
Dienstleistung sehr bedeutend. Die Profit-Center-Konzeption bewirkt, daß die einzelnen Sektoren primär ihre eigenen Interessen vertreten und sich nicht an bereichs-
übergreifenden, gesamtbankbezogenen Überlegungen orientieren. Eine als Profit-Center organisierte M&A-Beratung
wird versuchen, ihren Gewinn zu maximieren, und dabei
die Interessen anderer Bankbereiche, die dem entgegenstehen, nicht berücksichtigen. Durch die hierarchische

---

[1]Vgl.: Cramer, Jörg-Engelbrecht: Produktorientierung,
   in: Organisation der Banken und des Bankenmarktes,
   Hrsg.: Engels, Wolfram, Frankfurt/Main 1988, S. 44.
[2]Vgl.: Kilgus, Ernst: Banken, in: Handbuch Bankorganisation, Hrsg.: Stein, Johann Heinrich von/Terrahe,
   Jürgen, Wiesbaden 1991, S. 82.
[3]Vgl.: Büschgen, Hans E.: Organisation, a.a.O., S. 39.
[4]Vgl.: Wielens, Hans: Bankenorganisation, a.a.O.,S.69.
[5]Vgl.: Storck, Joachim: Aspekte, a.a.O., S. 379.

Gleichstellung der einzelnen Produktbereiche ist ein Einfluß anderer Sektoren auf das Handeln der M&A-Einheit ebenso ausgeschlossen wie der umgekehrte Fall.[1] Die M&A-Einheit wird im eigenen Interesse bei einem Verkaufsmandat also nicht primär den Käufer mit der besten Bonität zu ermitteln suchen, sondern den Interessenten, der bereit ist, den höchsten Preis zu zahlen.[2] Nur so kann die Provision maximiert werden. Ein solches Verhalten ist identisch mit den Interessen des Mandanten. Ebenso wird eine als Profit-Center organisierte Kreditabteilung strikt die eigenen Belange vertreten. Eine unerlaubte Weitergabe von Kreditinformationen an den M&A-Berater führt zu keinerlei Vorteilen für den Kreditbereich, ist aber mit dem Risiko des Bekanntwerdens und anschließenden Vertrauensverlusts beim Kunden behaftet. Sie kann daher nicht im Interesse der Kreditabteilung liegen. Auch hier garantiert die Organisation also eine Wahrung der Belange der Kunden. Dennoch findet keine vollständige Elimination von Fehlanreizen statt. Es sind immer noch Situationen denkbar, in denen ein Bereich einem anderen Sektor eine Gegenleistung für den Mißbrauch gewährt und ein solches Verhalten dann auch im eigenen Interesse dieses Sektors liegt. Dies könnte z. B. der Fall sein, wenn die M&A-Einheit der Kreditabteilung für die Möglichkeit der Nutzung von Kreditinformationen die Überlassung der Analyseergebnisse aus der Beratung verspricht.

Die Filialen sind bei der Matrixorganisation kundengruppenorientiert. Die Geschäftsverantwortung liegt bei einer einzigen Stelle, die dem Kunden dann alle Bankleistungen aus einer Hand anbietet. Diese Stelle ist zuständig für die Kundenakquisition, die Pflege der Geschäftsbeziehung und den Verkauf der diversen Banklei-

---

[1] Vgl.: Moschner, Manfred: M&A IV, a.a.O., S. 922.
[2] Dabei ist jedoch zu beachten, daß diese beiden Kriterien häufig Hand in Hand gehen werden, da der Käufer, der tatsächlich in der Lage ist, den höchsten Kaufpreis zu zahlen, auch über eine ausreichende Bonität verfügen muß, um die Finanzierung der Akquisition darstellen zu können.

stungen an den Kunden.[1] Sie wird nach den verkauften
Leistungen bewertet und ist vollkommen unabhängig gegenüber den Produktbereichen. Somit kann sie frei darüber
befinden, welche Produkte sie dem Kunden verkauft. Als
Verkäufer für die M&A-Beratung scheinen die Firmenkundenbetreuer der Filialen prädestiniert zu sein. Sie haben die "Entwicklung einer Kundenverbindung in allen
Fachbereichen systematisch zu beobachten und dafür zu
sorgen, daß Anknüpfungspunkte für Geschäfte von den einzelnen Fachbereichen genutzt werden"[2]. Sie sollen also
das gesamte Bankleistungssortiment anbieten und sich
nicht alleine auf die Vermittlung von Krediten beschränken.[3].

Es stellt sich jedoch die Frage, ob der Verkauf der
M&A-Beratung durch den Firmenkundenbetreuer genauso be-
reitwillig erfolgen wird wie die Vermittlung eines Kredits. Häufig werden hier Widerstände vermutet.[4] So
könnte der Firmenkundenbetreuer bei der Vermittlung eines Verkaufsmandats den Verlust der Geschäftsverbindung
zu dem Unternehmen befürchten, der bei der Aufnahme eines Kreditverhältnisses nicht eintreten wird. Als Folge
dieser Überlegung könnte sein Engagement bei der Akquisition von M&A-Mandaten leiden.[5] Es gibt jedoch eine
Anzahl von Argumenten, die gegen ein solches Verhalten
sprechen und eine bereitwillige Kooperation mit dem Beratungsbereich erwarten lassen. Zunächst zeigte bereits
Abschnitt 4.4.2.2.2, daß bei einem Verkauf dem Nachteil

---

[1] Vgl.: Wielens, Hans: Bankenorganisation, a.a.O.,S.73.
[2] Zapp, Herbert: Kundenbetreuer,in: B 1/85, S. 12.
[3] Vgl.: Ebenda, S. 13.
Vereinzelt wird dem entgegengehalten, daß ein einzel-
ner Kundenbetreuer nicht in der Lage sei, die gesamte
Palette der Bankdienstleistungen anzubieten. Es wird
dann die Betreuung der Kundengruppe durch ein Team
von Bankmitarbeitern vorgeschlagen.Vgl.: Bühler, Wilhelm: Modelltypen, in: Handbuch Bankorganisation,
Hrsg.: Stein, Johann Heinrich von/Terrahe, Jürgen,
Wiesbaden 1991, S. 139-140.
Dies Teamkonzeption ändert aber nichts an dem oben
Gesagten.
[4] Vgl.: Rüschen, Thomas: Unternehmensberatung, a.a.O.,
S. 28.
[5] Vgl.: Wiest, Daniel: Beratung, a.a.O., S. 127.

des potentiellen Verlusts der Kontoverbindung zu der Gesellschaft der Vorteil eines zufriedenen Kunden, der seinen Erlös aus dieser Transaktion wieder bei der Bank anlegen wird, gegenübersteht. Für das Kreditinstitut findet dann also lediglich eine Substitution der Nachfrage nach einem Kredit durch die Nachfrage nach Vermögensanlageleistungen statt. Für den Firmenkundenbetreuer kann es allerdings persönlich dennoch zu einem Verlust dieser Kontoverbindung kommen, wenn der Kunde nach dem Verkauf in die Gruppe der vermögenden Privatkunden wechselt. In diesen Fällen wäre hier also immer noch mit Widerständen zu rechnen. Diese werden aber brechen, sobald die Firmenkundenbetreuer erkennen, daß das M&A-Geschäft "unwahrscheinliche bankgeschäftliche Katalysator-Effekte im Firmenkundengeschäft"[1] hat. Die Attraktivität und das Image eines Kreditinstituts steigen durch das Angebot dieser Dienstleistung. Daneben erhöhen sich auch das Ansehen und die Kompetenz des Firmenkundenbetreuers durch die Möglichkeit der Einschaltung erfahrener Berater.[2] Dieser indirekte Nutzen muß den Betreuern deutlich gemacht werden. Dazu können Seminare und Informationsschreiben beitragen.[3] Zusätzlich zu den indirekten können auch noch direkte Vorteile auftreten, wenn die Akquisition von Mandanten durch Anreizsysteme gefördert wird. Hier sind zum einen unmittelbare Vorzüge in Form von Provisionen oder zweckgebundenen Prämien denkbar. Zum anderen kann ein Engagement mittelbar entlohnt werden, indem es in Tätigkeitsberichten vermerkt wird und zum Erreichen einer festgelegten Zielvorgabe beiträgt. Die Erfüllung dieser Vorgabe wird dann im Rahmen eines erfolgsabhängigen Gehalts honoriert.[4] Für den Firmenkundenbetreuer besteht somit im eigenen Interesse ein Anreiz zur Kooperation mit der M&A-Beratung. Maßstab seines Handelns müssen letztendlich die Interessen seiner Kunden sein, da er die Geschäftsverbindung zu diesen auf Dauer nur so aufrechterhalten kann.

---

[1] Dahm, Hans: Funktion, a.a.O., S. 4.
[2] Vgl.: Ebenda, S. 7.
[3] Vgl.: Rüschen, Thomas: Consulting, a.a.O., S. 232-233.
[4] Vgl.: Rüschen, Thomas: Unternehmensberatung, a.a.O., S. 29.

Damit ergibt sich für die Aufbauorganisation die in Anlage VII abgebildete Ausgestaltung, die zum einen versucht, Interessenkonflikte zu begrenzen, und zum anderen, Synergien weitmöglichst zu erhalten. Die Verkabelung der M&A-Beratung mit dem Filialbereich ist dabei ebenso notwendig wie die Errichtung sogenannter "Chinesischer Mauern" zwischen den einzelnen Produktbereichen. Ersteres dient der Sicherung der wichtigen Synergien bei der Akquisition von Mandaten. Letzteres ist ein wichtiges Instrument zur Wahrung der Diskretion der Beratung, und damit zur Begrenzung von Fehlanreizen.[1] Die Profit-Center-Konzeption und die hierarchische Gleichstellung der einzelnen Bereiche sind wichtige Mittel der Ausgestaltung der "Chinesischen Mauern", indem sie ein an der Verfolgung der jeweils eigenen Interessen orientiertes Verhalten der Sektoren garantieren. Diese Interessen sind bei Konkurrenz der Anbieter am jeweiligen Markt mit denen der Kunden identisch. Die Wirkung der organisatorischen Separation der einzelnen Produktbereiche kann durch deren räumliche und personelle Trennung noch erhöht werden. Eine ständige Kontrolle der Wirksamkeit der Abschottung wird die Stabilität der "Chinesischen Mauern" stärken, indem sie die Entdeckungsgefahr von Versuchen der Umgehung dieser Trennung steigert, wie Abschnitt 5.2.2.2 noch zeigen wird. Die hier vorgestellte Organisation bewirkt natürlich keine vollkommene Lösung aller anfallenden Probleme, da eine solche nicht zu erreichen ist. Sie ist insofern nur ein Versuch zur Realisation der bestmöglichen Ausgestaltung.[2]

5.2.2.1.1.2.2 Organisatorische Ansiedlung der Beratung

Innerhalb dieser Aufbauorganisation lassen sich für die konkrete Ausgestaltung der M&A-Beratungseinheit verschiedene Ansätze realisieren. Zunächst kann die Beratung intern, in der Bank selbst, angesiedelt werden. Dabei bietet sich u. a. die Möglichkeit zur Integration der Beratung in eine bereits bestehende Abteilung an.

---

[1] Vgl.: Dahm, Hans: Funktion, a.a.O., S. 6.
[2] Vgl.: Kilgus, Ernst: Banken, a.a.O., S. 77.

Eine solche Lösung ist jedoch mit zahlreichen Nachteilen verbunden. Sie dürfte daher kaum ernsthaft in Erwägung gezogen werden. Die Motivation und Qualifikation der Mitarbeiter für diese zusätzliche Aufgabe wird nur schwer zu erreichen sein. Die Durchsetzung des Honorars beim Mandanten stößt auf Probleme, da die Beratung kaum als eigenständige Bankleistung zu erkennen ist. Vor allen Dingen ist die Unabhängigkeit der M&A-Beratung aber nur schwer vermittelbar.[1] Eine Abschottung zu den anderen Aktivitäten der Abteilung ist besonders aufwendig und kaum erreichbar. Die Organisation als eigenständiges Profit-Center dürfte aufgrund der engen Vernetzung zu den anderen Tätigkeiten kaum möglich sein.

Als Alternative im Bereich der internen Ansiedlung der M&A-Einheit kommt die Neugründung einer entsprechenden Abteilung in Betracht. Sie hat gegenüber dem zuvor erläuterten Ansatz den Vorteil, daß aufgrund der exklusiven Beschäftigung der Mitarbeiter mit der M&A-Beratungstätigkeit ein umfassenderer Beratungsumfang und eine verbesserte Qualität erreichbar sind. Zudem kann sich der M&A-Service hier einfacher als eigenständige Bankleistung profilieren, was die Durchsetzbarkeit des Honorars erhöht.[2] Daneben ist hier eine deutliche Abgrenzung zu den anderen Bankgeschäften einfacher durchsetzbar. Dies ermöglicht die Einrichtung einer Profit-Center-Organisation und somit auch die Begrenzung von Konfliktpotentialen. Beide Formen der internen Ansiedlung bieten den Vorzug der guten Kommunikationsmöglichkeiten zu anderen Bankbereichen und der erleichterten Ausnutzung intendierter Synergien.[3] Allerdings haben sie auch den Nachteil, daß die Eigenständigkeit der Beratung im Vergleich zu externen Lösungen nach außen nicht so

---

[1]Vgl.: Bickel, Walter: Unternehmensberatung, a.a.O., S. 260-261.
[2]Vgl.: Pischulti, Helmut: Unternehmensberatung,a.a.O., S. 68-69.
[3]Vgl.: Bringmann, Ralf/Krag, Joachim: M&A,a.a.O.,S.69.

klar zum Ausdruck kommt. Daher können hier z. B. eher
Probleme bei der Durchsetzung des Honorars auftreten.[1]

Als Möglichkeit der externen Ausgestaltung der M&A-
Einheit kommt zunächst die Gründung einer Tochtergesellschaft in Frage. Ihr wird im Vergleich zur internen Ansiedlung vielfach der Vorteil der Dokumentation einer
erhöhten Unabhängigkeit der M&A-Beratung nach außen unterstellt.[2] Es wird teilweise sogar behauptet, eine
Abschottung von M&A-Bereich und Bankgeschäft könne nur
auf Basis einer unabhängigen Tochtergesellschaft, die am
Markt rein kundenorientiert operiert, funktionieren.[3]
Das Kreditinstitut zeige durch einen solchen Schritt
seine Sensibilität bezüglich des Bankgeheimnisses, der
Insiderproblematik und der Unabhängigkeit der Beratung.[4] Diese Wirkung kann aber nur oberflächlicher Natur sein. Bezüglich der Begrenzung von Fehlanreizen
macht es keinen Unterschied, ob die in Anlage VII dargestellte M&A-Einheit in der Rechtsform einer Tochtergesellschaft oder eigenständigen Bankabteilung firmiert.
Die Anreizwirkungen bleiben dieselben. Lediglich nach
außen wird ein Zeichen gegeben, das für eine Trennung
von M&A- und Bankgeschäft spricht. Wichtig ist jedoch
die tatsächliche organisatorische Separation und Gleichstellung der diversen Bankbereiche. Diese ist durch die
Firmierung als Tochtergesellschaft nicht automatisch garantiert. Der Wille zu einer solchen Trennung wird aber
u. U. deutlicher nach außen artikuliert als bei einer
internen Lösung. Insofern mag das obige Argument zutref-
fen. Es existieren jedoch noch weitere Vorteile, die für
die Gründung einer Tochtergesellschaft sprechen und weniger umstritten sind. Die Durchsetzbarkeit der Bera-
tungsprovision wird durch die auch nach außen offen-
sichtliche Trennung von Bank- und Beratungssektor erleichtert.[5] Ein weiterer Vorzug liegt in der Möglich-

[1]Vgl.: Pischulti, Helmut: Unternehmensberatung,a.a.O.,
    S. 61.
[2]Vgl.: Müller-Stewens, Günter: M&A. a.a.O., S. 32.
[3]Vgl.: Bross, Holger F.L./Caytas, Ivo G./Mahari, Juli-
    an I.: Consulting, a.a.O., S. 56.
[4]Vgl.: Bringmann, Ralf/Krag, Joachim: M&A,a.a.O.,S.74.
[5]Vgl.: Moschner, Manfred: M&A I, a.a.O., S. 598.

keit der Installation eines von der Bank verschiedenen
Gehaltsgefüges bei der M&A-Tochtergesellschaft.[1] Für
die Beratung werden spezialisierte Mitarbeiter benötigt,
deren Entlohnung entsprechend hoch ist und kaum in das
Gehaltssystem eines Kreditinstituts zu integrieren ist,
ohne dort Reibereien unter den Angestellten zu verursachen.[2] Ferner erlaubt die externe Lösung eine eigenständige Personalpolitik, die in Anbetracht der Tatsache, daß das Personal der entscheidende Engpaßfaktor im
Beratungsgeschäft ist, sehr bedeutend sein kann.[3] Besonders die Motivation der Führungskräfte gestaltet sich
hier einfacher, da ihr Gestaltungsspielraum größer sein
wird.[4] Daneben begrenzt die Ausgliederung der M&A-Ein-
heit die Konflikte bezüglich der unterschiedlichen Un-
ternehmenskulturen von Bankgeschäft und Beratungsbereich.[5] Ein Nachteil kann der Bank aus einer Ausgliederung der M&A-Beratung entstehen, wenn sie die Unabhängigkeit dieser Leistung überbetont und die Zugehörigkeit zum Bankbereich nicht mehr erkennbar ist. Dann gehen die aus dieser Tätigkeit erwarteten Imagewirkungen
für das Bankgeschäft verloren.[6]

Als Alternative einer externen Ansiedlung ist der Erwerb eines bereits am Markt tätigen M&A-Beraters möglich. Dieses Vorgehen ist im Vergleich zur Gründung einer Tochtergesellschaft mit geringerem Zeit- und Perso-
nalbedarf verbunden.[7] Das Leistungsangebot und die
entsprechende Marktposition stehen der Bank direkt zur
Verfügung.[8] Ansonsten gelten hier die gleichen Vor-
und Nachteile wie bei der Gründung einer Tochtergesellschaft. Zusätzlich ergibt sich jedoch noch das Problem

---

(1)Vgl.: Wiest, Daniel: Beratung, a.a.O., S. 108.
(2)Vgl.: Knief, Peter/Napp-Saarbourg, Arnold: Objektivität, a.a.O., S. 12.
(3)Vgl.: Moschner, Manfred: M&A IV, a.a.O., S. 922.
(4)Vgl.: Bringmann, Ralf/Krag, Joachim: M&A,a.a.O.,S.69.
(5)Vgl.: Moschner, Manfred: M&A IV, a.a.O., S. 922.
(6)Vgl.: Pischulti, Helmut: Unternehmensberatung,a.a.O.,
S. 71.
(7)Vgl.: Büschgen, Hans E.: Allfinanz, a.a.O., S. 6.
(8)Vgl.: Bickel, Walter: Unternehmensberatung, a.a.O.,
S. 270.

der Identifikation eines geeigenten Akquisitionsobjekts und der reibungslosen Integration desselben.[1]

Generell kann man festhalten, daß die Vorteile einer externen Ansiedlung der M&A-Einheit im Bereich der Honorardurchsetzbarkeit und Personalpolitik- bzw. Gehaltsautonomie liegen. Der Vorzug einer besseren Dokumentation der Unabhängigkeit der Beratung nach außen ist schwer quantifizierbar. Die Distribution der M&A-Leistung kann, trotz rechtlicher Eigenständigkeit der Beratungseinheit, weiterhin über das Bankfilialnetz erfolgen.[2]

Eine dritte Alternative zur internen bzw. externen Ansiedlung der Beratung stellt der Verzicht auf eine eigenständige Erstellung dieser Leistung durch die Bank dar. Statt dessen kann das Kreditinstitut sich mit der Vermittlung selbständiger M&A-Berater begnügen. Ein solches Vorgehen hat den Vorzug, daß die Bank hier keine eigenen Beratungskapazitäten vorhalten muß.[3] Negativ ist jedoch zu beurteilen, daß das Kreditinstitut bei einer solchen Vermittlung eine Verantwortung für die Qualität der Leistung der empfohlenen Berater trägt. Deren Versagen schädigt die Reputation der Bank und das Vertrauen der Kunden.[4] Daher ist, um den Bankkunden Empfehlungen geben zu können, eine Überwachung der Aktivitäten der Berater und eine Evaluierung ihrer Güte durch das Kreditinstitut nötig.[5] Dennoch führen diese Bemühungen für die Bank nicht zur Erlangung der angestrebten Beratungskompetenz, da sie in den Augen ihrer Kunden allenfalls das Image eines Maklers einnimmt.[6] Die Kunden erwarten aber, wie schon Abschnitt 4.1.2.2 ergab, von ihrem Kreditinstitut nicht die Vermittlung sondern die Beratung selbst.[7] Eine Kooperation der Bank mit selbständigen Beratern führt zudem wegen der unterschiedli-

---

[1]Vgl.: Büschgen, Hans E.: Allfinanz, a.a.O., S. 6.
[2]Vgl.: Büschgen, Hans E.: Gestaltung, a.a.O., S. 46.
[3]Vgl.: Müller-Schwerin, Eberhard/Streidt, Gunnar A.:
     Bankdienstleistung, a.a.O., S. 1117.
[4]Vgl.: Juncker, Klaus: Beratung, a.a.O., S. 15.
[5]Vgl.: Pischulti, Helmut: Vermittlung, a.a.O., S. 137.
[6]Vgl.: Müller-Schwerin, Eberhard/Streidt, Gunnar A.:
     Bankdienstleistung, a.a.O., S. 1117.
[7]Vgl.: Büschgen, Hans E.: Anforderungen, a.a.O.,S. 52.

chen geschäftspolitischen Interessen der Beteiligten zu einem erheblichen Konfliktpotential.[1] Die Kontrolle und Steuerung der Zusammenarbeit ist äußerst schwierig und sehr störanfällig.[2] So ergeben sich z. B. ernsthafte Probleme bei der Ermittlung und Durchsetzung einer Provision für die Vermittlungstätigkeit des Kreditinstituts.[3] Außerdem könnte die Bank bei einer solchen Kooperation ihre vielfältigen Synergien nicht nutzen.[4] Daher kommt eine reine Vermittlungstätigkeit in Anbetracht der im Abschnitt 4.1.2 dargelegten, mit dem M&A-Beratungsangebot verbundenen Ziele für die meisten Banken nicht in Betracht. Sie ist nur dann eine Alternative, wenn der Aufbau einer eigenen Beratung aus Kapazitätsgründen nicht möglich ist.

5.2.2.1.1.3 Glaubwürdigkeit des Organisationskonzepts

Die in Anlage VII abgebildete Aufbauorganisation behält unabhänig von der rechtlichen Ausgestaltung der M&A Einheit ihre Gültigkeit. Die M&A-Beratung kann sowohl als eigenständige Abteilung als auch als selbständige Tochtergesellschaft organisiert sein. In beiden Fällen stellt sich das Problem der Glaubwürdigkeit der Aufbauorganisation: "Auch wenn die Banken behaupten, ihre M&A-Bereiche arbeiteten autonom und ohne Rückkoppelungen in die anderen Bereiche der Bank - vor allem den Kreditbereich -, allein hier fehlt der Glaube"[5]. Wer garantiert, daß nicht doch von oberster Stelle Weisungen bezüglich eines bestimmten, im Interesse der Gesamtbank liegenden Verhaltens an den M&A-Bereich oder den Kreditsektor gehen? Diese Möglichkeit ist in dem in Anlage VII enthaltenen Organisationsmodell zwar ausgeschlossen, es besteht jedoch für den Kunden keine Garantie dafür, daß sich die Bank auch tatsächlich an die in der Organisation vorgezeichneten Regelungen hält. Insbesondere

---

[1] Vgl.: Pischulti, Helmut: Unternehmensberatung, a.a.O., S. 193.
[2] Vgl.: Büschgen, Hans E.: Allfinanz, a.a.O., S. 6.
[3] Vgl.: Pischulti, Helmut: Vermittlung, a.a.O., S. 136.
[4] Vgl.: Büschgen, Hans E.: Gestaltung, a.a.O., S. 47.
[5] Zimmermann, Klaus: Gesprächspartner, a.a.O., S. B14.

sind auch Absprachen bezüglich eines Fehlverhaltens zwischen zwei Bereichen möglich, wenn davon beide profitieren. Ein Kreditinstitut kann durch die Ausgestaltung der Aufbauorganisation also seinen Willen zur Unabhänigkeit der M&A-Beratung dokumentieren, sie aber nicht garantieren. Dennoch ist die Organisation ein wichtiges Bonding-Instrument, da sie die Wahrscheinlichkeit eines Mißbrauchs senken kann. Bei Wahl einer anderen Organisationsstruktur wären Fehlanreize u. U. systemimmanent und das Fehlverhaltenspotential viel umfangreicher. In der Organisationsstruktur der Anlage VII sind diese systemimmanenten Fehlanreize aber weitgehend ausgeschaltet, so daß ein Mißbrauch nur bei einer Verletzung dieser Struktur möglich ist.

5.2.2.1.2 Erhöhung der Transparenz

Als Mittel der Steigerung der eigenen Glaubwürdigkeit wird den Banken häufig eine Erhöhung der Transparenz ihres Handelns vorgeschlagen. Dem Vorwurf der Ausnutzung von Interessenkonflikten soll durch rückhaltlose Offenlegung der eigenen Interessen entgegengetreten werden.[1] Der Kunde kann dann verfolgen, wie sich die Bank in der jeweiligen Situation verhält. Diese These beruht auf der Annahme, daß die Glaubwürdigkeit in starkem Maße von dem in der Vergangenheit beobachtbaren Verhalten abhängt. Sie führt auf die schon in früheren Abschnitten erwähnte, für das Bankgeschäft unverzichtbare, Reputation zurück, die ebenfalls ein Produkt vergangenen Handelns ist. Sie wird im folgenden Abschnitt im Mittelpunkt der Betrachtungen stehen.

5.2.2.2 Monitoring-Aktivitäten

Die Kontrolle des Verhaltens eines Kreditinstituts steigert die Wahrscheinlichkeit der Entdeckung eines Mißbrauchs. Das Bekanntwerden eines Fehlverhaltens hat wiederum Rückwirkungen auf die Reputation einer Bank.

---

[1]vgl.: Köpf, Georg: Depotstimmrecht, a.a.O., S. 587.

Die Angst vor solchen Schädigungen limitiert den Anreiz der Kreditinstitute zur Verfolgung von Eigeninteressen, die mit einer Verletzung der Belange der Kunden verbunden sind. Wie im vorangehenden Abschnitt erläutert, basiert die Glaubwürdigkeit, die die Basis für die meisten Geschäfte in der sehr stark vom Vertrauen abhängigen Kreditwirtschaft ist, auf dem guten Ruf eines Instituts. Daher wird es Aktivitäten, die das Risiko einer Schädigung der Reputation beinhalten, äußerst kritisch gegenüberstehen, da das Geldäquivalent eines solchen Schadens gewaltig ist.

Wie im Abschnitt 5.1.3 bereits erwähnt, scheint zur Erhöhung der Nachteile eines Mißbrauchs für eine Bank die Steigerung der Entdeckungswahrscheinlichkeit am geeignetsten. Zur Erhöhung dieses Risikos ist die Einrichtung von Kontrollen zur Überwachung des Verhaltens der Kreditinstitute ein effektives Mittel. Solche Kontrollen können z. B. an der Überprüfung des organisatorischen Ablaufs der M&A-Beratung ansetzen. Wie Abschnitt 5.2.2.1 zeigte, ist bei Garantie der dortigen Aufbauorganisation, die eine Vermeidung von Absprachen zwischen den Bereichen verlangt, die Wahrung der Interessen des Kunden gesichert. Kontrollen hätten hier zu prüfen, ob tatsächlich keine Absprachen oder Weisungen zwischen den Sektoren erfolgen.

5.2.2.2.1 Interne Kontrollen

Die Kontrollinstanzen können entweder innerhalb der Bank oder außerhalb von ihr angesiedelt sein. Bei einer internen Kontrolle richtet das Kreditinstitut selbst eine Instanz ein, die die Einhaltung der Diskretionsregeln überwacht. So kann z. B. die Interne Revision mit der Prüfung der regelkonformen Umsetzung der vorgegebenen Aufbauorganisation, die durch eine analog Anlage VII ausgestaltete Struktur mißbräuchliches Verhalten aus-

schließen soll, betraut werden.[1] Eine solche Lösung
führt natürlich wieder zu dem Problem der Glaubwürdigkeit. Sie ist daher nur bedingt geeignet. Das Problem
liegt darin, daß die meisten unterstellten Mißbräuche
aus gesamtbankorientierten Motiven erfolgen und nur selten lediglich in den Einzelinteressen der Handelnden begründet sind. Eine von der Gesamtbank installierte und
deren Ziele verfolgende Kontrollinstanz hat demnach keinen Anreiz, ein solches Fehlverhalten zu unterbinden.
Zwar verpflichtet sie sich ex ante gegenüber den Kunden
zu einer gewissenhaften Überwachung, ex post wird sie
diese, wenn sie gegen ihre Interessen verstößt, aber
nicht durchführen, da die Kunden ihre Aktivitäten nicht
beobachten können. Es besteht also auch hier ein Agency-
Problem. Die Kontrolle wird lediglich in den Bereichen
effektiv sein, in denen ein Mißbrauch nicht aus Gesamt-
bankinteressen motiviert ist, sondern individuell. Dies
ist z. B. im Bereich des Insiderhandels von Bankange-
stellten der Fall, da ein solches Handeln der Bank keine
Vorteile sondern nur Nachteile in Form der Gefahr einer
Schädigung der Reputation bringt. In diesen Fällen
greift eine interne Kontrollinstanz. Sie kann aber, wie
gesehen, nur für einen Teil des potentiellen Fehlverhaltens das Entdeckungsrisiko erhöhen.

5.2.2.2.2 Externe Kontrollen

Externe Kontrollen scheinen das geeignetere Mittel
zur Mißbrauchsbegrenzung zu sein. Sie können entweder
durch die Kunden selbst oder durch einen Dritten durchgeführt werden. Es erscheint theoretisch möglich, den
Kunden der Bank gewisse Kontrollrechte einzuräumen, mit
denen sie eine Überwachung des Verhaltens des Kreditinstituts vornehmen können. Ohne diese Rechte hier genauer
zu spezifizieren, kann davon ausgegangen werden, daß
sich in diesem Bereich die gleiche Problematik ergeben
wird, die für das Kontrollrecht der Aktionäre in Abschnitt 2.1.2 dargestellt wurde: Einzelne Aktionäre ha-

---

[1]Vgl.: Jacob, Adolf-Friedrich: Instrumente, a.a.O.,
S. 189.

ben keinen Anreiz zur Kontrolle, weil die mit ihr verbundenen Kosten von ihnen alleine zu tragen sind, während die Erträge der Überwachung allen zufließen. Dieses Free-Rider-Problem wird sich auch bei einem Kontrollrecht der Bankkunden stellen. Daher scheint ein solches wenig sinnvoll. Es ist zudem kaum praktikabel, da die meisten Kunden nicht über das notwendige Wissen verfügen werden, um eine solch diffizile Kontrolle überhaupt durchführen zu können. Daneben scheint eine Organisation und Ausgestaltung eines solchen Kontrollrechts, die nicht zu einer massiven Störung des bankbetrieblichen Ablaufs und einer Verletzung des Bankgeheimnisses führt, ausgeschlossen. Daher scheidet die Gewährung von Kontrollbefugnissen an Bankkunden als Mittel der Überwachung des Verhaltens der Institute aus.

Die Einrichtung einer externen, bankenunabhängigen Kontrollstelle, die als eine Art Marktaufsicht für das M&A-Beratungsgeschäft aufgefaßt werden kann, dürfte hingegen eher praktikabel sein. Die Tätigkeit dieser Instanz könnte auch durchaus über die Überwachung der zum Universalbankensektor zählenden M&A-Berater hinausgehen. So wurde angeregt, daß sich die M&A-Berater "selbst aktiv zusammenschließen, um ihr Handeln gemeinsamen Statuten, die auch Ausdruck ihrer Geschäftsethik sind, zu unterwerfen. Ein solches Vorhaben müßte durch eine neutrale Instanz organisiert werden, die auch Schiedsstelle wäre. In diesen Statuten müßte z. B. geregelt werden, was zur Vermeidung von Interessenkonflikten (oder gar von Insidergeschäften) getan werden müßte"[1]. Dieser Vorschlag regt also die Errichtung einer Kontrollinstanz durch die Marktteilnehmer selbst an. Noch glaubwürdiger und effektiver wäre es sicherlich, wenn die Aufgabe der Überwachung des Bankenverhaltens durch eine dem Bundesaufsichtsamt für das Kreditwesen anzugliedernde Stelle erfolgte. Die Problematik einer Kontrolle liegt aber auch in diesem Falle bei ihrer Ausgestaltung. Sicherlich ist durch stichprobenartige Überprüfungen relativ ein-

---

[1]Müller-Stewens, Günter: Wirtschaft, a.a.O., S. B2.

fach festzustellen, ob bei den M&A-Beratern aus dem Kreditbereich stammende Unterlagen vorhanden sind bzw. ein ungehinderter Zugang zu Kreditdatenbanken möglich ist, ohne daß hierfür die Erlaubnis des Kunden vorliegt. Sobald wichtige Informationen und Absprachen aber nur mündlich erfolgen, sind sie nicht mehr feststellbar. Daher stößt eine Kontrolle recht schnell an ihre Grenzen. Sie kann zu einer Erhöhung der Wahrscheinlichkeit der Entdeckung eines Fehlverhaltens beitragen bzw. u. U. die Mißbrauchsmöglichkeiten begrenzen. Eine Elimination der Fehlanreize bewirkt sie jedoch ebenfalls nicht.

5.3 Lösungsansätze der Praxis und ihre Bewertung anhand agencytheoretischer Erkenntnisse

Die im Abschnitt 5.2.1 erörterten Möglichkeiten der Bankkunden zur Begrenzung der Fehlanreize eines Kreditinstituts sollen hier außer Betracht gelassen werden. Wie sich dort zeigte, waren diese Potentiale sehr begrenzt. Im weiteren sind die von den Banken selbst ergriffenen Maßnahmen aufzuzeigen.

Die weitere Darstellung der von den Kreditinstituten gewählten Vorkehrungen gegen potentielle Mißbräuche stützt sich im wesentlichen auf Gespräche mit Vertretern der M&A-Beratungseinheiten der sechs größten deutschen Universalbanken: Bayerische Hypotheken- und Wechselbank, Bayerische Vereinsbank, Commerzbank, Deutsche Bank, Dresdner Bank und Westdeutsche Landesbank. Die Auswahl scheint für die Fragestellung der Untersuchung geeignet, da Interessenkonfliktpotentiale tendenziell mit der Größe eines Instituts wachsen und bei den betrachteten Häusern daher am größten sein dürften.[1]

---

[1] Da die befragten Institute einer Veröffentlichung der Interviews nicht zustimmten, findet sich im folgenden beim Rückgriff auf die Ergebnisse dieser Gespräche kein Verweis auf die zugehörige Quelle.

5.3.1 Bonding-Aktivitäten

5.3.1.1 Gestaltung der Organisationsstruktur

Der Abschnitt 5.2.2.1.1 legte dar, daß die Organisation als Mittel der Konfliktbegrenzung genutzt werden kann. Dabei gilt es, einen sinnvollen Kompromiß zwischen den Vor- und Nachteilen, die mit den diversen Organisationsformen jeweils verbunden sind, zu finden.

Eine vollständige Trennung von M&A-Beratung und Bankgeschäft wurde von keinem der befragten Kreditinstitute ernsthaft in Erwägung gezogen. Diese widerspräche zum einen dem Ziel, die Beratung als Bankdienstleistung zu etablieren, um so die Attraktivität des Instituts für die Kunden zu steigern. Zum anderen würde bei einer solchen Separation vollständig auf die Realisierung von möglichen Synergien verzichtet.

5.3.1.1.1 Ausmaß der Nutzung der Synergien zum Bankgeschäft

Die Vorteile des Angebots von M&A-Beratungsleistungen durch Universalbanken sind, wie Abschnitt 4.5.1 zeigte, in der einfachen Akquisition von Mandanten aufgrund der bestehenden Hausbankbeziehung, den Einsparungen aufgrund der schnellen Verfügbarkeit eines umfassenden Leistungsangebots und den geringeren Informationskosten aufgrund der Nutzung von in anderen Bankbereichen bereits vorliegenden Daten zu sehen. Diese Synergien können bei teilweiser Weitergabe an die Mandanten bewirken, daß die Beratungskonditionen günstiger sind als bei den Konkurrenzanbietern. Diesen Vorteilen stehen aber Nachteile in Form des Mißbrauchspotentials der Banken gegenüber. Dabei steigen die Möglichkeiten eines Mißbrauchs mit der zunehmenden Nutzung der Synergien. Für die Ausgestaltung der M&A-Beratung stellt sich also die Aufgabe der Optimierung des Verhältnisses von Vor- und Nachteilen. Für die Begrenzung der Fehlanreize ist daher auch von Bedeutung, in welchem Ausmaß die Synergien genutzt werden und auf welche Vorteile u. U. verzichtet wird.

5.3.1.1.1.1 Zielgruppe der Beratung

Die Befragung der oben angegebenen Gruppe der Universalbanken ergab, daß diese tatsächlich den Mittelstand
als Zielgruppe ihrer Beratungsleistung betrachten, wobei eine Fixierung auf größere mittelständische Unternehmen zu beobachten ist. Dabei hat der Mittelstand einen besonders hohen Anteil an den Verkaufsmandaten, während bei den Kaufaufträgen eher Großunternehmen dominieren. Eines der befragten Institute hat das M&A-Bera-
tungsangebot in zwei Gesellschaften geteilt. Eine der
beiden konzentriert sich auf Großunternehmen und den
oberen Mittelstand. Das Mindesttransaktionsvolumen für
eine Mandatierung ist hier zwischen 10 und 20 Mio. DM
anzusetzen. Die andere Gesellschaft ist hingegen für
kleinere Mandate ab einem Transaktionsvolumen von ca. 3
Mio. DM zuständig. Generell scheint bei den befragten
Universalbanken die Beratung einer Transaktion ab einem
Volumen von 10 Mio. DM interessant zu werden. Dabei sind
ihre Konditionen bei kleinvolumigen Akquisitionen tendenziell günstiger als die der angelsächsischen Konkurrenz, die mit ihrem Angebot mehr auf die Gruppe der
Großunternehmen abzielt. Aber auch innerhalb der Gruppe
der ausgewählten Institute scheint es Unterschiede bei
den Konditionen für kleinvolumige Transaktionen zu geben. Dies zeigt ein Vergleich der Mindestprovisionen.
Bei einigen Instituten fand eine Orientierung in Richtung auf großvolumige Akquisitionen statt. Die mit einer
solchen Ausrichtung verbundene Arbeitsweise unterscheidet sich in vielen Punkten von der bei einer Konzentration auf tendenziell kleinere Mandate angewandten. Bei
letzterer kann in die Beratung eine höhere Standardisierung einfließen, und es wird möglich, den Mandanten
niedrigere Konditionen zu bieten. Daher dürften Divergenzen in der Honorarstruktur Ergebnis dieser unterschiedlichen Kundenorientierung sein. Die Banken sind
insgesamt betrachtet tatsächlich in der Lage, gerade ihren mittelständischen Kunden ein günstiges Beratungsan-

gebot zu unterbreiten. Dies spricht dafür, daß einige
der im Abschnitt 4.5.1 genannten Synergiepotentiale genutzt werden. Welche Vorteile die Banken ausschöpfen und
auf die Nutzung welcher Vorzüge sie verzichten, ist im
folgenden näher zu betrachten.

5.3.1.1.1.2 Nutzung der Hausbankbeziehung

Wie Abschnitt 4.5.1.1 zeigte, resultieren aus der
Hausbankbeziehung Vorteile der Banken bei der Akquisition von Beratungsmandaten. Dieses Synergiepotential
wird in der Praxis als bedeutend eingestuft und von den
befragten Banken auch ausgeschöpft. Der Hauptvorteil
liegt dabei in dem bestehenden Vertrauensverhältnis zum
Kunden. Durch den Einsatz der Firmenkundenbetreuer kann
ein Beratungsbedarf früh erkannt werden. Dazu werden
diese zunächst mittels Informationsschreiben und anderer
Aktionen mit dem Angebot der M&A-Einheit vertraut gemacht. Ein Anreiz zur Vermittlung von Mandaten wird
durch die damit verbundene Stärkung der Attraktivität
der Bank für den Kunden gegeben. Dieser wird u. U. durch
die Gewährung einer Vermittlungsgebühr verstärkt. Der
Kontakt zwischen Kunde und M&A-Berater wird dann vom
Firmenkundenbetreuer hergestellt. Nach der Vermittlung
des Mandats und der Einführung der Berater beim Kunden
wird er jedoch nicht weiter in den Beratungsprozeß einbezogen. Diese Abschottung erfolgt im Interesse der Wahrung der Diskretion der Beratung.

Der Grad der Nutzung dieses Vertriebsweges ist bei
den diversen Kreditinstituten unterschiedlich stark ausgeprägt. Dies liegt an der unterschiedlichen Gewichtung
der mit ihm verbundenen Nachteile. Zum einen betrachtet
der Firmenkundenbetreuer die Vermittlung von M&A-Bera-
tern häufig als Mittel der Erhöhung der Attraktivität
der Bank für den Kunden. Er setzt dieses Instrument ein,
ohne sichergestellt zu haben, daß das Zustandekommen einer Transaktion hinreichend wahrscheinlich ist. Den M&A-
Beratern entstehen dann Kosten für die Erörterung der
Situation mit dem Kunden, die aber keine Erträge nach

sich ziehen, weil es infolge der Aussichtslosigkeit des
Projekts zu keiner Mandatierung kommt. Der Bank als Ganzes entsteht insofern ein "Ertrag" aus diesem Handeln,
als ihr Ansehen als kompetenter Gesprächspartner bei den
Kunden steigt. Das Interesse der M&A-Einheit an einer
Nutzung der Firmenkundenbetreuer als Vermittler von Beratungsmandaten wird jedoch in dem Maße sinken, in dem
diese Leistung weniger aus dem Motiv der Erhöhung der
Attraktivität der Bank als aus dem Aspekt der Erzielung
von Provisionserträgen im Rahmen einer Profit-Center-
Orientierung angeboten wird. Die Kreditinstitute versuchen durch Schulung der Firmenkundenbetreuer, deren Qualifikation zur adäquaten Beurteilung des Beratungsbedarfs der Kunden sicherzustellen, um auch weiterhin diesen Vertriebsweg effektiv nutzen zu können.

Ein zweiter Nachteil, der gegen die Eignung des Firmenkundenbetreuers zur Akquisition von Beratungsmandaten
sprechen kann, ist u. U. der Kontakt zu den falschen
Personen in einem Unternehmen. Er wird es vielfach mit
den Finanzprokuristen der Gesellschaft zu tun haben,
während für das M&A-Geschäft die Inhaber bzw. Geschäftsführer relevant sind. Dieses Problem dürfte tendenziell
mit der Größe des Kunden steigen, da mit dieser auch die
Spezialisierung in der Geschäftsleitung zunimmt. Bei
kleineren Gesellschaften wird der Inhaber zumindest in
wichtigen Angelegenheiten noch Kontakt zu seiner Bank
haben. Die Ungeeignetheit des Firmenkundenbetreuers zur
Mandantenakquisition aufgrund des fehlenden Kontakts zu
den relevanten Personen hängt somit auch von der Größe
der anvisierten Mandanten ab. Daher wird dieser Vertriebsweg bei einigen Instituten weniger stark genutzt
als bei anderen. Alle befragten Anbieter verlassen sich
aber nicht alleine auf den Vertrieb ihrer Leistung über
die Firmenkundenbetreuer, sondern akquirieren auch selbständig Mandanten.

Es bleibt also festzuhalten, daß von der Möglichkeit
der Akquisition von Beratungsmandaten durch die Firmenkundenbetreuer alle befragten Banken Gebrauch machen.
Der Grad dieser Nutzung ist jedoch verschieden.

5.3.1.1.1.3 Nutzung des umfassenden Leistungsprogramms

Ein zweites Synergiepotential der M&A-Beratung durch Universalbanken wurde im Abschnitt 4.5.1.2 in deren umfassendem Leistungsangebot gesehen. Zunächst wurden Synergien bei der Darstellung der Fremdfinanzierung der Transaktion erwartet. Dies ist bei der Gruppe der befragten Banken auch tatsächlich der Fall. Nur ein Institut nimmt eine strikte Trennung zwischen Finanzierungs- und M&A-Beratungsgeschäft vor, um Interessenkonflikte zu vermeiden. Es gewichtet den Nachteil einer möglichen mangelnden Unabhängigkeit der M&A-Berater bei der Auswahl des geeigneten Financiers also höher als die potentiellen Vorteile aus einer Kooperation mit dem eigenen Finanzierungsbereich. Alle anderen Anbieter sehen in diesem Punkt primär Synergien, wenn auch in unterschiedlichem Umfang. Es besteht jedoch auch bei ihnen kein Junktim in dem Sinne, daß die Finanzierung einer Transaktion von der Beratung durch das Institut abhängig gemacht wird oder umgekehrt. Es ergeben sich aber Vorteile für den Mandanten, wenn Finanzierung und Beratung aus einer Hand erfolgen. Die Beratungseinheiten haben einen guten Kontakt zu den für die Finanzierung zuständigen Stellen. Sie kennen daher die Entscheidungskriterien, die für die Kreditvergabe relevant sind, und können sie bei der Gestaltung des Kreditantrags berücksichtigen. Darüber hinaus können Doppelarbeiten vermieden werden. Daher wird die Finanzierung schneller und unkomplizierter darstellbar sein. Die Chance für eine Zusage des Kredits wird u. U. etwas höher liegen als bei außenstehenden Beratern, obwohl letztendlich auch hier das Risiko entscheidend bleibt. Eine Absage bezüglich der Kapitalbereitstellung ist auch bei der Mandatierung von bankzugehörigen Beratern durchaus möglich.

Einige Institute unterhalten eigenständige Abteilungen für Kreditsonderfinanzierungen, die als Financiers von M&A-Transaktionen auftreten. Dies erleichtert zum einen die Darstellung der Finanzierung, da ein Denken in anderen Dimensionen als denen des an strengen Sicherheitskriterien orientierten Kreditbereichs ermöglicht wird. Zum anderen werden potentielle Interessenkonflikte vermieden, indem eine Einflußnahme des u. U. mit dem Kunden bereits geschäftlich verbundenen Kreditsektors umgangen wird.

Neben der Kreditfinanzierung können die Institute auch Eigenkapital zur Verfügung stellen. Dies geschieht durch die Beteiligungsabteilung der Bank oder eine Kapitalbeteiligungstochtergesellschaft. Als Mittel der Folgefinanzierung kann das "Going Public" der Gesellschaft dienen, das von der Konsortialabteilung des Kreditinstituts betreut wird. Abschließend kann also festgehalten werden, daß die Synergiepotentiale im Bereich der Finanzierung vom Großteil der befragten Banken ausgeschöpft werden.

Weitere Synergien aus ihrem umfassenden Leistungsangebot nutzen die interviewten Banken im Bereich der internationalen M&A-Aktivitäten. Solche grenzüberschreitenden Transaktionen machen einen erheblichen Anteil ihrer Mandate, der bei einigen Häusern deutlich über 50 % liegt, aus. Die Berater greifen hier zum einen auf als Investmentbanken firmierende, eigene Auslandsniederlassungen zurück. Daneben bedienen sie sich der als Kreditbzw. Universalbanken betriebenen Auslandsstützpunkte des Kreditinstituts. Je nach Bedarf sind dort u.U. Mitarbeiter ausschließlich mit der M&A-Beratung betraut. Schließlich ist auch noch die Kooperation mit ausländischen Instituten denkbar.

Als weitere Dienstleistung, die dem Mandanten aus dem breiten Bankenangebot zugute kommt, ist die Vermögensberatung zu nennen. Daneben kann u. U. auch der Dienst eines Unternehmensberaters vermittelt werden, was besonders im Hinblick auf die Integration des Kaufobjekts sinnvoll ist.

5.3.1.1.1.4 Nutzung der Informationsvorteile

Als drittes großes Synergiepotential der Banken im
M&A-Beratungsgeschäft wurden im Abschnitt 4.5.1.3 deren
Informationsvorteile ermittelt. Die Institute nehmen jedoch nur einen sehr geringen Teil der hier erzielbaren
Vorteile wahr. Sie greifen zumeist nur auf den Aus-
schnitt ihres Informationspools zurück, der allgemeiner
Natur ist. So nutzen z. B. alle befragten Banken die
Hilfe der Volkswirtschaftlichen Abteilungen. Daneben
werden auch die Archive und Bibliotheken der Kreditinstitute stark in Anspruch genommen. Des weiteren ist eine Hinzuziehung von Experten anderer Bereiche zur Klärung von bestimmten Sachverhalten möglich. Hier ist z.B.
an rechtliche Fragestellungen oder Bewertungsproblemati-
ken im Immobilienbereich zu denken.

Die Nutzung von Informationen aus der Kreditbeziehung
findet bei den angesprochenen Banken dagegen kaum statt.
Theoretisch wäre der Rückgriff auf solche Daten zum
Zwecke der Identifikation von Akquisitionsobjekten für
die Beratung von Vorteil. Eine solche Nutzung ist aber
eine Verletzung des Bankgeheimnisses und somit ausgeschlossen. Der Zugang zu den Kreditunterlagen mag zwar
möglich sein, ein Gebrauch derselben gegen die Interessen des Kunden ist aber nicht erlaubt. Die Nutzung der
Kreditdaten bedarf immer der Genehmigung des Kunden.
Wenn dieser die Erlaubnis erteilt, dann kann die Erhebung der Daten aber ebensogut bei ihm selbst erfolgen.
Sicherlich ist ein Rückgriff auf Bilanzanalysen des Kreditbereichs, wegen der damit verbundenen Schnelligkeit
der Datenbeschaffung, für die Beratung hilfreich. Dem
Vorteil der direkten Verfügbarkeit der Unterlagen steht
der Nachteil der vollkommen anderen Zielsetzung dieser
Analysen gegenüber. Kreditwürdigkeitsprüfungen versuchen, Sicherheiten, die eine Rückzahlung des Kredits garantieren, zu identifizieren. Wenn diese ausreichend
vorhanden sind, kann u. U. auf eine Bestimmung des Er-
tragswerts des Unternehmens verzichtet werden. M&A-Ana-
lysen versuchen dagegen zu ermitteln, welchen Wert eine

Gesellschaft unter Einbeziehung aller Synergien für einen Käufer haben kann. Sie sind von ihrem zeitlichen und
inhaltlichen Umfang viel ausgiebiger als Kreditanalysen.
Somit ist die Vorteilhaftigkeit einer Nutzung von Kreditunterlagen fraglich. Das Erheben der Daten vor Ort
beim Mandanten und die Diskussion der Zahlen mit dessen
Wirtschaftsprüfer erscheinen vielen Beratern sinnvoller.
Eine Nutzung der Kreditunterlagen erfolgt, wenn überhaupt, nur nach Rücksprache mit dem Kunden.

Die Gefahr eines Mißbrauchs läßt einige der befragten
Institute sogar ganz auf jeglichen Rückgriff auf die Daten des Kreditbereichs verzichten. Dem liegt der Gedanke
zugrunde, daß die Hilfestellung aus dem Kreditbereich
auf Dauer nur gewährt wird, wenn sie mit entsprechenden
Gegenleistungen der M&A-Berater honoriert wird. Eine
solche Gegenleistung läuft den Interessen des M&A-Man-
danten, der ein Höchstmaß an Diskretion erwarten darf,
jedoch zuwider. Daher unterbinden diese Institute jegliche Kommunikation mit dem Kreditsektor. Das Mandat wird
vollkommen abgeschottet. Gegenüber anderen Bankbereichen
wird keine Information über Stand oder Ausgang der Beratung gewährt.

5.3.1.1.1.5 Bewertung des Umfangs der genutzten Syner-
gien

Zum Umfang der von den Universalbanken bei der M&A-
Beratung genutzten Synergiepotentiale läßt sich festhalten, daß dieser im Bereich der Mandantenakquisition am
größten ist. Die Vorteile, die sich hier eröffnen, werden von allen Banken mehr oder weniger stark in Anspruch
genommen. Dies ist bei den Vorzügen aus dem umfassenden
Leistungsangebot schon anders. Eines der befragten Institute verzichtet hier auf mögliche Synergien und führt
eine strikte Trennung von Beratung und Finanzierung
durch. Andere Institute versuchen mögliche Konflikte
durch die Einrichtung gesonderter Abteilungen für Spezialfinanzierungen zu begrenzen. Bei der Ausschöpfung
der Informationsvorteile herrscht die größte Zurückhal-

tung. Viele Banken verzichten hierauf, um die Diskretion der Beratung nicht zu gefährden. Es findet hier also eine Selbstbeschränkung zum Zwecke der Minderung von Mißbrauchspotentialen statt. Wie Abschnitt 5.2.2.1.1.1 zeigte, ist eine solche Beschränkung in der Ablauforganisation nur dann wirklich glaubhaft, wenn ihr auch entsprechende Vorkehrungen in der Aufbauorganisation gegenüberstehen. Letztere ist im weiteren zu betrachten.

5.3.1.1.2 Ausgestaltung der Aufbauorganisation

5.3.1.1.2.1 Organisatorische Grundkonzeption

Der Abschnitt 5.2.2.1.1.2.1 hat gezeigt, daß zur Stärkung der Unabhängigkeit der M&A-Beratung diese hierarchisch autonom anzusiedeln ist. Dabei ist eine Trennung sowohl zu den anderen Produktbereichen als auch zum Firmenkundensektor nötig. Insbesondere ist die Autonomie der Firmenkundenbetreuer auch gegenüber anderen Produktbereichen zu garantieren. Der Filialbereich ist also als Verkäufer des gesamten Bankleistungsangebots auszugestalten. Alle Bereiche sollten, sofern möglich, als eigenständige Profit-Center geführt werden, damit die Verfolgung der jeweiligen Eigeninteressen gewährleistet ist.

Die skizzierte organisatorische Unabhängigkeit der M&A-Beratung wird bei den befragten Banken umzusetzen versucht. Alle Institute weisen darauf hin, daß die Produktbereiche ihre jeweils eigenen Interessen, die mit denen der Kunden identisch sind, vertreten. Die Tendenz zur Profit-Center-Orientierung der M&A-Beratung findet sich nicht nur bei den ausgewählten Banken, sondern in der gesamten deutschen Kreditwirtschaft.[1] Der M&A-Bereich ist gemäß den Angaben der befragten Banken ebensowenig von den Weisungen der Kreditabteilung, der Firmenkundenbetreuer oder anderer Sektoren abhängig, wie dies umgekehrt der Fall ist. In der Bankenpraxis

---

[1]Vgl.: Wiest, Daniel: Beratung, a.a.O., S. 102.

herrscht die Kundengruppenorganisation vor, bei der eine
spartenübergreifende Betreuung des Kunden durch den Firmenkundenbetreuer erfolgt.[1] Die Firmenkundenabteilun-
gen sind eigenständig. Sie stehen zwar in enger Verbindung zu den Kreditabteilungen, da die Kredite einen erheblichen Umfang an den abgesetzten Leistungen ausmachen, sind von diesen aber organisatorisch eindeutig getrennt.[2] Durch die Verlagerung der Gesamtverantwortung
für die Kundenbeziehung auf den Firmenkundenbetreuer
kann somit Ressortegoismen entgegengewirkt werden.[3]
Konfliktpotentiale werden entschärft. Bei allen Banken
sind die Beratungseinheiten in der Zentrale angesiedelt.[4] Dadurch wird ihre hierarchisch hohe Einstufung
dokumentiert. Im täglichen Geschäft findet eine strikte
Trennung von Bankgeschäft auf der einen und Beratung auf
der anderen Seite statt.[5] Dabei ist es nötig, die Diskretion der Beratung, die nach außen als selbstverständlich gilt, wenn erforderlich, auch innerhalb der Bankenorganisation zu wahren.[6] Eine Abstimmung der Interessen anderer Bereiche mit denen der M&A-Beratung scheitert letztlich an der strengen Abschottung des M&A-Sek-
tors.[7] Die Geheimhaltung der Vorgänge in diesem Bereich wird sehr ernst genommen.[8]

Wie die Interviews ergaben, verhindern die Autonomie
und die Profit-Center-Orientierung der einzelnen Bankbe-

---

[1]Vgl.: Kailich, Norbert: Qualität, a.a.O., S. 114-115.
[2]Vgl.: Koch, Hans Wolfgang: Bank, a.a.O., S. 29.
[3]Vgl.: Cramer, Jörg-Engelbrecht: Produktorientierung,
a.a.O., S. 39.
[4]Vgl.: Pischulti, Helmut: Unternehmensberatung,a.a.O.,
S. 60.
[5]Vgl.: Herrhausen, Alfred/Zapp, Herbert: Beratung,
a.a.O., S. 16.
[6]Vgl.: Chartered WestLB Limited: M&A, a.a.O., S. 17.
[7]Die Bedeutung dieser Abschottung wird an einer for-
mellen Vereinbarung zwischen der Deutschen Bank und
Morgan Grenfell deutlich, die es Morgan Grenfell ver-
bietet, vertraulich erlangte Informationen über Mandanten an die Deutsche Bank weiterzugeben.
Vgl.: Muehring, Kevin: Deutsche Bank, a.a.O, S. 50.
[8]So bestehen im Geschäftsbereich Corporate Finance eines der befragten Institute z.B. zwei verschiedene
Berichtswege. Die M&A-Abteilung berichtet einem anderen Vorstandsmitglied als die anderen Abteilungen
dieses Bereichs.

reiche insbesondere, daß zum einen die Kreditabteilung den M&A-Bereich zum Verkauf angeschlagener Unternehmen zwingen kann und zum anderen die Firmenkundenbetreuer den Verkauf guter Kunden unterbinden können. Ersteres Ansinnen wird scheitern, da der erzielbare Kaufpreis für eine marode Gesellschaft, und damit auch die erreichbare Erfolgsprovision, gering sind und die Erfolgsaussicht einer solchen Transaktion niedrig ist. Die M&A-Berater werden eine solches Mandat daher im eigenen Interesse nicht annehmen. Die Verhinderung des Verkaufs eines Unternehmens wird den Firmenkundenbetreuern nicht gelingen, weil dies gegen die Interessen der M&A-Beratung verstößt, der in einem solchen Falle das Honorar entgeht. Die Empirie zeigt aber auch, daß dieses Problem nicht sehr relevant ist, da die meisten Kontoverbindungen trotz eines Verkaufs erhalten bleiben. Zudem liegt ein solches Verhalten nicht im Interesse des Firmenkundenbetreuers. Ein zum Verkauf entschlossener Unternehmer ist von diesem Vorhaben nicht abzubringen. Wenn der Firmenkundenbetreuer nicht die eigenen Berater einschaltet, dann werden andere das Geschäft machen. Daher wird er im eigenen Interesse die Berater einschalten und so zum einen eine etwaige Provision verdienen, und zum anderen einen zufriedenen Kunden haben, der dann wieder Folgegeschäfte bei ihm tätigt.

Die Organistion der Banken ist in vielen Punkten also ähnlich der im Abschnitt 5.2.2.1.1.2 dargestellten. Es wird versucht eine gewisse Autonomie der einzelnen Bereiche zu schaffen und so das Potential für Absprachen und Mißbräuche im Interesse der Gesamtbank zu mindern.

5.3.1.1.2.2 Organisatorische Ansiedlung der Beratung

Die Ansiedlung der M&A-Einheit innerhalb der Bankenorganisation ist bei den verschiedenen Instituten unterschiedlich ausgestaltet. Die anzutreffenden Organisationsformen lassen sich in drei Gruppen einteilen: die Ausgestaltung der M&A-Beratung als eigenständige Abteilung im Bereich Corporate Finance, die Ausgründung einer

Tochtergesellschaft oder der Zusammenschluß mit englischen Investmentbanken durch eine Beteiligung an selbi-
gen.[1] Bei drei Instituten sind die M&A-Einheiten in
Form von Abteilungen innerhalb der Bank angesiedelt. Eine Bank bietet die M&A-Beratung mittels einer eigenständigen Tochtergesellschaft an, die zu diesem Zwecke ge-
gründet wurde. Die verbleibenden beiden Gesellschaften
können unter die Gruppe der M&A-Beratungseinheiten deutscher Universalbanken subsumiert werden, die durch die
Beteiligung an einer britischen Investmentbank entstan-
den sind.

Die Dokumentation der Unabhängigkeit der Beratung war
nach den Angaben der befragten Institute nur für eine
Bank ein überragendes Motiv der Auslagerung der M&A-Ein-
heit. Aus der eindeutigen organisatorischen Trennung
verschiedener Bereiche in Form von selbständigen Gesellschaften wird eine Begrenzung der Interessenkonflikte
erwartet.[2] Diese Trennung der Informationsflüsse zwischen verschiedenen Teilen eines Unternehmens entspricht
einer angelsächsischen Tradition und wird auch in anderen Bankbereichen, wie z. B. der Finanzanalyse, durch
Ausgründung der entsprechenden Abteilungen zu erreichen
gesucht.[3] Bei einem weiteren Institut war die Dokumentation der Unabhängigkeit der Beratung, neben der erhöhten Flexibilität derselben, ein Grund für die Ausgliederung der M&A-Einheit. Die anderen Banken messen einem
solchen Schritt keine Wirkung auf die Unabhängigkeit der
Beratung bei. Inwiefern die rechtliche Selbständigkeit
einer M&A-Einheit tatsächlich ein erhöhtes Maß an Unabhängigkeit gegenüber einer eigenständig tätigen M&A-Ab-
teilung bewirkt, dürfte in der Praxis weiterhin umstritten bleiben.

---

[1]Vgl.: Müller-Stewens, Günter: Wirtschaft,a.a.O.,S.B1.
[2]Vgl.: Juncker, Klaus: Beratung, a.a.O., S. 16.
[3]Vgl.: Zeyer, Fred: Finanzanalyse, in: FAZ 11.6.92,
    S. 25.

5.3.1.1.3 Glaubwürdigkeit der Organisationsstruktur

Die Banken haben, wie gesehen, diverse organisatorische Vorkehrungen getroffen, um eine Verletzung der Interessen ihrer Kunden zu verhindern. Wie Abschnitt 5.2.2.1.1.3 zeigte, hängt die Wirkung solcher Maßnahmen jedoch im wesentlichen von ihrer Glaubwürdigkeit ab. Nach Aussagen der befragten Kreditinstitute haben deren Kunden keine oder nur geringe Bedenken gegen eine Beratung durch die Bank. Die vereinzelt geäußerten Einwände lassen sich relativ schnell in Gesprächen ausräumen. Grund für dieses fehlende Mißtrauen ist nach Auskunft der Banken das große Vertrauen der Kunden zur Hausbank, das aus langjährigen Geschäftsverbindungen resultiert. Bei Befragungen von Unternehmen aller Größen und Branchen im Rahmen der Entwicklung der Beratungskonzeption der Dresdner Bank stellte sich heraus, daß die Beratung durch Kreditinstitute positiv bewertet wird, weil in der Verbindung zur Bank eine Garantie für die Seriosität und Qualität der Leistung gesehen wird.[1] Bei solch geringen Bedenken der Kunden scheint seitens der Kreditinstitute das Einleiten von weiteren Maßnahmen zur Reduktion der Fehlanreize und Stärkung der Glaubwürdigkeit bestehender Restriktionen nicht vonnöten zu sein.

Dieses Ergebnis steht im Widerspruch zu zahlreichen Publikationen, die die Existenz von Vorbehalten der Kunden gegenüber dem Beratungsangebot der Banken unterstellen. Es widerspricht auch der Studie von Marner/Jaeger, die solche Bedenken feststellte.[2] Von daher scheint der Einsatz weiterer Instrumente zur Begrenzung der Fehlanreize sehr wohl diskussionswürdig. Diese Mittel müssen darauf abzielen, die Glaubwürdigkeit der Organisation und das Risiko eines Fehlverhaltens zu erhöhen. Eine mögliche Maßnahme zur Steigerung der Glaubwürdigkeit im Rahmen der Bonding-Aktivitäten wäre die Erhöhung der Transparenz bankbetrieblichen Handelns.

---

(1) Vgl.: Walter, Bernhard: Unternehmensberatung, a.a.O., S. 16.
(2) Vgl.: Marner, Bernd/Jaeger, Felix: Unternehmensberatung, a.a.O., S. 31.

5.3.1.2 Abgabe von Garantien

Die Interviews ergaben, daß einige Institute neben der Organisation noch die Aufnahme von Vertraulichkeitsgarantien in die Mandatsvereinbarung als Instrument wählen, um den Kunden den Ausschluß jeden Mißbrauchs zu signalisieren. Den Mandanten soll so ein Gewährleistungsanspruch eingeräumt werden.[1] Wie Abschnitt 5.1.3 aber bereits zeigte, ist der Verlust einer Bank duch die Reputationsschädigung beim Bekanntwerden eines Mißbrauchs so gewaltig, daß die Erhöhung um eine etwaige Vertragsstrafe nur marginal sein wird. Von solchen Vertraulichkeitsgarantien sind daher geringe Anreizwirkungen zu erwarten. Hier kommen allenfalls Signaleffekte gegenüber der Kundschaft in Betracht.

5.3.2 Monitoring-Aktivitäten

Im Abschnitt 5.2.2.2 wurden mögliche Monitoring-Aktivitäten der Banken zur Minderung von Fehlanreizen diskutiert. Sie sollten das Risiko der Entdeckung eines Mißbrauchs erhöhen. Der Ansatzpunkt der Kontrolle könnte dabei z. B. die Einhaltung der vorgegebenen Organisationsstruktur bei der M&A-Beratung durch das Kreditinstitut sein.

5.3.2.1 Interne Kontrollen

Wie sich zeigte, ist mit der Ansiedlung der Kontrollinstanz innerhalb der Bank das Problem der mangelnden Glaubwürdigkeit der Überwachung verbunden. Eine solche Lösung kommt nur zur Kontrolle des Fehlverhaltens ein-

---

[1] Den gleichen Zweck verfolgen Vorkehrungen in Satzung und Geschäftsführungsgrundsätzen einer Beratungseinheit, die die strikte Trennung zum Bankgeschäft festschreiben sollen. Auch die Verpflichtung zur Einhaltung der Grundsätze von Standesorganisationen hat eine ähnliche Wirkung. Vgl.: Kutscher, Gerhard: Glücksfall, in: HB 10.8.87, S. 2; Juncker, Klaus: Beratung, a.a.O., S. 16.

zelner Mitarbeiter, das nicht im Gesamtbankinteresse
liegt, in Betracht. Als Anwendungsgebiet kommt z. B. der
Insiderhandel in Frage. In der Praxis gibt es, wie die
Interviews ergaben, in diesem Bereich tatsächlich Ansätze zur internen Kontrolle. Die Mitarbeiter der M&A-
Beratung müssen zusammen mit ihrem Arbeitsvertrag die
Insider-Richtlinien unterschreiben. Bei einem Verstoß
gegen selbige ist die fristlose Kündigung die Folge.
Ferner gibt es oftmals eine Liste mit Wertpapieren, die
nicht gehandelt werden dürfen, weil dies einen Verstoß
gegen die Insiderregel bedeuten würde. Da die Mitarbeiter ihre Konten dann nur beim eigenen Institut unterhalten dürfen, ist eine Überwachung der Konten auf unerlaubte Transaktionen möglich.[1] Die Deutsche Bank installierte zum Zwecke der leistungsfähigen Überwachung
der Handelsgeschäfte sogar eine eigene Gruppe, der ein
sogenannter "Compliance Officer" vorsteht. Sie tat dies,
da sie der Meinung ist, es sei "für eine international
tätige Bank notwendig, sich solcher Überwachungsregeln
zu bedienen, die von ausländischen Geschäftspartnern
nachvollzogen werden können"[2]. Diese Gruppe hat u. a.
die Aufgabe, in der Bank Listen mit Wertpapieren zu verteilen, die nicht auf eigene Rechnung oder nach eigener
Empfehlung für einen Kunden gekauft werden dürfen. Sie
überwacht ferner alle hausinternen Geschäfte mit Wertpapieren, die z. B. als Folge einer geplanten M&A-Transak-
tion bald auf die Liste kommen.[3] Daneben gibt es weitere Versuche, angelsächsische Regelungen auf Deutschland zu übertragen. Diese stoßen jedoch oft auf Probleme.[4]

---

[1] Inwieweit dadurch die Tätigung unerlaubter Transaktionen über die Konten von den Mitarbeitern nahestehenden Personen auszuschließen ist, bleibt jedoch
sehr fraglich.
[2] Braunberger, Gerald: Überwachung, in: FAZ 28.1.92,
S. 14.
[3] Vgl.: Ebenda.
[4] So scheitert das in Großbritannien übliche, stichpro-
benweise Abhören von Telefonaten der Mitarbeiter in
Deutschland am Datenschutz.

5.3.2.2 Externe Kontrollen

Wie im Abschnitt 5.2.2.2.2 erläutert, ist eine externe Kontrollinstanz besser geeignet, die anfallenden Probleme zu lösen. Dabei scheitert eine Überwachung durch
die Kunden selbst jedoch an der mangelnden Praktikabili-
tät und der zu erwartenden Free-Rider-Problematik. Die
Kontrolle sollte daher von einem externen Dritten ausgeübt werden. Bei den befragten Kreditinstituten gab es
keine Hinweise, die auf Pläne zur Errichtung einer solchen Instanz hindeuten. Der Aufbau einer externen Kontrollstelle wird sich aber, zumindest für den Insiderhandelsbereich, aus der Umsetzung der Insider-Richtlinie
der EG in deutsches Recht ergeben. Hier ist eine zentrale Bundesbehörde als Marktaufsicht zur Garantie der
Funktion der Finanzmärkte und des Anlegerschutzes in der
Planung. Sie soll Kontroll- und Sanktionskompetenzen erhalten.[1] Für die Wahrnehmung dieser Aufgabe bietet
sich in Deutschland das Bundesaufsichtsamt für das Kreditwesen an.[2] Eine solche Kontrollinstanz wird aber
nur die Fehlanreize zum Insiderhandel begrenzen. Um die
Einhaltung der Chinesischen Mauern auch in anderen Sektoren zu forcieren, wären auch hier gesetzliche Vorschriften und Kontrollen geeignet.[3] Sie sind jedoch
nicht in Sicht.

6 Resümee

Die deutschen Universalbanken bieten im Rahmen ihres
umfassenden Leistungsangebots auch die Beratung bei M&A-
Transaktionen an. Hierbei bestehen durchaus Unterschiede
zwischen den einzelnen Instituten bezüglich Ausgestaltung und Konzeption dieser Dienstleistung. Die Ausrichtung der Beratung variiert je nach den mit ihrem Angebot
verfolgten Motiven. Als Extrempunkte sind dabei die Beratung aus reinen Hausbanküberlegungen oder reinen Pro-

---

[1]Vgl.: Kannengießer, Walter: Finanzplatz, in: FAZ
17.1.92, S. 13.
[2]Vgl.: Peltzer, Martin: Rolle, a.a.O., S. 493.
[3]Vgl.: Ebenda, S. 488.

visionsaspekten zu nennen. Bei ersterer würde ein Kreditinstitut die M&A-Leistung nur zum Zwecke der Festigung der Geschäftsverbindungen zu seinen Firmenkunden erbringen. Im zweiten Fall wäre allein der mit einer Beratung erzielbare Gewinn Kriterium des Engagements in diesem Bereich. In der Praxis sind diese beiden Extrempositionen nicht realisiert. Vielmehr fließen beide in die Überlegungen bezüglich eines Engagements im M&A-Geschäft ein. Die Gewichtung dieser zwei Grundmotive ist jedoch bei den einzelnen Banken unterschiedlich ausgeprägt. So steht bei einigen Anbietern das Hausbankdenken stärker im Mittelpunkt. Die Zielgruppe ihrer Beratungsleistung umfaßt besonders kleine und mittlere Unternehmen, während die mehr an der Provisionserzielung ausgerichteten Banken sich stärker auf den gehobenen Mittelstand und Großunternehmen konzentrieren. Die Ausrichtung auf verschiedene Zielgruppen bewirkt auch Differenzen in der Ausgestaltung der Beratung. Das Angebot der mehr am Hausbankdenken orientierten Institute wird tendenziell aufgrund der stärkeren Nutzung von Synergien günstigere Konditionen für kleinere Mandate bieten. Die primär auf die Provisionserzielung ausgerichteten Banken tendieren dagegen mehr zu einer Ausgestaltung der Beratung, die der der angelsächsischen Investmentbanken nahe kommt.

Bei der M&A-Beratung durch die Universalbanken tritt eine Reihe von Vorteilen zutage. Diesen stehen Nachteile in Form von potentiellen Interessenkonflikten entgegen. Dabei wächst mit der steigenden Nutzung der Vorteile das Konfliktpotential. Aus Sicht der Bank ist somit eine Optimierung des Verhältnisses von Vor- und Nachteilen nötig, um im M&A-Geschäft möglichst erfolgreich am Markt tätig sein zu können. Bei den mehr an den Provisionen orientierten Häusern tritt das Problem der Fehlanreize dabei weniger stark auf als bei den am Hausbankdenken ausgerichteten Instituten. Dies liegt zum einen an der stärkeren Profit-Center-Orientierung der erstern, die ein Handeln im Interesse des M&A-Bereichs, und damit auch im Interesse des Kunden, wahrscheinlich erscheinen läßt. Zum anderen werden hier die Synergien zum Bankgeschäft weniger genutzt, so daß einige Konfliktpotentiale erst gar nicht entstehen. Die Kehrseite dieser Reduktion von Fehlanreizen liegt jedoch im gleichzeitigen Verzicht auf einige Vorteile, die eine Beratung durch Banken mit sich bringen kann und die besonders dem Mittelstand zugute kommen. Die Zielgruppe der kleinen und mittleren Unternehmen gerät dann etwas aus dem Blickfeld. Institute, deren M&A-Angebot primär auf die Stärkung ihrer Attraktivität als Hausbank abzielt, sind also gezwungen, ein erhöhtes Maß an Konfliktpotentialen in Kauf zu nehmen, um die Vorteile realisieren zu können, die nötig sind, damit der anvisierten Kundengruppe ein attraktives Beratungsangebot offeriert werden kann.

Die Banken sehen in den potentiellen Interessenkonflikten kein Problem für den Absatz ihrer M&A-Beratungsleistung. Sie weisen darauf hin, daß die bestehende Organisation einen Mißbrauch verhindere. Mögliche Bedenken ihrer Kunden würden durch das aus einer langjährigen Kontoverbindung resultierende, starke Vertrauen zur Hausbank ausgeräumt. Demnach seien zusätzliche Maßnahmen zur Begrenzung von Fehlanreizen nicht vonnöten. Dennoch sind solche Überlegungen m. E. nicht überflüssig, da die derzeit erreichte Lösung des Problems nicht notwendigerweise die optimale sein muß. Es ist durchaus möglich, daß in der aktuellen Situation die Agency-Kosten der Banken noch nicht minimiert sind und der Übergang zu einer besseren Lösung noch möglich ist. Ein Zeichen dafür, daß in diesem Bereich in Zukunft u. U. noch Veränderungen zu erwarten sind, ist vielleicht die Installation des "Compliance"-Konzepts bei der Deutschen Bank. Die diesem zugrundeliegende Erkenntnis, daß Überwachungsregeln im Insiderhandelsbereich von den Kunden nachzuvollziehen sein müssen, könnte u. U. auch im Bereich der Begrenzung der Fehlanreize bei der M&A-Beratung zu ähnlichen Konsequenzen führen.

Im Endeffekt dürften die Banken aber dahingehend bestätigt werden, daß das wirksamste Mittel gegen Bedenken der Kunden bezüglich eines potentiellen Fehlverhaltens der Institute das aus der Geschäftsverbindung erwachsene Vertrauen ist. Dieses basiert auf der untadeligen Reputation einer Bank. Fehlanreize sind nie vollkommen zu eliminieren. Einige Kunden werden die Beratung durch ihr Kreditinstitut daher immer ablehnen. Das einwandfreie Verhalten in der Vergangenheit wird letztendlich entscheidenden Einfluß auf die Bewertung der Mißbrauchswahrscheinlichkeit durch den Kunden haben. Es wird sich mit der M&A-Beratung also ebenso verhalten wie mit den anderen, im Abschnitt 4.4.1 dargestellten Bankleistungen, denen auch der Nachteil eines potentiellen Fehlverhaltens des Kreditinstituts anhaftet. Wenn die Nachteile von den Vorteilen überkompensiert werden, dann setzt sich die Leistung am Markt durch und stellt eine attraktive Bereicherung des Angebots an M&A-Beratern dar.

Quelle: **Spickers, Jürgen: Entwicklung, in: M&A-Review,**
              1-2/92, S. 5.

M&A − Transaktionen

BR Deutschland

Chart: Zahl der Transaktionen (Thousands) nach Jahr — 1985 bis 1991.

Quelle: Dahm, Hans: Funktion, Düsseldorf 1986, S. 1.

Unternehmens- oder Beteili-
gungs-Erwerb

Unternehmens- oder Beteili-
gungs-Verkauf

Festlegung der Akquisitionskriterien	Festlegung der Verkaufsstrategie
Ausarbeitung von Branchen- und Marktsegment-Analysen	Erstellung der Verkaufsdokumentation
Kandidatenermittlung	Wertermittlung und strukturelle Vorbereitung der Transaktion
Vorläufige Kandidatenanalyse	Ermittlung potentieller Käufer
Vorläufige Bewertung vorrangiger Kandidaten	Analyse und Gewichtung möglicher Käufer
Kontaktaufnahme zu Kandidaten, Abrundung der Analyse	Kontaktaufnahme mit Übernahmekandidaten
Abklärung des Verkaufsinteresses	Bewertung des Übernahmeinteresses

Unterstützung bei Preisverhandlungen und Übernahmestruktur

Beratung bei Vertragsverhandlungen und Hilfe bei der Schließung von Kompromissen

Abschluß der Transaktion

Finanzierung der Transaktion bzw. Unterstützung bei der Re-Investition des Erlöses

Fallweise Unterstützung bei der Integration

Anlage III:

Quelle: **Storck, Joachim: Aspekte, in: B 7/90, S. 377.**

M&A-Beratung in Deutschland

Marktanteile 1989/90

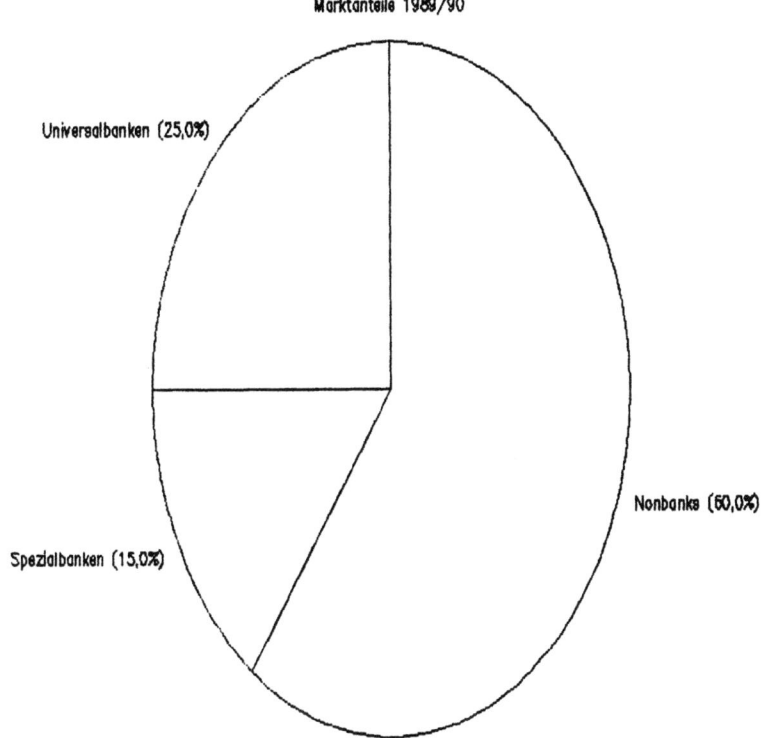

Universalbanken (25,0%)

Spezialbanken (15,0%)

Nonbanks (60,0%)

Anlage IV:

Quelle: Juncker, Klaus: Beratung, in: bk Juni 1989,
        S. 15.

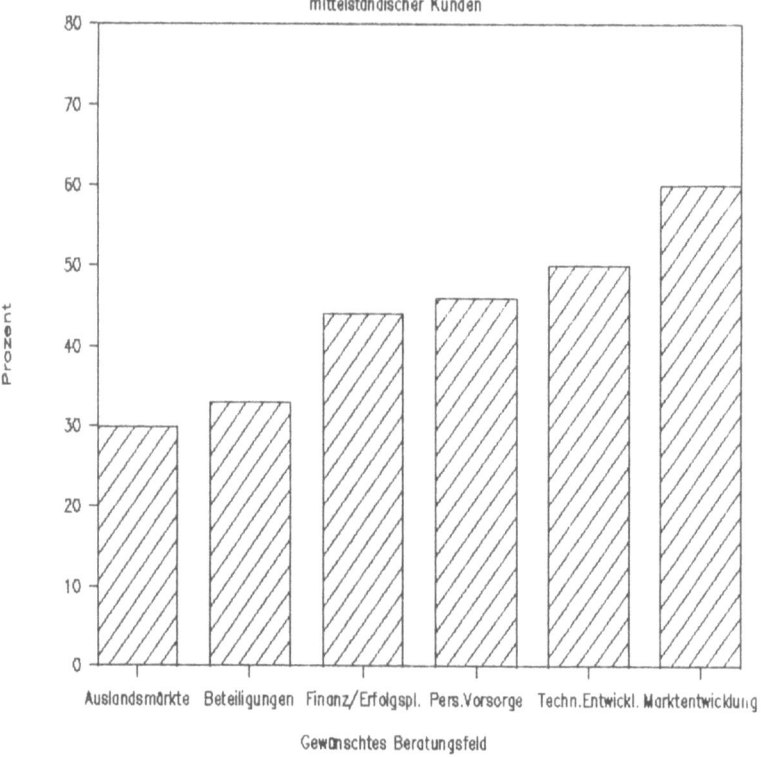

Struktur der Beratungserwartungen
mittelständischer Kunden

Quelle:　Storck, Joachim: Aspekte, in: B 7/90, S. 377.

M&A-Beratung in Deutschland

Marktstruktur 1989/90

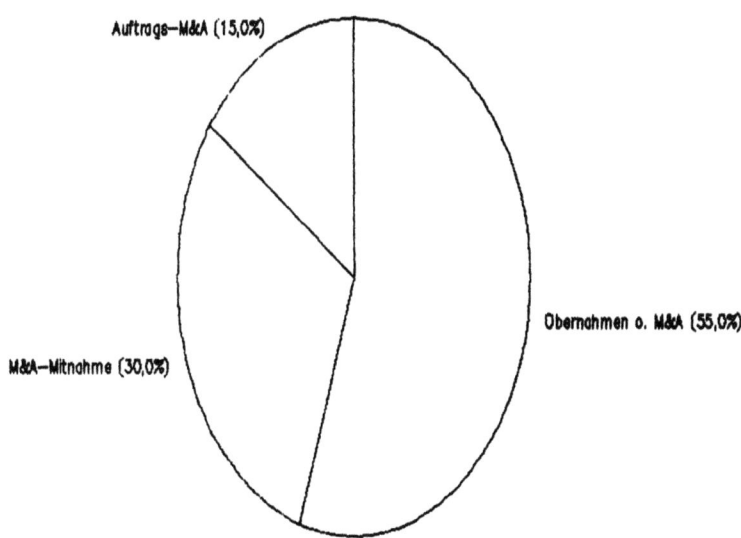

Auftrags-M&A (15,0%)

Übernahmen o. M&A (55,0%)

M&A-Mitnahme (30,0%)

Anlage VI:

Quelle: Heemann, Karen/Student, Dietmar: Werk, in:
             WiWo 07.12.90, S. 56.

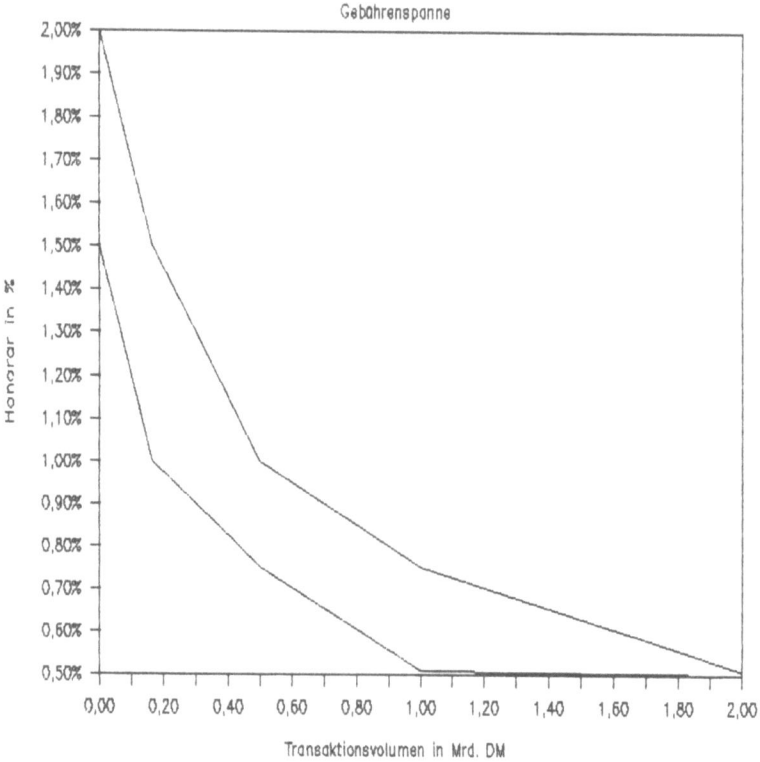

M&A-Beratungsgebühren in Deutschland

Anlage VII:

Darstellung der möglichen Aufbauorganisation einer Bank.[1]

Produktorientierte
Zentrale

Kundengruppenori-
entierter Verkauf
über die Filiale

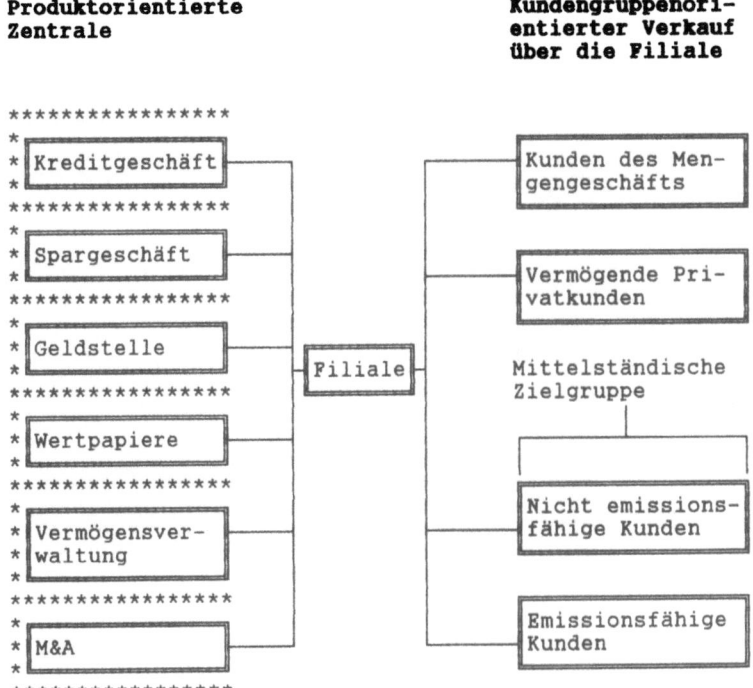

**** = Chinesische Mauern.

[1]Vgl.: Wielens, Hans: Bankenorganisation, in: Handbuch
des Bankmarketing, Hrsg.: Süchting, Joachim/Hooven,
Eckart van, Wiesbaden 1987, S. 73.

Literaturverzeichnis

Achleitner, Paul M.: **Bankverbindungen**
"Bestehende Bank- und Beraterverbindungen ergänzen";
in: Handelsblatt, Beilage: Mergers & Acquisitions, Nr.
75, 18.04.1991, S. B17.

Adams, Michael: **Unternehmenskontrolle**
"Der Markt für Unternehmenskontrolle und sein Mißbrauch";
in: Die Aktiengesellschaft, Hrsg.: Mertens, H.J., 34.
Jg., Nr. 10, 01.10.1989, S. 333-338.

Albrecht, Lorenz: **Deal**
"In Deutschland erfährt die Öffentlichkeit oft erst von
dem Deal, wenn er bereits abgeschlossen ist";
in: Handelsblatt, Beilage: Mergers & Acquisitions, Nr.
76, 19.04.1989, S. B10.

Arbeitskreis Finanzierung der Schmalenbach-Gesellschaft
(Deutsche Gesellschaft für Betriebswirtschaft e.V.):
Analyse
"Analyse der für die Entwicklung eines Buy-out-Marktes
notwendigen Bedingungen in der Bundesrepublik Deutschland unter besonderer Berücksichtigung von MBOs";
in: Schmalenbachs Zeitschfrift für betriebswirtschaftliche Forschung, Hrsg.: Bierich, M. e.a., 42. Jg., Heft
10, Oktober 1990, S. 830-850.

Arndt, Franz-Josef: **Schlußwort**
"Schlußwort";
in: Die Bank, Hrsg.: Bundesverband deutscher Banken, Nr.
5, Mai 1987, S. 275-276.

Arnold, John D.: **Case**
"Case Study of a Banking Merger";
in: Merger & Acquisition Sourcebook - 1986 Edition Volume 2, Hrsg.: Heninger, June, Santa Barbara (CA) 1986,
S. 9/7-9/11.

Arrow, Kenneth J.: **Agency**
"The Economics of Agency";
in: Principals and Agents: The Structure of Business,
Hrsg.: Pratt, John W./Zeckhauser, Richard J., Harvard
Business School, Boston (MA) 1985, S. 37-51.

Asquith, Paul: **Merger**
"Merger Bids, Uncertainty, and Stockholder Returns";
in: Journal of Financial Economics, Hrsg.: Jensen, Michael C., Vol. 11, 1983, S. 51-83.

Auerbach, Alan J./Reishus, David: **Taxation**
"The Impact of Taxation on Mergers and Acquisitions";
in: Mergers and Acquisitions, Hrsg.: Auerbach, Alan J.,
Chicago and London 1988, S. 69-85.

Bank Verlag Köln: **Insiderregeln**
"Insiderregeln - Stand 1988";
Köln 1988.

Baums, Theodor: **Übernahmeregeln**
"Übernahmeregeln in der Europäischen Gemeinschaft";
in: ZIP - Zeitschrift für Wirtschaftsrecht, Hrsg.: Kübler, Bruno M. e.a., 10. Jg., Heft 21, 10.11.1989, S.
1376-1381.

Bebchuk, Lucian A.: **Offers**
"The Case for Facilitating Competing Tender Offers";
in: Harvard Law Review, Vol. 95, Nr. 6, 1981/82, S.
1028-1056.

Beesley, M.E.: **Welfare**
"Mergers and Economic Welfare";
in: Mergers, Take-overs and the Structure of Industry,
Hrsg.: The Institute of Economic Affairs, London 1973,
S. 71-80.

Behrens, Rolf/Merkel, Reiner: **M&A**
"Mergers & Acquisitions";
Stuttgart 1990.

Berger, Klaus Peter: **Europa**
"Unternehmensübernahmen in Europa";
in: ZIP - Zeitschrift für Wirtschaftsrecht, Hrsg.: Kübler, Bruno M. e.a., 12. Jg., Heft 23-24, 13.12.1991, S. 1644-1660.

Best, Kimmo: **M&A-Markt**
"Deutscher M&A-Markt hat Ausnahmecharakter";
in: Börsen-Zeitung, Nr. 248, 31.12.1991, S. 12.

Bickel, Walter: **Unternehmensberatung**
"Die Unternehmensberatung mittelständischer Unternehmen durch Kreditinstitute";
Gründung, Innovation und Beratung Bd. 9, Köln 1988.

Bickel, Walter: **Mittelstandsberatung**
"Mittelstandsberatung durch Kreditinstitute - eine zukunftsweisende Bankleistungsart?";
in: Bank und Markt + Technik, Hrsg.: Bracker E. e.a., 18. Jg., Heft 4, April 1989, S. 20-23.

Bössmann, Eva: **Transaktionskosten**
"Volkswirtschaftliche Probleme der Transaktionskosten";
in: Zeitschrift für die gesamte Staatswissenschaft, Hrsg.: Richter, Rudolf, 138. Band 1982, S. 664-679.

Bössmann, Eva: **Unternehmungen**
"Weshalb gibt es Unternehmungen?";
in: Zeitschrift für die gesamte Staatswissenschaft, Hrsg.: Richter, Rudolf, 137. Band 1981, S. 667-674.

Bollinger, Ekkehard: **Käufer**
"Den besten Käufer finden";
in: Frankfurter Allgemeine Zeitung, Beilage: Unternehmensbeteiligungen, Nr. 94, 23.04.1991, S. B16.

Bradley, Michael: **Tender**
"Interfirm Tender Offers and the Market for Corporate
Control";
in: Journal of Business, University of Chicago Press,
Vol. 53, Nr. 4, Oktober 1980, S. 345-376.

Braunberger, Gerald: **Überwachung**
"Bessere Überwachung der Handelsgeschäfte";
in: Frankfurter Allgemeine Zeitung, Nr. 23, 28.01.1992,
S. 14.

Bressmer, Claus/Mosner, Anton C./Sertl, Walter:
Übernahme
"Vorbereitung und Abwicklung der Übernahme von Unterneh-
men";
Mergers & Acquisitions 1, Hrsg.: Management Consulting
Institut GmbH, Stuttgart 1989.

Bretzke, Wolf-Rüdiger: **Risiken**
"Risiken in der Unternehmensbewertung";
in: Schmalenbachs Zeitschfrift für betriebswirtschaftliche Forschung, Hrsg.: Bierich, M. e.a., 40. Jg., Heft 9,
September 1988, S. 813-823.

Breuel, Birgit/Schröder, Christoph: **Unternehmen**
"Täglich werden sieben Unternehmen verkauft";
in: Frankfurter Allgemeine Zeitung, Beilage: Unternehmensbeteiligungen, Nr. 94, 23.04.1991, S. B2.

Bringmann, Ralf/Krag, Joachim: **M&A**
"Mergers & Acquisitions im bankbetrieblichen Leistungs-
prozeß";
in: Zeitschrift für das gesamte Kreditwesen, 43. Jg.,
Heft 2, 15.01.1990, S. 69-74.

Brinkmann, Klaus G.: **Eigenkapital**
"Das Eigenkapital ist steuerlich die teuerste Form der
Finanzierung";
in: Handelsblatt, Nr. 67, 06.04.1989, S. 29.

Bross, Holger F.L./Caytas, Ivo G./Mahari, Julian I.:
Consulting
"Consulting bei Mergers & Acquisitions in Deutschland";
Stuttgart 1991.

Bühler, Wilhelm: **Modelltypen**
"Modelltypen der Aufbauorganisation von Kreditinstituten";
in: Handbuch Bankorganisation, Hrsg.: Stein, Johann
Heinrich von/Terrahe, Jürgen, Wiesbaden 1991,S. 103-142.

Bühner, Rolf: **Reaktionen**
"Reaktionen des Aktienmarktes auf Unternehmenszusammenschlüsse ";
in: Schmalenbachs Zeitschfrift für betriebswirtschaftliche Forschung, Hrsg.: Bierich, M. e.a., 42. Jg., Heft 4,
April 1990, S. 295-316.

Büschgen, Hans E.: **Allfinanz**
"»Allfinanz« am Finanzdienstleistungsmarkt: Leistungspolitik und Marktpositionierung als unternehmerische Herausforderung";
in: Mitteilungen und Berichte - Institut für Bankwirtschaft und Bankrecht an der Universität zu Köln, Hrsg.:
Büschgen, Hans E., 22. Jg., Nr. 65, 1991, S. 1-19.

Büschgen, Hans E.: **Anforderungen**
"Anforderungen der Privat- und Firmenkunden an das Bankgeschäft in den 90er Jahren";
in: Mitteilungen und Berichte - Institut für Bankwirtschaft und Bankrecht an der Universität zu Köln, Hrsg.:
Büschgen, Hans E., 21. Jg., Nr. 62, 1990, S. 23-55.

Büschgen, Hans E.: **Bankbetriebslehre**
"Bankbetriebslehre";
3. Auflage, Wiesbaden 1991.

Büschgen, Hans E.: **Binnenmarkt**
"Der kommende europäische Binnenmarkt als Herausforderung des Mittelstandes";
in: Mitteilungen und Berichte - Institut für Bankwirtschaft und Bankrecht an der Universität zu Köln, Hrsg.:
Büschgen, Hans E., 21. Jg., Nr. 61, 1990, S. 13-43.

Büschgen, Hans E.: **Organisation**
"Prinzipien, Aufgaben und Teilbereiche der Organisation";
in: Handbuch Bankorganisation, Hrsg.: Stein, Johann
Heinrich von/Terrahe, Jürgen, Wiesbaden 1991, S. 27-59.

Büschgen, Hans E.: **Banking**
"The Universal Banking System in the Federal Republic of
Germany";
in: Journal of Comparative Corporate Law and Securities
Regulation, Hrsg.: Mundheim, Robert/Leech, Noyes E.,
Vol. 2, 1979, S. 1-27.

Büschgen, Hans E.: **Gestaltung**
"Zukunftsorientierte Gestaltung der Geschäftsstrukturen
internationaler Banken";
in: Mitteilungen und Berichte - Institut für Bankwirtschaft und Bankrecht an der Universität zu Köln, Hrsg.:
Büschgen, Hans E., 20. Jg., Nr. 59, 1989, S. 30-67.

Bullinger, Dieter: **Unternehmung**
"Die Unternehmung im Beratergeflecht";
in: Die Unternehmung, Hrsg.: Vereinigung schweizerischer
Betriebswirtschaftler, 38. Jg., Nr. 2, 1984, S. 163-168.

Bundesverband deutscher Banken: **Diskussion**
"Zur Diskussion um die »Macht der Banken«";
in: Die Bank, Hrsg.: Bundesverband deutscher Banken, Nr.
10, Oktober 1989, S. 556-562.

Burney, Sir Anthony: **Take-overs**
"Take-overs: Aims and Objects";
in: Mergers, Take-overs and the Structure of Industry,
Hrsg.: The Institute of Economic Affairs, London 1973,
S. 11-19.

Cable, J.R./Palfrey, J.P.R./Runge, J.W.: **Germany**
"Federal Republic of Germany, 1962-1974";
in: The Determinants and Effects of Mergers, Hrsg.:
Mueller, Dennis C., Publication of the Science Center
Berlin, Volume 24, Königstein/Ts. 1980, S. 99-132.

Cammann, Helmuth: **Opportunität**
"Nur aus politischer Opportunität soll das vorbildliche
Prinzip der deutschen Universalbank geopfert werden";
in: Handelsblatt, Nr. 140, 25./26.07.1986, S. 5.

Cammann, Helmuth/Arnold, Wolfgang: **Anteilsbesitz**
"Anteilsbesitz der Banken: Die Fakten";
in: Die Bank, Hrsg.: Bundesverband deutscher Banken, Nr.
3, März 1987, S. 120-123.

Caytas, Ivo G./Mahari, Julian I.: **Banking**
"Im Banne des Investment Banking";
Stuttgart 1988.

Chartered WestLB Limited: **M&A**
"CWB - Mergers & Acquisitions";
Hrsg.: Chartered WestLB Ltd., Düsseldorf o.J.

Chiplin, Brian/Wright, Mike: **Mergers**
"The Logic of Mergers";
Hobart Paper 107, Hrsg.: The Institute of Economic Af-
fairs, London 1987.

Coffee, John C., Jr.: **Managers**
"Shareholders versus Managers: The Strain in the Corporate Web";
in: Knights, Raiders & Targets, Hrsg.: Coffee, John C., Jr./Lowenstein, Louis/Rose-Ackerman, Susan, New York-Oxford 1988, S. 77-134.

Cook, Richard E.: **Takeovers**
"What the Economics Literature Has to Say about Takeovers";
in: Public Policy toward Corporate Takeovers, Hrsg.: Weidenbaum, Murray L./Chilton, Kenneth W., New Brunswick (NJ) 1988, S. 1-24.

Cramer, Jörg-Engelbrecht: **Produktorientierung**
"Produktorientierung oder/und Kundenorientierung in der Organisation einer Bank und des Bankwesens";
in: Organisation der Banken und des Bankenmarktes, Hrsg.: Engels, Wolfram, Frankfurt/Main 1988, S. 31-60.

Dahm, Hans: **Akquisitionsprozeß**
"Der Akquisitionsprozeß: Erfahrungen bei Planung und Verwirklichung unternehmerischer Wachstumsstrategien";
in: Handbuch der Unternehmensakquisition, Hrsg.: Rädler, Albert J./Pöllath, Reinhard, Frankfurt/Main 1982, S. 11-37.

Dahm, Hans: **Funktion**
"Funktion und Potential des nationalen wie internationalen Mergers & Acquisitions-Geschäfts der deutschen Banken";
WestLB, Düsseldorf 1986.

Dahm, Hans: **Banking**
"Investment Banking als Finanzdienstleistung";
in: Bankmanagement für neue Märkte, Hrsg.: Krümel, Hans J./Rudolph, Bernd, Frankfurt/Main 1987, S. 225-236.

Davies, Quentin/Duncan, Gordan: **Rolle**
"Die Rolle der Merchant Bank beim Zustandekommen von Fusionen und Übernahmen";
in: Handbuch des Bankmarketing, Hrsg.: Süchting, Joachim/Hooven, Eckart van, Wiesbaden 1987, S. 437-462.

Deutsche Bank AG: **Macht**
"Von der Macht der Banken";
in: Geschäftsbericht für das Jahr 1986, Deutsche Bank AG, Frankfurt/Main 1987, S. 13-20.

Dietzsch-Doertenbach, Maximilian: **Diskret**
"Diskret verkaufen";
in: Frankfurter Allgemeine Zeitung, Beilage: Unternehmensbeteiligungen, Nr. 94, 23.04.1991, S. B20.

Dodd, Peter: **Merger**
"Merger Proposals, Management Discretion and Stockholder Wealth";
in: Journal of Financial Economics, Hrsg.: Jensen, Michael C., Vol. 8, 1980, S. 105-137.

Dodd, Peter: **Corporate Control**
"The Market for Corporate Control: A Review of the Evidence";
in: Midland Corporate Finance Journal, Hrsg.: Stern Stewart Putnam & Macklis, Ltd., New York, Vol. 1, Nr. 2, Sommer 1983, S. 6-20.

Dolff, Peter: **Bedürfnis**
"Dem wachsenden Bedürfnis durch Aufbau eigener Abteilungen Rechnung getragen";
in: Handelsblatt, Beilage: Mergers & Acquisitions, Nr. 76, 19.04.1989, S. B21.

Dresdner Bank AG: **Corporate Finance**
"Corporate Finance: Rat und Tat für Ihr Unternehmen";
Hrsg.: Dresdner Bank AG - Geschäftsbereich Corporate Finance, Frankfurt/Main o.J.

Drukarczyk, Jochen: **MBO**
"Management Buyouts";
in: WiSt - Wirtschaftswissenschaftliches Studium, Hrsg.:
Dichtl, E./Issing, O., 19. Jg., Heft 11, November 1990,
S. 545-549.

Duengen, Rainer B.: **Verkäufer**
"Im Frühstadium ist der Identitätsschutz für den Verkäufer besonders relevant";
in: Handelsblatt, Beilage: Mergers & Acquisitions, Nr.
75, 18.04.1991, S. B11.

Dugger, William M.: **Transaction**
"The Transaction Cost Analysis of Oliver E. Williamson:
A New Synthesis?";
in: Journal of Economic Issues, Hrsg.: Toel, Marc R.,
Vol. 17, Nr. 1, März 1983, S. 95-114.

Dunsch, Jürgen: **Fusionswelle**
"Die Fusionswelle verliert nur wenig von ihrer Kraft";
in: Frankfurter Allgemeine Zeitung, Nr. 4, 05.01.1991,
S. 9.

Dunsch, Jürgen: **Unternehmenskäufe**
"Unternehmenskäufe werden billiger";
in: Frankfurter Allgemeine Zeitung, Nr. 13, 16.01.1992,
S. 13.

Earl, Peter/Fisher, Frederik G. III: **International**
"International Mergers and Acquisitions";
Euromoney Publications, London 1986.

Easterbrook, Frank H.: **Insider**
"Insider Trading as an Agency Problem";
in: Principals and Agents: The Structure of Business,
Hrsg.: Pratt, John W./Zeckhauser, Richard J., Harvard
Business School, Boston (MA) 1985, S. 81-100.

Easterbrook, Frank H./Fischel, Daniel R.: **Auctions**
"Auctions and Sunk Costs in Tender Offers";
in: Stanford Law Review, Vol. 35, November 1982,S. 1-21.

Eckbo, B. Espen: **Collusion**
"Horizontal Mergers, Collusion, and Stockholder Wealth";
in: Journal of Financial Economics, Hrsg.: Jensen, Michael C., Vol. 11, 1983, S. 241-273.

Eglau, Hans Otto: **Frankfurt**
"Wie Gott in Frankfurt";
Düsseldorf 1989.

Eisenblätter, Michael: **Industrie**
"Die deutsche Industrie expandiert kräftig";
in: Handelsblatt, Beilage: Mergers & Acquisitions, Nr.
75, 18.04.1991, S. B16.

Engels, Wolfram: **Bankbeteiligungen**
"Bankbeteiligungen an Industrieunternehmen";
Berlin 1978.

Erlenbach, Erich: **Goldman**
"Goldman Sachs handelt am Platz Frankfurt";
in: Frankfurter Allgemeine Zeitung, Nr. 30, 05.02.1992,
S. 19.

Falkenhausen, Bernhard Freiherr von: **Unternehmenskäufe**
"Das »Takeover-Game« - Unternehmenskäufe in den USA -";
in: Festschrift für Ernst C. Stiefel zum 80. Geburtstag,
Hrsg.: Lutter, Marcus/Oppenhoff, Walter/Sandrock, Otto/
Winkhaus, Hans, München 1987, S. 163-195.

Fama, Eugene F.: **Agency Problems**
"Agency Problems and the Theory of the Firm";
in: Journal of Political Economy, University of Chicago
Press, Vol. 88, Nr. 2, April 1980, S. 288-307.

Fanselow, Karl-Heinz: **Entscheidung**
"Die freie Entscheidung bleibt erhalten";
in: Frankfurter Allgemeine Zeitung, Beilage: Unternehmensbeteiligungen, Nr. 145, 26.06.1990, S. B7.

Fanselow, Karl-Heinz/Stedler, Heinrich R.: **Mittelstand**
"Beteiligungskapital stärkt Mittelstand";
in: Frankfurter Allgemeine Zeitung, Beilage: Unternehmensbeteiligungen, Nr. 94, 23.04.1991, S. B1.

Fanselow, Karl-Heinz/Stedler, Heinrich R.: **MBO**
"Management-Buy-Out und Mezzanine Money";
in: Die Bank, Hrsg.: Bundesverband deutscher Banken, Nr. 7, Juli 1992, S. 395-398.

Fehr, Benedikt: **DDR**
"»Jetzt in der DDR investieren«";
in: Frankfurter Allgemeine Zeitung, Nr. 220, 21.09.1990, S. 20.

Ferber, Manfred: **Firmen**
"Besonders bei mittelständischen Firmen hängt der Erfolg von den Qualitäten des Unternehmers ab";
in: Handelsblatt, Beilage: Mergers & Acquisitions, Nr. 75, 18.04.1991, S. B8.

Ferber, Manfred: **Verkaufen**
"Nicht laienhaft verkaufen";
in: Frankfurter Allgemeine Zeitung, Beilage: Unternehmensbeteiligungen, Nr. 94, 23.04.1991, S. B16.

Firth, Michael: **Takeovers**
"Takeovers, Shareholder Returns, and the Theory of the Firm";
in: Quarterly Journal of Economics, Harvard University, Vol. 94, Nr. 2, März 1980, S. 235-260.

Fischer, Helmut: **Bewertung**
"Bewertung beim Unternehmens- und Beteiligungskauf";
in: Handbuch des Unternehmens- und Beteiligungskaufs,
Hrsg.: Hölters, Wolfgang, 2. Auflage, Köln 1989, S. 47-
174.

Flach, Uwe E.: **Investmentbanking**
"Investmentbanking für den deutschen Markt";
in: Instrumente und Strategien im Investment Banking,
Hrsg.: Rudolph, Bernd, Frankfurt/Main 1990, S. 113-134.

Flamholtz, Eric G./Coff, Russell: **Resources**
"Valuing Human Resources in Buying Service Companies";
in: Mergers & Acquisitions, Hrsg.: Rock, Milton L., Vol.
23, Nr. 4, Januar/Februar 1989, S. 40-44.

Franke, Günter/Hax, Herbert: **Finanzwirtschaft**
"Finanzwirtschaft des Unternehmens und Kapitalmarkt";
2. Auflage, Berlin-Heidelberg 1990.

Franks, Julian/Harris, Robert: **Wealth**
"Shareholder Wealth Effects of UK Take-overs: Implica-
tions for Merger Policy";
in: Mergers and Merger Policy, Hrsg.: Fairburn, James
A./Kay, John A., Oxford 1989, S. 148-174.

Freudenberg, Thomas/Moock, Hans: **Fehler**
"Fehler lassen sich durch die Kooperation mit externen
Beratern vermeiden";
in: Handelsblatt, Beilage: Mergers & Acquisitions, Nr.
76, 19.04.1989, S. B13.

Funke, Jürgen: **Synergiepotentiale**
"Synergiepotentiale gezielt erschließen";
in: Handelsblatt, Beilage: Mergers & Acquisitions, Nr.
75, 18.04.1991, S. B7.

Geiger, Helmut: **Politiker**
"Politiker greifen ein altes Reizwort als Thema öffentlicher Diskussionen neu auf";
in: Handelsblatt, Nr. 133, 13.07.1989, S. 8.

Gemm, Klaus: **Möglichkeiten**
"Möglichkeiten und Grenzen der Unternehmensberatung
durch Sparkassen";
in: Sparkasse, Hrsg.: Deutscher Sparkassen- und Giroverband e.V. Bonn, 96. Jg., 7/79, S. 246-254.

Gösche, Axel: **Management**
"Ein integratives Management aufbauen";
in: Frankfurter Allgemeine Zeitung, Beilage: Unternehmensbeteiligungen, Nr. 145, 26.06.1990, S. B19.

Gösche, Axel: **Wert**
"Es gibt nicht den Wert schlechthin";
in: Handelsblatt, Beilage: Mergers & Acquisitions, Nr.
83, 29.04.1992, S. B10.

Gösche, Axel: **Mittelstand**
"Mergers & Acquisitions im Mittelstand";
Wiesbaden 1991.

Golbe, Devra L./White, Lawrence J.: **Acquisitions**
"Mergers and Acquisitions in the U.S. Economy: An Aggre-
gate and Historical Overview";
in: Mergers and Acquisitions, Hrsg.: Auerbach, Alan J.,
Chicago and London 1988, S. 25-47.

Gort, Michael: **Economic**
"An Economic Disturbance Theory of Mergers";
in: Quarterly Journal of Economics, Harvard University,
Vol. 83, Nr. 4, November 1969, S. 624-642.

Gotthelf, Michael A.: **Giftpillen**
"Von Giftpillen und weißen Rittern";
in: Frankfurter Allgemeine Zeitung, Nr. 197, 26.08.1989,
S. 11.

Gottschalk, Arno: **Stimmrechtseinfluß**
"Der Stimmrechtseinfluß der Banken in den Aktionärsver-
sammlungen von Großunternehmen";
in: WSI Mitteilungen, Hrsg.: Wirtschafts- und Sozialwis-
senschaftliches Institut des Deutschen Gewerkschaftsbun-
des, 41. Jg., 5/1988, S. 294-304.

Greer, Douglas F.: **Acquisition**
"Acquiring in Order to Avoid Acquisition";
in: Antitrust Bulletin, Federal Legal Publications,
Inc., New York, Vol. 31, Nr. 1, Frühjahr 1986, S. 155-
186.

Großfeld, Bernhard: **Unternehmensbewertung**
"Unternehmens- und Anteilsbewertung im Gesellschaftsrecht";
2. Auflage, Köln 1987.

Grossman, Sanford J./Hart, Oliver D.: **Takeover Bids**
"Takeover Bids, the Free-Rider Problem, and the Theory
of the Corporation";
in: Bell Journal of Economics, American Telephone and
Telegraph Company, Vol. 11, Nr. 1, Frühjahr 1980, S. 42-
64.

Hafke, Heinz-Christian: **Take-overs**
"Take-overs auf europäisch";
in: Börsen-Zeitung, Nr. 11, 17.01.1989, S. 7.

Hafner, Ralf: **Unternehmensbewertung**
"Unternehmensbewertung bei mehrfacher Zielsetzung";
in: Betriebswirtschaftliche Forschung und Praxis, Hrsg.:
Sieben, Günter e.a., 40. Jg., 6/88, November 1988, S.
485-504.

Hagenmüller, Karl Friedrich/Diepen, Gerhard: **Bankbetrieb**
"Der Bankbetrieb";
12. Auflage, Wiesbaden 1989.

Haley, Charles W./Schall, Lawrence D.: **Theory**
"The Theory of Financial Decisions";
2. Auflage, New York e.a. 1979.

Halpern, Paul: **Acquisitions**
"Corporate Acquisitions: A Theory of Special Cases? A
Review of Event Studies Applied to Acquisitions";
in: Journal of Finance, Hrsg.: American Finance Association, Vol. 38, Nr. 2, Mai 1983, S. 297-317.

Hansen, Horst-Günther: **Kauf**
"Der Kauf von Marktanteilen birgt ein deutlich geringeres Risiko";
in: Handelsblatt, Beilage: Soziale Marktwirtschaft, Nr.
81, 26./27.04.1991, S. D6.

Hartmann-Wendels, Thomas/Hinten, Peter von: **Marktwert**
"Marktwert von Vorzugsaktien";
in: Schmalenbachs Zeitschrift für betriebswirtschaftliche Forschung, Hrsg.: Bierich, M. e.a., 41. Jg., Heft 4,
April 1989, S. 263-293.

Hauschka, Christoph E.: **Argumente**
"Argumente zur Reformbedürftigkeit des deutschen Insi-
derrechts";
in: Betriebs-Berater, 43. Jg., Heft 18, 30.06.1988, S.
1189-1196.

Hauschka, Christoph E.: **Aspekte**
"Wirtschaftliche, arbeits- und gesellschaftsrechtliche
Aspekte des Management Buy-Out";
in: Betriebs-Berater, 42. Jg., Heft 32, 20.11.1987, S.
2169-2178.

Hauschka, Christoph E./Roth, Thomas: **Übernahmeangebote**
"Übernahmeangebote und deren Abwehr im deutschen Recht";
in: Die Aktiengesellschaft, Hrsg.: Mertens, H.J., 33.
Jg., Nr. 7, 01.07.1988, S. 181-196.

Hax, Herbert: **Finanzierung**
"Finanzierung";
in: Vahlens Kompendium der Betriebswirtschaftslehre,
Bd. 1, Hrsg.: Bitz, Michael e.a., 2. Auflage, München
1989, S. 383-439.

Hax, Herbert/Hartmann-Wendels, Thomas/Hinten, Peter von:
Finanzierungstheorie
"Moderne Entwicklung der Finanzierungstheorie";
in: Finanzierungshandbuch, Hrsg.: Christians, F. Wilhelm, 2. Auflage, Wiesbaden 1988, S. 689-713.

Heemann, Karen/Student, Dietmar: **Werk**
"Künstler am Werk";
in: Wirtschaftswoche, Hrsg.: Engels, Wolfram, 44. Jg.,
Nr. 50, 07.12.1990, S. 48-63.

Heinrich, Gerhard: **Verkauf**
"Ein Verkauf erfolgt selten spontan";
in: Frankfurter Allgemeine Zeitung, Beilage: Unternehmensbeteiligungen, Nr. 145, 26.06.1990, S. B8.

Hellner, Thorwald: **Organisationsplan**
"Organisationsplan";
in: Handbuch Bankorganisation, Hrsg.: Stein, Johann
Heinrich von/Terrahe, Jürgen, Wiesbaden 1991,S. 267-280.

Helm, Dieter: **Take-overs**
"Mergers, Take-overs, and the Enforcement of Profit Ma-
ximization";
in: Mergers and Merger Policy, Hrsg.: Fairburn, James
A./Kay, John A., Oxford 1989, S. 133-147.

Herrhausen, Alfred: **Zukunft**
"Die Zukunft des Universalbankensystems (Protokoll)";
in: Stiftung Kreditwirtschaft an der Universität Hohen-
heim: Berichte und Informationen 7/1988, Hrsg.: Stein,
J.H. von, S. 48-55.

Herrhausen, Alfred: **Großbanken**
"Großbanken und Ordnungspolitik";
in: Die Bank, Hrsg.: Bundesverband deutscher Banken, Nr.
3, März 1988, S. 120-129.

Herrhausen, Alfred: **Vorschlägen**
"Zu den Vorschlägen der Monopolkommission zur Begrenzung
des Anteilserwerbs von Banken an Nichtbanken";
in: Wettbewerbspolitik und Wettbewerbsrecht, Hrsg.:
Helmrich Herbert, Köln-Berlin-Bonn-München 1987, S. 299-
326.

Herrhausen, Alfred/Zapp, Herbert: **Beratung**
"Beratung als Bankgeschäft";
in: Bank und Markt + Technik, Hrsg.: Bracker E. e.a.,
16. Jg., Heft 9, September 1987, S. 16.

Hesse, Helmut/Linde, Robert: **Ursachen**
"Steigende Skalenerträge - Ursachen und wirtschaftspoli-
tische Bedeutung (II)";
in: WISU - das Wirtschaftsstudium, Hrsg.: Jacob, H./
Woll, A./Hansmeyer, K.H., 8. Jg., Nr. 11, November 1979,
S. 554-559.

Hindley, Brian: **Take-overs**
"Take-overs: »Victims« and »Victors«";
in: Mergers, Take-overs and the Structure of Industry,
Hrsg.: The Institute of Economic Affairs, London 1973,
S. 21-28.

Hirschey, Mark: **Mergers**
"Mergers, Buyouts and Fakeouts";
in: American Economic Review, Papers and Proceedings,
Hrsg.: American Economic Association, Vol. 76, Nr. 2,
Mai 1986, S. 317-322.

Hölters, Wolfgang: **Unternehmenskauf**
"Der Unternehmens- und Beteiligungskauf - Bedeutung, Grundfragen und Abwicklung";
in: Handbuch des Unternehmens- und Beteiligungskaufs, Hrsg.: Hölters, Wolfgang, 2. Auflage, Köln 1989,S. 1-45.

Hoffmann, Peter: **Unternehmenskäufe**
"Unternehmenskäufe sind sorgfältig vorzubereiten";
in: Handelsblatt, Beilage: Soziale Marktwirtschaft, Nr. 222, 16./17.11.1990, S. D5.

Hoffmann, Peter/Ramke, Ralf: **MBO**
"Management buy out in der Bundesrepublik Deutschland: Anspruch, Realität und Perspektiven";
Grundlagen und Praxis der Betriebswirtschaft, Bd. 58, Berlin 1990.

Hohenthal, Carl Graf: **Übernahmen**
"Gegen unfreundliche Übernahmen";
in: Frankfurter Allgemeine Zeitung, Nr. 263, 12.11.1991, S. 16.

Holzapfel, Hans-Joachim/Pöllath, Reinhard: **Recht**
"Recht und Praxis des Unternehmenskaufs";
RWS-Skript 135, 2. Auflage, Köln 1985.

Hopt, Klaus J.: **Funktion**
"Zur Funktion des Aufsichtsrats im Verhältnis von Industrie und Bankensystem";
in: Recht und Entwicklung der Großunternehmen im 19. und 20. Jahrhundert, Kritische Studien zur Geschichtswissenschaft 40, Hrsg.: Horn, Norbert/Kocka, Jürgen, Göttingen 1979, S. 227-242.

Horn, Peter E.: **Beratung**
"Beratung kostet ihren Preis";
in: Frankfurter Allgemeine Zeitung, Beilage: Unternehmensbeteiligungen, Nr. 145, 26.06.1990, S. B18.

Hort, Peter: **Wettbewerbshüter**
"Die Brüsseler Wettbewerbshüter zeigen ihre Muskeln";
in: Frankfurter Allgemeine Zeitung, Nr. 219, 20.09.1990,
S. 16.

Hughes, Alan: **Impact**
"The Impact of Merger: A Survey of Empirical Evidence
for the UK";
in: Mergers and Merger Policy, Hrsg.: Fairburn, James
A./Kay, John A., Oxford 1989, S. 30-98.

Immenga, Ulrich: **Spiel**
"Das Spiel von Conti und Pirelli";
in: Frankfurter Allgemeine Zeitung, Nr. 58, 09.03.1991,
S. 13.

Immenga, Ulrich: **Investments**
"Participatory Investments by Banks: A Structural Prob-
lem of the Universal Banking System in Germany";
in: Journal of Comparative Corporate Law and Securities
Regulation, Hrsg.: Mundheim, Robert/Leech, Noyes E.,
Vol. 2, 1979, S. 29-48.

Interfinanz - Gesellschaft für internationale Finanzberatung mbH: **Jahresbericht 1990**
"XXXII. Jahresbericht 1990";
Interfinanz - Gesellschaft für internationale Finanzberatung mbH, Düsseldorf 1990.

Jacob, Adolf-Friedrich: **Instrumente**
"Instrumente der Aufbauorganisation";
in: Handbuch Bankorganisation, Hrsg.: Stein, Johann
Heinrich von/Terrahe, Jürgen, Wiesbaden 1991,S. 171-199.

Jacobi, Herbert H.: **Spezialisierung**
"Spezialisierung im Bankengeschäft: Gibt es Marktnischen
für Spezialisten?";
in: Organisation der Banken und des Bankenmarktes,
Hrsg.: Engels, Wolfram, Frankfurt/Main 1988, S. 127-144.

Jensen, Michael C.: **Agency Costs**
"Agency Costs of Free Cash Flow, Corporate Finance, and Takeovers";
in: American Economic Review, Papers and Proceedings, Hrsg.: American Economic Association, Vol. 76, Nr. 2, Mai 1986, S. 323-329.

Jensen, Michael C.: **Takeovers**
"Takeovers: Folklore and Science";
in: Harvard Business Review, Hrsg.: Andrews, Kenneth R., Vol. 62, Nr. 6, November/Dezember 1984, S. 109-121.

Jensen, Michael C.: **Controversy**
"The Takeover Controversy: Analysis and Evidence";
in: Midland Corporate Finance Journal, Hrsg.: Stern Stewart Management Services, New York, Vol. 4, Nr. 2, Sommer 1986, S. 6-32.

Jensen, Michael C./Meckling William H.: **Theory**
"Theory of the Firm: Managerial Behavior, Agency Costs and Ownership Structure";
in: Journal of Financial Economics, Hrsg.: Jensen, Michael C., Vol. 3, 1976, S. 305-360.

Jensen, Michael C./Ruback, Richard S: **Market**
"The Market for Corporate Control";
in: Journal of Financial Economics, Hrsg.: Jensen, Michael C., Vol. 11, 1983, S. 5-50.

Jentsch, Werner: **Insider**
"Neue Insider-Regeln";
in: Die Bank, Hrsg.: Bundesverband deutscher Banken, Nr. 6, Juni 1988, S. 338-341.

Jürgensen, Hans: **WestLB**
"WestLB-Betriebsergebnis ist 1990 beträchtlich geschrumpft";
in: Frankfurter Allgemeine Zeitung, Nr. 50, 28.02.1991, S. 22.

Juncker, Klaus: **Diversifizierung**
"Diversifizierung im Firmenkundengeschäft";
in: Bank und Markt + Technik, Hrsg.: Bracker E. e.a.,
18. Jg., Heft 4, April 1989, S. 5-11.

Juncker, Klaus: **Beratung**
"Erfolgreiche Beratung mittelständischer Unternehmen";
in: bankkaufmann, Hrsg.: Betriebswirtschaftlicher Verlag
Dr. Th. Gabler GmbH Wiesbaden, Heft 6, Juni 1989, S. 14-
16.

Juncker, Klaus: **Zielgruppe**
"Zielgruppe Mittelstand: Unternehmens-Service der Banken
ausgeweitet";
in: Bank und Markt + Technik, Hrsg.: Bracker E. e.a.,
14. Jg., Heft 11, November 1985, S. 5-10.

Jung, Willi: **Praxis**
"Praxis des Unternehmenskaufs";
Stuttgart 1983.

Junginger, Walter: **Hebelwirkung**
"Hebelwirkung";
in: Capital, Hrsg.: Gross, Johannes, 28. Jg., Nr. 5,
28.04.1989, S. 213-219.

Kailich, Norbert: **Qualität**
"Qualität der Bankberatung im Firmenkundengeschäft";
Gründung, Innovation und Beratung Bd. 12, Köln 1990.

Kannengießer, Walter: **DDR**
"DDR soll wettbewerbliche Strukturen schaffen";
in: Frankfurter Allgemeine Zeitung, Nr. 153, 05.07.1990,
S. 13+14.

Kannengießer, Walter: **Finanzplatz**
"Waigel will den Finanzplatz Deutschland stärken";
in: Frankfurter Allgemeine Zeitung, Nr. 14, 17.01.1992,
S. 13+15.

Kantzenbach, Erhard: **Beschränkung**
"Die Beschränkung des Anteilbesitzes wäre ein Schritt in
die richtige Richtung";
in: Handelsblatt, Nr. 135, 17.07.1989, S. 8.

Kaulmann, Thomas: **Managerialism**
"Managerialism versus the Property Rights Theory of the
Firm";
in: Agency Theory, Information, and Incentives, Hrsg.:
Bamberg, Günter/Spremann, Klaus, Berlin-Heidelberg 1987,
S. 439-459.

Keown, Arthur J./Pinkerton, John M.: **Merger**
"Merger Announcements and Insider Trading Activity: An
Empirical Investigation";
in: Journal of Finance, Hrsg.: American Finance Association, Vol. 36, Nr. 4, September 1981, S. 855-869.

Kerber, Markus C.: **Kreditinstitute**
"Die Kreditinstitute sind nicht die treibende Kraft";
in: Blick durch die Wirtschaft, Hrsg.: Jeske, Jürgen/
Sterner, Siegfried, 31. Jg. Nr. 21, 01.02.1988, S. 7.

Kerber, Markus C.: **Rollenkonflikte**
"Die »Rollenkonflikte« sind noch längst nicht ausgetra-
gen";
in: Blick durch die Wirtschaft, Hrsg.: Jeske, Jürgen/
Sterner, Siegfried, 31. Jg. Nr. 26, 08.02.1988, S. 7.

Kilgus, Ernst: **Banken**
"Grundlagen der Strukturgestaltung von Banken";
in: Handbuch Bankorganisation, Hrsg.: Stein, Johann
Heinrich von/Terrahe, Jürgen, Wiesbaden 1991, S. 63-102.

Kitching, John: **Mergers**
"Why Do Mergers Miscarry?";
in: Harvard Business Review, Harvard University, Vol.
45, Nr. 6, November/Dezember 1967, S. 84-101.

Knief, Peter/Napp-Saarbourg, Arnold: **Objektivität**
"Ist die Objektivität gewahrt?";
in: bankkaufmann, Hrsg.: Betriebswirtschaftlicher Verlag
Dr. Th. Gabler GmbH Wiesbaden, Heft 6, Juni 1989, S. 8-
13.

Koch, Brigitte: **IKB**
"IKB besorgt über rückläufige Eigenmittel";
in: Frankfurter Allgemeine Zeitung, Nr. 272, 22.11.1990,
S. 18.

Koch, Hans Wolfgang: **Kapitalanlage**
"Mehr als eine Kapitalanlage sollte es schon sein";
in: bankkaufmann, Hrsg.: Betriebswirtschaftlicher Verlag
Dr. Th. Gabler GmbH Wiesbaden, Heft 8, August 1986, S.
29-31.

Koch, Hans Wolfgang: **Bank**
"Unternehmensberatung durch die Bank";
in: bankkaufmann, Hrsg.: Betriebswirtschaftlicher Verlag
Dr. Th. Gabler GmbH Wiesbaden, Heft 4, April 1985, S.
29-32.

Koch, Ulrich: **Verkaufspläne**
"Viele Unternehmen haben ihre Verkaufspläne vorgezogen,
um noch 1989 Kasse zu machen";
in: Handelsblatt, Beilage: Mergers & Acquisitions, Nr.
76, 19.04.1989, S. B21.

Köpf, Georg: **Depotstimmrecht**
"Depotstimmrecht und Aufsichtsratmandate von Bankvor-
ständen";
in: WiSt - Wirtschaftswissenschaftliches Studium, Hrsg.:
Dichtl, E./Issing, O., 15. Jg., Heft 11, November 1986,
S. 583-587.

Körber, Ulrich: **Stimmrechtsvertretung**
"Die Stimmrechtsvertretung durch Kreditinstitute";
Untersuchungen über das Spar-, Giro- und Kreditwesen,-
Abteilung B Rechtswissenschaft, Hrsg.: Hadding, Walther/
Schneider, Uwe H., Bd. 55, Berlin 1989.

Kräutli, Hans J.: **Beratung**
"Beratung und Vermittlung beim Kauf und Verkauf von Unternehmen";
in: Kauf und Verkauf von Unternehmen, Hrsg.: Brand, Michael, 3.Auflage, Zürich 1990, S. 129-140.

Krahtz, Hans-Jürgen: **Probleme**
"Die zu bewältigenden Probleme liegen vor allem in der Chancenwahrnehmung und Risikominimierung";
in: Handelsblatt, Beilage: Mergers & Acquisitions, Nr. 75, 18.04.1991, S. B11.

Krahtz, Hans-Jürgen: **Ansatz**
"Ein wirkungsvoller Ansatz, sich zeitgerecht auf veränderte Verhältnisse am Markt einzustellen";
in: Handelsblatt, Beilage: Mergers & Acquisitions, Nr. 76, 19.04.1989, S. B27.

Kramer, Joachim: **Buy-Outs**
"Buy-Outs in Deutschland";
in: Zeitschrift für das gesamte Kreditwesen, 42. Jg., Heft 20, 15.10.1989, S. 954-961.

Kramer, Joachim: **Deutschland**
"Buy-Outs in Deutschland II";
in: Zeitschrift für das gesamte Kreditwesen, 42. Jg., Heft 21, 01.11.1989, S. 1001-1003.

Kramer, Joachim: **Welle**
"Die Welle wird überschwappen";
in: Management Buy-Out, Hrsg.: Continental Bank, Frankfurt/Main 1990, S. 9-19.

Krneta, Georg: **Mitwirkung**
"Die Mitwirkung des Rechtsanwaltes bei Kauf und Verkauf von Unternehmen";
in: Kauf und Verkauf von Unternehmen, Hrsg.: Brand, Michael, 3.Auflage, Zürich 1990, S. 94-101.

Kröger, Uwe/Henneberg, Gerhard: **Weg**
"Der traditionelle Weg durch internes Wachstum ist oft nicht mehr sinnvoll";
in: Handelsblatt, Beilage: Mergers & Acquisitions, Nr. 75, 18.04.1991, S. B4.

Kruber, Klaus-Peter: **Unternehmensgrößen**
"Unternehmensgrößen und Wettbewerb auf wachsenden Märkten";
Schriftenreihe Europäische Wirtschaft, Bd. 70, Hrsg.: Regul, Rudolf, Baden-Baden 1973.

Krüger, Hans/Uhen, Leo: **Börse**
"Börse als Leitlinie";
in: Frankfurter Allgemeine Zeitung, Beilage: Unternehmensbeteiligungen, Nr. 99, 28.04.1992, S. B21.

Krüger, Walter: **Mittelstand**
"Der Mittelstand als Basis";
in: Frankfurter Allgemeine Zeitung, Beilage: Unternehmensbeteiligungen, Nr. 145, 26.06.1990, S. B15.

Kühn-Leitz, Knut/Steuernagel, Wolfgang: **Wettbewerbsfähigkeit**
"Schnelle »Kasse« und verbesserte Wettbewerbsfähigkeit";
in: Blick durch die Wirtschaft, Hrsg.: Jeske, Jürgen/ Sterner, Siegfried, 34. Jg. Nr. 81, 26.04.1991, S. 7.

Kutscher, Gerhard: **Glücksfall**
"Besonderer Glücksfall";
in: Handelsblatt, Nr. 150, 10.08.1987, S. 2.

Lakshman, Vir/Kopp, Andreas: **Bietverfahren**
"Kontrolliertes Bietverfahren als mögliche Alternative";
in: Handelsblatt, Beilage: Mergers & Acquisitions, Nr.
75, 18.04.1991, S. B19.

Landrock, Rudolf: **Unternehmensberatung**
"Unternehmensberatung durch Sparkassen oder im Verbund?";
in: Sparkasse, Hrsg.: Deutscher Sparkassen- und Giroverband e.V. Bonn, 106. Jg., 11/89, S. 514-515.

Lauf, Reinhold/Epp, Werner: **Mittelständler**
"Auch Mittelständler denken und handeln strategisch";
in: Handelsblatt, Beilage: Mergers & Acquisitions, Nr.
75, 18.04.1991, S. B5.

Leimbach, Andreas: **Transactions**
"Transactions in Corporate Control";
Europäische Hochschulschriften, Reihe V - Volks- und Be-
triebswirtschaft, Bd. 1026, Frankfurt/Main 1989.

Lennardt, Jörg: **Unternehmensberatung**
"Unternehmensberatung";
in: Zeitschrift für das gesamte Kreditwesen, 43. Jg.,
Heft 12, 15.06.1990, S. 611-618.

Lerbinger, Paul: **Unternehmensakquisitionen**
"Unternehmensakquisitionen durch Leveraged Buy Out";
in: Die Bank, Hrsg.: Bundesverband deutscher Banken, Nr.
3, März 1986, S. 133-142.

Levy, Haim/Sarnat, Marshall: **Diversification**
"Diversification, Portfolio Analysis and the Uneasy Case
for Conglomerate Mergers";
in: Journal of Finance, Hrsg.: American Finance Association, Vol. 25, Nr. 4, September 1970, S. 795-802.

Lewellen, Wilbur G.: **Financial**
"A Pure Financial Rationale for the Conglomerate Merger";
in: Journal of Finance, Hrsg.: American Finance Association, Vol. 26, Nr. 2, Mai 1971, S. 521-545.

Lichtenauer, Marie-Caroline: **Vielseitigkeit**
"Vielseitigkeit ist gefragt";
in: Frankfurter Allgemeine Zeitung, Beilage: Unternehmensbeteiligungen, Nr. 145, 26.06.1990, S. B19.

Link, Harald: **Verkauf**
"Wer ist beim Verkauf der richtige Berater?";
in: Handelsblatt, Beilage: Mergers & Acquisitions, Nr. 75, 18.04.1991, S. B9.

Lohmann, Wolfgang: **Netzwerkmanagement**
"Netzwerkmanagement für die mittelständische Firmenkundschaft";
in: gi - geldinstitute, Heft 12, Dezember 1989, S. 4-9.

Lutter, Marcus/Wahlers, Henning W.: **Buyout**
"Der Buyout: Amerikanische Fälle und die Regeln des deutschen Rechts";
in: Die Aktiengesellschaft, Hrsg.: Mertens, H.J., 34. Jg., Nr. 1, 01.01.1989, S. 1-17.

Malatesta, Paul H.: **Merger**
"The Wealth Effect of Merger Activity and the Objective Functions of Merging Firms";
in: Journal of Financial Economics, Hrsg.: Jensen, Michael C., Vol. 11, 1983, S. 155-181.

Manne, Henry G.: **Mergers**
"Mergers and the Market for Corporate Control";
in: Journal of Political Economy, University of Chicago Press, Vol. 73, Nr. 2, April 1965, S. 110-120.

Marlow, David: **Beteiligungen**
"Mehr Beteiligungen";
in: Frankfurter Allgemeine Zeitung, Beilage: Deutsche
Wirtschaft, Nr. 132, 11.06.1991, S. B2.

Marner, Bernd/Jaeger, Felix: **Unternehmensberatung**
"Unternehmensberatung und Weiterbildung mittelständi-
scher Unternehmer";
Grundlagen und Praxis der Betriebswirtschaft, Bd. 59,
Berlin 1990.

Martens, Klaus-Peter: **Ausschluß**
"Der Ausschluß des Bezugsrechts: BGHZ 33, S. 175";
in: Festschrift für Robert Fischer, Hrsg.: Lutter, Mar-
cus/Stimpel, Walter/Wiedemann, Herbert, Berlin-New York
1979, S. 437-460.

Matuschka, Graf Albrecht: **Märkte**
"Die Märkte für Mergers & Acquisitions aus finanzpoliti-
scher Sicht";
in: Strategisches Finanzmanagement der Unternehmen,
Hrsg.: Rudolph, Bernd, Frankfurt/Main 1989, S. 11-25.

Maus, Martin: **Erfolg**
"Zukünftigen Erfolg absichern";
in: Frankfurter Allgemeine Zeitung, Beilage: Unternehmensbeteiligungen, Nr. 94, 23.04.1991, S. B11.

Meier-Schatz, Christian J.: **Übernahmeangebot**
"Unternehmenszusammenschlüsse mittels Übernahmeangebot";
in: Wirtschaft und Recht, 39. Jg., Heft 1, 1987,S.16-39.

Miller, Michael L./Altenburg, Karl-Georg: **Übernahmeangebot**
"Zwischen Übernahmeangebot und Abschluß können Monate
vergehen";
in: Handelsblatt, Beilage: Mergers & Acquisitions, Nr.
75, 18.04.1991, S. B3.

Möller, Heinz: **Kundenberatung**
"Betriebswirtschaftliche Kundenberatung durch Banken";
in: Impulse für den Aufschwung, Hrsg.: Deutsche Gesellschaft für Betriebswirtschaft, Berlin 1976, S. 193-203.

Monopolkommission: **Chancen**
"Gesamtwirtschaftliche Chancen und Risiken wachsender
Unternehmensgrößen";
Hauptgutachten 1984/1985, Baden-Baden 1986.

Morgan Grenfell: **Handbook**
"Global Mergers and Acquisitions Handbook - Handbuch für
den internationalen Unternehmenskauf";
2. Auflage, Hrsg.: Holt, James, Morgan Grenfell & Co.,
Ltd., London 1989.

Moschner, Manfred: **M&A I**
"Mergers and Acquisitions (Erste Folge)";
in: Bankarchiv, Hrsg.: Österreichische Bankwissenschaftliche Gesellschaft, 36. Jg., Heft 6, Juni 1988, S. 595-
599.

Moschner, Manfred: **M&A II**
"Mergers and Acquisitions (Zweite Folge)";
in: Bankarchiv, Hrsg.: Österreichische Bankwissenschaftliche Gesellschaft, 36. Jg., Heft 7, Juli 1988, S. 709-
712.

Moschner, Manfred: **M&A IV**
"Mergers and Acquisitions (Vierte Folge)";
in: Bankarchiv, Hrsg.: Österreichische Bankwissenschaftliche Gesellschaft, 36. Jg., Heft 9, September 1988, S.
921-923.

Moschner, Manfred: **M&A V**
"Mergers and Acquisitions (Fünfte Folge)";
in: Bankarchiv, Hrsg.: Österreichische Bankwissenschaftliche Gesellschaft, 36. Jg., Heft 11, November 1988, S.
1107-1112.

Moschner, Manfred: **M&A VIII**
"Mergers and Acquisitions (Achte Folge)";
in: Bankarchiv, Hrsg.: Österreichische Bankwissenschaftliche Gesellschaft, 37. Jg., Heft 2, Februar 1989, S.
170-176.

Moschner, Manfred: **M&A X**
"Mergers and Acquisitions (Zehnte Folge)";
in: Bankarchiv, Hrsg.: Österreichische Bankwissenschaftliche Gesellschaft, 37. Jg., Heft 4, April 1989, S. 423-
427.

Muehring, Kevin: **Deutsche Bank**
"The Kopper Era at Deutsche Bank";
in: Institutional Investor, Hrsg.: Landau, Peter, New
York, Dezember 1990, S. 43-51.

Mueller, Dennis C.: **Theory**
"A Theory of Conglomerate Mergers";
in: Quarterly Journal of Economics, Harvard University,
Vol. 83, Nr. 4, November 1969, S. 643-659.

Müller, Günther: **Ziel**
"Ziel: Vertragsschluß zu optimalen Bedingungen für den
Auftraggeber";
in: Handelsblatt, Beilage: Mergers & Acquisitions, Nr.
76, 19.04.1989, S. B19.

Müller, Jürgen/Hochreiter, Rolf: **Konzentration**
"Stand und Entwicklungstendenzen der Konzentration in
der Bundesrepublik Deutschland";
Kommission für wirtschaftlichen und sozialen Wandel 107,
Göttingen 1975.

Müller-Schwerin, Eberhard/Streidt, Gunnar A.: **Unternehmensberatung**
"Unternehmensberatung als Bankdienstleistung I";
in: Zeitschrift für das gesamte Kreditwesen, 30. Jg.,
Heft 21, 01.11.1977, S. 1062-1064.

Müller-Schwerin, Eberhard/Streidt, Gunnar A.: **Bank-dienstleistung**
"Unternehmensberatung als Bankdienstleistung II";
in: Zeitschrift für das gesamte Kreditwesen, 30. Jg.,
Heft 22, 15.11.1977, S. 1116-1119.

Müller-Stewens, Günter: **Investoren**
"Deutsche Wirtschaft für ausländische Investoren von regem Interesse";
in: Handelsblatt, Beilage: Mergers & Acquisitions, Nr.
83, 29.04.1992, S. B1+2.

Müller-Stewens, Günter: **Wirtschaft**
"Die mittelständische Wirtschaft zieht nach - starkes
Interesse der Ausländer";
in: Handelsblatt, Beilage: Mergers & Acquisitions, Nr.
75, 18.04.1991, S. B1+2.

Müller-Stewens, Günter: **M&A**
"Mergers & Acquisitions";
in: Information der Internationalen Treuhand AG, Basel-
Genf-Zürich, Nr. 90, März 1992, S. 23-37.

Neus, Werner: **Aussagekraft**
"Die Aussagekraft von Agency Costs";
in: Schmalenbachs Zeitschfrift für betriebswirtschaftliche Forschung, Hrsg.: Bierich, M. e.a., 41. Jg., Heft 6,
Juni 1989, S. 472-490.

Niedereichholz, Christel: **Consulting**
"Consulting Banking: Die Schlüsselrolle der Firmenkun-
denberater";
in: Bank und Markt + Technik, Hrsg.: Bracker E. e.a.,
18. Jg., Heft 4, April 1989, S. 24-27.

Nowak, Richard: **Kommunikationssysteme**
"Transaktions-, Informations- und Kommunikationssysteme";
in: Handbuch Bankorganisation, Hrsg.: Stein, Johann
Heinrich von/Terrahe, Jürgen, Wiesbaden 1991,S. 281-304.

Odefey, Andreas M.: **Beratung**
"Beratung für ausländische Käufer";
in: Frankfurter Allgemeine Zeitung, Beilage: Unternehmensbeteiligungen, Nr. 145, 26.06.1990, S. B23.

ohne Verfasser: **M&A**
"British Perspectives on M&A";
in: Mergers & Acquisitions, Hrsg.: Rock, Milton L., Vol. 23, Nr. 5, März/April 1989, S. 56.

ohne Verfasser: **Acquirers**
"Have Europe's Top Acquirers Added Shareholder Value?";
in: Mergers & Acquisitions, Hrsg.: Rock, Milton L., Vol. 23, Nr. 5, März/April 1989, S. 60-68.

ohne Verfasser: **Familienunternehmen**
"Im Familienunternehmen ist der Generationswechsel oft schwierig";
in: Frankfurter Allgemeine Zeitung, Nr. 37, 13.02.1992, S. 22.

ohne Verfasser: **Position**
"Jockeying for Position in a Unified Common Market";
in: Mergers & Acquisitions, Hrsg.: Rock, Milton L., Vol. 23, Nr. 5, März/April 1989, S. 57-59.

ohne Verfasser: **Postscripts**
"Postscripts to the RJR Epic";
in: Mergers & Acquisitions, Hrsg.: Rock, Milton L., Vol. 23, Nr. 5, März/April 1989, S. 4-6.

ohne Verfasser: **Bankers**
"Roundtable: The Changing M&A Environment for Investment Bankers";
in: Mergers & Acquisitions, Hrsg.: Rock, Milton L., Vol. 23, Nr. 4, Januar/Februar 1989, S. 22-31.

ohne Verfasser: **Age**
"Roundtable: The Coming of Age of Leveraged Buyouts";
in: Mergers & Acquisitions, Hrsg.: Rock, Milton L., Vol.
23, Nr. 5, März/April 1989, S. 22-35.

ohne Verfasser: **Forces**
"Roundtable: The Forces Driving the M&A Market in 1989";
in: Mergers & Acquisitions, Hrsg.: Rock, Milton L., Vol.
23, Nr. 6, Mai/Juni 1989, S. 34-45.

ohne Verfasser: **Aktionäre**
"Stimmrechtsbeschränkungen liegen nicht im Interesse der
freien Aktionäre";
in: Handelsblatt, Nr. 45, 05.03.1991, S. 5.

Organisation for Economic Co-operation and Development:
Mergers
"International Mergers and Competition Policy";
Organisation for Economic Co-operation and Development,
Paris 1988.

Otto, Hans-Jochen: **Übernahmen**
"Fremdfinanzierte Übernahmen - Gesellschafts- und
steuerrechtliche Kriterien des Leveraged Buy-Out";
in: Der Betrieb, 42. Jg., Heft 27/28, 14.07.1989, S.
1389-1396.

Otto, Hans-Jochen: **Übernahmeversuche**
"Übernahmeversuche bei Aktiengesellschaften und Strategien der Abwehr";
in: Der Betrieb, 41. Jg., Beilage Nr. 12/88 zu Heft 29,
22.07.1988, S. 1-12.

Otto, Klaus-Friedrich: **Notizen**
"Notizen zum Firmenkundengeschäft";
in: Bank und Markt + Technik, Hrsg.: Bracker E. e.a.,
18. Jg., Heft 4, April 1989, S. 4.

Oxman, Stephen A.: **Unternehmer**
"Deutsche Unternehmer werden aktiv";
in: Frankfurter Allgemeine Zeitung, Beilage: Unternehmensbeteiligungen, Nr. 145, 26.06.1990, S. B3.

O'Hara, J. Patrick: **Takeovers**
"Are Takeovers Good for the U.S.A.?";
in: Merger & Acquisition Sourcebook - 1986 Edition Volume 2, Hrsg.: Heninger, June, Santa Barbara (CA) 1986, S. 9/47-9/48.

Panos, John E.: **Layoffs**
"Taking the Humane Approach to Postacquisition Layoffs";
in: Mergers & Acquisitions, Hrsg.: Rock, Milton L., Vol. 23, Nr. 5, März/April 1989, S. 44-47.

Peltzer, Martin: **Rolle**
"Die Rolle der Banken bei Unternehmensveräußerungen";
in: ZIP - Zeitschrift für Wirtschaftsrecht, Hrsg.: Kübler, Bruno M. e.a., 12. Jg., Heft 8, 26.04.1991, S. 485-493.

Peltzer, Martin: **Sache**
"Die Sache mit dem Höchststimmrecht";
in: Börsen-Zeitung, Nr. 128, 08.07.1988, S. 7.

Peltzer, Martin: **Deutschland**
"Hostile Takeovers in der Bundesrepublik Deutschland?";
in: ZIP - Zeitschrift für Wirtschaftsrecht, Hrsg.: Kübler, Bruno M. e.a., 10. Jg., Heft 2, 27.01.1989, S. 69-79.

Peltzer, Martin: **Takeovers**
"Takeovers in den Vereinigten Staaten - Können ihre Spielregeln übertragen werden?";
in: Wirtschaft und Wissenschaft im Wandel, Festschrift für Dr. Carl Zimmerer zum 60. Geburtstag, Frankfurt/Main 1986, S. 271-286.

Pischulti, Helmut: **Vermittlung**
"Die Vermittlung von Unternehmensberatern";
in: Zeitschrift für das gesamte Kreditwesen, 43. Jg.,
Heft 3, 01.02.1990, S. 134-140.

Pischulti, Helmut: **Voraussetzungen**
"Personelle Voraussetzungen der Bank-Unternehmensbera-
tung";
in: Bank und Markt + Technik, Hrsg.: Bracker E. e.a.,
21. Jg., Heft 6, Juni 1992, S. 22-26.

Pischulti, Helmut: **Unternehmensberatung**
"Unternehmensberatung als Bankdienstleistung";
Europäische Hochschulschriften, Reihe V - Volks- und Be-
triebswirtschaft, Bd. 1091, Frankfurt/Main 1990.

Pischulti, Helmut: **Banken**
"Was soll die Unternehmensberatung durch Banken kosten?";
in: Bank und Markt + Technik, Hrsg.: Bracker E. e.a.,
19. Jg., Heft 5, Mai 1990, S. 32-33.

Pound, John/Lehn, Kenneth/Jarrell, Gregg: **Performance**
"Are Takeovers Hostile to Economic Performance?";
in: Regulation, Hrsg.: De Muth, Christopher C., Vol. 10,
Nr. 1, September/Oktober 1986, S. 25-30 + 55-56.

Raettig, Lutz R./Hablizel, Gerhard: **Banken**
"Banken und ihre Rolle im Beteiligungsgeschäft";
in: Börsen-Zeitung, Nr. 189, 30.09.1989, S. 12+13.

Raida, Helmut: **Zukunft**
"Auch in Zukunft weniger Staat";
in: Zeitschrift für das gesamte Kreditwesen, 41. Jg.,
Heft 11, 01.06.1988, S. 480-484.

Ravenscraft, David J./Scherer F.M.: **Mergers**
"Mergers, Sell-Offs and Economic Efficiency";
The Brookings Institution, Washington D.C. 1987.

Ravenscraft, David J./Scherer F.M.: **Takeovers**
"The Long-Run Performance of Mergers and Takeovers";
in: Public Policy toward Corporate Takeovers, Hrsg.:
Weidenbaum, Murray L./Chilton, Kenneth W., New Brunswick
(NJ) 1988, S. 34-45.

Reckinger, Gabriele: **Banken**
"Banken wollen mit eigenen Töchtern eine Beratungslücke
im Mittelstand schließen";
in: Handelsblatt, Nr. 33, 15.02.1989, S. 7.

Reilly, Robert F.: **Valuation**
"ESOP Formation and Valuation Procedures";
in: Merger & Acquisition Sourcebook - 1986 Edition Volume 2, Hrsg.: Heninger, June, Santa Barbara (CA) 1986,
S. 9/13-9/23.

Remele, Hermann: **Unternehmensberatung**
"Unternehmensberatung als Bankservice";
in: Bank Information, Hrsg.: Bundesverband der Deutschen
Volksbanken und Raiffeisenbanken e.V. Bonn, 4. Jg., Heft
8, 1977, S. 1-2.

Rheinberg, Georg Wilhelm: **Beratung**
"Grundsätzliche und aktuelle Fragen der Beratung im Bereich der Kreditgenossenschaften";
Schriften zum Genossenschaftswesen und zur öffentlichen
Wirtschaft Bd. 19, Hrsg.: Engelhardt, W./Thiemeyer, Th.,
Berlin 1987.

Roesner, Wolfgang: **Unternehmensbeteiligungen**
"Unternehmensbeteiligungen";
in: Management Enzyklopädie, Bd. 9, Verlag Moderne Industrie, 2. Auflage, München 1985, S. 285-295.

Rofagha, A(r)min: **Privatisierungen**
"Infrastruktur und Privatisierungen müssen sich rasch
entwickeln";
in: Handelsblatt, Beilage: Soziale Marktwirtschaft, Nr.
81, 26./27.04.1991, S. D6.

Ronen, Joshua: **Effects**
"Effects of Mergers on Information Production and Dissemination";
in: Mergers and Acquisitions, Hrsg.: Keenan, Michael/ White, Lawrence J., o.O. 1982, S. 41-59.

Rotthaus, Dirk: **Auswahl**
"Die Auswahl der richtigen Partner bereitet nicht selten Schwierigkeiten";
in: Handelsblatt, Beilage: Mergers & Acquisitions, Nr. 75, 18.04.1991, S. B16.

Roventa, Peter: **Unternehmenswert**
"Unternehmenswert";
in: Frankfurter Allgemeine Zeitung, Beilage: Unternehmensbeteiligungen, Nr. 94, 23.04.1991, S. B8.

Ruback, Richard S.: **Acquisitions**
"Assessing Competition in the Market for Corporate Acquisitions";
in: Journal of Financial Economics, Hrsg.: Jensen, Michael C., Vol. 11, 1983, S. 141-153.

Rudolph, Hans-Joachim: **Wirtschaftsprüfer**
"Sind Wirtschaftsprüfer die besseren Übernahme-Berater?";
in: Frankfurter Allgemeine Zeitung, Nr. 96, 25.04.1991, S. 24.

Rüschen, Thomas: **Consulting**
"Consulting-Banking: Hausbanken als Unternehmensberater";
Schriftenreihe für Kreditwirtschaft und Finanzierung Bd. 8, Wiesbaden 1990.

Rüschen, Thomas: **Unternehmensberatung**
"Unternehmensberatung für den Mittelstand durch die Hausbank";
in: Kreditpraxis, Hrsg.: Betriebswirtschaftlicher Verlag Dr. Th. Gabler GmbH, 16. Jg., Heft 6, November 1990, S. 25-29.

Rüschenpöhler, Hans J.: **Beratung**
"Die Beratung durch Hausbanken, ihre Möglichkeiten und Grenzen";
in: Sparkasse, Hrsg.: Deutscher Sparkassen- und Giroverband e.V. Bonn, 97. Jg., 5/80, S. 157-161.

Rupf, Wolfgang: **Beratung**
"Beratung";
in: Frankfurter Allgemeine Zeitung, Beilage: Unternehmensbeteiligungen, Nr. 94, 23.04.1991, S. B19.

Schimmelmann, Wulf von: **Analyse**
"Vergleichende Analyse von Bankstrategien im Vorfeld von 1992";
in: Banken im Vorfeld des Europäischen Binnenmarktes, Hrsg.: Franke, Günter/Schimmelmann, Wulf von, Wiesbaden 1989, S. 97-112.

Schirmacher, Albrecht F.: **Banken**
"Das M&A-Geschäft der Banken";
in: Börsen-Zeitung, Nr. 101, 31.05.1989, S. 1.

Schlytter-Henrichsen, Thomas: **Nachfolger**
"Im Unternehmen sind Nachfolger gesucht";
in: Frankfurter Allgemeine Zeitung, Beilage: Unternehmensbeteiligungen, Nr. 94, 23.04.1991, S. B5.

Schmitt, Paul M.: **Control**
"Multinational Corporations and Merger Control in Community Antitrust Law";
in: European Merger Control - Legal and Economic Analyses on Multinational Enterprises, Volume I, Hrsg.: Hopt, Klaus J., Berlin-New York 1982, S. 169-186.

Schmitt-Weigand, Adolf: **Universalbankensystem**
"Das Universalbankensystem im Licht jüngerer Entwicklungen";
in: Organisation der Banken und des Bankenmarktes, Hrsg.: Engels, Wolfram, Frankfurt/Main 1988, S. 87-111.

Schneider, Jörg: **Ermittlung**
"Die Ermittlung strategischer Unternehmenswerte";
in: Betriebswirtschaftliche Forschung und Praxis, Hrsg.: Sieben, Günter e.a., 40. Jg., 6/88, November 1988, S. 522-531.

Schulz, Bettina: **Treuhand**
"Die Treuhand schaltet internationale Investmentbanken ein";
in: Frankfurter Allgemeine Zeitung, Nr. 80, 03.04.1992, S. 17.

Schumann, Peter Karl: **Berater**
"Der Investmentbanker als Berater";
in: Handbuch des internationalen Bankgeschäfts, Hrsg.: Büschgen, Hans E./Richolt, Kurt, Wiesbaden 1989, S. 295-312.

Schumann, Peter Karl: **Wege**
"Wenn sich die Wege kreuzen";
in: Frankfurter Allgemeine Zeitung, Beilage: Unternehmensbeteiligungen, Nr. 94, 23.04.1991, S. B25.

Schwenkedel, Stefan: **Finanzierung**
"Finanzierung von Management Buyouts durch Going Public-Optionsanleihen";
in: Die Bank, Hrsg.: Bundesverband deutscher Banken, Nr. 11, November 1989, S. 604-608.

Schwenkedel, Stefan: **Management Buyout**
"Management Buyout - Ein neues Geschäftsfeld für Banken";
Wiesbaden 1991.

Schwenn, Kerstin: **Mittelstand**
"Der Mittelstand ist Hauptkunde der Treuhand";
in: Frankfurter Allgemeine Zeitung, Nr. 280, 03.12.1991,
S. 17.

Scott, James H., Jr.: **Theory**
"On the Theory of Conglomerate Mergers";
in: Journal of Finance, Hrsg.: American Finance Association, Vol. 32, Nr. 4, September 1977, S. 1235-1250.

Sedemund, Joachim: **Probleme**
"Kartellrechtliche Probleme";
in: Handbuch des Unternehmens- und Beteiligungskaufs,
Hrsg.: Hölters, Wolfgang, 2. Auflage, Köln 1989, S. 453-
522.

Sieben, Günter/Diedrich, Ralf: **Aspekte**
"Aspekte der Wertfindung bei strategisch motivierten Unternehmensakquisitionen";
in: Schmalenbachs Zeitschrift für betriebswirtschaftliche Forschung, Hrsg.: Bierich, M. e.a., 42. Jg., Heft 9,
September 1990, S. 794-809.

Sielaff, Meinhard/Zimmerer, Carl: **Akquisition**
"Die Organisation der Akquisition: Suche, Kontaktaufnahme, Verhandlung, Übernahme und Integration";
in: Unternehmensakquisitionen, Gesellschaft für Betriebswirtschaftliche Beratung - Schriften Bd. 8, Hrsg.:
Goetzke, Wolfgang/Sieben, Günter, Köln 1981, S. 135-139.

Smith, Randall/Brooks, Dennis: **Mergers**
"Mergers - Past and Present";
London 1963.

Solf, Philipp/Arnold, Robert: **Bewältigung**
"Die Bewältigung der Mentalitätsunterschiede ist eine
wichtige Voraussetzung für den Erfolg";
in: Handelsblatt, Beilage: Mergers & Acquisitions, Nr.
76, 19.04.1989, S. B6+7.

Spickers, Jürgen: **Entwicklung**
"Entwicklung des deutschen M&A-Marktes im Jahre 1991";
in: M&A-Review, Hrsg.: Müller-Stewens, Günter, Nr. 1-2/
92, S. 5-6.

Spremann, Klaus: **Agent**
"Agent and Principal";
in: Agency Theory, Information, and Incentives, Hrsg.:
Bamberg, Günter/Spremann, Klaus, Berlin-Heidelberg 1987,
S. 3-37.

Sprenger, Karl-August/Hinten, Peter von/Steiner, Joa-
chim: **Finanzierungssituation**
"Finanzierungssituation und Finanzierungsverhalten mit-
telständischer Betriebe";
Beiträge zur Mittelstandsforschung, Hrsg.: Institut für
Mittelstandsforschung - Forschungsgruppe Köln, Heft 92,
Göttingen 1982.

Steuernagel, Wolfgang: **Beratungsprofis**
"Die Beratungsprofis kommen";
in: Frankfurter Allgemeine Zeitung, Beilage: Unternehmensbeteiligungen, Nr. 145, 26.06.1990, S. B19.

Stillman, Robert: **Mergers**
"Examining Antitrust Policy towards Horizontal Mergers";
in: Journal of Financial Economics, Hrsg.: Jensen, Michael C., Vol. 11, 1983, S. 225-240.

Stoll, Jutta: **Aspekte**
"Rechtliche Aspekte von »feindlichen« Übernahmen von Aktiengesellschaften";
in: Betriebs-Berater, 44. Jg., Heft 5, 20.02.1989, S.
301-305.

Stoll, Jutta: **Übernahmeangebote**
"Zum Vorschlag der EG-Kommission für die 13. Richtlinie
auf dem Gebiet des Gesellschaftsrechts über Übernahmeangebote";
in: Betriebs-Berater, 44. Jg., Heft 22, 10.08.1989, S.
1489-1491.

Storck, Joachim: **Aspekte**
"Betriebs- und marktpolitische Aspekte von Mergers and
Acquisitions";
in: Die Bank, Hrsg.: Bundesverband deutscher Banken, Nr.
7, Juli 1990, S. 376-380.

Temperli, Walter: **Gesprächspartner**
"Ein einziger Gesprächspartner";
in: Frankfurter Allgemeine Zeitung, Beilage: Unternehmensbeteiligungen, Nr. 145, 26.06.1990, S. B23.

Terrahe, Jürgen: **Zukunft**
"Die Zukunft des Hausbankprinzips: Engere oder lockere
Bank/Kunden-Bindung?";
in: Organisation der Banken und des Bankenmarktes,
Hrsg.: Engels, Wolfram, Frankfurt/Main 1988, S. 145-166.

Terribilini, Sergio: **Firmenübernahmen**
"Firmenübernahmen sind nützlich, obwohl die meisten
schief gehen";
in: Das Wertpapier, Hrsg.: Schreib, Hans Peter, 39. Jg.,
6/91, 08.03.1991, S. 32-34.

Tippelskirch, Alexander von: **Eigenkapital**
"Eigenkapital unzureichend";
in: Frankfurter Allgemeine Zeitung, Beilage: Unternehmensbeteiligungen, Nr. 94, 23.04.1991, S. B6.

Vormbaum, Herbert: **Unternehmensberatung**
"Unternehmensberatung durch den Steuerberaterberuf";
in: Die Steuerberatung, Organ des Deutschen Steuerbera-
terverbandes e.V. Bonn, 25. Jg., Nr. 12, Dezember 1982,
S. 345-353.

Walter, Bernhard: **Geschäftsfeld**
"Marktwettbewerber im Geschäftsfeld Corporate-Finance";
in: Die Bank, Hrsg.: Bundesverband deutscher Banken, Nr.
2, Februar 1991, S. 68-74.

Walter, Bernhard: **Unternehmensberatung**
"Unternehmensberatung durch Banken - ein neues Lei-
stungsfeld?";
in: Bank und Markt + Technik, Hrsg.: Bracker E. e.a.,
18. Jg., Heft 4, April 1989, S. 14-16.

Weiss, Michael: **Finanzierungsfragen**
"Finanzierungsfragen";
in: Handbuch des Unternehmens- und Beteiligungskaufs,
Hrsg.: Hölters, Wolfgang, 2. Auflage, Köln 1989, S. 175-
228.

Weiss, Ulrich: **Strategien**
"Strategien für 1992 aus der Sicht einer deutschen Großbank";
in: Banken im Vorfeld des Europäischen Binnenmarktes,
Hrsg.: Franke, Günter/Schimmelmann, Wulf von, Wiesbaden
1989, S. 65-82.

Wiebe, Frank: **Beratung**
"Deutsche Banken verstärken Beratung bei Unternehmenskäufen und Fusionen";
in: Handelsblatt, Nr. 165, 29.08.1988, S. 7.

Wielens, Hans: **Bankenorganisation**
"Marktorientierte Bankenorganisation";
in: Handbuch des Bankmarketing, Hrsg.: Süchting, Joa-
chim/Hooven, Eckart van, Wiesbaden 1987, S. 61-89.

Wiest, Daniel: **Beratung**
"Beratung bei »Mergers and acquisitions«, insbesondere
als Leistungsangebot der Banken in Deutschland";
Berlin 1991.

Williamson, Oliver E.: **Economies**
"Economies as an Antitrust Defense: The Welfare Trade-off";
in: American Economic Review, Hrsg.: American Economic Association, Vol. 58, Nr. 1, März 1968, S. 18-36.

Wolbert, Hans: **Fremdfinanzierung**
"Die Fremdfinanzierung von Buyouts";
in: Zeitschrift für das gesamte Kreditwesen, 42. Jg., Heft 14, 15.07.1989, S. 670-676.

Wolman, Clive/Goodhart, David: **Insider**
"Towards the Insider Track";
in: Financial Times, Nr. 30.219, 27.04.1987, S. 18.

Zantow, Roger: **Unternehmensberatung**
"Unternehmensberatung für den Mittelstand durch Kreditinstitute";
in: Die Bank, Hrsg.: Bundesverband deutscher Banken, Nr. 5, Mai 1983, S. 210-215.

Zapp, Herbert: **Kundenbetreuer**
"Der Kundenbetreuer im Rahmen des Firmenkunden-Marketings einer Großbank";
in: Die Bank, Hrsg.: Bundesverband deutscher Banken, Nr. 1, Januar 1985, S. 10-14.

Zeyer, Fred: **Finanzanalyse**
"Die Finanzanalyse-Gesellschaft wird zum »Profit Center«";
in: Frankfurter Allgemeine Zeitung, Nr. 134, 11.06.1992, S. 25.

Zeyer, Fred: **Vertraulichkeit**
"Die Vertraulichkeit möglichst lange wahren";
in: Frankfurter Allgemeine Zeitung, Nr. 111, 15.05.1991, S. 15.

Zimmerer, Carl: **Bewertung**
"Bewertung von Unternehmen und Unternehmensanteilen";
in: Finanzierungshandbuch, Hrsg.: Christians, F. Wilhelm, 2. Auflage, Wiesbaden 1988, S. 805-827.

Zimmerer, Carl: **Handel**
"Der Handel mit Unternehmen als Ganzes und die Mitwirkung der Banken";
in: Bankarchiv, Hrsg.: Österreichische Bankwissenschaftliche Gesellschaft, 27. Jg., Heft 12, August 1979, S. 493-502.

Zimmerer, Carl: **Konditionen**
"Konditionen am Markt für Unternehmungen und Unternehmungsanteile";
in: Unternehmensakquisitionen, Gesellschaft für Betriebswirtschaftliche Beratung - Schriften Bd. 8, Hrsg.: Goetzke, Wolfgang/Sieben, Günter, Köln 1981, S. 31-40.

Zimmerer, Carl: **Unternehmensvermittlung**
"Unternehmensvermittlung 1963/1988";
in: Zeitschrift für das gesamte Kreditwesen, 41. Jg., Heft 6, 15.03.1988, S. 216-218.

Zimmermann, Klaus: **Gesprächspartner**
"Wenige Gesprächspartner";
in: Frankfurter Allgemeine Zeitung, Beilage: Unternehmensbeteiligungen, Nr. 94, 23.04.1991, S. B14.

If you have any concerns about our products,
you can contact us on
ProductSafety@springernature.com

In case Publisher is established outside the EU,
the EU authorized representative is:
**Springer Nature Customer Service Center GmbH
Europaplatz 3, 69115 Heidelberg, Germany**

Printed by Libri Plureos GmbH
in Hamburg, Germany